3927 매일기도 어게인

3927 매일기도 어게인

초판 1쇄   2024년 4월 30일
지은이   김형섭
발행인   김형섭
펴낸곳   도서출판 어게인
등록번호   제409-2020-000050호
주소   경기도 김포시 유현로 200, 122-302 (풍무동)
전화   010-6240-0675
이메일   hseop-kim@naver.com

ISBN   979-11-972907-1-8 03230

이 책에 대한 무단 전재 및 복제를 금합니다.
잘못된 책은 구입하신 서점에서 바꿔드립니다.

값 23,000 원

3927 매일기도 어게인

김형섭 지음

추천의 글

하나님과 동행하는 든든한 하루

평소 새벽에 일어나 습관처럼 기도로 하루를 시작했는데, 김형섭 목사님께서 보내 주시는 '오늘의 읽을 말씀과 핵심말씀, 그리고 주께 드리는 오늘의 기도'를 묵상하며 하루를 시작하면서 하나님과 동행하는 든든한 하루를 보내게 되었습니다. 이번에 출간되는 새 책, 「3927 매일기도 어게인」을 묵상하는 모든 사람들에게 주의 말씀과 기도의 회복이 온전히 이뤄지길 기도드립니다.

- 양성숙 집사

기대와 소망이 큽니다

이제 나이가 칠십 중반이 되니 '나의 삶의 습관이 거룩한 루틴을 길러야 겠다'라고 생각하던 어느 날, 가까운 지인으로부터 김형섭 목사님의 「AGAIN(어게인)」을 소개받았는데, 인생 후기에 은혜롭고 의미있게 통합·정리할 수 있도록 세상에서 갖지 못한 네비게이션을 선물 받은 느낌이었습니다. 이번에는 모든 영혼들을 위해 「3927 매일기도 어게인」이 출간되어 기대와 소망이 큽니다.

- 양성희 집사

도전과 감동을 동일하게 경험할 수 있길 바랍니다

선교지 A국에서 이른 아침에 받아보는 김형섭 목사님의 '오늘의 읽을 말씀과 핵심말씀, 그리고 주께 드리는 오늘의 기도'를 사역자들과 나눔을 통해 하루를 시작하는 놀라운 주님의 은혜에 감사하며, 날마다 성경이 말씀하고자 하는 그 말씀을 분명하게 찾아내어 하나님을 더 깊이 알아 가는 나침판이 되었습니다. 많은 분들이 김형섭 목사님의 「3927 매일기도 어게인」을 통해 내가 받아 왔던 도전과 감동을 동일하게 경험할 수 있길 바랍니다.

- 안중호 목사(선교사)

하루하루의 소중한 하나님과의 소통의 시간

바쁘고 지친 생활 속에서도 믿음의 중심을 잃어버리지 않도록 보내주시는 김형섭 목사님의 말씀과 찬양과 기도는 어려운 성경을 이해하기 쉽고, 말씀의 내용을 찬양과 기도와 함께 하루하루의 소중한 하나님과의 소통의 시간으로 간직 할 수 있어 감사드립니다.

-하영미 간사

이 모든 것을 계획하시고 인도하시는 주 하나님께 영광 올려드립니다

천주교 신자였지만 오랜 기간 냉담 중이었던 저는 김형섭 목사님께서 하루도 빠짐없이 매일 주시는 말씀과 기도 덕분에 주님의 계획을 깨닫고, 교회에 나가서 성령님을 영접하게 되었습니다. 그 말씀과 기도가 책으로 엮어진다 하니 더없는 큰 기쁨입니다. 이 모든 것을 계획하시고 인도하시는 주 하나님께 영광 올려드립니다.

- 성현주 집사

한줄기 빛처럼 생활을 다잡는 시간이 되었습니다

매일 찬양을 듣고 관련 말씀을 읽으며 많은 은혜가 되었습니다. 바쁜 일상 가운데 하나님을 잊어버리고 살기 쉬운 환경에서 한줄기 빛처럼 말씀을 묵상하며 생활을 다잡는 시간이 되었습니다. 말씀에 대한 해설이 있어서 쉽게 말씀에 다가갈 수 있었고, 기도로 마무리가 되고 있어 소리 내어 내 기도로 할 수가 있었습니다. 다른 분들도 김형섭 목사님의 신간 「3927 매일기도 어게인」을 읽으면서 같은 은혜 받기를 기도합니다.

- 지은주 권사

이 책을 활용하여 하나님을 알아가고 닮아가는 기쁨의 여정을 함께하기를 소원합니다

균형 잡힌 해설과 묵상, 그리고 은혜로운 기도가 돋보이는 「3927 매일기도 어게인」은 하나님을 닮아가고자 소망하는 모든 그리스도인들에게 보물과 같은 책입니다. 많은 교회에서, 많은 성도들이 이 책을 활용하여 더욱더 풍성히 하나님을 알아가고 닮아가는 기쁨의 여정을 함께하기를 소원합니다.

- 임인걸 교수

승리로운 인생의 발걸음을 「3927 매일기도 어게인」과 함께 하시길 소망합니다

죽음과 부활이 우리 삶에 공존합니다. 이미 그리스도인은 구원을 얻었지만 아직 우리의 삶은 치열한 영적 전쟁터 속에 있습니다. 이곳에서 승리하기 위해 성령의 검인 하나님의 말씀을 들고 나아가야 함은 당연합니다. 하나님의 감동으로 된 말씀 묵상과 영적호흡인 기도는 이 땅 가운데 승리하기 위한 첫걸음입니다. 이러한 발걸음을 김형섭 목사님의 신간 「3927

매일기도 어게인」과 함께 하시는 승리로운 복된 삶 되시길 소망합니다.

- 최성헌 교수

이 책을 통해 예수님과 더욱 친밀한 관계가 되시길 기도드립니다

성경은 우리나라의 문화, 그리고 역사와 연관이 깊지 않기 때문에 믿음으로 1독을 진행한다고 하더라도 이스라엘 역사와 문화의 무지로 인해 얼마 가지 않아서 흥미를 잃습니다. 그래서 일정 분량을 통해 성경을 통독할 수 있도록 친절하게 안내하는 김형섭 목사님의 신간 「3927 매일기도 어게인」을 진심으로 추천합니다. 이 책을 통해 성경을 이해하고, 흥미를 느껴 예수님과 더욱 친밀한 관계가 되시길 간절히 기도드립니다.

- 김주완 사회복지사

행함 있는 믿음으로 살아내게 하는 믿음의 자양분이며, 은혜의 샘물입니다

우리는 어제의 은혜로 오늘을 살아 갈 수 없습니다. 매일 하나님의 말씀에 귀를 기울이고, 친밀한 사귐을 통해 부어주시는 은혜로 살아가야 합니다. 수년간 믿음의 사람들에게 나누며, 검증한 「3927 매일기도 어게인」의 찬양과 말씀, 그리고 기도의 메시지는 행함 있는 믿음으로 살아내게 하는 믿음의 자양분이며, 은혜의 샘물입니다.

- 송장우 원장

목사님께서 보내 주신 묵상의 말씀을 장애인분들과 함께 나누고 있습니다

목사님께서 매일 보내 주시는 '오늘의 읽을 말씀과 핵심말씀, 그리고 주께 드리는 오늘의 기도' 너무나 감사합니다. 매주 월요일 아침에 예배를 드리는 저희 시설로써는 목사님께서 보내 주신 묵상의 말씀이 큰 도움이 됩니다. 찬양과 말씀과 기도까지 참고할 수 있어서 지난주에 보내 주신 말씀 중에 현 상황에서 우리에게 필요한 말씀 하나를 선택하여 장애인분들과 어려움 없이 은혜로운 예배를 드리고 있습니다.

- 박경준 장로

「3927 매일기도 어게인」을 통해 하나님의 뜻대로 살아갈 수 있게 되기를 기도드립니다

날마다 하루의 삶을 주님의 기쁨이 되어 하나님께 영광 돌리며 살아갈 수 있는 것은 김형섭 목사님께서 매일 아침마다 변함없이 보내주시는 찬양과 말씀, 그리고 기도 때문임을 고백합니다. 말씀이 삶의 지표가 되어 세상에서 범죄하지 않고, 주님의 뜻대로 살아갈 수 있게 되어 늘 감사하게 생각하고 있습니다. 이번 출간되는 「3927 매일기도 어게인」을 통해 많은 사람들이 복음의 말씀을 매일 접하고, 하나님의 뜻대로 살아갈 수 있게 되기를 간절히 소망하며 기도드립니다.

- 변재경 안수집사

초고령 사회를 맞이하는 신 중년 뿐 아니라 모든 성도들이 거룩하게 나이 들어가도록 하는데 꼭 필요한 양식이 될 것이라 확신합니다

매일 아침, 카톡의 알람소리가 하루를 시작하게 해줍니다. 보내주신 내용대로 '찬양-말씀-해설-핵심말씀-기도' 순서를 따라가다 보면 어느새 혼자만의 예배를 드리게 됩니다. 그렇게 하루하루가 쌓여 일 년이 가고, 한 살 또 나이를 먹습니다. 김형섭 목사님의 신간 「3927 매일기도 어게인」

은 초고령 사회를 맞이하는 신 중년 뿐 아니라 모든 성도들이 거룩하게 나이 들어가도록 하는데 꼭 필요한 양식이 될 것이라 확신합니다. 「3927 매일기도 어게인」은 마치 잘 정리된 작은 주석 같습니다. 하루하루 읽고 적용하다보면 하나님에 대해 더 많이 알아가게 됩니다. 그리고 주님과 더욱 친밀하게 됩니다. 나이가 들어감에 따라 영적인 성장과 더불어 성숙해진 자신의 모습을 마주하게 될 것입니다.

- 강난실 사모

※ 카카오톡 메신저를 통해 김형섭 목사님의 '오늘의 읽을 말씀과 핵심말씀, 그리고 주께 드리는 오늘의 기도'를 받아 보는 분들께서 보내 주신 추천의 글들입니다.

들어가는 글

요즘 들어서 어떤 일을 시작할 때 '아는 것'의 중요성을 새삼 깨닫게 됩니다. 즉 그 일과 관련된 그동안 알았던 것들, 몰라도 되는 것들, 그리고 반드시 알아야 되는 것 등에 대해서 말입니다. 이처럼 성경에서도 하나님에 대하여 아는 것이 정말 중요하다고 말씀하십니다(엡 4:13). 왜냐하면 아는 만큼 닮아갈 수 있기 때문입니다. 또한 자신이 주님을 알기에 자기 자신의 현재 위치와 상태와 역할 등을 파악할 수 있습니다(엡 4:14). 그러므로 성경을 통해 하나님을 알아가는 영적인 여행이 그리스도인들에게 있어서 절실하게 필요합니다.

그러나 여행도 무턱대고 하는 것이 아니라 지혜롭게 잘 준비해서 해야 되겠지요. 예를 들어서, 무엇 때문에 여행을 가려는 지에 대한 분명한 목적이 있어야 합니다. 왜냐하면 여행이 늘 즐거울 수만은 없기 때문입니다. 여행으로 인해서 지치고 힘들 때 여행의 목적이 확실하다면 이기고 넘어설 수 있을 뿐 만 아니라 계획하지 못했던 소중한 것들을 보너스로 얻게 되는 축복이 있기에 그렇습니다. 이와 같이 성경을 탐구하는 여행을 통해 하나님에 대해 더욱 알아가고, 아는 만큼 전인격적으로 성장하며 주님을 닮아가는 놀라운 변화가 이뤄지길 소원합니다(엡 4:13-15; 히 5:12-14; 벧후 3:18). 또한 이러한 인생의 은혜로운 업그레이드를 통해 하나님께 영광 돌리며 주님의 기쁨이 되어, 귀하고 복되게 복음의 사명 감당하길 마음 다해 소망해 봅니다.

본 서는 지난 2021년에 출간된 '어게인'(Again)에 이어서 '어게인' 시리즈 두 번째로, 초고령사회를 맞이하여 노인들(신 중년 포함) 뿐 만 아니라 모든 청·장년 성도들의 영적 성장과 성숙을 위해서 쓰여 졌습니다. 더욱이 본 서의 저자가 섬기고 있는 빛과사랑의교회 성도들과 숭실대학교 사회복지대학원 동문·재학생 신우회원들, 그리고 가족, 친인척, 지인들과 함께 수년간 매일 나눴던 말씀과 기도와 찬양 등을 정리하고, 편집하여 '3927 매일기도 어게인'(3927 Everyday Prayer Again)이란 제목으로 출간하게 되었습니다. 책의 내용을 보시면 아시겠지만 구약 39권과 신약 27권, 즉 성경 66권의 하나님의 말씀 가운데 언급되는 기도의 선조들의 모습을 닮아 주님의 말씀대로 준행하는 복된 믿음의 인생 되길 소원하는 마음으로 본 서를 편집하여 저술하였습니다.

더욱이 본 서의 특징은 창세기 1장부터 요한계시록 22장까지 매일 일정분량의 성경말씀을 통독하고, 묵상하여 1년 1독할 수 있도록 한다는데 있습니다. 조금 더 구체적으로 살펴보면, 말씀의 내용과 연관된 찬양으로 시작해서 오늘의 읽을 말씀에 대한 간략한 해설과 오늘의 핵심말씀 등이 수록되어 있으며, 말씀 내용과 연계된 기도로 마무리 되고 있습니다. 또한 제일 아래에는 말씀 붙잡고, 기도하는 가운데 주께서 주신 응답받은 성경말씀과 그 내용들을 바로 적을 수 있도록 개인 메모공간을 제공하고 있습니다. 마음중심으로 소원하기는, 본 서를 읽는 모든 독자 여러분들에게 하나님의 거룩하신 말씀의 은혜가 풍성하게 임하셔서 주님을 알아가며, 닮아가는 새로운 피조물의 역사(고후 5:17)와 더불어 다시금 쓰임 받는 '어게인'(Again)의 역사가 함께 하시길, 간절히 기도드립니다.

목차

추천의 글 … 4
들어가는 글 … 10
성경의 개요 … 16

1. 구약의 '모세오경'에서 빛나는 기도의 선조들 … 20
   1. 창세기
   2. 출애굽기
   3. 레위기
   4. 민수기
   5. 신명기

2. 구약성경의 '역사서'에 담겨진 기도의 선조들 … 81
   1. 여호수아
   2. 사사기
   3. 룻기
   4. 사무엘상
   5. 사무엘하
   6. 열왕기상
   7. 열왕기하
   8. 역대상
   9. 역대하
   10. 에스라
   11. 느헤미야
   12. 에스더

3. '시가서'를 통해 울려 퍼진 신실한 선조들의 기도 … 168
    1. 욥기
    2. 시편
    3. 잠언
    4. 전도서
    5. 아가

4. '예언서'에서 전하는 기도의 선조들 … 227
    1. 이사야
    2. 예레미야
    3. 예레미야애가
    4. 에스겔
    5. 다니엘
    6. 호세아
    7. 요엘
    8. 아모스
    9. 오바댜
    10. 요나
    11. 미가
    12. 나훔
    13. 하박국
    14. 스바냐
    15. 학개
    16. 스가랴
    17. 말라기

5. 신약성경의 '역사서'에서 확인케 되는 예수 그리스도의 기도 … 312
  1. 마태복음
  2. 마가복음
  3. 누가복음
  4. 요한복음
  5. 사도행전

6. 신약의 바울서신들에서 체휼케 되는 사도바울의 기도 … 358
  1. 로마서
  2. 고린도전서
  3. 고린도후서
  4. 갈라디아서
  5. 에베소서
  6. 빌립보서
  7. 골로새서
  8. 데살로니가전서
  9. 데살로니가후서
  10. 디모데전서
  11. 디모데후서
  12. 디도서
  13. 빌레몬서

7. 일반서신서들과 예언서에서 발견케 되는 사도요한의 기도의 발자취 … 386
   1. 히브리서
   2. 야고보서
   3. 베드로전서
   4. 베드로후서
   5. 요한일서
   6. 요한이서
   7. 요한삼서
   8. 유다서
   9. 요한계시록

부록(Optional) … 413
미주 … 425
참고도서 … 428

성경의 개요

• 서론

하나님의 계시를 기록한 성경말씀은 크게 두 부분, 구약성경과 신약성경으로 나눠져 있습니다. 구약성경은 929장으로 구분된 39권의 책으로 구성되어 있으며(창세기~말라기), 그 원본은 히브리어로 기록되었습니다. 신약성경은 260장으로 구분된 27권의 책으로 구성되어 있는데, 모두 헬라어(그리스어)로 기록되었습니다(마태복음~요한계시록).

1. 구약성경을 조금 더 구체적으로 살펴보면, 다음과 같이 4구분의 원칙을 따라서 배열되고 구성됩니다.
    1) 오경: 창세기, 출애굽기, 레위기, 민수기, 신명기 (5권)
    2) 역사서: 여호수아, 사사기, 룻기, 사무엘상, 사무엘하, 열왕기상, 열왕기하, 역대상, 역대하, 에스라, 느헤미야, 에스더 (12권)
    3) 시가서 및 지혜서: 욥기, 시편, 잠언, 전도서, 아가 (5권)
    4) 예언서: 이사야, 예레미야, 예레미야애가, 에스겔, 다니엘, 호세아, 요엘, 아모스, 오바댜, 요나, 미가, 나훔, 하박국, 스바냐, 학개, 스가랴, 말라기 (17권)
2. 신약성경의 양식 분류 및 배열순서는 아래와 같습니다.
    1) 사복음서: 마태복음, 마가복음, 누가복음, 요한복음 (4권)

2) 역사서: 사도행전 (1권)

3) 바울서신: 로마서, 고린도전서, 고린도후서, 갈라디아서, 에베소서, 빌립보서, 골로새서, 데살로니가전서, 데살로니가후서, 디모데전서, 디모데후서, 디도서, 빌레몬서 (13권)

4) 일반서신: 히브리서, 야고보서, 베드로전서, 베드로후서, 요한일서, 요한이서, 요한삼서, 유다서 (8권)

5) 예언서: 요한계시록 (1권)

• 성경은 어떻게 기록되었는가?

학자에 따라 성경책들의 기록 연대에 대한 견해가 다르지만, 우리는 성경이 오랜 기간 하나님의 인도하심에 따라 형성되어왔다는 결론을 쉽게 얻을 수 있습니다. 성경책의 작성과 편집에는 여러 사람들이 관계했고, 그것이 한 권의 책으로 모아지는 데는 1,300년 이상의 세월이 필요했습니다. 구약성경은 기원 전 1,200년부터 기원 전 100년 사이에 기록된 책들이고, 신약성경은 기원 후 1세기 안에 기록된 책들입니다.[1]

그러나 잊어서는 안 될 중요한 사실은 이 사람들이 하나님의 직접적인 인도하심을 받아서 썼다는 것입니다(벧후 1:20-21; 딤후 3:16-17). 성경은 하나님의 말씀입니다. 성경의 모든 말씀 하나하나가 다 '하나님의 감동(영감)'으로 된 것입니다(딤후 3:16). 또 하나의 중대한 사실은 성경은 하나님께서 인간에게 주신 성문(成文)으로 된 유일한 계시(啓示)라는 것입니다.

• 성경의 주제는 무엇인가?

성경은 66권의 책이 모여서 된 것이지만 그 안에는 일관된 주제가 있는

데, 바로 '예수 그리스도'이십니다(눅 24:25-27; 요 5:39). 구약성경이 예수 그리스도에 관한 많은 예언의 말씀들을 기록하고 있는데 반하여, 신약성경은 주님의 오신 사실에 관하여 말씀하고 있습니다.

• **성경의 내용은 무엇인가?**

성경은 세상이 시작된 때로부터 앞으로 새 하늘과 새 땅이 이루어 질 때까지에 관하여 말씀하고 있습니다. 특히 구약성경은 하나님께서 유대인들을 다루신 섭리를 보여 주고 있으며, 예수 그리스도의 오심에 관한 예언을 여러 가지 모습으로 보여주고 있습니다. 또한 신약성경은 예수 그리스도의 생애와 죽으심, 부활하심과 재림 등을 말씀하고 있습니다. 그리고 초대 교회사를 제공해 주고 있으며, 마지막으로 그리스도인의 생활 및 교제를 위한 교훈과 안내를 제시하고 있습니다.

조금 더 구체적으로 살펴보면, 창세기에는 세상의 창조, 죄의 시작, 홍수 심판과 이스라엘 민족의 시작에 관한 말씀이 기록되어 있습니다. 그리고 출애굽기로부터 에스더까지에는 예수 그리스도의 탄생 약 400여 년 전까지의 이스라엘 민족의 역사가 기록되어 있습니다. 욥기로부터 아가서에 이르는 책들 가운데는 놀라운 시와 지혜의 말씀이 있습니다. 이사야서로부터 말라기에 이르는 책들은 예언의 말씀입니다. 즉 이 예언서들은 하나님께서 이스라엘 백성들의 상태와 미래의 운명에 관하여 말씀하신 것입니다.

신약성경은 4복음서로 시작되고 있습니다. 4복음서는 각각 주 예수 그리스도의 생애에 관하여 말씀하고 있습니다. 사도행전에는 초대교회의 역사와 위대한 사도 바울의 생애에 관한 말씀이 기록되어 있습니다. 이어서 로마서로부터 유다서까지의 서신서(書信書)들은 교회 및 개인에게 보낸 편지들인데, 이 안에는 그리스도인의 신앙의 위대한 진리와 그리스도인의 생활에 관한 실제적인 교훈이 기록되어 있습니다. 요한계시록은 미래에 대한 한 가닥의 빛(소망)을 던져 주고 있습니다. 즉 앞으로 하늘과 땅과 지옥에서 반드시 일어날 사건들이 기록되어 있습니다.[2]

1. 구약의 '모세오경'에서 빛나는 기도의 선조들

'오경'(Pentateuch)이란, 성경의 처음 다섯 권에 붙인 명칭입니다. '모세오경'이라고도 불리는 이 책은 유대인 공동체가 가장 으뜸으로 여기는 부분입니다. 히브리어로는 이 책을 '토라'(Torah)라고 부르며, 토라는 전통적으로 '율법'(Law)이라고 번역됩니다. 하나님께서 이스라엘 백성에게 주시는 가르침을 나타낼 때 사용된 특별한 단어인 토라는 본래 '교훈', '가르침', '지침'이라는 뜻입니다.[3] 이와 같은 '모세오경'에서 하나님과 동행하며 늘 교제했던 기도의 선조들은 누구였을까요?

• **아브라함의 기도**

하나님께서 기뻐하시는 기도는 어떤 모습일까요? 그것은 바로 하나님 자신의 기대와 요구가 이루어질 수 있는 기도가 아닐까요? 아브라함은 바로 거기에 초점을 맞추어 '하나님의 자비의 구현'과 '하나님의 공의의 실현'을 위해 주께 간구했습니다.

> "그 성중에 의인 오십 명이 있을지라도 주께서 그곳을 멸하시고 그 오십 의인을 위하여 용서하지 아니하시리이까"(창세기 18:24).

> "주께서 이같이 하사 의인을 악인과 함께 죽이심은 부당하오며 의인과 악인을 같이 하심도 부당하니이다 세상을 심판하시는 이가 정의를 행하실 것이 아니니이까"(창세기 18:25).

• 모세의 기도

모세는 애굽 궁중에서 문무에 탁월했습니다. 그곳에서 빠른 성공, 지성, 사람을 관리하는 기술을 배웠습니다. 그러나 하나님께서 그를 쓰시기 위해 광야로 보내 40년을 훈련시키셨습니다. 모세는 광야학교에서 홀로 '하나님의 음성을 듣는 훈련'을 받았습니다. 모세의 중보기도 내용을 살펴보면 하나님께 '함께할 자를 보내 달라'고 기도했으며, '은총의 표징'을 보여 달라고 기도했습니다.

"모세가 여호와께 아뢰되 보시옵소서 주께서 내게 이 백성을 인도하여 올라가라 하시면서 나와 함께 보낼 자를 내게 지시하지 아니하시나이다 주께서 전에 말씀하시기를 나는 이름으로도 너를 알고 너도 내 앞에 은총을 입었다 하였사온즉 내가 참으로 주의 목전에 은총을 입었사오면 원하건대 주의 길을 내게 보이사 내게 주를 알리시고 나로 주의 목전에 은총을 입게 하시며 이 족속을 주의 백성으로 여기소서"(출애굽기 33:12-13).

1월 1일

☀ 찬양
주 하나님 지으신 모든 세계 – 박종호

📖 오늘의 읽을 말씀
(창세기 1-2장) 우리 주 하나님께서 지으신 모든 세계를 볼 때, 질서 있게 만드신 창조주 하나님의 마음을 체휼하게 됩니다. 혼돈과 공허밖에 없었던 이 세상 가운데, 하나님께서 함께 하시는 일들마다 질서와 기쁨, 충만함과 안식이 있음을 창조의 모습을 통해 다시금 깨닫게 됩니다.

📖 오늘의 핵심말씀
"태초에 하나님이 천지를 창조하시니라"(창세기 1:1). 아멘!

✝ 주께 드리는, 오늘의 기도
혼돈과 공허한 상황 속에서 생명의 말씀으로 우주만물을 창조하신 창조주 하나님~ 하나님의 말씀이 임하시는 곳마다 창조의 질서와 평강의 은혜가 함께 하심을 깨닫고 믿습니다. 대망의 새해를 맞이하여, 주님의 창조의 섭리 가운데 '주님 안에 거하는 복된 한 해'(요 15:1-9)로 인도해 주시길, 예수 그리스도 이름으로 간절히 기도드립니다. 아멘!
May God Bless you always!

✎ 주께서 주신, 기도응답의 말씀

_____
_____
_____
_____
_____
_____
_____
_____

※ 찬양듣기 원하시는 분들은 부록(Optional)을 참조해 주시기 바랍니다.

1월 2일

☀ **찬양**
예수 이름 높이세 - 예수 전도단 3집

📖 **오늘의 읽을 말씀**
(창세기 3-5장) 죄의 시작은 아주 미세한 부분에서부터 유혹해 들어오게 되었습니다. 하와의 헛점을 통해 들어온 죄의 생각과 유혹, 그리고 넘어짐은 자신의 남편인 아담에게까지 연결되어져서 결국 파멸에 이르고 말았던 것입니다. 인류 최초의 가족이 하나님께서 금하신 선악과의 열매를 먹음으로써 불순종이 시작되었고, 에덴동산에서 추방되고 말았습니다. 그들의 죄의 결과는 아담에서 노아에게까지 죄악의 악순환이 거듭되며, 하나님의 심판을 초래하게 되었습니다. 오늘 악한 영들이 우리를 넘어뜨리려 할 때 성령의 검인 하나님의 말씀(엡 6:17)으로 대적하여 넉넉히 승리하는 주님의 기쁨되길 소원드립니다(약 4:7).

📖 **오늘의 핵심말씀**
"셋도 아들을 낳고 그의 이름을 에노스라 하였으며 그 때에 사람들이 비로소 여호와의 이름을 불렀더라"(창세기 4:26). 아멘!
"내 이름으로 불려지는 모든 자 곧 내가 내 영광을 위하여 창조한 자를 오게 하라 그를 내가 지었고 그를 내가 만들었느니라"(이사야 43:7). 아멘!

✚ **주께 드리는, 오늘의 기도**
하나님의 형상대로 사람을 창조하신 사랑의 하나님~ 창조의 목적대로, 하나님을 기쁘시게 하는 영광된 오늘, 그리고 우리의 인생되게 인도해 주시길, 예수 그리스도 이름으로 간절히 기도드립니다. 아멘!
May God Bless you always!

✎ **주께서 주신, 기도응답의 말씀**

_____
_____
_____
_____
_____

1월 3일

☀ 찬양
너는 그리스도의 향기라 – 러브

📖 오늘의 읽을 말씀
(이사야 45:18; 골로새서 1:16) 신·구약을 통해 흘러넘치는 하나님의 창조의 섭리는 진정 놀라울 따름입니다. 창조하시기 전부터 창조하시는 모든 과정과 창조하신 후, 그리고 이 세상이 마치는 그 날까지도 모든 것을 계획하시며, 예비하신 은혜와 크신 사랑은 말로 형용할 수 없을 것입니다. 이처럼 존귀하신 주님의 창조의 섭리를 증거하고 함께 나누며, 하나님께서 우리에게 주신 것들에 대해서 잘 돌보고 책임 있게 관리하기를 오늘도 소망하며 결단합니다.

📖 오늘의 핵심말씀
"대저 여호와께서 이같이 말씀하시되 하늘을 창조하신 이 그는 하나님이시니 그가 땅을 지으시고 그것을 만드셨으며 그것을 견고하게 하시되 혼돈하게 창조하지 아니하시고 사람이 거주하게 그것을 지으셨으니 나는 여호와라 나 외에 다른 이가 없느니라"(이사야 45:18). 아멘!

✝ 주께 드리는, 오늘의 기도
우주만물을 창조하신 창조주 하나님~ 하나님 외에 다른 신들을 생각지 않게 하시며, 이 세상에 그 어떤 것들 보다 우리 구주 예수 그리스도를 가장 사랑하는 보배로운 믿음 안에서 주님의 귀한 향기를 드러내는 그리스도의 편지로 사용해 주시옵소서. 또한 하나님의 창조의 관리자요, 선한 청지기로 오늘도 인도해 주시길, 예수 그리스도 이름으로 간절히 기도드립니다. 아멘! May God Bless you always!

✎ 주께서 주신, 기도응답의 말씀

1월 4일

☀ 찬양
나의 안에 거하라 – 호산나 싱어즈

📖 오늘의 읽을 말씀
(창세기 6-9장) 노아같이 하나님께 선택받는 자녀가 되려면 어떻게 해야 할까요? 그것은 바로 '하나님의 은혜'를 입어야 한다는 사실입니다(창 6:8). 그리고 두 번째로, 노아가 하나님과 동행하였다는 말씀처럼(창 6:9), 노아는 하나님의 뜻에 자신의 뜻을 일치시키기 위해 노력했습니다.[4] 세 번째로, '하나님께서 말씀하신 그대로 준행'해야 한다는 것입니다(창 6:22; 7:5). 또한, 어느 곳에서든지 제단을 쌓는 '예배의 삶'이 되어야 할 줄 깨닫고, 믿습니다(창 8:20-21).

📖 오늘의 핵심말씀
"노아가 여호와께서 자기에게 명하신 대로 다 준행하였더라"(창세기 7:5). 아멘!

✚ 주께 드리는, 오늘의 기도
주의 말씀에 귀 기울여 순종하고, 복종하는 자녀를 기뻐하시는 하나님 아버지~ 믿음의 조상 노아처럼, 우리에게 명하신 주의 말씀대로 준행하기를 소원합니다. 늘 주님 안에 거함으로, 두려움을 이기고 모든 환난에서 벗어나, 주님 주신 기쁨을 누리는 '평강의 날' 되게 인도해 주시길, 예수 그리스도 이름으로 간절히 기도드립니다. 아멘! May God Bless you always!

✎ 주께서 주신, 기도응답의 말씀

1월 5일

☀ 찬양
내가 주인 삼은 – 조수아

📖 오늘의 읽을 말씀
(창세기 10-11장) 홍수로부터 건짐을 받은 자들 일지라도 모든 인간의 마음에는 교만과 불순종이 있음을 바벨탑 사건을 통해 다시금 깨닫게 됩니다. 그러므로 바벨탑의 교만이 두 번 다시 되풀이되지 않기 위해서 늘 깨어서 말씀 붙잡고 기도하되, 하나님께 겸손히 회개함으로 나아가는 우리의 복된 삶 되길 소원합니다.

📖 오늘의 핵심말씀
"그러므로 그 이름을 바벨이라 하니 이는 여호와께서 거기서 온 땅의 언어를 혼잡하게 하셨음이니라 여호와께서 거기서 그들을 온 지면에 흩으셨더라"(창세기 11:9). 아멘!

✝ 주께 드리는, 오늘의 기도
교만한 자를 물리치시고, 겸손한 자에게 은혜를 주시는 여호와 하나님~ 우리가 사랑했던 모든 것(제2의 바벨탑) 내려놓고, 우리의 주인되신 주 앞에 나가 주님만을 가장 사랑하길 소원합니다. 겸손으로 허리를 동이고, 주님 뜻에 순•복하는 오늘의 삶 통해 주님 영광 받으시길, 예수 그리스도 이름으로 간절히 기도드립니다. 아멘! May God Bless you always!

✎ 주께서 주신, 기도응답의 말씀

_____
_____
_____
_____
_____
_____
_____

1월 6일

☀ **찬양**
대단한 믿음 없어도 - 마커스 워십

📖 **오늘의 읽을 말씀**
(창세기 12-14장) 하나님을 신뢰하며, 주의 말씀에 순복했던 믿음의 선조 아브라함은 어느 곳을 가든지 여호와 하나님께 제사(예배)를 최우선으로 드렸습니다(창 12:7,8; 13:18). 이처럼 하나님을 의뢰하는 아브라함과 늘 동행하셔서 형통하게 역사해 주셨는데, 그 대표적인 사례가 바로 사촌 롯을 엘람 왕 그돌라오멜과 그와 함께한 왕들로부터 구해낸 사건이었습니다(창 14:11-16). 또한 아브라함은 변함없는 주의 은혜로 조카 롯을 위해 선대하며, 하나님께 영광 돌리는 삶을 살았습니다(창 13:4-18). 비록 우리에게 아브라함과 같은 대단한 믿음이 없을 지라도 우리 자신을 향한 하나님의 선하신 계획들을 온전히 감당할 소중한 믿음을 허락해 주시길 소원드립니다.

📖 **오늘의 핵심말씀**
"이에 아브람이 여호와의 말씀을 따라갔고 롯도 그와 함께 갔으며 아브람이 하란을 떠날 때에 칠십오 세였더라"(창세기 12:4). 아멘!

✝ **주께 드리는, 오늘의 기도**
대단한 믿음이 없을지라도 주의 말씀을 가볍게 여기지 않는 자를 축복하시는 여호와 하나님~ 하나님의 부르심 앞에 믿음의 본을 보여준 아브람처럼, 하나님의 사랑을 증거할 '행함 있는 믿음의 자녀'로 쓰임 받게 인도해 주시길, 예수 그리스도 이름으로 간절히 기도드립니다. 아멘!
May God Bless you always!

✎ **주께서 주신, 기도응답의 말씀**

---

1. 구약의 '모세오경'에서 빛나는 기도의 선조들

1월 7일

☀ 찬양
하나님 계획은 - 서상권

📖 오늘의 읽을 말씀
(창세기 15-17장) 어떤 두려움이 우리를 가장 두렵게 할까요? 실패의 두려움? 또는 알지 못하는 미지의 두려움? 수년이 지났지만 하나님의 약속이 성취되었다는 어떤 증거도 보이지 않자 아브라함은 조급하게 미련한 행동을 하게 되었습니다. 10년 동안 아들을 기다리던 사라는 아브라함에게 그의 몸종 하갈을 주어서 그녀를 통해 아들 이스마엘을 얻게 되었습니다. 그 당시의 율법과 관습에 따라 그는 사라의 아들로 간주되었지만, 이스마엘의 출생으로부터 배운 고통스런 교훈은 분명하게 다음과 같이 언급할 수 있을 것입니다. 그것은 바로 "하나님의 계획은 반드시 성취되지만, 그 계획을 이루어가는 사람들의 방법이 모두 하나님의 뜻은 아니다"라는 사실인줄 깨닫고 믿습니다.

📖 오늘의 핵심말씀
"아브라함이 엎드려 웃으며 마음속으로 이르되 백 세 된 사람이 어찌 자식을 낳을까 사라는 구십세니 어찌 출산하리요 하고"(창세기 17:17).
"사람이 마음으로 자기의 길을 계획할지라도 그의 걸음을 인도하시는 이는 여호와시니라"(잠언 16:9). 아멘!

✞ 주께 드리는, 오늘의 기도
우리들의 연약한 믿음을 탓하지 않으시고, 끝까지 인내하시며 사랑하시고 축복하시는 여호와 하나님~ 오늘 우리의 모든 여정 속에 우리를 향하신 하나님의 뜻과 계획이 온전히 이루어지는 하나님의 크신 은혜가 함께 하시길, 예수 그리스도 이름으로 간절히 기도드립니다. 아멘!
May God Bless you always!

✎ 주께서 주신, 기도응답의 말씀
_____
_____
_____

1월 8일

☀ 찬양
전능하신 나의 주 하나님은 - 에이맨

📖 오늘의 읽을 말씀
(창세기 18-20장) 나이 많아 경수가 끊어진 사라를 통해서도 아들 이삭을 출산케 하시는 하나님을 바라보면서 '여호와께 능하지 못한 일이 결코 없음'을 깨닫게 됩니다. 사망권세 이기시고, 부활하신 주님께서 감당하지 못하실 일이 무엇이 있겠습니까? 주 안에서 늘 형통할 수 있음을 믿음으로 고백합니다. 그리고 매일 불가능을 가능케 하시는 하나님의 진리의 말씀을 붙들고, 하나님의 선하신 뜻 안에서 우리가 바라며 소망하는 기적을 주께 간구할 수 있길 소원합니다.

📖 오늘의 핵심말씀
"여호와께 능하지 못한 일이 있겠느냐 기한이 이를 때에 내가 네게로 돌아오리니 사라에게 아들이 있으리라"(창세기 18:14). 아멘!
"예수께서 이르시되 할 수 있거든이 무슨 말이냐 믿는 자에게는 능히 하지 못할 일이 없느니라 하시니"(마가복음 9:23). 아멘!

✝ 주께 드리는, 오늘의 기도
전지전능하신 여호와 하나님~ 너무도 연약한 저희들에게 '하나님의 은혜와 사랑, 그리고 믿음'을 허락해 주셔서 너무나 감사합니다. 하나님의 약속의 말씀을 붙잡고 주께 간구하옵기는 '하나님의 사랑'을 밝히 드러내 증거할 수 있는 '믿음의 보배로운 그릇들'로 오늘도 사용해 주시기를, 예수 그리스도 이름으로 간절히 기도드립니다. 아멘!
May God Bless you always!

✎ 주께서 주신, 기도응답의 말씀

_____
_____
_____
_____

1월 9일

☀ 찬양
축복의 통로 - 조수아

📖 오늘의 읽을 말씀
(히브리서 8:6-12; 갈라디아서 3:6-9) 오늘 읽을 성경말씀을 통해서 '믿음의 축복'이 정말 귀하다는 사실을 깨닫게 됩니다. "믿음으로 말미암는 자들은 아브라함의 자손이며, 믿음이 있는 자들은 아브라함과 함께 복을 받으리라"는 말씀을 마음 속 깊이 되새기며, 오늘도 복음의 통로로 아름답게 쓰임받는 우리 모두 되길 마음중심으로 소원합니다.

📖 오늘의 핵심말씀
"...내 법을 그들의 생각에 두고 그들의 마음에 이것을 기록하리라 나는 그들에게 하나님이 되고 그들은 내게 백성이 되리라"(히브리서 8:10). 아멘!
"아브라함이 하나님을 믿으매 그것을 그에게 의로 정하셨다 함과 같으니라 그런즉 믿음으로 말미암은 자들은 아브라함의 자손인 줄 알지어다 또 하나님이 이방을 믿음으로 말미암아 의로 정하실 것을 성경이 미리 알고 먼저 아브라함에게 복음을 전하되 모든 이방인이 너로 말미암아 복을 받으리라 하였느니라 그러므로 믿음으로 말미암은 자는 믿음이 있는 아브라함과 함께 복을 받느니라"(갈라디아서 3:6-9). 아멘!

✝ 주께 드리는, 오늘의 기도
만복의 근원이신 여호와 하나님~ 믿음의 선조인 아브라함의 믿음을 온전히 계승할 수 있도록 하나님의 은혜를 허락해 주시니 너무나 감사합니다. 이 시간 마음중심으로 소원하옵기는, 받은바 은혜에 감격하여 온 세상 만민에게 복음을 전하는 축복의 통로로 사용해 주시길, 예수 그리스도 이름으로 간절히 기도드립니다. 아멘! May God Bless you always!

✎ 주께서 주신, 기도응답의 말씀

1월 10일

☀ 찬양
신실하신 하나님 – 손영진

📖 오늘의 읽을 말씀
(창세기 21-24장) 아브라함과 사라의 삶의 정점은 기적적으로 낳은 이삭의 출생 사건이었습니다. 그러나 하나님께서 이삭을 바치라는 명령의 말씀 앞에서 한 마디의 대꾸도 없이 그대로 순복하였습니다. 이와 같은 모습 속에서 그가 하나님을 얼마나 경외하는지 다시금 깨닫게 됩니다. 오늘 우리도 아브라함의 믿음을 이어받아 신실하신 하나님의 말씀대로 준행하는 복된 날 되길 소원합니다.

📖 오늘의 핵심말씀
"여호와께서 말씀하신 대로 사라를 돌보셨고 여호와께서 말씀하신 대로 사라에게 행하셨으므로 사라가 임신하고 하나님이 말씀하신 시기가 되어 노년의 아브라함에게 아들을 낳으니"(창세기 21:1-2). 아멘!

✚ 주께 드리는, 오늘의 기도
약속을 지키시는 신실하신 여호와 하나님~ 주께서 약속하신 말씀을 붙잡고 기도하며 말씀에 순복하는 모든 주님의 자녀들에게, 하나님께서 약속하신 말씀대로 기도의 응답이 이루어지는 축복된 오늘과 우리 인생 되길, 예수 그리스도 이름으로 간절히 기도드립니다. 아멘!
May God Bless you always!

✎ 주께서 주신, 기도응답의 말씀

1월 11일

☀ 찬양
이삭의 축복 - 클래식 콰이어

📖 오늘의 읽을 말씀
(창세기 25-26장) 아브라함이 죽은 후에도 그에게 주신 하나님의 약속들은 그의 아들 이삭과 그의 쌍둥이 손자인 에서와 야곱에게도 계속해서 확실하게 살아있었습니다. 더욱이 하나님께 축복받는 비결은 주의 말씀에 순종하고 복종하여 삶 속에서 하나님의 말씀대로 사는 것임을 깨닫고 믿습니다(창 26:4-5, 12-13). 이 진리는 너무도 어려워 보이지만, 반면에 단순한 정도(The right path)임을 믿음으로 고백합니다.

📖 오늘의 핵심말씀
"이삭이 거기서 옮겨 다른 우물을 팠더니 그들이 다투지 아니하였으므로 그 이름을 르호봇이라 하여 이르되 이제는 여호와께서 우리를 위하여 넓게 하셨으니 이 땅에서 우리가 번성하리로다 하였더라"(창세기 26:22). 아멘!

✝ 주께 드리는, 오늘의 기도
치열한 삶의 여정 속에서도 늘 동행하셔서 선으로 악을 이길 수 있도록 인도하시는 여호와 하나님~ 오늘 주신 귀한 말씀처럼, '르호봇의 화평과 축복'이 임하는 복된 날 되기를, 예수 그리스도 이름으로 간절히 기도드립니다. 아멘! May God Bless you always!

✎ 주께서 주신, 기도응답의 말씀

1월 12일

☀ 찬양
야곱의 축복 – 김인식 작사/곡

📖 오늘의 읽을 말씀
(창세기 27-31장) 오늘의 읽을 말씀에서는 야곱을 소개하고 있습니다. 그의 아버지 이삭으로부터 축복의 기도를 받은 그대로 야곱은 하나님께서 함께 하심으로 보호하심과 인도하심, 그리고 형통한 축복을 누리게 되었습니다. 또한 야곱에게 복 주시고자 함께 하신 하나님께서 야곱과 함께한 자들에게도 축복해 주시는 하나님의 마음을 확인케 됩니다. 오늘 우리에게도 믿음의 선조인 야곱처럼 하나님께서 동행해 주셔서 주의 사랑을 전하는 축복의 통로로 쓰임받기를 마음중심으로 소원합니다.

📖 오늘의 핵심말씀
"하나님은 하늘의 이슬과 땅의 기름짐이며 풍성한 곡식과 포도주를 네게 주시기를 원하노라 만민이 너를 섬기고 열국이 네게 굴복하리니 네가 형제들의 주가 되고 네 어머니의 아들들이 네게 굴복하며 너를 저주하는 자는 저주를 받고 너를 축복하는 자는 복을 받기를 원하노라"(창세기 27:28-29). 아멘!

✝ 주께 드리는, 오늘의 기도
만복의 근원이신 여호와 하나님~ 믿음의 선조, 야곱의 믿음을 온전히 계승하여 하나님께서 주시는 축복을 누리는 인생되게 하옵시며, 받은 축복들(물질, 리더십, 영적인 축복 등)을 통하여 하나님께 더욱 영광 올려 드리는 복된 오늘, 그리고 매일의 삶 되게 인도해 주시길, 예수 그리스도 이름으로 간절히 기도드립니다. 아멘! May God Bless you always!

✎ 주께서 주신, 기도응답의 말씀

1월 13일

☀ 찬양
코람데오 – 임하네 선교사

📖 오늘의 읽을 말씀
(창세기 32-36장) 하나님의 섭리 가운데 야곱과 에서는 극적인 상봉과 화해를 하게 되었습니다. 고향으로 돌아온 야곱에게 다시 축복해 주시는 하나님의 인도하심을 바라보며 복의 근원이 주께로부터 시작됨을 깨닫게 됩니다(창 35:9-15). 하나님의 백성인 야곱에게 복에 복을 흔들어 넘치도록 부어주시는 하나님의 마음을 체휼하면서 모든 복과 관계의 근원이시며, 중심이신 하나님께 삶의 예배를 통해 주님과 동행하는 복된 날 되길 소원합니다.

📖 오늘의 핵심말씀
"야곱이 이에 자기 집안 사람과 자기와 함께 한 모든 자에게 이르되 너희 중에 있는 이방 신상들을 버리고 자신을 정결하게 하고 너희들의 의복을 바꾸어 입으라 우리가 일어나 벧엘로 올라가자 내 환난 날에 내게 응답하시며 내가 가는 길에서 나와 함께 하신 하나님께 내가 거기서 제단을 쌓으려 하노라 하매"(창세기 35:2-3). 아멘!

✝ 주께 드리는, 오늘의 기도
만복의 근원이신 여호와 하나님~ 우리의 분주한 삶 속에 스며들어 있는 우상들을 버리고, '벧엘의 하나님'을 바라보게 하옵소서. 주님~ 우리가 하나님 앞에 서 있는 존재임을 기억하면서 하나님을 예배함으로, 야곱처럼 복을 누리는 오늘 되게 인도해 주시길, 예수 그리스도 이름으로 간절히 기도드립니다. 아멘! May God Bless you always!

✎ 주께서 주신, 기도응답의 말씀

1월 14일

☀ 찬양
예수, 늘 함께 하시네 – 마커스 워십

📖 오늘의 읽을 말씀
(창세기 37-40장) 오늘의 읽을 말씀에서는 다음 세대, 즉 꿈의 사람 요셉에게 초점을 맞추고 있습니다. 그에게 역사하신 하나님의 인도하심은 그 때와 장소가 얼마나 정확하게 들어맞는지 놀라울 따름입니다. 주님께로부터 온전하게 쓰임 받았던 요셉에게는 늘 하나님의 형통하심이 있었습니다. 그러므로 하나님의 계획과 섭리는 우리의 생각으로 상상할 수 없음을 다시금 깨닫고 믿으며, 하나님께서 함께 하시므로 형통했던 요셉의 축복이 우리의 축복되길 소망합니다.

📖 오늘의 핵심말씀
"여호와께서 요셉과 함께 하시므로 그가 형통한 자가 되어 그의 주인 애굽 사람의 집에 있으니 그의 주인이 여호와께서 그와 함께 하심을 보며 또 여호와께서 그의 범사에 형통하게 하심을 보았더라"(창세기 39:2-3). 아멘!

✝ 주께 드리는, 오늘의 기도
우리의 생사화복을 주관하시는 여호와 하나님~ 여호와께서 믿음의 선조, 요셉과 함께 하시므로 형통한 자가 되었던 것처럼, 오늘 우리의 모든 상황 속에서 동행해 주셔서 범사에 형통한 축복을 감사함으로 누리며, 주님의 은혜와 사랑을 증거하는 복된 날 되게 인도해 주시길, 예수 그리스도 이름으로 간절히 기도드립니다. 아멘! May God Bless you always!

✎ 주께서 주신, 기도응답의 말씀

1월 15일

☀ 찬양
나 주님의 기쁨되기 원하네 - 호산나 싱어즈

📖 오늘의 읽을 말씀
(창세기 41-44장) 하나님께서 애굽의 바로 왕에게 주신 난해한 꿈으로 인해 술 맡은 관원장은 요셉을 다시 기억하게 되어 왕에게 말하였고, 바로가 사람을 보내어 감옥에서 그를 불러내었습니다. 이에 요셉은 하나님께서 주신 통찰과 해석으로 꿈을 온전히 풀어내었고, 이로 말미암아 죄수의 신분에서 총리의 자리에 오르게 되었습니다. 더욱이 모든 영광을 하나님께 올려 드리는 요셉의 모습을 보면서 하나님께서 함께 하시는 주의 종의 삶을 마음 속 깊이 깨닫게 됩니다.

📖 오늘의 핵심말씀
"바로가 요셉에게 이르되 내가 한 꿈을 꾸었으나 그것을 해석하는 자가 없더니 들은즉 너는 꿈을 들으면 능히 푼다 하더라 요셉이 바로에게 대답하여 이르되 내가 아니라 하나님께서 바로에게 편안한 대답을 하시리이다"(창세기 41:15-16/ 구약 p.63). 아멘!

✝ 주께 드리는, 오늘의 기도
찬양과 영광 받으시기에 합당하신 여호와 하나님~ 범사에 요셉처럼 하나님을 높여 드리며, 오늘도 변함없이 주님의 이름으로 선한 일을 행하는 '주님의 기쁨'될 수 있길, 예수 그리스도 이름으로 간절히 기도드립니다. 아멘! May God Bless you always!

✎ 주께서 주신, 기도응답의 말씀

1월 16일

☀ 찬양
여호와는 나의 목자시니 - 김수진

📖 오늘의 읽을 말씀
(창세기 45-47장) 요셉은 그의 형들에게 자신의 신분과 정체를 밝히면서 아버지 야곱과 모든 친족들이 지체 말고 애굽으로 올 것을 강권하였습니다. 이에 야곱은 아브라함에게 주신 하나님의 약속의 말씀에 따라 그의 가족들과 함께 고센으로 이주하게 되었습니다. 하나님을 경외하는 야곱과 요셉의 미래를 미리 아시고, 가장 좋은 길로 인도하시는 주님의 섭리가 오늘 우리의 삶의 여정 가운데도 함께 하시길 소원합니다.

📖 오늘의 핵심말씀
"하나님이 큰 구원으로 당신들의 생명을 보존하고 당신들의 후손을 세상에 두시려고 나를 당신들보다 먼저 보내셨나니"(창세기 45:7). 아멘!

✝ 주께 드리는, 오늘의 기도
선한 목자되신 우리 주님~ 세상에서 방황하며 어디로 가야할지 몰라 헤매이는 영혼들의 갈급함을 미리 아시고, 푸른 풀밭 좋은 길로 이끌어 주시옵소서. 주님~ 하나님의 계획과 섭리 가운데 오늘도 후회함이 없는 은혜와 평강의 길로 우리를 인도해 주시길, 예수 그리스도 이름으로 간절히 기도드립니다. 아멘! May God Bless you always!

✎ 주께서 주신, 기도응답의 말씀

1월 17일

☀ 찬양
주만 의지해 – 마커스 워십

📖 오늘의 읽을 말씀
(창세기 48-50장) 오늘의 읽을 말씀에서는 야곱과 요셉의 죽음, 그리고 그들의 장사 등 마지막 행적을 기록하고 있습니다. 임종하는 순간까지도 하나님 중심으로 축복하는 야곱과 요셉의 믿음의 삶을 바라보며 진정으로 축복받을 수밖에 없는 이유를 확인케 됩니다. 오늘 우리에게 허락하신 삶 속에서도 믿음의 선조인 야곱과 요셉처럼 축복의 통로로 아름답게 쓰임 받는 우리 모두 되길 마음중심으로 소망해 봅니다.

📖 오늘의 핵심말씀
"당신들은 나를 해하려 하였으나 하나님은 그것을 선으로 바꾸사 오늘과 같이 많은 백성의 생명을 구원하게 하시려 하셨나니"(창세기 50:20). 아멘!

✞ 주께 드리는, 오늘의 기도
우리를 선한 길로 인도하시는 참 좋으신 여호와 하나님~ 오늘도 악에게 지지 않고 선으로 악을 이기는 주님의 섭리와 사랑이 온종일 충만하기를, 예수 그리스도 이름으로 간절히 기도드립니다. 아멘!
May God Bless you always!

✎ 주께서 주신, 기도응답의 말씀

1월 18일

☀ 찬양
여호와는 네게 복을 - 조수아

📖 오늘의 읽을 말씀
(출애굽기 1-2장) 요셉과 그의 모든 형제와 그 시대의 사람들은 다 죽었고, 이스라엘 자손은 생육하고 불어나 번성하고 매우 강하여 온 땅에 가득하게 되었습니다. 이에 그들의 존재는 요셉을 알지 못하는 애굽의 새 왕에게 위협적이었습니다. 그래서 그는 모든 히브리족속의 새로 태어난 남자 아이들을 죽이려는 흉악한 계획을 세웠지만, 하나님을 경외하는 산파들(십브라, 부아)에 의해 좌절되었습니다. 또한 이들을 통해 모세가 보호되었고, 그 후에 애굽의 왕자로서 최고의 교육을 받으며 준비하게 되어졌습니다. 그러므로 이 모든 섭리는 하나님의 크신 계획안에 있음을 깨닫습니다. 그리고 하나님을 경외하는 자를 흥왕케 하시고, 그 집안까지도 번성케 하시는 하나님의 마음을 다시금 체휼케 됩니다.

📖 오늘의 핵심말씀
"하나님이 그 산파들에게 은혜를 베푸시니 그 백성은 번성하고 매우 강해지니라 그 산파들은 하나님을 경외하였으므로 하나님이 그들의 집안을 흥왕하게 하신지라"(출애굽기 1:20-21/ 구약 p.82). 아멘!

✝ 주께 드리는, 오늘의 기도
살아서 역사하시는 여호와 하나님~ 오늘 하루의 문을 열고 주를 경외함으로 나아갈 때에 히브리 산파에게 임하셨던 하나님의 축복이 우리 가운데도 함께 하셔서, 하나님을 온전히 기쁘시게 해 드리는 은혜로운 인생되게 인도해 주시길, 예수 그리스도 이름으로 간절히 기도드립니다. 아멘!
May God Bless you always!

✎ 주께서 주신, 기도응답의 말씀
_____
_____
_____
_____

1월 19일

☀ 찬양
사람을 보며 세상을 볼 땐 - 호산나 싱어즈

📖 오늘의 읽을 말씀
(출애굽기 3-6장) 모세는 미디안 광야에서의 오랜 도피생활 가운데 이스라엘 백성들을 애굽의 속박에서 구출해내라는 하나님의 부르심(calling)과 사명을 받게 되었습니다. 그러나 너무나도 확신이 없었던 모세에게 여호와께서 기사와 이적으로 역사하셨으며, 그에게 능력을 주셔서 바로와 만나 하나님의 말씀을 담대히 전하도록 인도하시는 모습을 보게 됩니다. 이처럼 낙담한 목자였던 모세를 일으켜 세우신 하나님께서는 우리의 어려운 상황에서도 그렇게 하실 줄 깨닫고 믿습니다. 언제나 동일하시고 변함없으신 여호와 하나님을 신뢰하여 오늘도 주의 말씀대로 준행하는 은혜로운 승리의 날 되길 소원합니다.

📖 오늘의 핵심말씀
"하나님이 모세에게 이르시되 나는 스스로 있는 자이니라..."(출애굽기 3:14). 아멘!

✝ 주께 드리는, 오늘의 기도
자존하시고 자족하시며 영원하신 여호와 하나님~ 하나님께서는 피조된 존재가 아니시고, 영원 전부터 영원 후까지 계시는 분이시며, 어떤 것에도 의존하지 않으시고 스스로 계신 분이심을 깨닫고 믿습니다. 오늘도 다시금 자존자이신 여호와 하나님만을 신뢰하며, 예수향기 날리는 만족한 날 되길, 예수 그리스도 이름으로 간절히 기도드립니다. 아멘!
May God Bless you always!

✎ 주께서 주신, 기도응답의 말씀
_____
_____
_____
_____

1월 20일

☀ 찬양
때를 얻든지 못 얻든지 - 주리

📖 오늘의 읽을 말씀
(출애굽기 7-10장) 오늘의 읽을 말씀에서는 애굽에 대한 9가지 재앙들을 확인할 수 있습니다. 하나님께서는 애굽의 바로왕에게 순복의 중요성을 가르치시며, 모든 백성들에게 여호와이심을 알게 하시기 위해 국가적인 재앙을 보내셨던 것입니다. 그러므로 다시금 깨닫는 것은 하나님의 말씀에 순복하는 것이 생명의 길이라는 사실입니다. 오늘도 주의 말씀대로 준행하여 하나님을 기쁘시게 하는 우리 모두 되길 소원합니다.

📖 오늘의 핵심말씀
"네게 내가 애굽에서 행한 일들 곧 내가 그들 가운데에서 행한 표징을 네 아들과 네 자손의 귀에 전하기 위함이라 너희는 내가 여호와인 줄을 알리라"(출애굽기 10:2). 아멘!

✞ 주께 드리는, 오늘의 기도
살아서 역사하시는 전지전능하신 여호와 하나님~ 때를 얻든지 못 얻든지 주께서 행하신 일들을 세상에 증거하는 복된 오늘, 그리고 우리의 인생되게 인도해 주시길, 예수 그리스도 이름으로 간절히 기도드립니다. 아멘!
May God Bless you always!

✎ 주께서 주신, 기도응답의 말씀

1. 구약의 '모세오경'에서 빛나는 기도의 선조들

1월 21일

☀ 찬양
보혈을 지나 - 호산나 싱어즈

📖 오늘의 읽을 말씀
(출애굽기 11-12장) 하나님께서 애굽에 내리신 아홉 가지의 재앙들에 항복하지 않고, 바로는 계속적으로 자신의 약속을 파기하였습니다. 그러나 모든 애굽 사람의 가정에 있는 사람과 동물의 초 태생(장자)의 죽음(열 번째 재앙)으로 말미암아 바로에게서 해방되어 이스라엘은 출애굽을 시작하게 되었습니다. 이와 같은 재앙에도 불구하고 어린 양의 피로 인해 이스라엘 백성들이 구원받았듯이, 예수 그리스도의 피로 우리의 모든 죄가 사해지고 구원받게 되었습니다. 그 구원의 은혜로 충만하여 오늘도 변함없이 감격적인 복음을 증거하는 복된 발걸음 되길 소원합니다.

📖 오늘의 핵심말씀
"내가 애굽 땅을 칠 때에 그 피가 너희가 사는 집에 있어서 너희를 위하여 표적이 될지라 내가 피를 볼 때에 너희를 넘어가리니 재앙이 너희에게 내려 멸하지 아니하리라"(출애굽기 12:13). 아멘!

✚ 주께 드리는, 오늘의 기도
사랑과 은혜가 풍성하신 여호와 하나님~ 물과 피를 다 흘리시며 죽기까지 사랑하신 십자가 보혈의 능력 의지하여 오늘도 주 안에서 승리하는 복된 날 되길, 예수 그리스도 이름으로 간절히 기도드립니다. 아멘!
May God Bless you always!

✎ 주께서 주신, 기도응답의 말씀

1월 22일

☀ 찬양
나의 힘이 되신 여호와여 – 김정석

📖 오늘의 읽을 말씀
(출애굽기 13-15장) 이스라엘 백성들이 떠나도록 허락했던 바로는 다시 마음이 강퍅해져서 그의 군대를 보내 모세와 이스라엘을 추격합니다. 뒤에는 애굽의 군대, 그리고 앞에는 홍해 사이에서 하나님께 간절히 부르짖을 때 홍해는 갈라져서 백성들은 무사히 건너게 되고, 애굽 군대는 홍해 가운데 수장되어 버렸습니다. 이처럼 우리 하나님께서는 전지전능하신 분이심을 깨닫고 믿습니다. 또한 자신의 백성들과 언제나 함께 하시고, 끝까지 보호하시는 하나님의 존귀하신 마음을 다시 한 번 체휼케 됩니다. 오늘도 늘 주님과 동행하며, 여호와 닛시 하나님을 찬양하는 기쁨의 날 되길 소망합니다.

📖 오늘의 핵심말씀
"여호와는 나의 힘이요 노래시며 나의 구원이시로다 그는 나의 하나님이시니 내가 그를 찬송할 것이요 내 아버지의 하나님이시니 내가 그를 높이리로다"(출애굽기 15:2). 아멘!

✝ 주께 드리는, 오늘의 기도
나의 힘이 되신 여호와 하나님~ 오늘도 무시로 주님을 의지하며, 늘 주를 찬양하고, 범사에 주님을 높이는 복된 날 되게 인도해 주시길, 예수 그리스도 이름으로 간절히 기도드립니다. 아멘! May God Bless you always!

✏ 주께서 주신, 기도응답의 말씀

1월 23일

☀ 찬양
나의 몸을 산제사로 - 예배인도자 컨퍼런스

📖 오늘의 읽을 말씀
(로마서 12장 1-2절) '거룩한 산 제물'이라는 말은 우리를 위해 하나님께서 행하신 일의 핵심인 **'구속'**(redeem)과 연결되어 있습니다. 그것은 바로 '돈을 지불하고 놓아주다'라는 의미를 가지고 있습니다.[5] 더욱이 하나님께서는 그 과정에 대하여 유월절 어린양을 들어 설명하고 계십니다. 즉 점 없고 흠 없는 제물인 유월절 어린양이 그 피를 흘려, 그 피가 덮어 줌으로써 죽음의 천사가 하나님의 백성을 지나간다는 것입니다. 그 죄 없는 죽음이 바로 구속을 위하여 요구되어진 대가인줄 깨닫고 믿습니다. 이처럼 예수 그리스도께서 죄로부터 우리를 해방시키기 위해서 요구되어진 값을 지불하셨고, 우리는 이로 인하여 영원토록 하나님의 자녀가 되게 하셨습니다. 할렐루야! 그러므로 기도할 때마다 하나님께서 우리를 구속해주신 것에 대해 감사드리며, 이 놀라운 구속의 은혜와 간증을 함께 나누고 증거하는 복된 날 되길 소원합니다.

📖 오늘의 핵심말씀
"그러므로 형제들아 내가 하나님의 모든 자비하심으로 너희를 권하노니 너희 몸을 하나님이 기뻐하시는 거룩한 산 제물로 드리라 이는 너희가 드릴 영적 예배니라 너희는 이 세대를 본받지 말고 오직 마음을 새롭게 함으로 변화를 받아 하나님의 선하시고 기뻐하시고 온전하신 뜻이 무엇인지 분별하도록 하라"(로마서 12:1-2). 아멘!

✝ 주께 드리는, 오늘의 기도
주께 드리는 거룩한 산제사를 기쁘게 받으시는 하나님 아버지~ 오늘도 생활의 각 처소에서 주님의 향기를 내는 작은 예수들로 살아내는 '거룩한 산 제물'되게 인도해 주시길, 예수 그리스도 이름으로 간절히 기도드립니다. 아멘! May God Bless you always!

✎ 주께서 주신, 기도응답의 말씀

_____
_____
_____

1월 24일

☀ 찬양
여호와 닛시 - 시와 그림

📖 오늘의 읽을 말씀
(출애굽기 16-18장) 이스라엘이 애굽을 떠나면서 누렸던 자유의 기쁨과 출애굽의 흥분은 여행의 불편함과 고통 때문에 금새 사라져버리고 오히려 불평으로 바뀌고 말았습니다. 그럼에도 불구하고 신실하신 하나님께서는 만나와 메추라기, 그리고 마실 물을 공급해 주셨습니다. 또한 이스라엘은 첫 싸움에서 승리할 뿐만 아니라 하나님께서 인도하신 모세의 장인 이드로의 조언에 따라 모세는 그의 책임을 대신할 지도자들(천부장, 백부장, 오십부장, 십부장)을 세워 지혜롭게 위임하였습니다. 이처럼 우리도 주님 사역의 동역자가 되어 불평이 아닌 감사함으로 여호와 닛시 하나님께 영광 돌리는 기쁨의 날 되길 소망합니다.

📖 오늘의 핵심말씀
"모세가 제단을 쌓고 그 이름을 여호와 닛시라 하고 이르되 여호와께서 맹세하시기를 여호와가 아말렉과 더불어 대대로 싸우리라 하셨다 하였더라"(출애굽기 17:15-16). 아멘!

✞ 주께 드리는, 오늘의 기도
승리로운 삶을 통해 영광 받으시기에 합당하신 여호와 닛시 하나님~ 아말렉과 같은 세상의 적들과 살아갈 때에 결단코 불평이나 포기치 않고, 여호와 닛시 하나님만을 의지하여 승리하는 복된 날되게 인도해 주시길, 예수 그리스도 이름으로 간절히 기도드립니다. 아멘! May God Bless you always!

✎ 주께서 주신, 기도응답의 말씀

_____

_____

_____

_____

_____

1. 구약의 '모세오경'에서 빛나는 기도의 선조들

1월 25일

☀ 찬양
새로운 계명을 – 제이어스

📖 오늘의 읽을 말씀
(출애굽기 19-20장) 시내산에서 모세는 이스라엘 백성들이 순종하기로 약속했던 율법인 십계명을 하나님께로부터 받았습니다. 그 십계명 가운데 1-4계명은 하나님과의 관계와 관련된 계명이고, 5-10계명은 사람 즉 이웃과의 관계와 관련된 계명입니다. 더욱이 예수 그리스도께서는 하나님을 사랑하는 것과 내 자신을 사랑하듯 이웃을 사랑하는 것이 십계명의 핵심이라고 말씀하셨습니다(마 22:37-40). 그러므로 오늘 하루 어떻게 십계명을 우리의 삶 가운데 되새기며, 실천할 수 있을까요?

📖 오늘의 핵심말씀
"나를 사랑하고 내 계명을 지키는 자에게는 천 대까지 은혜를 베푸느니라"(출애굽기 20:6). 아멘!

✝ 주께 드리는, 오늘의 기도
자비로우신 여호와 하나님~ 포기하지 않고 끝까지 주의 말씀에 순종하며 복종하는 오늘의 삶을 통해 주여 영광받으시오며, 천대까지 이르는 하나님의 크신 은혜가 우리 가운데 함께 하여 주시길, 예수 그리스도 이름으로 간절히 기도드립니다. 아멘! May God Bless you always!

✏ 주께서 주신, 기도응답의 말씀

1월 26일

☀ 찬양
나는 예배자입니다 – 신승희

📖 오늘의 읽을 말씀
(출애굽기 21-24장) 하나님께서는 시내산에서 모세에게 십계명만이 아니라 광범위한 민법과 의식법들도 주셨습니다. 특히 레위족과 제사장들, 예배와 절기들, 헌물과 제물들에 관하여 상세하게 다루어지고 있습니다. [6] 또한 여러 법들 가운데 나그네를 압제하지 말며, 과부나 고아를 해롭게 하지 말라는 도덕법은 다시금 마음에 새겨둘 귀한 섬김의 법임을 깨닫습니다.

📖 오늘의 핵심말씀
"너는 무교병의 절기를 지키라 내가 네게 명령한 대로 아빕월의 정한 때에 이레 동안 무교병을 먹을지니 이는 그 달에 네가 애굽에서 나왔음이라 빈 손으로 내 앞에 나오지 말지니라"(출애굽기 23:15). 아멘!

✞ 주께 드리는, 오늘의 기도
신령과 진정으로 드리는 예배 가운데 함께 하시는 아버지 하나님~ 예배의 소중함을 마음에 품고, 가나안 땅을 향해 출애굽했던 믿음의 선조 모세와 이스라엘 백성들처럼, 주 바라기의 믿음으로 올려 드리는 '삶의 예배'를 통해 예수 향기 드날리는 기쁨의 날 되길, 예수 그리스도 이름으로 간절히 기도드립니다. 아멘! May God Bless you always!

✎ 주께서 주신, 기도응답의 말씀

1월 27일

☀ 찬양
임재(하늘의 문을 여소서) - 시와 그림

📖 오늘의 읽을 말씀
(출애굽기 25-27장; 히브리서 8-10장) 시내산에 있는 동안 모세는 하나님께로부터 이스라엘의 예배처가 될 '성막'의 청사진과 같은 상세한 규례를 지시받았습니다. 또한 여호와께서 모세에게 말씀하여 이르시되 성소를 지을 예물은 기쁜 마음으로 드릴 것을 명하셨습니다(출 25:2). 그러므로 기쁜 마음으로 드리는 예물이란, 인색한 마음이나 억지로 내는 것이 아닌 기뻐하며 자원하는 마음으로 즐겨 내는 예물을 말씀합니다(고후 9:7). 하나님께서는 이렇게 드리는 예물을 받으시고, 이를 통해 성막을 짓는 일과 같은 거룩한 일들을 하시기 원하신다는 사실입니다. 그리고 무엇보다 우리 자신이 하나님의 가장 기뻐하시는 제물임을 기억하고(롬 12:1), 거룩한 삶을 통해 하나님께 영광 돌리기를 힘쓰는 우리 모두 되길 마음중심으로 소원합니다.

📖 오늘의 핵심말씀
"무릇 내가 네게 보이는 모양대로 장막을 짓고 기구들도 그 모양을 따라 지을지니라"(출애굽기 25:9). 아멘!
"그러므로 형제들아 우리가 예수의 피를 힘입어 성소에 들어갈 담력을 얻었나니"(히브리서 10:19). 아멘!

✝ 주께 드리는, 오늘의 기도
광야 길의 예배처인 성막을 통하여 주의 백성을 만나셨던 거룩하신 여호와 하나님~ 우리가 예수의 피를 힘입어 영광스러운 하나님의 임재 가운데 나아가며, 그 축복을 다른 사람에게도 전하는 복된 날 되게 인도해 주시길, 예수 그리스도 이름으로 간절히 기도드립니다. 아멘!
May God Bless you always!

✎ 주께서 주신, 기도응답의 말씀
_____
_____
_____

1월 28일

✹ 찬양
보혈을 지나 – 호산나 싱어즈

📖 오늘의 읽을 말씀
(히브리서 10:1-39) 모세 시대의 성막은 이스라엘 백성들의 예배처였으며, 하나님께서 자기 백성을 만나시는 장소의 역할을 했습니다. 또한 성막은 우리가 예수 그리스도의 보혈을 통하여 하나님께 온전히 나아가는 것을 상징하기도 합니다. 즉 우리 자신들의 죄로 인해 거룩하신 하나님께 나아갈 수 없었으나 예수 그리스도의 보혈의 피로 말미암아 우리 죄가 씻음 받고, 하나님과 친밀하게 교제하기 위하여 담대하게 지성소로 들어갈 수 있게 되었습니다. 할렐루야! 이처럼 우리의 희생양이시며, 영원한 대제사장이신 주님을 찬양하는 기쁨의 날 되길 소망합니다.

📖 오늘의 핵심말씀
"그러므로 형제들아 우리가 예수의 피를 힘입어 성소에 들어갈 담력을 얻었나니 그 길은 우리를 위하여 휘장 가운데로 열어 놓으신 새로운 살 길이요 휘장은 곧 그의 육체니라"(히브리서 10:19-20/ 신약 p.364). 아멘!

✟ 주께 드리는, 오늘의 기도
변찮는 주님의 사랑과 거룩한 보혈의 공로로 우리를 깨끗케 하신 주님을 찬양합니다! 구속의 은총 가운데 주님만을 바라며 주께 마음중심으로 간구하옵기는, 주님의 거룩한 보혈을 오늘도 입과 삶으로 간증하는 은혜로운 날 되게 인도해 주시길, 예수 그리스도 이름으로 간절히 기도드립니다. 아멘! May God Bless you always!

✎ 주께서 주신, 기도응답의 말씀

_____
_____
_____
_____
_____

1월 29일

☀ 찬양
쉼 – 나무엔

📖 오늘의 읽을 말씀
(출애굽기 28-31장) 모세는 예배하는 장소인 성막에 대하여 말씀한 후에 계속해서 제사장과 그들이 입는 옷과 의식, 그리고 제반 기물들에 관해 자세히 언급하였습니다. 그런데 주목할 사실은 성막을 위해 일하는 일꾼들에 대한 지침과 관련해서 '안식일에 대한 명령'이 재차 말씀되고 있다는 사실입니다(출 31:12-17). 하나님께서는 이들에게 사명을 주셔서 특별히 하나님의 일들을 하도록 하셨지만 그들이 사역을 바쁘게 수행하면서 자칫하면 안식일을 지나쳐 버릴 수도 있었기 때문이었습니다. 그러므로 우리들도 다시금 깨닫게 되는 것은 '하나님의 일(사역)은 하나님의 방법대로' 행해져야 한다는 것입니다. 이처럼 오늘도 주님의 선하신 뜻과 방법대로 준행하는 우리들의 복된 발걸음 되길 마음 다하여 소원합니다.

📖 오늘의 핵심말씀
"이같이 이스라엘 자손이 안식일을 지켜서 그것으로 대대로 영원한 언약을 삼을 것이니 이는 나와 이스라엘 자손 사이에 영원한 표징이며 나 여호와가 엿새 동안에 천지를 창조하고 일곱째 날에 일을 마치고 쉬었음이니라 하라"(출애굽기 31:16-17). 아멘!

✞ 주께 드리는, 오늘의 기도
천지만물을 조화롭고 질서있게 창조하신 창조주 하나님을 찬양하며 경배드립니다~ 하나님의 창조 섭리 가운데 모든 관계와 매일의 계획들이 조화롭고 질서있게 되어지길 소원합니다. 주님~ 우리가 하루를 마감하고, 감사함으로 하나님께 기도드릴 때, 진정한 '안식의 평강'이 임하는 은혜의 시간되길, 예수 그리스도 이름으로 간절히 기도드립니다. 아멘! May God Bless you always!

✎ 주께서 주신, 기도응답의 말씀
_____
_____
_____

1월 30일

☀ 찬양
나 주님의 기쁨되기 원하네 - 호산나 싱어즈

📖 오늘의 읽을 말씀
(출애굽기 32-34장) 하나님께서 가장 싫어하시는 것이 있는데 그것이 바로 우상숭배입니다. 하나님 외에 우상을 숭배하면 질투하실 정도로 이 악한 행위를 싫어하십니다(출 34:14). 시내산에 올라간 모세가 더디게 내려옴을 보고 이스라엘 백성들은 아론을 회유하여 금송아지 우상을 만들어 광란의 축제 현장으로 만들어 버렸습니다. 이러한 모습을 바라보며 다시금 확연하게 깨닫는 것은 '영적 리더십'의 중요성입니다. 이와 같이 우리도 지도자의 위치에서 섬기게 될 때 하나님께서 기뻐하실 방향으로 사람들을 인도하겠습니까? 아니면 아론처럼 하나님의 뜻에 반하는 사람들이 원하는 방향으로 이끌려 나가겠습니까? 하나님께서는 분명하게 명령하십니다. "너는 나 외에는 다른 신을 네게 두지 말며, 너를 위하여 새긴 우상을 만들지 말고, 어떤 형상을 만들지 말며 그것들에 절하지 말고 그것들을 섬기지 말라"고 말입니다(출 20:3-5).

📖 오늘의 핵심말씀
"여호와께서 이르시되 내가 내 모든 선한 것을 네 앞으로 지나가게 하고 여호와의 이름을 네 앞에 선포하리라 나는 은혜 베풀 자에게 은혜를 베풀고 긍휼히 여길 자에게 긍휼을 베푸느니라"(출애굽기 33:19). 아멘!

✝ 주께 드리는, 오늘의 기도
영광 받으시기에 합당하신 여호와 하나님~ 하나님의 크신 은혜와 긍휼 가운데, '주께서 우리들을 창조하신 목적대로' 하나님의 선하심을 자랑하고, 주를 기쁘시게 하여 하나님께 영광 돌리는 복된 오늘, 그리고 우리의 인생 되게 인도해 주시길, 예수 그리스도 이름으로 간절히 기도드립니다. 아멘! May God Bless you always!

✎ 주께서 주신, 기도응답의 말씀

1월 31일

☀ 찬양
전능하신 나의 주 하나님은 - 에이맨

📖 오늘의 읽을 말씀
(출애굽기 35-40장) 오늘의 읽을 성경말씀에서는 어떻게 하나님께서 지시하신대로 성막과 제사장의 의복들이 완성되는가를 실체적으로 보여 주었습니다. 그러나 우리가 간과해서는 안 될 사실은, 하나님께서는 '100% 순종, 즉 순·복의 믿음'으로 행할 것을 요구하신다는 것입니다. 이처럼 하나님의 성전으로서 우리의 삶을 건축해나가는 일도 소홀해서는 안 될 것입니다. 우리의 삶이 우리의 가족과 이웃들, 그리고 우리의 공동체에 하나님의 영광을 발하며, 하나님의 이름을 증거하는 은혜의 통로되길 소망합니다.

📖 오늘의 핵심말씀
"여호와께서 모세에게 명령하신 대로 이스라엘 자손이 모든 역사를 마치매 모세가 그 마친 모든 것을 본즉 여호와께서 명령하신 대로 되었으므로 모세가 그들에게 축복하였더라"(출애굽기 39: 42-43). 아멘!

✝ 주께 드리는, 오늘의 기도
주의 말씀대로 순복하는 자녀를 기뻐하시는 하나님~ 자기의 소견에 좋은 대로 가정과 사업을 이끌지 않게 하시고, 주의 말씀 붙잡고 매사에 기도가 앞서게 하시며, 성령님의 인도하심을 따라가게 하옵소서. 인생과 사업, 그리고 오늘의 도전들과 자녀(조카)의 문제를 놓고 기도할 때에 돌파할 힘과 지혜를 주시옵소서. 길과 진리와 생명 되시는 존귀하신 예수 그리스도 이름으로 간절히 기도드립니다. 아멘! May God Bless you always!

✏ 주께서 주신, 기도응답의 말씀

2월 1일

☀ 찬양
십자가 그 사랑 멀리 떠나서 – 김상진

📖 오늘의 읽을 말씀
(레위기 1-3장) 오늘은 하나님께 향기로운 제사를 올려 드리기에 좋은 시간이 될 것입니다. 우리의 온 몸으로 하나님을 섬기거나(산제사), 우리의 삶 속에서 하나님의 선하심을 사람들 앞에서 함께 나눈다든지(찬미의 제사), 어려움에 빠진 사람들에게 도움을 베풀어 주면서(받으실 만한 제사) 실천에 옮기는 복된 날 되길 소망합니다.

📖 오늘의 핵심말씀
"아론의 자손은 그것을 제단 위의 불 위에 있는 나무 위의 번제물 위에서 사르지니 이는 화제라 여호와께 향기로운 냄새니라"(레위기 3:5). 아멘!
"그의 십자가의 피로 화평을 이루사 만물 곧 땅에 있는 것들이나 하늘에 있는 것들이 그로 말미암아 자기와 화목하게 되기를 기뻐하심이라"(골로새서 1:20). 아멘!

✝ 주께 드리는, 오늘의 기도
우리 죄 사함을 위해 물과 피를 다 흘리시며 죽기까지 생명 다해 사랑해 주신 주님~ 그 놀라운 십자가 사랑에 감사의 감격을 마음에 품고, 오늘도 영혼들에게 '하나님의 크신 사랑'을 증거하는 복된 날 될 수 있도록 힘주시고 능력 주시길, 예수 그리스도 이름으로 간절히 기도드립니다. 아멘!
May God Bless you always!

✏ 주께서 주신, 기도응답의 말씀

2월 2일

☀ 찬양
회복시키소서 - 클래식콰이어

📖 오늘의 읽을 말씀
(레위기 4-7장) 우리의 지난주를 돌이켜 볼 때, 상대방의 인격을 다치게 하거나 그 외 피해를 입힌 적은 없었는지 다시금 되새겨 봅니다. 그리스도를 굳게 믿었던 삭개오는 보상의 법칙을 실천했던 믿음의 선조였음을 고백합니다(눅 19:1-10). 오늘 우리 모두, 무엇보다 하나님께 속건제를 먼저 올려드릴 때, 주님께서 우리 심령 가운데 평강을 회복시키며, 그 수고에 걸맞는 회복된 관계를 허락해 주시길 소원합니다.

📖 오늘의 핵심말씀
"그는 네가 지정한 가치대로 양 떼 중 흠 없는 숫양을 속건제물로 제사장에게로 가져갈 것이요 제사장은 그가 부지중에 범죄한 허물을 위하여 속죄한즉 그가 사함을 받으리라"(레위기 5:18). 아멘!

✝ 주께 드리는, 오늘의 기도
긍휼과 자비가 풍성하신 하나님 아버지~ 풀리지 않는 여러 관계의 문제들도 오직 기도와 회개가 열쇠임을 깨닫게 하옵소서. 우리 자신과 공동체의 죄를 회개하며 속죄함 받고 성결함을 회복할 때에 전능하신 주께서 일하심을 경험하는 복과 은혜를 부어주시길, 예수 그리스도 이름으로 간절히 기도드립니다. 아멘! May God Bless you always!

✎ 주께서 주신, 기도응답의 말씀

2월 3일

☀ 찬양
십자가 그 사랑이 - 하니

📖 오늘의 읽을 말씀
(히브리서 7:25-28; 9:1-28) 하나님께서는 아론의 일시적인 대제사장 직분 대신에, 우리 죄를 위하여 그리스도를 흠 없는 희생 제물이 되게 하심으로써 아들이신 예수 그리스도를 우리의 영원한 대제사장으로 세우셨습니다.[7] 주 예수 그리스도께서 하나님께 대해 우리를 위한 중보자가 되셨듯이 우리도 가족과 친척, 그리고 친구들과 이웃의 어려움과 문제들을 기도로써 하나님 앞에 내어 놓으면서 중보자로 세워지길 소원합니다.

📖 오늘의 핵심말씀
"그리스도께서는 장래 좋은 일의 대제사장으로 오사 손으로 짓지 아니한 것 곧 이 창조에 속하지 아니한 더 크고 온전한 장막으로 말미암아 염소와 송아지의 피로 하지 아니하고 오직 자기의 피로 영원한 속죄를 이루사 단번에 성소에 들어가셨느니라"(히브리서 9:11-12). 아멘!

✝ 주께 드리는, 오늘의 기도
축복의 근원 되시는 하나님 아버지~ 예수 믿고 구원받은 감격으로, 오늘도 우리에게 맡기신 영혼들을 위해 중보하며, '주님의 사랑'을 증거하는 축복의 통로로 사용해 주시길, 예수 그리스도 이름으로 간절히 기도드립니다. 아멘! May God Bless you always!

✎ 주께서 주신, 기도응답의 말씀

1. 구약의 '모세오경'에서 빛나는 기도의 선조들

2월 4일

☀ 찬양
너는 그리스도의 향기라 - 러브

📖 오늘의 읽을 말씀
(레위기 8-10장) 아론의 아들, 나답(고귀한)과 아비후(하나님은 나의 아버지이시다)는 부주의함과 불순종으로 하나님의 명성을 더럽혔습니다. 이것은 참으로 심각한 죄입니다. 그리스도인으로서 우리의 삶은 사람들이 언제까지나 읽을 '성경'에 따라야 합니다. 오늘도 변함없이 우리 개개인마다 거룩하기에 힘쓰면서, 거룩하신 하나님을 드러낼 수 있는 '그리스도의 편지'가 되길 소망해 봅니다.

📖 오늘의 핵심말씀
"너와 네 자손들이 회막에 들어갈 때에는 포도주나 독주를 마시지 말라 그리하여 너희 죽음을 면하라 이는 너희 대대로 지킬 영영한 규례라 그리하여야 너희가 거룩하고 속된 것을 분별하며 부정하고 정한 것을 분별하고 또 나 여호와가 모세를 통하여 모든 규례를 이스라엘 자손에게 가르치리라"(레위기 10:9-11). 아멘!

✞ 주께 드리는, 오늘의 기도
거룩하신 여호와 하나님~ 주께서 거룩하시니 주의 자녀들인 우리들도 '하나님의 영'(성령)으로 충만하여, 오늘 세상에서 살아갈 때에 예수님의 거룩한 향기를 발할 수 있는 주의 은혜를 허락해 주시길, 예수 그리스도 이름으로 간절히 기도드립니다. 아멘! May God Bless you always!

✎ 주께서 주신, 기도응답의 말씀

2월 5일

☀ **찬양**
거룩하신 하나님 - 옹기장이

📖 **오늘의 읽을 말씀**
(레위기 11-15장) 거룩한 하나님을 예배하려면 거룩한 백성이 되어야 합니다. 이러한 이유에서 하나님께서는 이스라엘에게 의식상의 규례들을 주셨습니다. 하나님께서 조금도 깨끗지 않은 백성을 깨끗케 하시려고 희생 제사와 의식들을 마련하셨듯이, 그분은 구원자 예수 그리스도를 통하여 거룩함에 이를 수 있게 하셨습니다.[8] 그러므로 그리스도 예수 안에서 거룩하고 정결하며 늘 새롭게 주님 닮아가는, 복된 매일의 삶 되길 소망합니다.

📖 **오늘의 핵심말씀**
"나는 너희의 하나님이 되려고 너희를 애굽 땅에서 인도하여 낸 여호와라 내가 거룩하니 너희도 거룩할지어다"(레위기 11:45). 아멘!

✝ **주께 드리는, 오늘의 기도**
거룩하신 여호와 하나님~ 우리의 마음과 뜻과 정성을 다하여 하나님을 가장 사랑하며 살아가길 소원합니다. 주께서 기뻐하시는 거룩한 뜻에 순종하고 복종하여, 세상의 가치와 구별된 '거룩한 오늘의 삶' 될 수 있도록 인도해 주시길, 예수 그리스도 이름으로 간절히 기도드립니다. 아멘!
May God Bless you always!

✎ **주께서 주신, 기도응답의 말씀**

2월 6일

※ 찬양
하나님의 은혜 - 소리엘

📖 오늘의 읽을 말씀
(레위기 16-17장) 이스라엘은 일 년에 한 차례씩 속죄일을 지켜야 했습니다. 백성들은 속죄일을 통해 과거의 죄를 청산하고, 새로운 미래로 나아갈 기회를 얻었습니다. 특히 이스라엘 전체의 정결함을 위해 숫염소 두 마리와 숫양 한 마리를 제물로 드릴 때, 숫염소 한 마리는 광야로 보내야 하는데, 이 염소를 '아사셀'이라고 합니다. 이것은 '염소'를 뜻하는 '에즈'와 '떠나가는'을 뜻하는 '아젤'의 합성어입니다. 바로 이 아사셀 염소는 이스라엘의 죄를 흡수한 존재로서(레 16:21), 우리 죄를 대신 지신 예수 그리스도를 예표합니다(사 53:6).[9] 그 놀라운 사실에 기쁨의 감격으로 주께 감사드리며, 우리와 동일하게 그리스도의 죄 용서를 맛볼 필요가 있는 세 사람의 영혼들은 누구인가요? 그리고 그들을 위해 기도하며 언제라도 하나님께서 그들의 마음 문을 여실 때 그 증거의 말씀을 함께 나누길 진정으로 소망해 봅니다.

📖 오늘의 핵심말씀
"이는 너희가 영원히 지킬 규례라 이스라엘 자손의 모든 죄를 위하여 일 년에 한 번 속죄할 것이니라 아론이 여호와께서 모세에게 명령하신 대로 행하니라"(레위기 16:34). 아멘!
"그는 우리 죄를 위한 화목제물이니 우리만 위할 뿐 아니요 온 세상의 죄를 위하심이라"(요한일서 2:2). 아멘!

✝ 주께 드리는, 오늘의 기도
우리의 삶을 인도하시는 하나님 아버지~ 우리가 받은 이 귀한 구원이 전적인 하나님의 은혜이기에 오늘도 변함없이 하나님의 은혜를 선포하게 하시고, 하나님 사랑을 실천할 수 있는 복된 날 되게 인도해 주시길, 예수 그리스도 이름으로 간절히 기도드립니다. 아멘! May God Bless you always!

✎ 주께서 주신, 기도응답의 말씀
_____
_____

2월 7일

☀ 찬양
주의 거룩하심 생각할 때 - 클래식콰이어

📖 오늘의 읽을 말씀
(레위기 18-20장) 민족의 거룩함에 관한 규례들과 함께 하나님께서는 이스라엘 백성들에게 개인의 행동과 가족, 공동체, 일반 사회와의 관계에 있어서 정결에 관한 규례들을 주십니다. 레위기 18-20장에 걸쳐 거의 30번 가량 "나는 여호와라", "너희 하나님 여호와가 거룩하니… 너희도 거룩하라"는 말씀을 보게 됩니다. 구속주의 거룩하심은 하나님께 구속받은 사람들이 정결해야 함을 요구하시는 절대적인 이유인 것입니다.[10]

📖 오늘의 핵심말씀
"너희는 스스로 깨끗하게 하여 거룩할지어다 나는 너희의 하나님 여호와이니라 너희는 내 규례를 지켜 행하라 나는 너희를 거룩하게 하는 여호와이니라"(레위기 20:7-8). 아멘!

✚ 주께 드리는, 오늘의 기도
거룩하신 하나님~ 우리의 마음과 뜻과 정성을 다해 주님의 말씀과 규례에 순종하고 복종하여, '거룩한 오늘의 삶' 될 수 있도록 인도해 주시길, 예수 그리스도 이름으로 간절히 기도드립니다. 아멘!
May God Bless you always!

✎ 주께서 주신, 기도응답의 말씀

2월 8일

☀ 찬양
만 가지 이유(송축해 내 영혼) 10,000 Reasons

📖 오늘의 읽을 말씀
(시편 145편) 우리 하나님은 찬양을 좋아하시며 기쁨을 주시는 분이십니다. 많은 절기들은 사람들이 기쁨 가운데 함께 모여 하나님께서 허락하신 생명을 기뻐해야 한다는 것을 분명하게 알려줍니다. 오늘 읽을 말씀인 시편 145편은 하나님을 생명과 기쁨을 주신 분으로 높이는 송축의 기도로, 오늘 우리의 삶에 적용하길 소원합니다.

📖 오늘의 핵심말씀
"왕이신 나의 하나님이여 내가 주를 높이고 영원히 주의 이름을 송축하리이다 내가 날마다 주를 송축하며 영원히 주의 이름을 송축하리이다"(시편 145:1-2). 아멘!

✟ 주께 드리는, 오늘의 기도
우리의 왕이신 여호와 하나님~ 오늘도 기쁨의 하루를 주신 은총에 감사드리며, 찬양과 영광을 올려 드립니다. 찬양을 기뻐 받으시는 하나님 아버지! 빌립보 감옥 문을 열었던 바울과 실라의 찬송이 우리의 삶에서는 기적이 아닌 일상이 되게 하옵소서. 오늘도 변함없이 주님을 높이고 주의 이름을 송축하며 주님 기뻐하시는 복된 날 되게 인도해 주시길, 예수 그리스도 이름으로 간절히 기도드립니다. 아멘! May God Bless you always!

✎ 주께서 주신, 기도응답의 말씀

2월 9일

※ 찬양
거룩하신 하나님 - 짐니(JIMNI)

📖 오늘의 읽을 말씀
(레위기 21-23장) 특권은 흔히 책임이 뒤따르는데, 이스라엘의 제사장들에게는 거룩하신 하나님을 섬기는 책임이 엄격히 요구되었습니다. 왜냐하면 거룩한 제사를 집도했기 때문입니다. 구약의 제사장들처럼 오늘날 교회에서는 특별히 그러한 사역을 하도록 소명받고, 사명과 은사 가운데 훈련받으며 구별된 사람들이 그 일을 섬기고 있습니다. 우리를 주님 앞으로 온전히 이끌어 주셔서 예수 그리스도의 복된 제자로 양육해 주시는 우리 교회의 목사님과 영적지도자들을 위해 이 시간 중보 기도해 주시길 소망해 봅니다.

📖 오늘의 핵심말씀
"너는 그를 거룩히 여기라 그는 네 하나님의 음식을 드림이니라 너는 그를 거룩히 여기라 너희를 거룩하게 하는 나 여호와는 거룩함이니라"(레위기 21:8). 아멘!

✝ 주께 드리는, 오늘의 기도
회개하는 심령의 기도를 기뻐하시는 하나님 아버지~ 중보기도의 자리를 소홀했던 우리 자신의 죄를 회개하며, 우리 교회와 영적지도자들, 그리고 가정을 위해 기도합니다. 진정한 회개의 은혜를 통해 거룩함을 회복한 우리 자신과 공동체를 통해 하나님께서 일하심을 경험하는 복과 은혜를 다시금 부어주시길, 예수 그리스도 이름으로 간절히 기도드립니다. 아멘!
May God Bless you always!

✎ 주께서 주신, 기도응답의 말씀

2월 10일

☀ 찬양
말씀하시면 - 조수아

📖 오늘의 읽을 말씀
(레위기 24-27장) 레위기를 끝맺는 오늘의 본문들에는 이스라엘이 약속된 땅을 차지했을 때 지켜야 할 갖가지 지침들을 담고 있습니다. 하나님께서는 그들에게 중요한 영적 진리를 가르치시기 위해 희년을 제정하셨습니다. 하나님은 하나님의 명령에 순종하는 사람을 높이시며 불순종하는 사람은 엄중한 심판으로 갚으시겠다고 약속하셨습니다. 주님의 일은 하나님의 백성들이 내는 십일조로 충실하게 뒷받침 되어야 했으며, 서원한 것에 대해서는 가볍게 여기지 말아야 했습니다.[11] 우리는 우리 재산에 대해 어떠한 생각을 가지고 있습니까? "내 것은 청지기로 잠시 맡아 있는 것이며, 주인은 하나님이십니다!"라고 고백할 수 있길, 마음 중심으로 소원해 봅니다.

📖 오늘의 핵심말씀
"너희가 내 규례와 계명을 준행하면 내가 너희에게 철따라 비를 주리니 땅은 그 산물을 내고 밭의 나무는 열매를 맺으리라"(레위기 26:3-4). 아멘!

✝ 주께 드리는, 오늘의 기도
주의 규례와 계명에 순복하는 자녀들을 기뻐하시는 하나님 아버지~ 주님의 말씀에 순종하고 복종하여, 풍성한 열매를 거두는 오늘의 삶 될 수 있도록 인도해 주시길, 예수 그리스도 이름으로 간절히 기도드립니다. 아멘!
May God Bless you always!

✏ 주께서 주신, 기도응답의 말씀

2월 11일

☀ 찬양
날 향한 계획 - 마커스워십 (심종호 인도)

📖 오늘의 읽을 말씀
(민수기 1-4장) 레위기에서는 이스라엘 민족이 예배드리는 것을 준비시키셨으며, 민수기는 전투를 치를 수 있도록 그들을 준비시키는 '하나님의 섭리'를 체휼케 됩니다. 민수기는 이스라엘 백성이 40년 동안 시내산과 모압 평지 사이를 방황하는 역사를 기록한 말씀입니다. 민수기의 시작과 끝을 보면 민수기를 '인구조사에 관한 책'이라 할 수 있을 것입니다. 성경에 나타난 인구조사는 그 자체보다는 하나님께서 질서있고 섬세하신 분임을 나타내는데 더 중요한 목적을 지니고 있습니다. 오늘도 주 안에서 하나님께서 쓰시기에 부족함이 없는 그릇들로 질서있게 준비되길 소망해 봅니다.

📖 오늘의 핵심말씀
"이스라엘 중 이십 세 이상으로 싸움에 나갈만한 모든 자를 너와 아론은 그 진영별로 계수하되"(민수기 1:3). 아멘!

✝ 주께 드리는, 오늘의 기도
선한 목자되신 우리 주님~ 저희들이 마음으로 자신의 길을 계획할지라도 우리의 걸음을 인도하시는 이는 여호와 하나님이심을 깨닫고 믿습니다(잠 16:9). 주여~ 연약한 저희들에게 크신 은혜와 믿음, 그리고 지혜를 허락해 주셔서, 주께서 분부하신 사명을 온전히 질서있게 감당할 수 있도록 동행해 주시길, 예수 그리스도 이름으로 간절히 기도드립니다. 아멘!
May God Bless you always!

✎ 주께서 주신, 기도응답의 말씀

2월 12일

☀ 찬양
복의 근원 강림하사 - 나무엔

📖 오늘의 읽을 말씀
(민수기 5-8장) 이스라엘 민족이 시내산을 떠나 가나안 땅으로 가기 전에 하나님의 백성으로서 지켜야할 여러 가지 규정을 알아야 했습니다.[12] 이 기간 동안 모세는 하나님께로부터 율법을 받아 백성을 정결케 하여 약속된 땅에 들어가는 축복된 백성들로 준비시키려 했습니다. 레위인이나 제사장뿐만 아니라 나실인의 서원을 한 모든 백성들은 온전하게 하나님을 섬기기 위해 겸손함으로 허리를 동이고 자원함으로 주께 나아갔습니다. 오늘 우리는 깨끗하게 준비되어 하나님께서 쓰시며, 축복주실만 한가요? 로마서 12:1-2 말씀처럼, 마음을 새롭게 하여 주님의 기쁘신 뜻을 이뤄 드리며, 축복받기에 부족함이 없는 거룩한 주의 백성되길 소원드립니다.

📖 오늘의 핵심말씀
"여호와는 네게 복을 주시고 너를 지키시기를 원하며 여호와는 그의 얼굴을 네게 비추사 은혜 베푸시기를 원하며 여호와는 그 얼굴을 네게로 향하여 드사 평강 주시기를 원하노라 할지니라 하라"(민수기 6:24-26). 아멘!

✝ 주께 드리는, 오늘의 기도
주의 자녀들에게 복 주시기 원하시는 복의 근원되시는 여호와 하나님~ 오늘이라는 도전과 기회 가운데 거룩하신 하나님께서 임하여 주셔서 주의 자녀들을 정결케하여 주시며, 새로운 마음을 허락해 주셔서, 축복받고 축복의 통로로 쓰임받는 놀라운 기적의 인생 되도록 역사해 주시길, 예수 그리스도 이름으로 간절히 기도드립니다. 아멘! May God Bless you always!

✎ 주께서 주신, 기도응답의 말씀
_____
_____
_____
_____

2월 13일

☀ 찬양
순종은 – 히즈윌 1집 HISWILL

📖 오늘의 읽을 말씀
(민수기 9-12장) 이제 이스라엘 백성들은 가나안을 향한 여행의 마지막 길에 들어서게 되었습니다. 유월절 의식을 치른 후, 그들은 구름 기둥이 움직이기 시작할 때 나팔들이 소식을 알리기 시작했고, 바로 행진하게 되었습니다. 그러나 그러한 흥분된 기대는 이내 여행에 대한 지루함으로 바뀌게 되고, 백성들의 불평과 욕심, 지도권에 대한 미리암과 아론의 질투라는 문제들과 부딪치게 됩니다. 이러한 어려움에도 불구하고 이스라엘은 마침내 가나안의 문턱인 가데스 바네아에 이르게 되었습니다.[13] 이스라엘 백성들의 광야 삶을 바라보면서 하나님의 뜻에 순복하는 길이 늘 편한 것은 아니지만, 그 길은 언제나 주의 백성들에게 유익하다는 것을 깨닫습니다. 오늘도 광야같은 세상에서 살아갈 때 만만치 않은 현실이지만 우리에게 가장 좋은 길로 인도하시는 하나님을 신뢰하며, 주 바라기의 믿음으로 승리하는 복된 날 되길 소망합니다.

📖 오늘의 핵심말씀
"그들이 여호와의 명령을 따라 진을 치며 여호와의 명령을 따라 행진하고 또 모세를 통하여 이르신 여호와의 명령을 따라 여호와의 직임을 지켰더라"(민수기 9:23). 아멘!

✝ 주께 드리는, 오늘의 기도
생명의 말씀으로 삶을 인도하시는 하나님 아버지~ 말씀을 사모하게 하시고, 말씀을 통해 주님의 기쁘신 뜻을 깨닫게 하옵소서. 말씀이 우리의 삶을 인도하게 하시고, 어떤 형편과 처지에서도 주의 말씀에 순복하는 은혜가 넘치게 하여 주시길 예수 그리스도 이름으로 간절히 기도드립니다. 아멘!
May God Bless you always!

✎ 주께서 주신, 기도응답의 말씀

2월 14일

☀ 찬양
갈렙의 노래 - 염평안

📖 오늘의 읽을 말씀
(민수기 13-16장) 하나님의 지시에 따라 모세는 12지파에서 대표를 각각 한 명씩 뽑아 가나안 땅에 대한 정탐대를 파견했습니다. 정찰 임무를 마치고 도착한 10사람은 부정적인 장애물만을 보고했고, 나머지 두 사람인 여호수아와 갈렙은 가능성을 보고하였습니다. 부정적인 다수의 이야기를 듣고 낙담이 된 이스라엘 백성들은 차라리 애굽으로 돌아가자고 위협했습니다. 그 결과 하나님께서는 믿음이 없는 세대가 40년간 광야에서 방황하도록 심판하셨음을 확인케 됩니다. 상상할 수 없는 기적과 이사로 이스라엘을 보호해 주신 하나님께 감사하기는커녕, 오히려 자신들의 계획과 약간의 오차가 있다고 하나님께 불평과 원망을 늘어놓는 그들의 모습을 보면서, 오늘을 사는 우리 자신의 마음은 어디에 해당하는지 다시금 되돌아보게 됩니다.

📖 오늘의 핵심말씀
"그러나 내 종 갈렙은 그 마음이 그들과 달라서 나를 온전히 따랐은즉 그가 갔던 땅으로 내가 그를 인도하여 들이리니 그의 자손이 그 땅을 차지하리라"(민수기 14:24). 아멘!

✝ 주께 드리는, 오늘의 기도
만남을 통해 역사하시는 하나님~ 인생의 걸음걸음마다 하나님께서 예비해 두신 갈렙과 같은 영적 스승과의 만남으로 평생을 하나님과 동행하게 하시고, 우리들도 좋은 영적 스승으로 자라가게 하옵소서. 오늘의 만남을 통해 예비하신 복과 은혜를 베풀어 주시는 예수 그리스도 이름으로 간절히 기도 드립니다. 아멘! May God Bless you always!

✎ 주께서 주신, 기도응답의 말씀
_____
_____
_____
_____

2월 15일

☀ 찬양
여호와께 돌아가자 - 오시은 학생 Love Never Fails

📖 오늘의 읽을 말씀
(민수기 17-20장) 광야의 생활을 통해 이스라엘 자손들은 '죽음'과 '소망'을 되새기게 됩니다. 죽음은 불신앙의 결과로 얻게 된 것이며, 소망은 하나님의 약속을 의미했습니다. 하나님은 모세와 아론과 함께 하시며 기적을 나타내 보이시고, 제사장들과 레위인들은 여전히 공적예배에서 하나님을 섬기는 종의 역할을 수행했습니다. 민수기 19장에 보시면 하나님께서 붉은 암송아지의 재가 섞인 물로 백성들의 부정을 씻어 낼 방도를 마련하심을 보게 되는데, 이러한 의식은 예수 그리스도를 예표하는 것으로 히브리서 9:11-14에서 좀 더 분명해 집니다. ¹⁴ 속죄물의 재가 섞인 물을 뿌림으로써 정결해지는 효과가 있었듯이 죄를 위한 희생 제물로 돌아가신 그리스도의 구속의 은혜에 온전히 감사하는 복된 날 되길 소원해 봅니다.

📖 오늘의 핵심말씀
"이에 정결한 자가 암송아지의 재를 거두어 진영 밖 정한 곳에 둘지니 이것은 이스라엘 자손 회중을 위하여 간직하였다가 부정을 씻는 물을 위해 간직할지니 그것은 속죄제니라"(민수기 19:9). 아멘!
"염소와 황소의 피와 및 암송아지의 재를 부정한 자에게 뿌려 그 육체를 정결하게 하여 거룩하게 하거든 하물며 영원하신 성령으로 말미암아 흠 없는 자기를 하나님께 드린 그리스도의 피가 어찌 너희 양심을 죽은 행실에서 깨끗하게 하고 살아 계신 하나님을 섬기게 하지 못하겠느냐"(히브리서 9:13-14). 아멘!

✝ 주께 드리는, 오늘의 기도
물과 피를 다 흘리시며 사랑하신 예수님~ 보혈로 죄 씻음 받고, 구원받은 감격과 구속의 은혜로 오늘도 승리와 기쁨이 충만하게 하소서. 예수 그리스도 이름으로 간절히 기도드립니다. 아멘! May God Bless you always!

✎ 주께서 주신, 기도응답의 말씀

_____

_____

2월 16일

☀ 찬양
예수 예수 – 김윤미

📖 오늘의 읽을 말씀
(민수기 21-25장) 이스라엘 민족들이 가나안을 향해 갈 때 가나안, 아모리, 바산의 세 대적들을 만나게 되어 그들을 물리쳤습니다. 그럼에도 불구하고 끊임없는 이스라엘의 불평 때문에 하나님께서는 거역하는 자기 백성들을 징계하시려고 불뱀을 보내셨습니다. 모든 어려움을 믿음 안에서 극복하고 전진해 가는 이스라엘에 대해 위기감을 느낀 이방 민족들은 하나님의 백성에게 저주를 내릴 것을 예언자 발람에게 청하지만, 저주 대신에 발람은 여호와의 백성의 영광스러운 미래에 대해 증거하는 모습을 보게 됩니다.[15]

📖 오늘의 핵심말씀
"여호와께서 모세에게 이르시되 불뱀을 만들어 장대 위에 매달아라 물린 자마다 그것을 보면 살리라 모세가 놋뱀을 만들어 장대 위에 다니 뱀에게 물린 자가 놋뱀을 쳐다본즉 모두 살더라"(민수기 21:8-9). 아멘!

✝ 주께 드리는, 오늘의 기도
주의 자녀들이 승리로운 인생을 살아가도록 인도하시는 여호와 닛시 하나님~ 주의 말씀에 순•복하여 놋뱀을 보는 자가 살림을 받은 것처럼, 주 바라기의 믿음으로 오늘도 승리하는 복된 날 되길, 예수 그리스도 이름으로 간절히 기도드립니다. 아멘! May God Bless you always!

✎ 주께서 주신, 기도응답의 말씀

2월 17일

☀ 찬양
성령이여 임하소서 - 김지훈

📖 오늘의 읽을 말씀
(민수기 26-30절) 이제 이스라엘의 군사력을 계수하고, 장차 얻게 될 가나안 땅을 분배하기 위해 두 번째 인구 조사를 하게 되었습니다. 또한 하나님께서는 모세의 후계자로 여호수아를 택하셔서 약속의 땅에 들어갈 수 있도록 함께 하시는 모습을 보게 됩니다. 소원하옵기는, 오늘을 사는 우리들에게도 동일하신 주님께서 동행하시는 복된 날 되길 소망해 봅니다.

📖 오늘의 핵심말씀
"여호와께서 모세에게 이르시되 눈의 아들 여호수아는 그 안에 영이 머무는 자니 너는 데려다가 그에게 안수하고"(민수기 27:18). 아멘!

✞ 주께 드리는, 오늘의 기도
거룩하고 존귀하신 여호와 하나님~ 주님께서는 여호수아처럼 하나님의 영으로 충만하며, 늘 겸손한 자를 통해 하나님의 일을 이루셨습니다.
주여~ 오늘을 살아갈 때에 자신의 얕은 재주를 의지하는 교만의 함정에 빠지지 않게 하시고, 자신의 부족함으로 인해 낙망하는 낙심의 올무에도 묶이지 않도록 우리의 마음과 생각을 지켜주시옵소서. 길과 진리와 생명 되신 예수 그리스도 이름으로 간절히 기도드립니다. 아멘!
May God Bless you always!

✎ 주께서 주신, 기도응답의 말씀

___
___
___
___
___
___
___
___

2월 18일

☀ 찬양
예수로 살리 - 마커스

📖 오늘의 읽을 말씀
(민수기 31-33장) 오늘 본문은 애굽에서 모압에 이르기까지의 여정을 다시 돌아보면서 이야기를 맺고 있는데, 민수기 31장 8절을 보시면 이스라엘은 미디안을 정복할 때 발람도 함께 죽였습니다. 이러한 심판은 발람이 미디안 여인들을 이용해 이스라엘을 더럽히려고 교사했기 때문이었습니다. 민수기 33장은 상당히 암울한 여정의 묘사가 그려져 있지만 전체가 다 암울한 것은 아닙니다. 바란 광야를 지나 이끄시고, 하늘의 만나로 먹이시며, 약탈하는 강도떼들로부터 보호함을 받은 이스라엘 백성들은 하나님의 돌보심을 날마다 경험하였습니다. 오늘 우리에게도 동일하신 하나님을 경험하는 크신 은총이 함께 하시길 소원합니다.

📖 오늘의 핵심말씀
"보라 이들이 발람의 꾀를 따라 이스라엘 자손을 브올의 사건에서 여호와 앞에 범죄하게 하여 여호와의 회중 가운데에 염병이 일어나게 하였느니라"(민수기 31:16).

✝ 주께 드리는, 오늘의 기도
신실하시며 거룩하신 여호와 하나님~ 혼란스럽고 더욱 혼탁해지는 세상에서 살아갈 때에 발람의 꾀를 따라 범죄하지 않도록 주여 함께하여 주시옵소서. 오늘도 변함없이 오직 주 예수 그리스도로 옷 입고 정욕을 위하여 육신의 일을 도모하지 않도록, '조금 더 주의 말씀 붙잡고, 조금 더 기도하게' 인도해 주시길, 예수 그리스도 이름으로 간절히 기도드립니다. 아멘!
May God Bless you always!

✎ 주께서 주신, 기도응답의 말씀

2월 19일

☀ **찬양**
야베스의 기도 - 장윤영 Prayer of Jabez

📖 **오늘의 읽을 말씀**
(민수기 34-36장) 하나님은 아브라함과 그의 후손들에게 가나안 땅을 약속하셨지만, 그 땅의 정확한 경계를 말씀하신 적은 없습니다. 이제 정확한 경계가 선포되는데(민 34:3-12), 대략적으로 설명하면 남쪽은 신 광야, 북쪽은 호르산, 동쪽은 요단강, 그리고 서쪽은 지중해입니다.[16] 그러나 이스라엘이 이 약속된 땅의 영역을 완전히 소유하게 되는 때는 좀처럼 없습니다. 이스라엘 민족이 하나님께서 계획하신 축복을 완전히 누리지 못한 이유가 어디에 있었을까요? 불신앙과 무관심으로 이스라엘은 하나님의 차선책에 만족할 수밖에 없었습니다. 이와 같이 하나님의 명령에 순복하는 자라야 하나님 약속의 성취를 기대할 수 있음을 다시금 깨닫게 됩니다.

📖 **오늘의 핵심말씀**
"여호와께서 모세에게 말씀하여 이르시되 너는 이스라엘 자손에게 명령하여 그들에게 이르라 너희가 가나안 땅에 들어가는 때에 그 땅은 너희의 기업이 되리니 곧 가나안 사방 지경이라"(민수기 34:1-2). 아멘!
"야베스가 이스라엘 하나님께 아뢰어 이르되 주께서 내게 복을 주시려거든 나의 지역을 넓히시고 주의 손으로 나를 도우사 나로 환난을 벗어나 내게 근심이 없게 하옵소서 하였더니 하나님이 그가 구하는 것을 허락하셨더라"(역대상 4:10). 아멘!

✞ **주께 드리는, 오늘의 기도**
신실하신 여호와 하나님~ 천지 만물을 주관하시는 하나님의 성품을 따라 오늘도 성실하게 살아가게 하옵소서. 하나님의 뜻대로 기도하는 주의 자녀들에게 지경이 넓혀지는 복과 은혜를 허락해 주시길 예수 그리스도 이름으로 간절히 기도드립니다. 아멘! May God Bless you always!

✎ **주께서 주신, 기도응답의 말씀**

2월 20일

✹ 찬양
순종은 - 히즈윌 1집 HISWILL

📖 오늘의 읽을 말씀
(신명기 1-4장) 모세는 이스라엘 백성들에게 선포했던 3번의 설교들을, 과거에 대해 회상하며 시작했습니다. 그 첫 번째 설교는, 과거에 이스라엘 백성들을 이끌어 내시고, 필요한 것을 공급하시며 심판하신 하나님을 경험하였기에 마땅히 하나님께 순종해야 한다는 것이었습니다(1장). 두 번째 설교는, 현재 자기들의 필요를 풍족히 채우시고, 싸움에서 넉넉히 이기게 하시는 하나님께 순종해야 한다는 것이었으며(2-3장), 또한 세 번째 설교는, 하나님의 명령대로 순종하느냐에 따라 축복과 저주가 약속되어 있기에, 하나님께 순종해야 한다고 역설하였습니다(4장). 진정으로 소원하기는, 오늘 주신 하나님의 말씀을 온전히 깨닫고, 순전한 믿음으로 순•복하여, 이기며 복을 받는 하나님의 크신 은혜가 우리 가운데 함께 하시길 소망해 봅니다.

📖 오늘의 핵심말씀
"오늘 내가 네게 명령하는 여호와의 규례와 명령을 지키라 너와 네 후손이 복을 받아 네 하나님 여호와께서 네게 주시는 땅에서 한 없이 오래 살리라"(신명기 4:40). 아멘!

✞ 주께 드리는, 오늘의 기도
우리에게 가장 좋은 것으로 축복해 주시는 사랑의 하나님~ 마음과 뜻과 힘을 다하여 하나님을 사랑하며, 주의 말씀에 순•복하여 주님을 기쁘시게 해드리는 복된 오늘, 그리고 우리의 인생되게 인도해 주시길, 예수 그리스도 이름으로 간절히 기도드립니다. 아멘! May God Bless you always!

✎ 주께서 주신, 기도응답의 말씀

2월 21일

☀ 찬양
말씀 앞에서 – with GOD

📖 오늘의 읽을 말씀
(마태복음 4:1-11) 종종 오늘과 같은 체제의 내용을 만나게 될 것입니다. 여기서는 말씀과 함께 하면서 잠시 쉬어가는 곳입니다. 이렇게 함으로써 매일 성경읽기의 본문의 분량을 따라잡을 수 있도록 했습니다. 우리가 읽으며 묵상하고 있는 구약의 어느 책이 성경의 나머지 책들에 가장 큰 영향을 미치는가를 결정하려고 한다면, '신명기'가 단연 으뜸일 것입니다. 신약 27권 가운데 17권에서 신명기를 직접 인용하고 있으며, 80회 이상 신명기를 간접적으로 인용하고 있습니다. 특히, 예수님은 광야에서 사단이 유혹할 때마다 신명기 말씀으로 사단의 유혹을 물리치셨습니다(마 4:1-11). 또한, 예수님은 구약의 율법 전체를 요약하시면서(마 22:37), 신명기를 다시 인용하셨습니다. 주님처럼 늘 말씀 붙잡고 승리하는 복된 인생 되길 소망합니다.

📖 오늘의 핵심말씀
"이에 예수께서 말씀하시되 사탄아 물러가라 기록되었으되 주 너의 하나님께 경배하고 다만 그를 섬기라 하였느니라"(마태복음 4:10). 아멘!
"네 하나님 여호와를 경외하며 그를 섬기며 그의 이름으로 맹세할 것이니라"(신명기 6:13). 아멘!
"네 마음으로 죄인의 형통을 부러워하지 말고 항상 여호와를 경외하라 정녕히 네 장래가 있겠고 네 소망이 끊어지지 아니하리라"(잠언 23: 17-18). 아멘!

✚ 주께 드리는, 오늘의 기도
하나님 아버지~ '오늘'이라는 시간 속에서 살아갈 때에, 마음중심으로 항상 여호와를 경외하고, 죄인들의 형통함을 부러워하지 않게 인도해 주시옵소서. 주의 말씀대로 살아가는 주의 자녀들에게 복된 소망을 꿈꾸게 하시며, 하나님의 크신 은혜 가운데 장래가 활짝 열려지길 예수 그리스도 이름으로 간절히 기도드립니다. 아멘! May God Bless you always!

✎ 주께서 주신, 기도응답의 말씀

2월 22일

☀ 찬양
사랑합니다 나의 예수님 - I Love You! My Jesus.

📖 오늘의 읽을 말씀
(신명기 5-7장) 모세는 십계명을 반복하면서 설교를 시작합니다. 또한 마음 중심으로 여호와께 순종하며 자녀들에게도 여호와께 순종할 것을 가르치고, 풍요할 때에 여호와를 잊지말 것을 이스라엘 백성들에게 권면하였습니다. 그들이 신실하게 하나님의 명령을 따르기만 하면 가나안 땅을 차지하고 있는 이방 족속들과 싸워 이기는 것은 분명한 사실이었습니다. 이스라엘은 자기들의 힘으로가 아니라 모든 것을 이기시는 하나님의 힘으로 승리하게 되었습니다. 오늘도 여호와 닛시 하나님께서 우리와 함께 하셔서, 점령하기 힘든 땅인 우리 자신을 이기고 주의 말씀에 순•복하는 축복된 날 되길 소망해 봅니다.

📖 오늘의 핵심말씀
"너는 마음을 다하고 뜻을 다하고 힘을 다하여 네 하나님 여호와를 사랑하라"(신명기 6:5). 아멘!
"나의 계명을 지키는 자라야 나를 사랑하는 자니 나를 사랑하는 자는 내 아버지께 사랑을 받을 것이요 나도 그를 사랑하여 그에게 나를 나타내리라"(요한복음 14:21). 아멘!

✞ 주께 드리는, 오늘의 기도
우리에게 가장 좋은 길로 인도하시는 사랑의 하나님~ 주께서 생명 다해 사랑해 주신 그 십자가 사랑에 감격하여 오늘도 마음과 뜻과 힘을 다하여 하나님을 사랑하고, 이웃을 사랑하며, 서로 사랑하는 주의 은혜, 그리고 주의 말씀을 마음에 새기며 오늘을 은혜롭게 살아낼 수 있는 성령 충만을 허락해 주시길, 예수 그리스도 이름으로 간절히 기도드립니다. 아멘!
May God Bless you always!

✎ 주께서 주신, 기도응답의 말씀
_____
_____

2월 23일

☀ 찬양
주의 약속하신 말씀 위에 서 - Anointing 찬송가 3집

📖 오늘의 읽을 말씀
(신명기 8-11장) 계속해서 모세는 지난 40년간의 광야생활을 통해 보여주신 하나님의 신실하심에 대해 회고의 설교를 하였습니다. 또한 하나님께서 과거에 베푸신 은혜는 미래에 대한 확신을 주게 되었습니다. 분명한 사실은 이스라엘이 하나님을 사랑하고, 하나님의 말씀에 순종하면 축복을 맛볼 것이지만, 불순종하면 하나님의 심판이 반드시 있으리라는 것이었습니다.[17] 그러므로 우리는 온전히 주의 말씀에 순•복함으로 축복을 누리는 복된 삶 되길 소원합니다.

📖 오늘의 핵심말씀
"내가 오늘 명하는 모든 명령을 너희는 지켜 행하라 그리하면 너희가 살고 번성하고 여호와께서 너희의 조상들에게 맹세하신 땅에 들어가서 그것을 차지하리라"(신명기 8:1). 아멘!

✝ 주께 드리는, 오늘의 기도
주의 약속의 말씀으로 우리의 삶을 인도하시는 하나님 아버지~ 우리는 늘 지혜가 부족하여 갈 바를 알지 못할 때가 많습니다. 여러 가지 세상적인 번민과 핑계로 말씀을 읽고, 묵상하는 일이 뒷전이 되지 않도록 우리의 마음 중심을 지켜 주시옵소서. 주여~~ 우리의 심령가운데 주의 말씀을 사모하게 하시고, 말씀을 통해 주님의 기쁘신 뜻을 깨달아 말씀대로 준행하는 복된 오늘, 그리고 우리의 인생되게 역사해 주시길, 예수 그리스도 이름으로 간절히 기도드립니다. 아멘! May God Bless you always!

✏ 주께서 주신, 기도응답의 말씀

___
___
___
___
___

2월 24일

☀ 찬양
나의 한숨을 바꾸셨네 - 소진영

📖 오늘의 읽을 말씀
(신명기 12-16장) 모세는 지나온 과거를 회상하고 미래를 내다본 뒤, 이스라엘이 가나안 땅에 정착하여 살 때 시행될 보다 구체적이고 세세한 법규들에 대해 이야기했습니다. 즉 하나님께서 택하신 백성은 순결, 위생법, 가난한 자에 대한 처우 등에 있어서 가장 고결한 본보기가 되어야 했으며, 이스라엘의 절기들도 성별의 절기가 되어야 했습니다.[18] 이처럼 구원받고 하나님의 자녀된 우리들에게 주님께서는 무엇을 기대하고 계실까요? (벧전 2:9을 참조)

📖 오늘의 핵심말씀
"네가 만일 네 하나님 여호와의 말씀만 듣고 내가 오늘 네게 내리는 그 명령을 다 지켜 행하면 네 하나님 여호와께서 네게 기업으로 주신 땅에서 네가 반드시 복을 받으리니 너희 중에 가난한 자가 없으리라"(신명기 15:4-5). 아멘!

✝ 주께 드리는, 오늘의 기도
만복의 근원이신 여호와 하나님~ 오늘도 최선을 다해 주의 말씀만 듣고 지켜 행함으로 축복을 누리는 복된 날 되게 하옵소서. 주의 은혜가운데 꾸어줄지라도 꾸지 아니하는 복의 통로로 쓰임 받게 인도하시며, 상처받은 사람들에게 치유와 회복을 주는 위로의 통로가 되게 하옵시고, 영육의 매임으로 고통 받는 사람들에게 참 자유의 길을 열어주는 소망의 통로가 되게 하옵소서. 믿는 자들에게 영생의 복된 길을 열어주신 예수 그리스도 이름으로 간절히 기도드립니다. 아멘! May God Bless you always!

✎ 주께서 주신, 기도응답의 말씀

2월 25일

☀ 찬양
너 시험을 당해(찬395장) - 브라운워십 (Brown Worship)

📖 오늘의 읽을 말씀
(신명기 17-20장) "어떻게 왕을 세울 것인가?, 어떻게 선지자의 말이 진실임을 알 수 있는가?, 어떻게 부지중에 사람을 죽인 자를 보호할 것인가?, 전쟁을 치룰 때에 포로로 잡힌 사람들을 어떻게 대우할 것인가?" 백성들의 권리를 선정하고, 적용하는 것을 다루는 시민법과 더불어, 오늘 본문에서 왕과 왕국(17장), 선지자와 제사장(18장), 도피처 마련(19장)과 평화 규정(20장)에 관한 법규들을 살펴보면서 그 답을 얻게 될 것입니다. 더욱이 이 땅 가운데 살고 있는 그리스도인으로서 국가의 공의를 증진시키기 위해 실천할 수 있는 것이 무엇인지 오늘 주신 말씀을 붙잡고 기도하는 도전의 시간 되길 소원합니다.

📖 오늘의 핵심말씀
"너희 하나님 여호와는 너희와 함께 행하시며 너희를 위하여 너희 적군과 싸우시고 구원하실 것이라 할 것이며"(신명기 20:4). 아멘!

✟ 주께 드리는, 오늘의 기도
죄를 미워하시고 회개하는 심령의 기도를 기뻐하시는 여호와 하나님~ 회개하지 않은 부정함과 교만함으로는 결코 하나님께 나아갈 수 없음을 깨닫게 하시고, 겸비하여 기도하고 하나님의 긍휼을 구하는 겸손함과 용기를 주시옵소서. 우리가 오늘 바로 이 순간, 자신과 공동체의 죄를 회개하고 성결함을 회복할 때에 하나님께서 일하심(적군과 싸우시고 구원하실 것)을 경험하는 복과 은혜를 부어 주시옵소서. 우리의 죄를 사하시기 위해 이 땅에 오시고, 돌아가시며, 부활 승천하시어 다시 오실, 살아계신 예수 그리스도 이름으로 간절히 기도드립니다. 아멘! May God Bless you always!

✎ 주께서 주신, 기도응답의 말씀

_____

_____

_____

1. 구약의 '모세오경'에서 빛나는 기도의 선조들

2월 26일

☀ 찬양
작은 자 한사람 - 마커스 커뮤니티

📖 오늘의 읽을 말씀
(신명기 21-26장) 해결되지 않은 여러 가지 문제들을 다루면서 어떻게 평화롭고 안정적으로 살아갈 수 있겠습니까? 모세는 이와 같은 상황이 벌어지기 전에 하나님의 거룩한 백성을 이끄는 해결책을 제시합니다. 그것은 바로 가정 내의 법규들(21-22장)과 힘없는 사람들에 대한 자비로운 법규들(23-24장)이며, 사회적 법규들(25-26장)이었습니다. 오늘 우리도 하나님의 말씀대로 준행하여 주의 보배로운 백성으로 세워지며, 평강의 축복을 누리길 소망해 봅니다.

📖 오늘의 핵심말씀
"여호와께서도 네게 말씀하신 대로 오늘 너를 그의 보배로운 백성이 되게 하시고 그의 모든 명령을 지키라 확언하셨느니라 그런즉 여호와께서 너를 그 지으신 모든 민족 위에 뛰어나게 하사 찬송과 명예와 영광을 삼으시고 그가 말씀하신 대로 너를 네 하나님 여호와의 성민이 되게 하시리라"(신명기 26:18-19). 아멘!

✝ 주께 드리는, 오늘의 기도
우리 삶의 주인이 되시는 여호와 하나님~ "먹든지 마시든지 무엇을 하든지 다 하나님의 영광을 위해 하라"(고전 10:31)는 성경말씀을 잊지 않는 주의 보배로운 백성이 되게 하옵소서. 주의 말씀을 잊지 않을 뿐만 아니라 그 말씀을 성실하게 준행하는 믿음 충만한 주의 성민이 되게 하여 주시길, 예수 그리스도 이름으로 간절히 기도드립니다. 아멘!
May God Bless you always!

✉ 주께서 주신, 기도응답의 말씀

2월 27일

☀ 찬양
주를 더 알수록 - 마커스 커뮤니티

📖 오늘의 읽을 말씀
(신명기 27-30장) 모세는 이스라엘에게 언약에 대한 새로운 헌신의 때임을 촉구하는 엄숙한 결정의 순간에 이르게 되었습니다. 그는 다음과 같이 아주 단순한(불변의) 두 개의 공식으로 이스라엘의 선택을 분명히 하게 했습니다. '순종=생명, 불순종=죽음'[19] 우리는 어느 쪽을 선택해야 할까요? 선택은 우리 자신에게 달려있습니다.

📖 오늘의 핵심말씀
"보라 내가 오늘 생명과 복과 사망과 화를 네 앞에 두었나니 곧 내가 오늘 네게 명령하여 네 하나님 여호와를 사랑하고 그 모든 길로 행하며 그의 명령과 규례와 법도를 지키라 하는 것이라 그리하면 네가 생존하며 번성할 것이요 또 네 하나님 여호와께서 네가 가서 차지할 땅에서 네게 복을 주실 것임이니라"(신명기 30:15-16). 아멘!

✚ 주께 드리는, 오늘의 기도
수고하고 무거운 짐 진 영혼을 부르시며, 우리의 피난처가 되시는 예수님~ 우리의 인생길에 감당하기 어려운 문제를 만날 때, 불평과 원망, 그리고 짜증의 죄악을 짓지 않게 하옵소서. 바이러스라는 힘겨운 터널이 하나님의 실존을 경험하는 '은혜의 장'이 되게 하시고, 더욱 하나님을 사랑하며 주의 말씀에 순•복하여 놀라운 축복을 경험하는 복된 오늘 되게 인도해 주시길, 예수 그리스도 이름으로 간절히 기도드립니다. 아멘!
May God Bless you always!

✎ 주께서 주신, 기도응답의 말씀

2월 28/29일

(윤년이면 2월 28일에 2장을 읽고, 29일에 2장을 더 읽으세요.)

☀ 찬양
모세의 노래 – 시와 그림

📖 오늘의 읽을 말씀
(신명기 31-34장) 언약을 다시 세우고 이스라엘 민족이 요단강에서 준비를 갖추고 있을 때 모세는 하나님의 백성을 이끄는 지도자로서의 의무를 마감하고, 여호수아를 후계자로 임명했습니다. 이스라엘이 삶에 대한 자신의 메시지를 기억하도록 하기 위해서 모세는 마지막 설교를 노래로 적어 그 곡과 내용을 이스라엘 민족에게 가르쳤습니다. 괴로울 때 뿐 아니라 즐거운 때도 우리 자신이 하나님께 헌신하겠다는 마음으로 '모세의 노래'(32장)를 불러보시기 바랍니다.[20]

📖 오늘의 핵심말씀
"그 후에는 이스라엘에 모세와 같은 선지자가 일어나지 못하였나니 모세는 여호와께서 대면하여 아시던 자요 여호와께서 그를 애굽 땅에 보내사 바로와 그의 모든 신하와 그의 온 땅에 모든 이적과 기사와 모든 큰 권능과 위엄을 행하게 하시매 온 이스라엘의 목전에서 그것을 행한 자이더라"(신명기 34:10-12/ 구약 p.318). 아멘!

✝ 주께 드리는, 오늘의 기도
우리의 기도와 간구를 기뻐 받으시는 하나님 아버지~ 늘 좋은 것으로 우리의 필요를 채워주시고, 갈 길을 인도해 주셔서 감사합니다. 이 시간 간절히 소원하옵기는, 모세처럼 우리 민족과 나라를 뜨겁게 사랑하는 주의 자녀가 되게 하옵소서. 우리 한 사람 한 사람이 하나님께서 기뻐하실 만큼 굳센 믿음을 가진 참 신앙인으로 세워 주시길, 예수 그리스도 이름으로 간절히 기도드립니다. 아멘! May God Bless you always!

✏ 주께서 주신, 기도응답의 말씀

_____

_____

_____

2. 구약성경의 '역사서'에 담겨진 기도의 선조들

구약의 역사서에는 총 12권(여호수아, 사사기, 룻기, 사무엘상, 사무엘하, 열왕기상, 열왕기하, 역대상, 역대하, 에스라, 느헤미야, 에스더)이 있습니다. 이때의 이스라엘 백성들은 가나안 땅 정착으로 시작하여 사사 시대(BC. 1200-1012)를 거쳐 왕정 시대를 구축합니다.

초대 왕 사울(BC. 1012-1004)로부터 출발한 남북 단일왕조가 다윗 왕(BC. 1004-965) 때 꽃을 피우고, 솔로몬 왕(BC. 965-926) 사후 와해되어 분열왕국 시대를 맞이하게 됩니다(BC. 926년경). 이후 북 이스라엘이 앗수르에게 멸망하고(BC. 722), 이어서 남 왕국 유다도 바벨론에 의해서 붕괴되었으며(BC. 587), 이후 바벨론은 페르시아에게 패망하고 말았습니다(BC 539). 바벨론에 의해 끌려갔던 유다 백성들은 페르시아의 고레스 칙령에 의해서 예루살렘으로 귀환하였으며(BC. 538), 바벨론의 침략 때 무너졌던 예루살렘 성전을 재건하고(BC 515), 새로운 신앙 공동체를 세워나가는 내용들이 구약의 역사서에 담겨져 있습니다.[21] 이러한 '역사서'에서 하나님께 감동을 드렸던 기도의 선조들은 과연 누구였을까요?

• **한나의 기도**

사무엘상 1장 11절에 나온 한나의 기도는 일종의 서원기도입니다. 만약에 이러한 한나의 기도가 자기 필요에만 집중된 기도였다면 기복적 기도였을 것입니다. 기복적 기도, 자기 욕심과 욕망에만 뿌리박고 있는 기도는 하나님께서 기뻐하시는 기도가 아닙니다. 그런데 한나의 기도는 그런 기도가 아니었습니다. 그것은 바로 자신의 필요, 자신의 욕구를 승화시킨 기도였습니다. 다시 말해 자신의 필요가 하나님의 필요와 연결되어진 기도였습니다. 한나는 그런 참된 기도를 드렸던 것입니다. 이처럼 진정한 기도는 우리에게 하나님의 필요와 하나님의 영광을 보게 하며, 그 하나님의 뜻에 합당한 사람이 되도록 변화되게 하실 것입니다.

"서원하여 이르되 만군의 여호와여 만일 주의 여종의 고통을 돌보시고 나를 기억하사 주의 여종을 잊지 아니하시고 주의 여종에게 아들을 주시면 내가 그의 평생에 그를 여호와께 드리고 삭도를 그의 머리에 대지 아니하겠나이다"(사무엘상 1:11)

• 사무엘의 기도

사무엘은 과연 어떤 사사(선지자)였을까요? 그의 이름은, '하나님께서 들으셨다'라는 뜻을 내포하고 있으며, 엘가나와 한나의 아들로서 이스라엘 최후의 사사, 또는 최초의 선지자였습니다. 그는 하나님의 음성에 잠 자면서 까지도 귀 기울였던 '주의 종'이었고(사무엘상 3:10), 여호와께서 늘 함께 하셨던 '은혜의 사사'였습니다. 또한 자기 생각과 주장이 있음에도 불구하고 여호와께 기도하며 자신의 뜻을 온전히 내려놓고, 하나님의 뜻에 순종하고 복종한 '믿음과 겸손, 그리고 기도의 선지자'였음을 말씀을 통해 확인케 됩니다(사무엘상 8:6-7).

그러므로 하나님께서는 사무엘 같은 정말 '좋은 리더'를 세워 주셔서 승리와 평화의 회복으로 인도하신다는 사실입니다. 위기와 절망의 늪에서 허우적거리는 죄악으로 물든 이스라엘 백성들이 종일 금식하고 회개하여 다시금 회복케 될 수 있도록, 하나님께로 인도하는 민족의 지도자요, 주의 선한 종인 사무엘을 살펴보면서 기도의 중요성을 깨닫게 됩니다(사무엘상 7:3-6).

"사무엘이 이르되 온 이스라엘은 미스바로 모이라 내가 너희를 위하여 여호와께 기도하리라 하매"(사무엘상 7:5).

"우리에게 왕을 주어 우리를 다스리게 하라 했을 때에 사무엘이 그것을 기뻐하지 아니하여 여호와께 기도하매"(사무엘상 8:6).

• **다윗의 기도**

참으로 응답받는 기도는 그 응답을 확신하고 드리는 기도입니다(야고보서 1:6). 그런데 우리가 기도하는 대로 하나님께서 응답하실 때도 있지만 그대로 응답되지 않을 때도 있습니다.

사무엘하 12장을 보시면 다윗이 밧세바라는 여인을 통해 불륜의 아들을 낳았습니다. 하나님께서 다윗을 책망하시기로 작정하셨는지 그 아들이 병들었습니다. 그래서 다윗은 고쳐달라고 기도했습니다(사무엘하 12:16). 결국 다윗이 기도했던 대로 응답되었나요? 아니었습니다. 그 아이는 죽었습니다.

하나님께서 그 아이를 데려가시자 다윗은 즉각적으로 하나님의 뜻을 알아차렸습니다(사무엘하 12:22). 하나님의 주권 속에 이 아이를 데려가시는 것이 주님의 최선이라는 생각이 들자 다윗은 하나님을 원망하기보다 현실을 하나님의 뜻으로 수용하고 감사했습니다. 그리고 다윗은 일어나 용서받은 자로 새로운 삶을 시작했습니다.

우리가 기도할 때 어떤 기도든 하나님께서 응답하심을 믿기 바랍니다. 때로는 자기 자신이 기대한 쪽으로 응답되지 않아도 여전히 전지전능하신 하나님을 신뢰하고 기도하시기 바랍니다. 그때 하나님께서는 새로운 일을 시작하셔서 이러한 사람을 영광스러운 축복의 도구로 사용하실 것입니다.

"다윗이 그 아이를 위하여 하나님께 간구하되 다윗이 금식하고 안에 들어가서 밤새도록 땅에 엎드렸으니"(사무엘하 12:16).

"이르되 아이가 살았을 때에 내가 금식하고 운 것은 혹시 여호와께서 나를 불쌍히 여기사 아이를 살려 주실는지 누가 알까 생각함이거니와"(사무엘하 12:22).

• 솔로몬의 기도

오늘날 우리는 솔로몬의 부귀와 영화와 그 지혜를 부러워합니다. 그러나 그의 기도를 부러워하는 사람은 많지 않습니다. 솔로몬의 지혜가 바로 그 기도에서 나온 것인데도 말입니다. 도대체 솔로몬은 어떤 기도를 했길래, 그런 놀랍고도 탁월한 지혜의 삶을 살 수 있었을까요?

먼저 그는 '지속적인 기도'를 하였다는 것입니다. 솔로몬은 결정적인 필요의 순간 혹은 위기의 순간에만 기도한 사람이 아니었습니다. 그는 언제나 기도하는 사람이었습니다. 항상 기도했습니다. 열왕기상 3장 3절에서 강조된 것이 '솔로몬이 여호와를 사랑했다'는 사실입니다. 솔로몬은 하나님을 사랑하기 때문에 기도한 것입니다. 그 사랑 때문에 그는 계속 기도했습니다.

솔로몬 왕의 기도의 특징 두 번째로, 그의 기도생활은 늘 겸손했다는 것입니다. 솔로몬의 고백을 들어 보십시오(열왕기상 3:7). 그가 얼마나 겸허한 사람이었는가를 알 수 있습니다. 종으로서 책임을 다하고자 했던 솔로몬은 지혜 없는 자신의 연약함을 절감했습니다. 그래서 그는 자신을 종으로 말할 뿐 아니라 '작은 아이'라고까지 했습니다.

세 번째로, 솔로몬의 기도는 이타적이었다는 사실입니다. 기브온에서 밤에 여호와께서 솔로몬의 꿈에 나타나셔서 "내가 너에게 무엇을 줄꼬 구하라"고 하셨습니다(열왕기상 3:5). 사실 솔로몬이 구할 수 있는 것들은 많았습니다. 자기의 필요가 많았을 것입니다. 그러나 그는 단순히 자기 이익을 위한 기도는 하지 않았습니다. 솔로몬은 지금 자기에게 필요한 지혜를 구하고 있습니다. 그러나 그것은 궁극적으로 자신을 위해서가 아니었습니다(열왕기상 3:9).

솔로몬은 자기에게 주어진 사명을 수행하고 하나님이 맡기신 백성을 잘 섬기기 위한 지혜를 구했습니다. 결국 하나님은 지혜를 주셨습니다(열왕기상 3:12). 뿐만 아니라, 솔로몬의 기도에 하나님께서 어떻게 응답하십니까? 하나님께서는 부와 영광까지도 주셨습니다(열왕기상 3:13). 또한 장수와 건강도 주신 것입니다(열왕기상 3:14). 구하지 않은 삶의 일상적 필요도 아시고 다 채워 주셨습니다. 우리도 솔로몬처럼 엎드려서 '지속적으로, 겸손하게, 그리고 하나님의 나라와 그의 의를 위해' 기도하여 '주님의 지혜와 축복'을 풍성하게 받고 하나님의 영광을 위해 복되게 사용되길 소원합니다.

"솔로몬이 여호와를 사랑하고 그의 아버지 다윗의 법도를 행하였으나 산당에서 제사하며 분향하더라"(열왕기상 3:3).
"나의 하나님 여호와여 주께서 종으로 종의 아버지 다윗을 대신하여 왕이 되게 하셨사오나 종은 작은 아이라 출입할 줄을 알지 못하고"(열왕기상 3:7).
"누가 주의 이 많은 백성을 재판할 수 있사오리이까 듣는 마음을 종에게 주사 주의 백성을 재판하여 선악을 분별하게 하옵소서"(열왕기상 3:9).

• 엘리야의 기도

우리는 흔히 엘리야를 가리켜서 많은 이적과 권능을 행한 인물이라고 말을 합니다. 그러나 그는 무엇보다도 기도의 사람이었습니다. 엘리야가 이룬 숱한 이적과 권능도 간절한 기도로 인해 하나님께서 함께 하신 결과입니다.

열왕기상 18장 30-40절에는 엘리야가 바알과 아세라의 선지자들과 백성들 보는 앞에서 하나님의 응답을 바라는 기도를 하는 장면이 기록되어 있습니다. 엘리야는 기도하기 전에 무너진 여호와의 단을 수축하고, 지파의 수효를 따라 열두 돌을 취하고, 정성껏 재물을 마련하는 등 철저한 준비를 하였습니다(30-36절). 그렇다면 무엇을 준비했다는 것일까요? 기도하기 전에 엘리야가 무너진 여호와의 단을 수축한 것과 같이, 마음 가운데 죄악에 물들어 무너지고 파괴된 부분을 찾아내어 잘못된 것은 과감히 버리고 하나님께 치료를 요청했다는 것입니다.

그렇습니다. 먼저 엘리야 자신의 죄를 깨닫고 고백하였다면, 그다음에 간절히 기도하였습니다. 그런데 무엇을 놓고 간절히 기도하였을까요? 엘리야의 기도는 하나님의 영광을 구하는 기도였습니다(37절). 하나님께로부터 멀어진 백성들이 엘리야의 기도에 응답하시는 하나님을 보게 될 때 엘리야의 하나님이 진정한 하나님임을 알게 될 것이기 때문입니다. 그리하여 엘리야는 먼저 하나님의 영광을 위하여 불이 내려지기를 간절히 기도하였던 것입니다.

열왕기상 18장 38-39절을 보면, 엘리야의 확신에 찬 기도의 응답으로써 하나님께서 불을 내리심을 보고 모든 백성들은 "여호와 그는 하나님이시로다"라고 감탄하지 않을 수 없었습니다. 이처럼 엘리야의 확신에 찬 기도는 모든 백성들과 바알과 아세라 선지자들 앞에서 하나님의 존재를 확실히 드러낼 수 있는 영광된 순간을 맞이할 수 있게 하였던 것입니다.

기도는 연약한 인간이 전능하신 하나님의 능력을 받는 방법이며, 영적인 호흡입니다. 이것은 또한 하나님께서 그의 백성들에게 요구하신 성도의 의무이며, 동시에 마귀와 싸우는 영적인 무기도 되는 것입니다. 엘리야처럼 기도로써 수많은 난제들을 해결하고, 하나님의 살아계심을 다른 사람들에게 증거하며 승리하는 복된 인생되길 소원합니다.

"엘리야가 모든 백성을 향하여 이르되 내게로 가까이 오라 백성이 다 그에게 가까이 가매 그가 무너진 여호와의 제단을 수축하되"(열왕기상 18:30).

"여호와여 내게 응답하옵소서 내게 응답하옵소서 이 백성에게 주 여호와는 하나님이신 것과 주는 그들의 마음을 되돌이키심을 알게 하옵소서 하매"(열왕기상 18:37).

"이에 여호와의 불이 내려서 번제물과 나무와 돌과 흙을 태우고 또 도랑의 물을 핥은지라 모든 백성이 보고 엎드려 말하되 여호와 그는 하나님이시로다 여호와 그는 하나님이시로다 하니"(열왕기상 18:38-39).

• **히스기야의 기도**

우리 개인의 삶을 변혁시킨다는 것은 참으로 어려운 일입니다. 더욱이 나라를 새롭게 변화시킨다는 것은 진정 놀라운 사실일 것입니다. 그런데 한 나라를 변혁시킨 위대한 왕이 있었습니다. 그의 이름은 히스기야였습니다. 그는 꺼져가는 유다를 다시금 개혁시켜서 안정된 나라를 만들었고, 백성들에게 큰 기쁨을 안겨준 인물이었습니다. 그러면 히스기야의 변혁의 원동력은 무엇이었을까요? 그것은 바로 히스기야의 기도였습니다. 그의 기도는 하나님의 마음을 움직여 그에게 능력을 주시게 하고, 그 능력으로 일을 성취할 수 있도록 했던 것입니다. 그에 대한 실제적인 사례로, 히스기야의 간절한 기도가 응답되어 유다를 공격해 왔던 앗수르 18만 5천명의 적군을 여호와의 사자가 쓸어버린 승리를 경험하도록 하였습니다(열왕기하 19:35). 또한 그는 어떠한 허물과 죄라도 하나님께 기도함으로써 용서를 받을 수 있었고(역대하 30:19-20), 자신의 중병으로 절망적인 순간에 하나님께 진실과 전심으로 기도하여 15년이나 더 생명을 연장 받을 수 있었습니다(열왕기하 20:1-7).

"아모스의 아들 이사야가 히스기야에게 보내 이르되 이스라엘 하나님 여호와의 말씀이 네가 앗수르 왕 산헤립 때문에 내게 기도하는 것을 내가 들었노라 하셨나이다"(열왕기하 19:20).

"히스기야가 낯을 벽으로 향하고 여호와께 기도하여 이르되 여호와여 구하오니 내가 진실과 전심으로 주 앞에 행하며 주께서 보시기에 선하게 행한 것을 기억하옵소서 하고 히스기야가 심히 통곡하였더라"(열왕기하 20:2-3).

"결심하고 하나님 곧 그의 조상들의 하나님 여호와를 구하는 사람은 누구든지 비록 성소의 결례대로 스스로 깨끗하게 못하였을지라도 사하옵소서 하였더니 여호와께서 히스기야의 기도를 들으시고 백성을 고치셨더라"(역대하 30:19-20).

- **에스라와 느헤미야, 그리고 에스더의 기도**

영적인 하드웨어(바사제국 고레스왕 시대에 스룹바벨의 예루살렘 1차 귀환 통한 성전 건축과 바사 왕 아닥사스다 시대 당시 느헤미야를 중심으로 한 성벽중건 등)가 갖춰진 상황에서 영적인 소프트웨어를 갈망하던 유대 백성들에게 느헤미야와 동 시대 사람이었던 에스라를 통한 '하나님 말씀 회복운동'은 그야말로 시대적인 사명이었습니다(에스라 7:10). 또한 이 사명을 온전히 감당하고자 그는 먼저 말씀을 연구하고 준행했으며, 백성들이 하나님의 말씀 속에 젖어들도록 가르치며 기도 가운데 인도했던 기도의 선조였습니다(에스라 10:1-4).

"에스라가 하나님의 성전 앞에 엎드려 울며 기도하여 죄를 자복할 때에 많은 백성이 크게 통곡하매 이스라엘 중에서 백성의 남녀와 어린아이의 큰 무리가 그 앞에 모인지라"(에스라 10:1).

세상은 큰 교회 건물, 많은 성도 수, 그리고 풍부한 교회 재정 등을 보면서, '능력있는 교회'라고 합니다. 그러나 그리스도인들은 어떤 교회가 '능력있는 교회'라고 생각할까요? 우리 주님께서는 마태복음 25장 1-13절의 다섯 처녀의 비유를 들어 말씀해 주신 것처럼, 미래를 준비하는 교회와 성도가 능력있는 교회와 성도임을 깨닫게 되어 집니다. 이처럼 미래를 철저하게 준비하여 주님 주신 사명들을 이루었던 하나님의 사람이 있었습니다. 그가 바로 느헤미야입니다. 그는 민족의 자존심을 회복한 사람입니다. 자기에게 주신 부담감(무너진 예루살렘 성벽 중건)이 하나님께서 주신 사명이라고 깨닫고, 먼저 기도로 준비하기 시작한 기도의 사람이었습니다.

"내가 이 말을 듣고 앉아서 울고 수일 동안 슬퍼하며 하늘의 하나님 앞에 금식하며 기도하여"(느헤미야 1:4).
"이제 종이 주의 종들인 이스라엘 자손을 위하여 주야로 기도하오며 우리 이스라엘 자손이 주께 범죄한 죄들을 자복하오니 주는 귀를 기울이시며 눈을 여시사 종의 기도를 들으시옵소서 나와 내 아버지의 집이 범죄하여"(느헤미야 1:6).

에스더서는 나라를 잃고 이방 나라에 흩어진 하나님의 백성이 각각의 위치에서 어떻게 살아가야 하는지를 보여주는 디아스포라용 성경입니다. 그들이 살고 있는 곳은 하나님이 없는 곳으로 알고 있는 이방나라였습니다. 특히 에스더서 안에서 모르드개와 하만은 한마디로 원수지간이었습니다. 이처럼 조상대대로 원수지간 이었던 이스라엘과 아말렉 자손간의 관계는 하만의 유대인 말살 음모에 더욱 드러나게 되었습니다. 이 계략을 알게 된 모르드개는 그의 사촌 동생 에스더에게 상황을 알리는 동시에, '에스더가 바사제국의 왕후가 된 것은 바로 이때를 위해서였음'을 다시금 일깨워주었으며, 그녀는 '죽으면 죽으리라'는 믿음으로 금식하고 기도하여 주님만을 바라보게 되었습니다.

"당신은 가서 수산에 있는 유다인을 다 모으고 나를 위하여 금식하되 밤낮 삼 일을 먹지도 말고 마시지도 마소서 나도 나의 시녀와 더불어 이렇게 금식한 후에 규례를 어기고 왕에게 나아가리니 죽으면 죽으리이다 하니라"(에스더 4:16).

3월 1일

☀ **찬양**
달고 오묘한 그 말씀 – 나무엔

📖 **오늘의 읽을 말씀**
(여호수아 1-5장) 모세가 죽은 후 하나님께서는 여호수아를 택하시고 지도자의 자리를 계승하게 하셨습니다. 백성들은 그들의 조상들에게 약속된 땅, 그리고 자신들의 불신앙의 부모들이 거부했던 바로 그 땅이 바라보이는 곳에 자리를 잡았습니다. 하나님께서는 여호수아에게 자신의 명령을 잘 지켜 행하면 축복과 승리를 얻게 될 것이라고 당부하셨습니다. 여호수아는 가나안의 첫 장애물인 여리고성을 정복하기 위해 정탐꾼을 보냈습니다. 한편 언약궤를 맨 제사장들은 백성들을 인도하여 요단강을 건넜으나 신발이 젖지 않았습니다. 이것은 정복을 위한 준비 단계였습니다.[22] 하나님께서 우리 삶의 어느 부분에서, 믿음의 첫걸음 내딛기를 기다리고 계실까요? 기대하기 어려운 일들에 대하여 하나님을 신뢰하며, 하나님께서 우리 자신을 위하여 행하실 수 있도록 우리의 마음 문을 열 수 있길 소망해 봅니다.

📖 **오늘의 핵심말씀**
"오직 강하고 극히 담대하여 나의 종 모세가 네게 명령한 그 율법을 다 지켜 행하고 우로나 좌로나 치우치지 말라 그리하면 어디로 가든지 형통하리니 이 율법책을 네 입에서 떠나지 말게 하며 주야로 그것을 묵상하여 그 안에 기록된 대로 다 지켜 행하라 그리하면 네 길이 평탄하게 될 것이며 네가 형통하리라"(여호수아 1:7-8). 아멘!

✝ **주께 드리는, 오늘의 기도**
살아계신 하나님 아버지~ 저희들은 늘 지혜와 분별력이 부족해서 갈 바를 알지 못할 때가 많습니다. 주님~~ 우리에게 주의 말씀이 항상 넘치기를 소원합니다. 성경말씀을 읽고, 묵상하며 준행함으로 형통한 매일의 삶을 누리는 복된 인생 되길, 예수 그리스도 이름으로 간절히 기도드립니다. 아멘!
May God Bless you always!

✎ **주께서 주신, 기도응답의 말씀**

3월 2일

❋ 찬양
여호와 닛시 - 시와 그림

📖 오늘의 읽을 말씀
(여호수아 6-8장) 여호수아와 이스라엘 백성들은 여리고성에서의 괄목할만한 승리와 아이 성의 고통스러운 사건을 통하여, 아무리 사소해 보이는 일일지라도 가장 작은 세부 사항에 이르기까지 하나님의 지시를 따르는 것이 얼마나 중요한 일인가를 절실히 깨닫게 되었습니다. 하나님께서는 자만에 빠진 백성들을 바른 길로 인도하신 후, 참을성 있게 그들을 격려하시고 마침내 아이 성에 재도전하여 승리를 거두게 하셨습니다. 오늘도 겸손으로 우리의 허리를 동이고 주의 말씀에 순•복함으로 여호와 닛시 하나님께서 기뻐하시는 승리의 날 되길 소망해 봅니다.

📖 오늘의 핵심말씀
"여호와께서 여호수아에게 이르시되 두려워하지 말라 놀라지 말라 군사를 다 거느리고 일어나 아이로 올라가라 보라 내가 아이 왕과 그의 백성과 그의 성읍과 그의 땅을 다 네 손에 넘겨주었으니"(여호수아 8:1). 아멘!

✝ 주께 드리는, 오늘의 기도
신실하신 하나님 아버지~ 정직한 자에게 주신다고 약속하신 '완전한 지혜'(잠 2:7)를 우리가 받아 누리게 하옵소서. 잠시 잠깐의 이익에 눈이 어두워 거짓된 말과 행동을 했던 아간이 되지 않도록 인도해 주시옵소서. 거짓이 있다면 즉시 회개하고, 하나님과 사람 앞에서 잘못을 고백할 수 있는 여호수아와 같은 용기를 주셔서, 아이 성에 다시 도전하여 승리하는 '여호와 닛시'의 은혜로 오늘도 충만케 인도해 주시길, 예수 그리스도 이름으로 간절히 기도드립니다. 아멘! May God Bless you always!

✎ 주께서 주신, 기도응답의 말씀
_____
_____
_____

3월 3일

☀ 찬양
Oceans - Hillsong United(한글자막)

📖 오늘의 읽을 말씀
(히브리서 4:1-11) 창세기의 요셉처럼 여호수아는 예수 그리스도의 사역을 예표합니다. 그는 겸손하며 '하나님의 영'에 인도를 받는 지도자(민 27:18)로서의 자질은 이미 가나안을 정찰할 12명의 정탐꾼 가운데 한 사람으로 뽑혔을 때부터 나타났습니다. 그는 뛰어난 군사 전략가였습니다. 그러나 그는 모세가 시작한 사역, 즉 이스라엘을 약속의 땅으로 인도하는 일을 완수한 하나님의 선택하신 종이요 지도자였습니다. 이런 면에서 그는 그리스도의 사역을 예표합니다.²³ 하나님의 약속을 굳게 믿었기 때문에 여호수아는 이스라엘 백성을 약속의 땅으로 인도하여 안식을 누리게 했습니다. 이와 마찬가지로 우리도 구주이신 예수 그리스도(복음)를 믿을 때 안식할 수 있습니다.

📖 오늘의 핵심말씀
"그들과 같이 우리도 복음 전함을 받은 자이나 들은 바 그 말씀이 그들에게 유익하지 못한 것은 듣는 자가 믿음과 결부시키지 아니함이라 이미 믿는 우리들은 저 안식에 들어가는도다… 그런즉 안식할 때가 하나님의 백성에게 남아 있도다 이미 그의 안식에 들어간 자는 하나님이 자기의 일을 쉬심과 같이 그도 자기의 일을 쉬느니라 그러므로 우리가 저 안식에 들어가기를 힘쓸지니 이는 누구든지 저 순종하지 아니하는 본에 빠지지 않게 하려 함이라"(히브리서 4:2-3, 9-11). 아멘!

✝ 주께 드리는, 오늘의 기도
우리 삶을 인도하시는 하나님 아버지~ 막막한 현실 앞에 혼란스러운 생각이 몰려올지라도, '진리가 너희를 자유롭게 하리라'(요 8:32)는 생명의 말씀이 우리 마음에 중심이 되게 하옵소서. 예수 그리스도를 온전히 믿는 구원의 은총 가운데 '진정한 안식'을 풍성히 누리는 복된 날 되게 인도해 주시길 예수 그리스도 이름으로 기도드립니다. 아멘! May God Bless you always!

✎ 주께서 주신, 기도응답의 말씀

3월 4일

✸ 찬양
나의 기도 - 시와 그림

📖 오늘의 읽을 말씀
(여호수아 9-12장) 마침내 여호수아는 온 땅 곧 산지와 평지를 점령하여(수 11:16), 지파들에게 분배해줄 수 있게 됩니다(수 11:23). 7년의 정복 기간 동안 여호수아의 군대는 31명의 왕과 대부분의 가나안 거민들을 멸절시켰습니다. 단지 기브온이라는 예기치 못한 문제를 만났을 때(9장), 이스라엘의 족장들은 자기들의 미숙한 결정을 따랐습니다. 결국 이스라엘은 하나님께 묻지 않고, 거짓말과 위장된 겉모습에 속아 기브온과 어리석은 평화 조약을 맺고 말았습니다. 수년 후, 이스라엘은 이 일로 말미암아 비탄에 빠지게 되었습니다. 혹시 우리는 어떤 부분에서 이러한 어리석은 결정을 따르기 쉬운가요? 우리 자신의 명철을 의지하지 않고 주를 신뢰하며 범사에 인정하는 오늘, 그리고 우리네 인생 되길 소원합니다.

📖 오늘의 핵심말씀
"무리가 그들의 양식을 취하고는 어떻게 할지를 여호와께 묻지 아니하고 여호수아가 곧 그들과 화친하여 그들을 살리리라는 조약을 맺고 회중 족장들이 그들에게 맹세하였더라"(여호수아 9:14-15).

✝ 주께 드리는, 오늘의 기도
교회와 가정을 창조해 주신 하나님 아버지~ 교회와 신앙을 목숨과도 바꾸지 않았던 초대교회 성도들과 한국교회 성도들의 전통을 우리와 믿음의 후손들이 이어가게 하옵소서. 교회와 가정을 무너뜨리려는 어떠한 도전에도 당당히 맞서 승리할 수 있도록, 사사로운 개인의 판단이 아닌, 주께 기도응답 받고 행하는 '기도응답의 삶'되게 인도해 주시옵소서. 우리를 미혹하는 어떠한 세력에 현혹되지 않는 굳건한 믿음을 주시옵고, 무릎을 드린 흔적과 눈물 자욱이 기도 처소 곳곳에 남겨지게 하여 주시길, 예수 그리스도 이름으로 간절히 기도드립니다. 아멘! May God Bless you always!

✎ 주께서 주신, 기도응답의 말씀

3월 5일

☀ 찬양
이 산지를 내게 주소서 - Sung Soo Kim

📖 오늘의 읽을 말씀
(여호수아 13-17장) 여호수아의 통솔 아래 이스라엘이 가나안 지역을 정복하였지만 각 지파에게 남아있는 이방 세력들을 깨끗이 쓸어버리고 가나안을 완전히 차지하라는 지시를 내리며 영토를 분배하였습니다. 즉 요단 동편은 르우벤, 갓, 므낫세 반지파(13장)에게, 요단 서편은 유다(15장), 요셉의 자손들(16-17장)에게 분배되었습니다. 그리고 모세가 약속한 대로 헤브론을 갈렙의 요청에 따라 그에게 분배하였습니다(14장). 하나님께 충성하며(수 14:8-9), 여호와를 온전히 좇았던 갈렙... 그는 하나님의 약속들을 주장한다는 의미가 무엇인지 알고 있었습니다. 또한 주께서 약속하신 것을 차지하기 위해 믿음으로 행했던 것입니다. 우리도 갈렙처럼 하나님의 약속을 온전히 신뢰하며, 믿음으로 행진하는 복된 오늘 되길 소망합니다.

📖 오늘의 핵심말씀
"그 날에 여호와께서 말씀하신 이 산지를 지금 내게 주소서 당신도 그 날에 들으셨거니와 그 곳에는 아낙 사람이 있고 그 성읍들은 크고 견고할지라도 여호와께서 나와 함께 하시면 내가 여호와께서 말씀하신 대로 그들을 쫓아내리이다 하니"(여호수아 14:12). 아멘!

✝ 주께 드리는, 오늘의 기도
우리 삶의 주인이 되시는 하나님 아버지~ 오늘 삶의 초점을 하나님께 맞추게 하옵소서. 비전의 사람, 갈렙과 같이 하나님의 뜻을 따라가게 인도하옵소서. 하나님께서 함께 하시는 매일의 삶 통해, '오늘의 산지'를 점령하는 형통하고 복된 날 되게 역사해 주시길, 예수 그리스도 이름으로 간절히 기도드립니다. 아멘! May God Bless you always!

✎ 주께서 주신, 기도응답의 말씀

3월 6일

☀ 찬양
말씀하시면 - 조수아

📖 오늘의 읽을 말씀
(여호수아 18-21장) 이제 남은 7지파는 제비를 뽑아 자기들의 기업을 받게 되었습니다. 하나님께서 땅을 분배하는 문제로 여호수아의 제비뽑기를 인도해 주셨다면, 우리를 얼마나 더 구체적으로 인도해 주시겠습니까? 다음 구절들(시 119:105; 롬 12:2; 살전 4:2-7; 5:18)을 참고하여 하나님께서 어떤 방식으로 우리에게 주의 뜻을 깨닫게 하시는지 살펴보시길 바랍니다.

📖 오늘의 핵심말씀
"여호와께서 이스라엘 족속에게 말씀하신 선한 말씀이 하나도 남음이 없이 다 응하였더라"(여호수아 21:45). 아멘!

✚ 주께 드리는, 오늘의 기도
약속하신 말씀대로 선하게 이루어 가시는 신실하신 하나님 아버지~ 우리는 늘 지혜가 부족합니다. 목자 없는 양같이 갈 바를 알지 못할 때가 많습니다. 주님, 갈급한 영혼에 주의 말씀을 채워 주시옵소서. 말씀을 사모하게 하시고, 말씀을 통해 주의 뜻을 깨닫게 하옵소서. 말씀 앞에 겸손하며, 인생의 문제를 풀어갈 때에 성경말씀으로 답을 찾게 하옵시고, 주의 말씀이 우리의 삶을 인도하여 주소서. 어떤 형편과 처지에서도 평강과 감사가 넘치는 복된 오늘 되게 함께 동행해 주시길, 예수 그리스도 이름으로 간절히 기도드립니다. 아멘! May God Bless you always!

✎ 주께서 주신, 기도응답의 말씀

3월 7일

☀ 찬양
나 오직 주님만을 – 시와 그림

📖 오늘의 읽을 말씀
(여호수아 22-24장) 여호수아서는 여호수아의 고별 설교로 끝나는데, 여기서 여호수아는 자신이 죽은 후에도 백성들이 여호와를 전심으로 섬겨 나가기를 소원했습니다. 그래서 그는 하나님께서 과거에 이스라엘을 위하여 베푸셨던 수많은 은혜의 증거들을 회고함으로써, 하나님을 분명하게 드러내었습니다. 그리고 그는 "너희가 섬길 자를 오늘 택하라"는 간곡한 충고로 고별 설교를 마쳤습니다. 여호수아의 마지막 당부의 말을 되새기면서 유언의 중요성을 다시금 깨닫게 됩니다. 우리는 가족과 친척, 그리고 이웃과 지인들에게 어떤 내용의 유언을 남길 수 있을까요?

📖 오늘의 핵심말씀
"그러므로 이제는 여호와를 경외하며 온전함과 진실함으로 그를 섬기라 너희의 조상들이 강 저쪽과 애굽에서 섬기던 신들을 치워 버리고 여호와만 섬기라 ... 오직 나와 내 집은 여호와를 섬기겠노라 하니"(여호수아 24:14-15). 아멘!

✝ 주께 드리는, 오늘의 기도
모든 지각에 뛰어나신 전능하신 여호와 하나님~ 우리 기도에 언제나 좋은 것으로 응답해 주시고, 우리에게 때마다 일마다 베풀어주시는 넘치는 은혜에 감사드립니다. "오직 나와 내 집은 여호와를 섬기겠노라"(수 24:15)고 선포했던 여호수아의 고백이 우리 가문에 대대로 울려 퍼지게 하옵소서. 세상이 바뀌고 문명이 변해도, 하나님만을 섬기는 가문이 되게 하옵시며, 자신의 일생을 통해 하나님께 영광을 돌리게 하옵시고, 오늘도 변함없이 영육 간에 범사가 잘되고 강건한 복을 내려 주시길, 예수 그리스도 이름으로 간절히 기도드립니다. 아멘! May God Bless you always!

✎ 주께서 주신, 기도응답의 말씀

3월 8일

☀ **찬양**
믿음의 가정 - 호산나 싱어즈

📖 **오늘의 읽을 말씀**
(사사기 1-5장) 여호수아 시대의 백성들은 하나님께 순•복하고, 그분의 능력을 신뢰하여 가나안을 정복하였습니다. 그러나 이와 반대로 여호수아 이후의 이스라엘 백성들은 불순종과 우상숭배를 일삼았고, 하나님을 거역했기 때문에 주변국의 압제를 통하여 그들을 징계하셨습니다. 그러나 그들이 회개하고, 돌이키면 하나님께서는 사사들(옷니엘, 에훗, 삼갈, 드보라, 바락 등)을 일으키셔서 압제자들을 물리치시고 구원을 베푸셨습니다.

📖 **오늘의 핵심말씀**
"그 세대의 사람도 다 그 조상들에게로 돌아갔고 그 후에 일어난 다른 세대는 여호와를 알지 못하며 여호와께서 이스라엘을 위하여 행하신 일도 알지 못하였더라 이스라엘 자손이 여호와의 목전에 악을 행하여 바알들을 섬기며"(사사기 2:10-11).
"오늘 내가 네게 명하는 이 말씀을 너는 마음에 새기고 네 자녀에게 부지런히 가르치며 집에 앉았을 때에든지 길을 갈 때에든지 누워 있을 때에든지 일어날 때에든지 이 말씀을 강론할 것이며"(신명기 6:6-7). 아멘!

✞ **주께 드리는, 오늘의 기도**
믿음의 가문을 이루어 가시는 하나님! 우리 기도에 언제나 응답해 주시고, 우리 가정과 자녀들에게 때마다 일마다 베풀어주시는 넘치는 은혜에 감사드립니다. 모든 지각에 뛰어나신 하나님 아버지~ 우리 후손들이 어떤 형편과 처지에서도 오직 하나님만을 섬기는 가문이 되게 하옵시며, 예수 그리스도를 주(Lord)로 고백하게 하옵소서. 늘 하나님의 은혜가운데 성령님과 동행하게 하시고, 힘써 하나님을 알게 하옵소서. 자녀를 통해 이어질 우리 가문에 태의 문을 열어 주시고, 영적인 후사가 많아지게 하옵소서. 예수 그리스도 이름으로 간절히 기도드립니다. 아멘! May God Bless you always!

✎ **주께서 주신, 기도응답의 말씀**

3월 9일

☀ **찬양**
예수 나의 치료자 – 노상신

📖 **오늘의 읽을 말씀**
(사사기 6-8장) 미디안의 압제는 실로 가혹했습니다. 그래서 이 억압의 굴레에서 백성들을 구원할 사람으로 기드온이 선택을 받았습니다. 하나님의 부르심을 확인하게 된 기드온은 빈 항아리와 횃불과 나팔만 갖춘 300명의 겸손한 군대를 이끌고 가서 강력한 미디안 군대를 물리치는 개가를 올렸습니다. 우리 삶의 어느 부분에 제2의 '미디안인들', 즉 외관상 불가능해 보이는 위협적인 문제들, 그리고 우리가 직면하고 있는 오해들과 어려운 모든 관계들로 인해 큰 어려움을 겪고 있습니까? 오늘 우리에게 주신 본문말씀을 묵상하면서 그 문제들과 맞서서 능히 정복케 하시는 하나님의 은혜와 지혜가 임하시는 복된 날 되길 마음중심으로 소원합니다.

📖 **오늘의 핵심말씀**
"하나님이 미디안의 방백 오렙과 스엡을 너희 손에 넘겨 주셨으니 내가 한 일이 어찌 능히 너희가 한 것에 비교되겠느냐 하니라 기드온이 이 말을 하매 그 때에 그들의 노여움이 풀리니라"(사사기 8:3). 아멘!

✝ **주께 드리는, 오늘의 기도**
살아계신 하나님 아버지~ 공의로우신 하나님께서 한없는 자비하심으로 우리를 사랑하고 계심을 잊지 않게 하옵소서. 자신의 모습은 돌아보지 않고, 정의라는 잣대로 남을 판단하거나 상처를 주는 무례를 범하지 않게 하소서. 공의라 말하며 이웃을 정죄하고 실족케 하는 죄를 범치 않도록 우리의 마음에 긍휼과 사랑이 먼저 있게 하옵소서. 비 진리와 불의에 대해서는 확고한 신념으로 담대히 맞설 뿐만 아니라, 주님을 본받아 기드온처럼 화해하며, 용서하는 일에도 최선을 다하는 균형 잡힌 신앙인으로 성장·성숙시켜 주시길, 예수 그리스도 이름으로 간절히 기도드립니다. 아멘!
May God Bless you always!

✎ **주께서 주신, 기도응답의 말씀**

3월 10일

☀ 찬양
기도 – 지선

📖 오늘의 읽을 말씀
(사사기 9-12장) 아버지의 자리를 이으려는 야망이 지나치게 강했던 기드온의 아들, 아비멜렉은 쿠데타를 일으켜서 막내 요담을 제외한 모든 형제들을 죽이고 통치자가 되었습니다. 그러나 이 분별없는 행동으로 말미암아 그는 하나님의 뜻에 따라 집권한 지 3년 만에 맷돌을 맞고 갑자기 패망하고 말았습니다. 이와 반대로, 기생이 나은 서자인 입다는 하나님을 향한 열심 때문에 고통을 맛보기도 했지만, 무시로 주님께 기도하며 힘을 다해 이스라엘을 하나님의 길로 인도하였습니다.[24] 기드온과 입다, 그리고 아비멜렉의 생애를 통해 본받을 점과 버려야 할 점을 확인하며 우리를 향하신 하나님의 기쁘신 뜻을 다시금 되새겨 봅니다.

📖 오늘의 핵심말씀
"이에 입다가 길르앗 장로들과 함께 가니 백성이 그를 자기들의 머리와 장관을 삼은지라 입다가 미스바에서 자기의 말을 다 여호와 앞에 아뢰니라"(사사기 11:11). 아멘!

✝ 주께 드리는, 오늘의 기도
우리의 기도와 간구를 기뻐 받으시는 하나님 아버지~ 늘 좋은 것으로 우리의 필요를 채워주시고, 갈 길을 인도해 주셔서 감사합니다. 하나님 아버지! 사사 입다처럼, 오늘도 무시로 기도하게 하시며, 기도의 능력과 응답을 체험하며 사는 복과 은혜를 베풀어 주시길, 예수 그리스도 이름으로 간절히 기도드립니다. 아멘! May God Bless you always!

✎ 주께서 주신, 기도응답의 말씀

3월 11일

☀ 찬양
예수로 살리 - 마커스 커뮤니티

📖 오늘의 읽을 말씀
(고린도전서 15:56-58절) 구약성경 사사기를 읽으면서, 이스라엘이 주기적으로 일곱 번이나 죄를 되풀이 하면서 점차 하나님께로부터 멀어졌다는 사실을 깨닫게 됩니다. 우리는 사사기 시대의 이스라엘 사람들과 똑같은 인간입니다. 그러나 하나님께서 우리에게 예수 그리스도로 말미암아 죄를 이기고 승리할 수 있는 기회를 허락하셨습니다(고전 15:56-58). 혹시 우리가 죄의 악순환에 빠져 있지는 않은지 가르쳐 달라고 주님께 간구합시다. 만일 그렇다면, 회개하고 하나님께 돌이키는 주의 은혜가 함께 하시길 소원합니다. 그리고 그리스도 안에서 승리로운 평강을 누리는 우리 모두 되길 소망해 봅니다.

📖 오늘의 핵심말씀
"사망이 쏘는 것은 죄요 죄의 권능은 율법이라 우리 주 예수 그리스도로 말미암아 우리에게 승리를 주시는 하나님께 감사하노니 그러므로 내 사랑하는 형제들아 견실하며 흔들리지 말고 항상 주의 일에 더욱 힘쓰는 자들이 되라 이는 너희 수고가 주 안에서 헛되지 않은 줄 앎이라"(고린도전서 15:56-58). 아멘!

✟ 주께 드리는, 오늘의 기도
죄를 미워하시고 회개하는 심령의 기도를 기뻐하시는 하나님 아버지~ 일평생 진정한 회개의 은혜를 우리에게 내려주시기를 간구합니다. 유혹의 욕심과 썩어질 습관을 따랐던 옛사람을 벗어 버리고, 우리 주 예수 그리스도로 말미암아 승리를 주시는 하나님께 감사하는 복된 오늘 되게 인도해 주시길, 예수 그리스도 이름으로 간절히 기도드립니다. 아멘!
May God Bless you always!

✎ 주께서 주신, 기도응답의 말씀

3월 12일

☀ 찬양
회복시키소서 – 클래식 콰이어

📖 오늘의 읽을 말씀
(사사기 13-16장) 하나님께서 블레셋의 통치하에서 이스라엘을 구원하시기 위하여 삼손을 기적적으로 출생시키시고 초자연적인 힘을 주셨지만, 그는 많은 세월을 나실인의 서원을 어기는데 보냈습니다. 그러나 이후 하나님께서는 이스라엘 백성을 억압해오던 블레셋의 압제자들을 징계하시기 위하여 놀라운 방법으로 그를 다시 쓰셨습니다.[25] 우리도 혹 삶에서 실패한 경험이 있을지라도 포기치 말고, 회개하며 주 바라기의 믿음으로 하나님과 동행하면서 영적으로도 계속 성장해 나간다면 하나님의 영광을 위해서 다시금 쓰임 받으리라 확신합니다.

📖 오늘의 핵심말씀
"삼손이 여호와께 부르짖어 이르되 주 여호와여 구하옵나니 나를 생각하옵소서 하나님이여 구하옵나니 이번만 나를 강하게 하사…"(사사기 16:28). 아멘!

✝ 주께 드리는, 오늘의 기도
하나님 아버지~ 우리가 인생을 살아가면서 실패를 두려워하지 않게 하옵소서. 우리의 앞길에 실패와 좌절이 몰려올 때에 주의 도우심을 기도로 앙망하게 하시고, 비상하는 독수리와 같은 힘과 용기를 주시옵소서. 환란 날에 주를 부르게 하시고, 앞을 가로막고 있던 문제가 변하여 기쁨과 승리가 되는 전화위복과 회복의 놀라운 은총을 허락해 주시길, 예수 그리스도 이름으로 간절히 기도드립니다. 아멘! May God Bless you always!

✎ 주께서 주신, 기도응답의 말씀

3월 13일

☀ 찬양
이 땅의 황무함을 보소서 – 예수 전도단

📖 오늘의 읽을 말씀
(사사기 17-21장) 이스라엘에 왕이 없으므로 사람마다 자기 소견에 옳은 대로 행하는 시대에는 무슨 일이 일어났을까요? 사사기 21장 25절에는 이스라엘이 아직 그들의 첫 왕을 세우지 않았다는 그 이상의 의미가 함축되어 있습니다. 이것은 이스라엘 민족이 자기들의 참된 왕이신 선조들의 하나님을 잊었다는 사실을 표시해 주고 있습니다. 그리고 그 결과는 국가의 타락으로 나타나게 되었습니다. 국가의 통치 체제보다 더 중요한 것이 있습니다. 그것은 천지의 주재이시며, 지극히 높으신 하나님(진정한 왕)께 대한 백성들의 태도입니다. 우리의 마음중심을 다하여 '이 나라와 사회, 그리고 교회와 가정을 다시 부흥시켜 달라'고, '부흥 어게인'(Again)을 위해 우리를 사용해 주시길 주께 소원드립니다.

📖 오늘의 핵심말씀
"그 때에는 이스라엘에 왕이 없었으므로 사람마다 자기 소견에 옳은 대로 행하였더라"(사사기 17:6). "그 때에 이스라엘에 왕이 없었고…"(사사기 18:1). "이스라엘에 왕이 없을 그 때에…"(사사기 19:1). "그 때에 이스라엘에 왕이 없으므로 사람이 각기 자기의 소견에 옳은 대로 행하였더라"(사사기 21:25).

✚ 주께 드리는, 오늘의 기도
은혜가 풍성하신 하나님 아버지~ 주님의 은혜 앞에 마음을 다하여 소원하옵기는, "주는 그리스도시요, 살아계신 하나님의 아들이심"(마 16:16)을 고백하는 베드로의 믿음이 우리의 믿음되게 하옵소서. 우리 구주 예수를 주인(왕)으로 모시는 복된 삶을 통해 주께 영광 올려 드리게 하옵소서. 늘 말씀 안에서 예수 그리스도를 더욱 알아가고 닮아가는, 하나님께서 기뻐하시는 '부흥 어게인'의 역사가 우리의 인생 가운데 임하여 주시길, 예수 그리스도 이름으로 간절히 기도드립니다. 아멘! May God Bless you always!

✎ 주께서 주신, 기도응답의 말씀

3월 14일

☀ 찬양
오늘 이 하루도 - 다윗과 요나단

📖 오늘의 읽을 말씀
(룻기 1-4장) 룻기는 사람마다 자기 소견에 옳은 대로 행하던 사사 시대, 유대 베들레헴에 살던 한 여인에게 닥친 비극을 소개합니다. 나오미는 남편 엘리멜렉과 두 아들과 함께 흉년을 피해 모압으로 건너갔지만, 그곳에서 그들을 모두 잃는 불행을 겪었습니다. 여호와께서 자기 백성을 돌보셔서 양식을 주셨다는 소식을 들은 나오미는 베들레헴으로 돌아갑니다(룻 1:6). 나오미는 모압 출신의 두 며느리 오르바와 룻에게 자신을 따라와 봐야 소망이 없으니, 친정으로 돌아가 재혼할 것을 권합니다. 이에 오르바는 돌아갔지만, 룻은 계속 나오미를 따릅니다. [26] 하나님께서는 룻의 이러한 헌신을 보시고 은혜를 베푸셔서 그녀를 보아스의 들로 인도하셨습니다. 거기서 그녀는 이삭을 줍다가 마침내 남편을 얻습니다. 룻기 끝에 기록되어 있는 족보는 영광스럽게도 보아스가 다윗왕의 증조부이며, 예수님의 조상임을 기록합니다.

📖 오늘의 핵심말씀
"룻이 이르되 내게 어머니를 떠나며 어머니를 따르지 말고 돌아가라 강권하지 마옵소서 어머니께서 가시는 곳에 나도 가고 어머니께서 머무시는 곳에서 나도 머물겠나이다 어머니의 백성이 나의 백성이 되고 어머니의 하나님이 나의 하나님이 되시리니" (룻기 1:16). 아멘!

✝ 주께 드리는, 오늘의 기도
만남을 통해 역사하시는 여호와 하나님~ 우리에게 만남의 축복을 베풀어 주시옵소서. 좋은 만남을 통해 섭리하시는 하나님의 은혜를 누리게 하옵소서. 나오미를 통해 룻이 주님께 나아갈 수 있었듯이 우리와 만나는 영혼들을 주께로 인도하는 복의 통로로 사용해 주시길 예수 그리스도 이름으로 간절히 기도드립니다. 아멘! May God Bless you always!

✎ 주께서 주신, 기도응답의 말씀

3월 15일

☀ **찬양**
그 사랑 얼마나

📖 **오늘의 읽을 말씀**
(에베소서 5장 23-32절) 이스라엘의 사사시대 당시에 퍼져있던 우상숭배와는 대조적으로, 룻은 단순한 믿음과 헌신적인 사랑으로 밝게 빛났던 믿음의 선조였습니다. 특히 룻기에는 그리스도의 사역을 예표하는 한 개념이 나오는데, 그것은 '기업 무를 자'(혹은 고엘 goel, 가까운 친족, 룻 3:9)의 개념이었습니다. 보아스가 룻의 기업 무를 자가 되었던 것처럼 그리스도도 죄의 속박에서 우리를 구속하시는 중보자가 되셨습니다. 그리고 그리스도는 룻에 대한 보아스의 사랑보다 훨씬 더 깊은 사랑으로 우리를 사랑하십니다. 그뿐만 아니라 룻이 보아스의 신부가 되었던 것과 동일하게 교회도 그리스도의 신부인 것입니다. 그리고 우리를 위해 베푸신 그 희생적인 사랑에 대하여 우리 주님께 마음중심으로 변함없이 늘 감사드리길 소원합니다.

📖 **오늘의 핵심말씀**
"이는 남편이 아내의 머리 됨이 그리스도께서 교회의 머리 됨과 같음이니 그가 바로 몸의 구주시니라 그러므로 교회가 그리스도에게 하듯 아내들도 범사에 자기 남편에게 복종할지어다 남편들아 아내 사랑하기를 그리스도께서 교회를 사랑하시고 그 교회를 위하여 자신을 주심 같이 하라"(에베소서 6:23-25). 아멘!

✝ **주께 드리는, 오늘의 기도**
한없는 사랑으로 이 땅에 오셔서 우리를 구원해 주신 주님~ 보아스가 룻의 기업 무를 자가 된 것처럼, 예수께서도 우리를 위해 십자가에 돌아가심으로 우리들이 죄 용서함 받고, 하나님의 자녀가 되는 놀라운 구원의 유산을 누리게 되었음을 믿음으로 고백하며, 사랑의 하나님을 찬양합니다. 주께 마음을 다하여 소원하옵기는, 하나님을 향한 우리의 사랑 고백이 삶으로 이어져, 영육 간에 풍요로운 인생을 누리는 감격을 맛보게 하소서. 예수 그리스도 이름으로 간절히 기도드립니다. 아멘! May God Bless you always!

✎ **주께서 주신, 기도응답의 말씀**

3월 16일

☀ 찬양
전능하신 나의 주 하나님은 - 에이멘

📖 오늘의 읽을 말씀
(사무엘상 1-3장) 파괴적인 사사시대가 막바지에 이르렀습니다. 사사 시대의 타락은 이스라엘을 바른 길로 인도할 지도자가 없기 때문이었는데(삿 21:25), 한나는 이 사실을 간파하고 있었습니다.[27] 이스라엘을 영적으로 그리고 정치적으로 재건하기 위하여 하나님께서는 마지막 사사요 선지자인 사무엘을 부르셨습니다. 그는 수태하지 못하는 여인이었던 어머니 한나의 간절한 기도의 응답으로 출생하였습니다. 나면서부터 하나님을 섬길 사람으로 구별되었던 사무엘, 그는 어린시절부터 부지런히 여호와의 말씀을 듣고 순•복하였습니다. 하나님께서 부르셔서 세움받은 사무엘에게 주님께서 함께 하시니 그가 하는 모든 말씀이 하나도 땅에 떨어지지 않고 형통케 되는 놀라운 은혜가 임했습니다. 오늘도 믿음의 선조인 사무엘처럼 전능하신 하나님의 말씀을 붙잡고 승리하는 복된 날 되길 소망해 봅니다.

📖 오늘의 핵심말씀
"여호와는 죽이기도 하시고 살리기도 하시며 스올에 내리게도 하시고 거기에서 올리기도 하시는 도다 여호와는 가난하게도 하시고 부하게도 하시며 낮추기도 하시고 높이기도 하시는도다"(사무엘상 2:6-7). 아멘!

✝ 주께 드리는, 오늘의 기도
우리의 생사화복을 주관하시는 살아계신 하나님 아버지~ 오늘도 전능하신 하나님을 믿고 의지함으로, 세상의 도전 앞에서도 당당하게 하시며, 전능하시고 살아계신 하나님을 증거할 때에 성령 충만함을 힘입어 놀라운 주님의 기적들을 체험하는 능력의 날 되게 역사해 주시길, 예수 그리스도 이름으로 간절히 기도드립니다. 아멘! May God Bless you always!

✉ 주께서 주신, 기도응답의 말씀
_____
_____
_____

3월 17일

☀ 찬양
회개 – 주향기

📖 오늘의 읽을 말씀
(사무엘상 4-8장) 이제 사무엘이 지도자의 자리를 잇고, 백성들을 회개의 자리로 이끌어야 할 책임을 떠맡게 되었습니다. 그러나 그의 말년에 그의 아들들도 역시 제사장직을 더럽혔으므로 그가 엘리보다 더 낫지 못하다는 사실이 판명되었습니다. 그리고 이로 말미암아 백성들은 '다른 나라들 같이'(삼상 8:20) 그들을 다스릴 왕을 요구하게 되었습니다.[28]

📖 오늘의 핵심말씀
"그들이 미스바에 모여 물을 길어 여호와 앞에 붓고 그 날 종일 금식하고 거기에서 이르되 우리가 여호와께 범죄하였나이다 하니라 사무엘이 미스바에서 이스라엘 자손을 다스리니라"(사무엘상 7:6). 아멘!

✝ 주께 드리는, 오늘의 기도
절망과 좌절, 그리고 실패와 사망의 음침한 길에서 방황하던 우리에게, 회개의 영을 부어주셔서 구원해 주신 여호와 하나님~ 주님께 간곡히 간구하옵기는, 이 놀라운 구원의 기적과 부흥을 체험한 세대들인 '신 중년'들이 재헌신하여 모든 세대들과 이 나라, 그리고 전 세계 모든 영혼들을 주께로 다시금 이끌 수 있는 '축복의 통로, 복음의 브릿지'로 사용하여 주시길, 예수 그리스도 이름으로 간절히 기도드립니다. 아멘!
May God Bless you always!

✎ 주께서 주신, 기도응답의 말씀

3월 18일

☀ 찬양
나는 기도를 쉬는 죄를 범치 않으리 - 김지훈

📖 오늘의 읽을 말씀
(사무엘상 9-12장) 사울은 사무엘로부터 기름부음을 받고, 미스바에서 왕으로 임명되었으며, 암몬 족속들과의 전쟁에서 능력을 증명해 보였고, 길갈에서 왕으로 최종 확정되었습니다. 그러나 사무엘이 마지막 연설에서 백성들에게 지적한 대로 '하나님께서 이스라엘의 진정한 왕'이시라는 사실은 여전히 변치 않은 진실이라고 선포하였습니다.[29] 그러므로 우리도 사무엘 선지자의 말씀대로 여호와 하나님을 우리의 진정한 왕으로 모시고 살아가는 축복된 삶 되길 마음중심으로 소원합니다.

📖 오늘의 핵심말씀
"나는 너희를 위하여 기도하기를 쉬는 죄를 여호와 앞에 결단코 범하지 아니하고 선하고 의로운 길을 너희에게 가르칠 것인즉 너희는 여호와께서 너희를 위하여 행하신 그 큰일을 생각하여 오직 그를 경외하며 너희의 마음을 다하여 진실히 섬기라"(사무엘상 12:23-24). 아멘!

✞ 주께 드리는, 오늘의 기도
우리의 기도를 기뻐 받으시고, 응답해 주시는 하나님 아버지~ 마음을 다하여 소원하옵기는, 결코 기도를 쉬는 죄를 범하지 않도록 인도하시며, 이 나라 이 민족이 하나님을 온전히 경외하는 순전한 믿음으로 다시금 회복되게 역사해 주시길, 예수 그리스도 이름으로 간절히 기도드립니다. 아멘!
May God Bless you always!

✎ 주께서 주신, 기도응답의 말씀
_____
_____
_____
_____

3월 19일

✹ 찬양
순종은 - 히즈윌 1집 HISWILL

📖 오늘의 읽을 말씀
(사무엘상 13-15장) 왕으로 재위한지 2년 만에 블레셋의 맹공격을 받았을 때 사울은 하나님께서 사무엘을 통하여 내리신 명령에 순종했는가요? 그렇지 않았습니다. 길갈에서 사울은 뻔뻔하게 하나님의 법을 무시한 채 제사장의 직무를 행하였고, 레위인만이 드릴 수 있는 제사를 드렸습니다. 또한 하나님께서 사무엘을 통하여 아말렉을 진멸하라는 명령을 내리셨지만, 사울이 이를 무시하였기 때문에 왕으로서의 그의 운명은 이제 완전히 결정나고 말았습니다.[30]

📖 오늘의 핵심말씀
"사무엘이 이르되 여호와께서 번제와 다른 제사를 그의 목소리를 청종하는 것을 좋아하심 같이 좋아하시겠나이까 순종이 제사보다 낫고 듣는 것이 숫양의 기름보다 나으니"(사무엘상 15:22). 아멘!

✠ 주께 드리는, 오늘의 기도
우리 삶의 여정가운데 늘 동행하시는 살아계신 하나님 아버지~ 갈급한 영혼에 주의 말씀을 채워 주시옵소서. 말씀을 사모하게 하시고, 말씀을 통해 주의 뜻을 깨닫게 하옵소서. 말씀 앞에 겸손하며, 주님의 존귀하신 성경말씀에 변함없이 순종하고 복종하는 믿음의 삶을 통해, 주께 더욱 영광 돌리는 복된 오늘 되게 인도해 주시길, 예수 그리스도 이름으로 간절히 기도드립니다. 아멘! May God Bless you always!

✎ 주께서 주신, 기도응답의 말씀

3월 20일

☀ 찬양
다윗의 노래 – 마커스워십

📖 오늘의 읽을 말씀
(사무엘상 16-19장) 하나님께 버림받은 사울 대신, 다윗이 역사 전면에 등장합니다. 하나님께서 다윗을 왕으로 선택하신 이유는 그의 용모가 아니라 마음 때문입니다(삼상 16:7). [31] 오로지 다윗의 마음은 하나님께 헌신되어 있었습니다. 우리들도 믿음의 선조 다윗처럼 하나님을 최우선으로 보는 관점으로 세상을 바라보며, 어떤 상황에서든지 늘 하나님과 동행하는 형통한 인생 되길 소망해 봅니다.

📖 오늘의 핵심말씀
"여호와께서 사무엘에게 이르시되 그의 용모와 키를 보지 말라 내가 이미 그를 버렸노라 내가 보는 것은 사람과 같지 아니하니 사람은 외모를 보거니와 나 여호와는 중심을 보느니라 하시더라"(사무엘상 16:7). 아멘!

✚ 주께 드리는, 오늘의 기도
우리의 생각과 심령을 감찰하시는 여호와 하나님~ 늘 변함없이 다윗처럼 하나님을 우리의 주인으로 모시며, 주님만을 의지하는 '주 바라기'의 믿음으로 오늘도 넉넉히 승리하는 복된 날 되게 인도해 주시길, 예수 그리스도 이름으로 간절히 기도드립니다. 아멘! May God Bless you always!

✎ 주께서 주신, 기도응답의 말씀

3월 21일

✹ 찬양
나의 피난처 예수 – 시와 그림

📖 오늘의 읽을 말씀
(사무엘상 20-23장) 사울의 추격은 다윗을 절망적인 형국으로 내몰았고, 급기야 다윗은 놉에서 진설병을 먹었으며 가드에서 미친 행세를 하는 데까지 이르게 되었습니다. 그러나 성경말씀은 다윗이 자주 하나님께 지시와 보호를 간구했던 사실을 증거함으로써, 하나님께 대한 그의 신뢰와 믿음이 결코 약해지지 않았음을 보여 주었습니다.[32] 오늘도 변함없이 다윗처럼 주 안에서 승리하며, 보호하심을 누리는 복된 날 되길 소원해 봅니다.

📖 오늘의 핵심말씀
"다윗이 광야의 요새에도 있었고 또 십 광야 산골에도 머물렀으므로 사울이 매일 찾되 하나님이 그를 그의 손에 넘기지 아니하시니라"(사무엘상 23:14). 아멘!

✚ 주께 드리는, 오늘의 기도
우리의 피난처가 되시는 여호와 하나님~ 우리가 인생을 살아가면서 만날 수 있는 어려운 문제들 앞에서 결단코 불평과 원망의 죄악을 짓지 않게 하옵소서. 하나님의 뜻은 오직 평안과 소망임을 언제나 잊지 않게 하시고, 잠시의 고난을 연단으로 여기고 다윗처럼 인내할 때에 소망과 평강으로 길을 열어 주시는 하나님의 은총을 누리게 인도해 주시길, 예수 그리스도 이름으로 간절히 기도드립니다. 아멘! May God Bless you always!

✎ 주께서 주신, 기도응답의 말씀

3월 22일

☀ 찬양
선한 능력으로 - 나무엔

📖 오늘의 읽을 말씀
(사무엘상 24-26장) 복수의 기회가 눈앞에 있었을지라도 다윗은 하나님의 기름부음을 받은 사람의 생명을 취하지 않았습니다. 그리고 이런 광경은 십 광야에서 또 다시 연출되었습니다(26장). 이번에도 다윗은 단칼에 고통의 근원을 제거할 수 있었지만 그는 성급하게 사울의 생명을 취함으로써 보복하려는 유혹을 또 다시 물리쳤습니다.[33] 혹시 우리 가운데 억울하게 해 받은 일을 복수하기 위해 때를 기다리고 있는 사람이 있나요? 하나님께서는 그런 쓴 뿌리를 사랑과 용서의 마음으로 바꾸기 원하십니다. 오늘도 악에게 지지 않고 선으로 악을 이길 수 있는 주님의 크신 은혜가 함께 하시길 소망해 봅니다.

📖 오늘의 핵심말씀
"내 아버지여 보소서 내 손에 있는 왕의 옷자락을 보소서 내가 왕을 죽이지 아니하고 겉옷 자락만 베었은즉 내 손에 악이나 죄과가 없는 줄을 오늘 아실지니이다 왕은 내 생명을 찾아 해하려 하시나 나는 왕에게 범죄한 일이 없나이다 여호와께서는 나와 왕 사이를 판단하사 여호와께서 나를 위하여 왕에게 보복하시려니와 내 손으로는 왕을 해하지 않겠나이다"(사무엘상 24:11-12). 아멘!

✝ 주께 드리는, 오늘의 기도
한없는 사랑으로 생명 다해 사랑해 주시는 우리 주님~ 그 크신 사랑에 감사하여, 서로 친절하게 하며 불쌍히 여기고 서로 용서하기를 하나님께서 그리스도 안에서 우리 자신을 용서하심과 같이 할 수 있도록(엡 4:32), 오늘도 선하신 '주님 사랑의 능력'으로 인도해 주시길, 예수 그리스도 이름으로 간절히 기도드립니다. 아멘! May God Bless you always!

✎ 주께서 주신, 기도응답의 말씀

_____

_____

3월 23일

✺ **찬양**
회개합니다 – 길민지

📖 **오늘의 읽을 말씀**
(사무엘상 27-31장) 다윗은 원수를 피하여 망명하는 행세를 하며 블레셋의 가드(골리앗의 고향)로 피신하였습니다. 한편 사울은 블레셋의 침입을 받게 되었는데, 하나님의 영이 떠난 사울은 점을 보러 갔고 결국 죽음과 패배만을 약속받게 되었습니다. 그야말로 사울의 인생은 정말 비극이었습니다. 이 모든 것이 교만에 가득 차 제멋대로 하나님의 명령을 거역했기 때문이었습니다.

📖 **오늘의 핵심말씀**
"네가 여호와의 목소리를 순종하지 아니하고 그의 진노를 아말렉에게 쏟지 아니하였으므로 여호와께서 오늘 이 일을 네게 행하셨고 여호와께서 이스라엘을 너와 함께 블레셋 사람들의 손에 넘기시리니…"(사무엘상 28:18-19).

✟ **주께 드리는, 오늘의 기도**
선한 목자되신 우리 주님~ 우리는 사울처럼 각기 자기의 길을 가려는 타락한 본성을 가지고 있습니다. 교만에 가득 차 제멋대로 하나님의 명령을 거역했던 죄들을 이 시간 주님의 십자가 앞에 내려놓사오니 예수 그리스도의 십자가 보혈의 피로 모든 죄들을 씻어 정결케 하옵소서. 유혹의 욕심과 썩어질 습관을 따랐던 옛사람을 벗어 버리고, 의와 진리의 거룩함으로 지음 받은 새사람을 입게 하옵소서. 거룩함을 회복할 때에 하나님께서 일하심을 경험하는 복과 은혜를 부어주시길, 예수 그리스도 이름으로 간절히 기도드립니다. 아멘! May God Bless you always!

✎ **주께서 주신, 기도응답의 말씀**

3월 24일

✹ 찬양
사랑 그 좁은 길 - 히즈윌 3집 HISWILL

📖 오늘의 읽을 말씀
(사무엘하 1-4장) 사무엘상의 분위기는 죽음과 절망이었지만, 사무엘하는 희망의 빛으로 밝게 빛났습니다. 사무엘상에서는 사울 왕조가 무너졌고, 사무엘하에서는 다윗 왕조가 수립되었습니다. 그토록 오랫동안 가혹하게 자신의 생명을 해치려 했던 사람은 이제 죽었습니다. 그러나 다윗은 사울의 불행을 결코 기뻐하지 않았고, 오히려 부끄러움을 잊은 채 울었습니다. 그는 심지어 이스라엘의 초대 왕을 영구히 기념하기 위하여 아름다운 추모의 노래까지 지었습니다.[34] 과연 우리도 이처럼 원수를 사랑할 수 있을까요?

📖 오늘의 핵심말씀
"이에 다윗이 자기 옷을 잡아 찢으매 함께 있는 모든 사람도 그리하고 사울과 그의 아들 요나단과 여호와의 백성과 이스라엘 족속이 칼에 죽음으로 말미암아 저녁 때까지 슬퍼하여 울며 금식하니라"(사무엘하 1:11-12). 아멘!

✝ 주께 드리는, 오늘의 기도
물과 피를 다 흘리시며 죽기까지 사랑해 주신 주님~ 우리의 연약하고 소심한 믿음을 용서해 주시옵소서. 하나님의 심정으로 원수까지라도 품고, 혁명적으로 기도하는 다윗의 기도를 허락해 주시옵소서. 다윗과 같은 마음중심으로 주께 올려 드리는 혁명적인 기도를 통해 오해는 풀려지고, 서로 하나되며, 어제의 원수가 오늘의 친구로 변하는 관계의 축복과 행복을 누리는 복된 날 되게 인도해 주시길, 예수 그리스도 이름으로 간절히 기도드립니다. 아멘! May God Bless you always!

✎ 주께서 주신, 기도응답의 말씀

3월 25일

✹ 찬양
예수, 늘 함께 하시네 – 마커스 워십

📖 오늘의 읽을 말씀
(사무엘하 5-7장) 이스보셋이 죽은 후, 이스라엘 모든 백성들로부터 적법한 왕으로 추대를 받고 왕위에 오른 다윗은, 정치와 군사를 개혁하는 것보다 더 중요하게 생각하는 일이 있었습니다. 그것은 바로 하나님을 경배하는 일을 최우선의 자리에 놓는 것이었습니다. 다윗은 이 사실을 알았기에 언약궤를 예루살렘으로 가져오고, 그것을 둘 만한 적합한 전을 지으려는 계획을 세웠습니다. ³⁵ 오늘의 말씀을 읽고 묵상하면서 우리가 최우선으로 생각하는 것이 과연 무엇인지 깨닫는 은혜의 시간되길 소망해 봅니다.

📖 오늘의 핵심말씀
"만군의 하나님 여호와께서 함께 계시니 다윗이 점점 강성하여 가니라"(사무엘하 5:10). 아멘!

✞ 주께 드리는, 오늘의 기도
임마누엘의 하나님께 찬양과 영광을 올려드립니다. 회개하며 주님의 뜻을 구하는 다윗의 정결한 인생 그릇에 하나님께서 늘 함께 하셨듯이, 오늘도 변함없이 우리 삶의 여정 가운데 동행하여 주셔서 '우리의 꿈'이 달라지게 하시고, '비전'이 변하게 하시며, '기도'가 새로워지게 역사해 주시길, 예수 그리스도 이름으로 간절히 기도드립니다. 아멘! May God Bless you always!

✎ 주께서 주신, 기도응답의 말씀

3월 26일

☀ 찬양
여호와 닛시 - 시와 그림

📖 오늘의 읽을 말씀
(사무엘하 8-10장) 모압, 아람, 에돔, 그리고 암몬 족속들이 빠른 속도로 연달아 다윗의 군대에 무릎을 꿇었습니다. 그 이후 이 소식을 전해들은 다른 이웃 열강들은 전쟁을 치르지 않고 다윗에게 항복하게 되었습니다. 누가 전쟁을 치뤘으며, 누가 승리를 주셨을까요? 다윗이 자기의 힘만을 의지하고 나갔다면 그는 낭패를 당했을 것입니다. 그러나 그는 마음중심으로 하나님을 신뢰하며 나아갔기에 백전백승할 수 있었습니다. 우리도 믿음의 선조 다윗의 믿음으로 무장하여 우리가 어디로 가든지 여호와께서 이기게 하시는 복된 날 되길 소원합니다.

📖 오늘의 핵심말씀
"... 다윗이 어디로 가든지 여호와께서 이기게 하시니라"(사무엘하 8:6,14). 아멘!

✝ 주께 드리는, 오늘의 기도
여호와 닛시 하나님~ 우리가 성령 충만함으로 영적 전쟁에서 승리하게 하옵소서. 어떤 영적 도전에도 결코 물러섬이 없이 담대하게 맞서게 하시며, 다윗처럼 주의 말씀 붙잡고 기도하며 하나님의 뜻을 찾아 나아가는 자녀들에게 승리의 기쁨을 주시옵소서. 성령께서 주시는 말씀의 능력으로 당당히 이기게 하옵시며, 결코 말씀과 기도보다 앞서지 않는 굳센 믿음을 허락해 주시길, 예수 그리스도 이름으로 간절히 기도드립니다. 아멘!
May God Bless you always!

✉ 주께서 주신, 기도응답의 말씀

3월 27일

☀ **찬양**
회개 – 주향기

📖 **오늘의 읽을 말씀**
(사무엘하 11-14장) 단 한 번의 탐욕스러운 생각으로 부터(삼하 11:2) 자신의 가장 충성스런 군인 가운데 한 사람인 우리아를 냉혹하게 의도적으로 살인하기까지 이르렀던 일은 이전의 다윗 왕에게는 상상할 수도 없었던 일이었습니다. 그러나 하나의 '사소한' 죄가 혹독하게도 그를 또 다른 죄(게으름, 이기심, 탐욕, 간음, 반역, 살인)로 이끌었기 때문에 그는 그에 상응하는 결과를 감내해야 했습니다.

📖 **오늘의 핵심말씀**
"다윗이 나단에게 이르되 내가 여호와께 죄를 범하였노라 하매 나단이 다윗에게 말하되 여호와께서도 당신의 죄를 사하셨나니 당신이 죽지 아니하려니와 이 일로 말미암아 여호와의 원수가 크게 비방할 거리를 얻게 하였으니 당신이 낳은 아이가 반드시 죽으리이다 하고"(사무엘하 12:13-14).

✝ **주께 드리는, 오늘의 기도**
죄를 회개하는 심령의 기도를 기뻐하시는 하나님 아버지~ 우리가 다윗처럼 자신의 죄악을 고백하게 하옵소서. 악한 길에서 돌이켜 거룩함으로 옷 입게 인도해 주시옵소서. 하나님의 크신 은혜로 거룩함을 회복하고, 주님의 뜻을 구하는 우리의 인생 그릇에 하나님 나라를 담아 주시길, 예수 그리스도 이름으로 간절히 기도드립니다. 아멘! May God Bless you always!

✎ **주께서 주신, 기도응답의 말씀**

3월 28일

☀ 찬양
그 사랑 얼마나

📖 오늘의 읽을 말씀
(시편 51편) 시편 51편은 대표적인 일곱 참회시 중 하나로, 죄 사함을 간구하는 개인 탄식시입니다. 다윗은 간절히 하나님의 자비와 긍휼을 구하며 죄를 인정하고 용서를 간구합니다. 나아가 자신을 정결하게 씻어주실 것을 간청합니다(1-9절). 또한 다윗은 하나님께 자신을 영적으로 새롭게 해주시기를 구하면서, 형식적인 제사보다 깨지고 상한 마음을 원하시는 주님께 참된 제사를 드리겠다고 서원합니다(10-19절).[36] 오늘, 우리의 약한 부분들을 살펴보고, 용서를 베풀어 주시는 하나님께 정직한 심정으로 그것들을 자백하길 소원합니다. 그리고 전심으로 그것들에서 돌이키며, 전진할 수 있도록 하나님께 새로운 힘을 간구하길 소망해 봅니다.

📖 오늘의 핵심말씀
"주의 구원의 즐거움을 내게 회복시켜 주시고 자원하는 심령을 주사 나를 붙드소서"(시편 51:12). 아멘!

✝ 주께 드리는, 오늘의 기도
우리를 사랑하시되 생명 다해 사랑해 주신 성자 예수 그리스도의 구원의 은총을 찬양하며 경배 드립니다. 말로 다 표현할 수 없는 그 크신 주님의 사랑 앞에 오늘도 감사하며 하나님을 기쁘시게 하는 복된 날 되게 인도해 주시길, 구원의 유일한 길이 되시는 우리 주 예수 그리스도 이름으로 간절히 기도드립니다. 아멘! May God Bless you always!

✎ 주께서 주신, 기도응답의 말씀

3월 29일

☀ 찬양
지금까지 지내 온 것 - 나무엔

📖 오늘의 읽을 말씀
(사무엘하 15-18장) 다윗에게 있어서 가장 고통스러웠던 일은 압살롬이 아버지의 왕위를 노리고 모반을 일으킨 사건일 것입니다. 그러나 하나님께 대한 다윗의 믿음과 빗나간 아들에 대한 그의 사랑은 큰 시련의 와중에서도 조금도 줄어들지 않았습니다. 다윗은 과거에 자신이 저지른 범죄의 대가로 (삼하 12:10-12) 호화로운 왕궁을 저버리고 이처럼 기약없는 도피의 길을 떠나게 되었습니다.37 예루살렘에서 쫓겨나고, 자기의 백성들에게 저주를 받으며, 자기의 아들에게 수치를 당했지만 많은 인명과 국가의 손실에도 불구하고 하나님의 구원의 섭리 가운데 다윗은 결국 명예를 회복하고 제자리를 찾게 되었습니다.

📖 오늘의 핵심말씀
"압살롬과 온 이스라엘 사람들이 이르되 아렉사람 후새의 계략은 아히도벨의 계략보다 낫다 하니 이는 여호와께서 압살롬에게 화를 내리려 하사 아히도벨의 좋은 계략을 물리치라고 명령하셨음이더라"(사무엘하 17:14). 아멘!

✝ 주께 드리는, 오늘의 기도
전지전능하신 여호와 하나님~ 모든 인류의 생사화복과 나라의 흥망성쇠는 하나님 손에 달려 있음을 다시금 깨닫습니다. 주여~~ 오늘 우리의 삶을 주께 의지하오니 하나님의 그 크신 사랑과 은혜의 섭리로 인도해 주시옵소서. 우리의 소망과 기쁨이 되시는 예수 그리스도 이름으로 간절히 기도드립니다. 아멘! May God Bless you always!

✎ 주께서 주신, 기도응답의 말씀

3월 30일

☀ 찬양
하나님 말씀으로 – 아이자야 씩스티원

📖 오늘의 읽을 말씀
(사무엘하 19-20장) 어제 우리는 압살롬이 어떻게 아히도벨의 지혜로운 모략을 폐하고 후새의 미련한 모략을 따랐는지를 살펴보았습니다. 그리고 오늘 다윗이 어떻게 요압의 현명한 충고를 듣고, 측근들의 대규모 이반을 막았는지를 확인케 됩니다. 충고는 늘 남아있는 일종의 재산입니다. 그러나 충고는 그것의 출처에 달려 있습니다. 하나님의 심중과 그분의 말씀에 충실한 충고는 우리가 추구하고 평생토록 따라야할 충고임을 다시금 고백합니다.

📖 오늘의 핵심말씀
"이제 곧 일어나 나가 왕의 부하들의 마음을 위로하여 말씀하옵소서 내가 여호와를 두고 맹세하옵나니 왕이 만일 나가지 아니하시면 오늘 밤에 한 사람도 왕과 함께 머물지 아니할지라…"(사무엘하 19:7). 아멘!

✟ 주께 드리는, 오늘의 기도
계시의 말씀으로 우리의 삶을 인도하시는 하나님 아버지~ 우리가 인생의 문제를 풀어갈 때에 성경말씀으로 답을 찾게 하옵시며, 주의 말씀이 우리의 앞길을 인도하는 등불되게 하옵소서. 믿음의 선조인 요압과 같은 믿음의 동역자를 허락해 주실 줄 믿사오며, 존귀하신 예수 그리스도 이름으로 간절히 기도드립니다. 아멘! May God Bless you always!

✎ 주께서 주신, 기도응답의 말씀

3월 31일

☀ 찬양
반석 위에 - 조수진

📖 오늘의 읽을 말씀
(사무엘하 21-24장) 다윗은 말년에 인구를 조사하라는 명령을 내렸습니다. 이것은 필요 때문이 아니라 자랑하는 마음 때문이었습니다. 그래서 하나님은 진노하셨고, 다윗에게 받을 벌을 선택하라고 말씀하셨습니다. 다윗은 자신의 행동이 악하고 하나님의 징계를 받을 만하다는 사실을 깨달았습니다. 그래서 그는 징계를 받는 중에도 가장 안전한 장소는 반석이신 하나님의 장중임을 다시금 깨닫고 믿었습니다. [38] 우리는 하나님께 죄를 범했을 때 어떤 태도를 취하나요? 하나님께로 달려가나요? 아니면 하나님께로부터 도망치나요?

📖 오늘의 핵심말씀
"여호와는 나의 반석이시요 나의 요새시요 나를 위하여 나를 건지시는 자시오"(사무엘하 22:2). 아멘!

✞ 주께 드리는, 오늘의 기도
우리의 반석이신 여호와 하나님~ 오늘도 주를 온전히 의지하는 반석같은 믿음으로 연약한 우리의 마음을 흔들림 없이 지켜주시며, 우리를 안전한 곳으로 인도해 주시길, 예수 그리스도 이름으로 간절히 기도드립니다. 아멘! May God Bless you always!

✎ 주께서 주신, 기도응답의 말씀

4월 1일

☀ 찬양
세상을 사는 지혜 - 최정원

📖 오늘의 읽을 말씀
(열왕기상 1-4장) 임종 직전, 다윗은 솔로몬에게 여호와 앞에서 진실로 성실하게 행할 것을 명하였습니다. 그 후 솔로몬은 그의 통치 기간 초기에 하나님과 사람 앞에서 공의, 지혜, 겸손, 그리고 정직으로 통치함으로써 이 요구를 실현시켰습니다. 또한 솔로몬에게 선물을 주시려고 물어 보시는 하나님의 질문 앞에, 사치스럽게 살기 위한 '부'를 요구하기 보다는 슬기롭게 통치하기 위한 '지혜'를 간구하였습니다. 그에 대한 응답으로 하나님께서는 그에게 두 가지 모두를 주셨습니다.[39] '오늘'이라는 시간과 현실 속에서 살아가는 우리들에게 솔로몬과 같은 동일한 질문을 하나님께로부터 받는다면 우리는 무엇이라고 답변할 수 있을까요?

📖 오늘의 핵심말씀
"하나님이 솔로몬에게 지혜와 총명을 심히 많이 주시고 또 넓은 마음을 주시되 바닷가의 모래 같이 하시니 솔로몬의 지혜가 동쪽 모든 사람의 지혜와 애굽의 모든 지혜보다 뛰어난지라"(열왕기상 4:29-30). 아멘!

✝ 주께 드리는, 오늘의 기도
지혜의 근원이 되시는 여호와 하나님을 찬양하며 경배합니다. 주께 마음을 다하여 소원하옵기는, 오늘을 살아갈 때에 솔로몬처럼 하나님께 지혜를 간구하게 하시고, 지혜는 하나님의 선물임을 기억하게 하시며, 더 큰 지혜를 얻기 위해 사모하게 하시고, 평생 이 보물을 간직하기 위해 말씀을 묵상하며 하나님과 동행하게 인도해 주시길, 예수 그리스도 이름으로 간절히 기도드립니다. 아멘! May God Bless you always!

✎ 주께서 주신, 기도응답의 말씀

_____
_____
_____
_____

4월 2일

☀ 찬양
말씀 앞에서 - with GOD

📖 오늘의 읽을 말씀
(열왕기상 5-8장) 칠 년의 긴 세월 동안 솔로몬은 성전을 위해 계획하고 준비하여 건축하는 모든 일을 마쳤습니다. 마침내 언약궤가 지성소에 안치되자, 하나님의 임재의 구름이 여호와의 전에 가득하였습니다. 다시 한 번 하나님의 영광이 백성들 가운데 오래 머물게 되었습니다.

📖 오늘의 핵심말씀
"여호와의 말씀이 솔로몬에게 임하여 이르시되 네가 지금 이 성전을 건축하니 네가 만일 내 법도를 따르며 내 율례를 행하며 내 모든 계명을 지켜 그대로 행하면 내가 네 아버지 다윗에게 한 말을 네게 확실히 이룰 것이요 내가 또한 이스라엘 자손 가운데에 거하며 내 백성 이스라엘을 버리지 아니하리라 하셨더라"(열왕기상 6:11-13). 아멘!

✚ 주께 드리는, 오늘의 기도
한없는 사랑으로 우리의 삶을 인도하시는 하나님 아버지~ 주께서 선포하신 귀한 말씀을 신실하게 지키시며, 믿음의 자녀들을 주님의 섭리 가운데 인도하시고 축복하신 여호와 하나님~ 솔로몬에게 주셨던 소중한 약속의 말씀을 마음에 새기며, 오늘을 살아갈 때에 여호와삼마 하나님의 은혜가 충만한 복된 날 되게 역사해 주시길, 예수 그리스도 이름으로 간절히 기도드립니다. 아멘! May God Bless you always!

✎ 주께서 주신, 기도응답의 말씀

4월 3일

☀ 찬양
일상 – 박진희

📖 오늘의 읽을 말씀
(열왕기상 9-11장) 솔로몬의 통치는 히브리 역사에 '황금시대'의 문을 열어 주었습니다. 왕으로서 그는 '여호와께 사랑을 입은 자'였습니다('여디디야'라는 이름의 의미임. 삼하 12:24-25). 또한 그는 하나님으로부터 지혜를 받았으며(왕상 3장), 그의 재위 기간 동안 전례 없는 평화와 번영, 영광을 이스라엘에 가져다주었습니다(왕상 10:14-29). 국제적으로는 건축에 능한 왕으로 명성을 떨쳤으며(왕상 6:1-14), 그의 교훈은 유명했고(왕상 10:1-13, 23-24), '예술과 과학'(왕상 4:29-34)에 아주 열심 있는 왕이었습니다.[40] 그러나 솔로몬은 아내와 이교도 첩들에 대한 애정 때문에 우상 신들을 따르게 되었습니다. 그 결과 왕국의 대부분이 분열되었음을 안타까운 심정으로 살펴보며 우리 자신의 모습을 되새겨 봅니다.

📖 오늘의 핵심말씀
"당신의 하나님 여호와를 송축할지로다 여호와께서 당신을 기뻐하사 이스라엘 왕위에 올리셨고 여호와께서 영원히 이스라엘을 사랑하시므로 당신을 세워 왕으로 삼아 정의와 공의를 행하게 하셨도다 하고"(열왕기상 10:9). 아멘!
"이같이 너희 빛이 사람 앞에 비치게 하여 그들로 너희 착한 행실을 보고 하늘에 계신 너희 아버지께 영광을 돌리게 하라"(마태복음 5:16). 아멘!

✝ 주께 드리는, 오늘의 기도
찬양 받으시기에 합당하신 여호와 하나님~ 오늘 삶을 살아가는 동안에 하나님의 영광이 될 수 있도록 인도해 주시옵소서. 다른 사람들이 우리의 행실을 보고 주님께 영광 돌릴 수 있는 복된 날 되게 역사해 주시옵소서. 늘 변함없이 더욱 예수님을 닮아가는 제자될 수 있도록 인도해 주시길, 예수 그리스도 이름으로 간절히 기도드립니다. 아멘! May God Bless you always!

✎ 주께서 주신, 기도응답의 말씀
_____
_____

4월 4일

☀ 찬양
예수 나의 치료자 – 노상신

📖 오늘의 읽을 말씀
(열왕기상 12-16장) 솔로몬 왕이 죽은 후, 그의 아들 르호보암은 어리석은 조언을 따라 세금 부과를 증대시켰습니다. 이로 인해 국가의 세금 반란을 야기했으며, 혼란이 수습될 때 통일 왕국은 더 이상 존재하지 않게 되었습니다. 그 대신에 퇴폐적인 두 왕이 통치하는 둘로 왕국이 분열되는 가슴 아픈 역사가 현실이 되었던 것입니다. 또한 르호보암이 어떤 영적인 유산을 받았는지는 모르겠으나, 결과적으로 솔로몬 이후 영적인 공백은 나라의 분열을 초래하고 말았습니다. 분열왕국의 모습을 살펴보면서 부모들이 자녀들을 하나님의 말씀 없이 양육시키는 것은 쓰기나 읽기를 배우지 않고 양육시키는 것보다 훨씬 더 큰 직무유기임을 절실하게 깨닫게 됩니다.

📖 오늘의 핵심말씀
"아사가 그의 조상 다윗 같이 여호와 보시기에 정직하게 행하여 ... 아사의 마음이 일평생 여호와 앞에 온전하였으며"(열왕기상 15:11,14). 아멘!
"이르시되 너희가 너희 하나님 나 여호와의 말을 들어 순종하고 내가 보기에 의를 행하며 내 계명에 귀를 기울이며 내 모든 규례를 지키면 내가 애굽 사람에게 내린 모든 질병 중 하나도 너희에게 내리지 아니하리니 나는 너희를 치료하는 여호와임이라"(출애굽기 15:26). 아멘!

✚ 주께 드리는, 오늘의 기도
살아서 역사하시는 여호와 하나님~ 하나님의 크신 은혜가운데 주님의 말씀에 순복하고, 준행하며, 여호와 보시기에 정직하게 행하여 하나님께 영광 돌리는, 우리와 우리 자손들의 삶이 되게 인도해 주시옵소서. 여호와 라파 하나님~ 하나님의 자녀들의 기도에 응답하시사, 유해한 바이러스를 퇴치시켜 주시며, 이 땅과 전 세계의 확진자들을 치료해 주시길, 예수 그리스도 이름으로 간절히 기도드립니다. 아멘! May God Bless you always!

✎ 주께서 주신, 기도응답의 말씀

4월 5일

✺ 찬양
왕이신 나의 하나님 - 송정미

📖 오늘의 읽을 말씀
(사무엘상 8:6-18) 세상의 군주 국가들과는 달리, 이스라엘은 하나님의 통치아래 있는 '신정국가'(Theocracy)가 되어야 했지만, 사사시대에 이스라엘 백성들은 왕을 세워달라고 요구하고 나섰습니다(삼상 8:6). 그래서 결국 이스라엘은 인간을 왕으로 세움으로써 세상적인 방법을 선택하게 되었습니다. 혹시 우리도 이런 경험이 있나요? 하나님보다 우리 자신이 왕이 되어 다스리고 있는 삶의 영역은 어디인가요? 자기 고집대로 나아가는 이스라엘의 행동에서 무엇을 배울 수 있을까요?

📖 오늘의 핵심말씀
"여호와께서 사무엘에게 이르시되 백성이 네게 한 말을 다 들으라 이는 그들이 너를 버림이 아니요 나를 버려 자기들의 왕이 되지 못하게 함이니라"(사무엘상 8:7).

✚ 주께 드리는, 오늘의 기도
왕이신 우리의 하나님~ 우리가 주님만을 가장 높이길 소원하나이다. 오직 하나님을 우리의 왕으로 모시는 변함없는 마음을 허락해 주시옵소서. 우리의 진정한 왕이신 하나님에 대해서 깊이 묵상하며, 아무 조건 없이 주의 말씀에 순복하는 복된 오늘, 그리고 우리의 인생 되길, 예수 그리스도 이름으로 간절히 기도드립니다. 아멘! May God Bless you always!

✎ 주께서 주신, 기도응답의 말씀

4월 6일

☀ 찬양
십자가 그 사랑이 – 송정미

📖 오늘의 읽을 말씀
(열왕기상 17-19장) 오늘의 성경 본문은 불신앙의 이스라엘 아합 왕과 바알 선지자 450명, 그리고 아세라 선지자 400명의 이방 선지자들에게 용감히 맞서는 선지자 엘리야를 중심으로 말씀하고 있습니다. 그는 자신이 이세벨 왕비의 눈에 가시같은 인물이 될 것임을 알고 있으면서도 하늘로부터 불을 내려달라고 기도하였습니다. 그의 끊임없는 기도는 "하나님, 큰일을 행하시옵소서… 그리고 당신이 저를 필요로 하신다면 저를 사용해 주시옵소서!"라는 것이었습니다. 우리는 어떤 기도를 하고 있나요? "하나님, 나의 흉악한 이웃을 구원하소서~"인가요, 아니면 "하나님, 저를 사용하셔서 그 이웃을 당신 앞으로 인도하도록 도와주소서!" 입니까?

📖 오늘의 핵심말씀
"엘리야가 모든 백성을 향하여 이르되 내게로 가까이 오라 백성이 다 그에게 가까이 가매 그가 무너진 여호와의 제단을 수축하되"(열왕기상 18:30). 아멘!

✝ 주께 드리는, 오늘의 기도
끝까지 포기하지 않고 변함없이 사랑해 주시는 하나님 아버지~ 엘리야를 통하여 무너진 여호와의 제단을 다시 수축하셨듯이, 죄악으로 인해 파괴된 하나님과의 관계를 회복하시며, 우리를 구원하시기 위해 이 땅 가운데 오셔서, 죽기까지 사랑해 주신 그 십자가의 사랑 앞에 오늘도 감격하며 주의 말씀에 준행할 수 있도록 인도해 주시길, 예수 그리스도 이름으로 간절히 기도드립니다. 아멘! May God Bless you always!

✎ 주께서 주신, 기도응답의 말씀

4월 7일

☀ **찬양**
주가 일하시네 - 강중현

📖 **오늘의 읽을 말씀**
(열왕기상 20-22장) 오늘 우리는 이스라엘에 있어서 아합의 사악한 통치의 종말에 대해서 읽고, 유다에 있어서 여호사밧의 의로운 통치에 대하여 간략하게 살펴보게 되었습니다. 하나님을 무시하며, 하나님께 대항했던 아합은 결국 치욕스럽게 죽게 되었습니다. 이에 반해 하나님께 충성된 종이었던 여호사밧은 그의 아버지 아사의 길로 행하며 여호와 앞에서 정직히 행했던 선한 왕이었습니다. 또한 신실하고 충성된 말씀의 종이었던 미가야 선지자의 모습을 통해서 다시금 도전받는 은혜의 시간되길 소망해 봅니다.

📖 **오늘의 핵심말씀**
"미가야가 이르되 여호와께서 살아 계심을 두고 맹세하노니 여호와께서 내게 말씀하시는 것 곧 그것을 내가 말하리라 하고 여호사밧이 그의 아버지 아사의 모든 길로 행하며 돌이키지 아니하고... 그가 그의 아버지 아사의 시대에 남아 있던 남색하는 자들을 그 땅에서 쫓아내었더라"(열왕기상 22:14,43,46). 아멘!
"충성되고 지혜 있는 종이 되어 주인에게 그 집 사람들을 맡아 때를 따라 양식을 나눠 줄 자가 누구냐 주인이 올 때에 그 종이 이렇다 하는 것을 보면 그 종이 복이 있으리로다 내가 진실로 너희에게 이르노니 주인이 그의 모든 소유를 그에게 맡기리라"(마태복음 24:45-47). 아멘!

✝ **주께 드리는, 오늘의 기도**
거룩하고 존귀하신 여호와 하나님~ 오늘도 신실하신 주님을 닮아가며, 아사와 여호사밧, 그리고 미가야 선지자 같은 충성되고 신실한 주의 종 되어, 하나님을 기쁘시게 해 드리는 귀하고 복된 날 되게 인도해 주시길, 예수 그리스도 이름으로 간절히 기도드립니다. 아멘!
May God Bless you always!

✎ **주께서 주신, 기도응답의 말씀**

4월 8일

✹ 찬양
길 – 손경민

📖 오늘의 읽을 말씀
(열왕기하 1-3장) 악한 왕들이 연이어 왕위에 오르면서 열왕기상에서 시작된 악순환의 내리막길은 이제 가속화 되었습니다. 엘리사는 그의 주였던 엘리야의 겉옷(사역)을 받게 되었습니다. 엘리야의 하나님께 부르짖을 때 엘리사는 하나님께서 여호람에 대한 표적으로 골짜기에 물이 가득히 흐르게 하시며, 모압의 패배를 알리는 피와 같이 붉은 물을 흘려보내시는 것을 지켜보게 되었습니다. 하나님을 대변하는 선지자, 엘리야는 하나님의 의에 대해서 숨김없이 말하는 뛰어난 선포자였고, 엘리사는 부드럽게 표현하는 논증자였습니다. 엘리야는 권면했고, 엘리사는 격려했습니다. 그리고 하나님께서는 그들 모두를 사용하셨습니다.[41] 우리의 기질과 재능에 있어서 누구를 더 닮았습니까? 엘리야인가, 아니면 엘리사인가요? 그리고 그 특성이 우리의 삶 속에서 나타나 하나님께 더욱 영광 돌릴 수 있도록 간구하길 소원드립니다.

📖 오늘의 핵심말씀
"건너매 엘리야가 엘리사에게 이르되 나를 네게서 데려감을 당하기 전에 내가 네게 어떻게 할지를 구하라 엘리사가 이르되 당신의 성령이 하시는 역사가 갑절이나 내게 있게 하소서 하는지라"(열왕기하 2:9). 아멘!

✝ 주께 드리는, 오늘의 기도
주께 간구하는 모든 기도의 음성을 일일이 들으시며, 마음 중심을 감찰하시는 여호와 하나님~ 연약한 우리들에게 엘리사의 믿음을 허락해 주셔서 '과거와 단절되지 않고 신앙 선조들의 믿음을 계승하며, 현재를 개척하고, 미래에 도전하는' 복음의 사명자들로 온전히 세워 주시길, 예수 그리스도 이름으로 간절히 기도드립니다. 아멘! May God Bless you always!

✎ 주께서 주신, 기도응답의 말씀

4월 9일

☀ 찬양
사랑하는 자여 - 지선

📖 오늘의 읽을 말씀
(사무엘상 20:1-4; 열왕기상 19:1-18; 사도행전 11:19-26) 격려의 사역은 성경의 공통된 주제입니다. 요나단은 다윗을 격려했고, 엘리사는 선배 선지자인 엘리야의 삶이 비참했던 시기에 우정과 격려의 빛을 비추었습니다. 또한 바나바는 사도 바울을 사역에 동참시키면서 초대교회 안의 많은 사람들을 격려했습니다. 누가 우리의 격려자였나요? 그리고 우리는 누구를 격려했나요? 격려하는데 민감한 주님의 동역자되길 소망해 봅니다.

📖 오늘의 핵심말씀
"요나단이 다윗에게 이르되 네 마음의 소원이 무엇이든지 내가 너를 위하여 그것을 이루리라"(사무엘상 20:4). 아멘!

"...엘리사에게 기름을 부어 너를 대신하여 선지자가 되게 하리라 그러나 내가 이스라엘 가운데에 칠천 명을 남기리니 다 바알에게 무릎을 꿇지 아니하고 다 바알에게 입맞추지 아니한 자니라"(열왕기상 19:16,18). 아멘!

"바나바가 사울을 찾으러 다소에 가서 만나매 안디옥에 데리고 와서 둘이 교회에 일 년간 모여 있어 큰 무리를 가르쳤고 제자들이 안디옥에서 비로소 그리스도인이라 일컬음을 받게 되었더라"(사도행전 11:25-26). 아멘!

✟ 주께 드리는, 오늘의 기도
사랑과 진리로 우리의 삶을 이끄시는 하나님 아버지~ 우리의 동역자를 위한 기도를 올려 드립니다. 우리가 마음과 뜻을 나눌 수 있는 동역자를 만나는 복을 누리게 하옵소서. 준비된 사람이 준비된 동역자를 얻게 됨을 깨닫게 하시고, 우리가 먼저 좋은 인격과 성품의 소유자가 되게 하옵소서. 마음 중심으로 소원하옵기는, 우리가 누군가의 동역자가 되기 전에 주님의 동역자가 되어 늘 주님과 동행하게 인도해 주시길, 예수 그리스도 이름으로 간절히 기도드립니다. 아멘! May God Bless you always!

✎ 주께서 주신, 기도응답의 말씀

4월 10일

☀ 찬양
전능하신 나의 주 하나님은 – 에이맨

📖 오늘의 읽을 말씀
(열왕기하 4-8장) 하나님께 쓰임 받은 기적의 사역자 엘리사는 오늘의 본문 말씀 가운데서 여덟 번의 기적을 행하였습니다. 각 경우를 통하여 기적은 하나님의 손에 있음을 깨닫게 됩니다. 또한 자신의 생각을 내려놓고, 하나님을 믿고 순복하는 자, 나아만에게 기적의 역사는 이뤄졌습니다. 우리도 나아만과 같은 순복의 믿음을 통해 하나님께서 주신 사명을 성취하는 복된 날과 인생 되길 소원해 봅니다.

📖 오늘의 핵심말씀
"나아만이 이에 내려가서 하나님의 사람의 말대로 요단 강에 일곱 번 몸을 잠그니 그의 살이 어린 아이의 살 같이 회복되어 깨끗하게 되었더라"(열왕기하 5:14). 아멘!

✝ 주께 드리는, 오늘의 기도
살아서 역사하시는 하나님 아버지~ 우리의 분주한 마음과 인간적인 모든 욕심들, 그리고 우리의 자만과 주장을 십자가 앞에 내려놓기를 소원합니다. 예수 그리스도의 십자가 보혈의 피로 모든 죄들을 씻어 정결케 인도하옵소서. 세상 가운데 방황하는 영혼들을 불쌍히 여기사 하나님의 은혜를 허락해 주셔서 주의 말씀 앞에 순복하는 기적의 은총을 허락해 주시길, 예수 그리스도 이름으로 간절히 기도드립니다. 아멘! May God Bless you always!

✎ 주께서 주신, 기도응답의 말씀

4월 11일

☀ 찬양
전심으로 - 마커스워십

📖 오늘의 읽을 말씀
(열왕기하 9-12장) 이스라엘 왕으로 새롭게 기름부음을 받은 예후는 그가 받은 명령대로 요람, 아하시야, 이세벨, 아합의 온 가족, 그리고 마지막으로 거짓 선지자들과 경배자들과 바알의 제사장들을 신속하게 해치웠습니다. 그러나 안타깝게도 예후는 그의 일을 불충분하게 행하였기 때문에, 비록 그가 하나님께서 주신 과업을 처리하는 일에 잘 착수하긴 했지만, 하나님께서 맡겨주신 완전한 위임을 잃어버리고 말았습니다.⁴² 한편 남쪽의 유다 왕국에서도 음모와 유혈이 판을 치고 있었습니다. 아하시야의 죽음 이후, 어린 요아스만이 살아남아 때가 되어 유다에서 가장 훌륭한 개혁의 왕들 가운데 한사람이 되었습니다.

📖 오늘의 핵심말씀
"그러나 예후가 전심으로 이스라엘 하나님 여호와의 율법을 지켜 행하지 아니하며 여로보암이 이스라엘에게 범하게 한 그 죄에서 떠나지 아니하였더라"(열왕기하 10:31)

✞ 주께 드리는, 오늘의 기도
저희들의 연약한 믿음을 탓하지 않으시고 끝까지 인내하시며 사랑하시고 축복하시는 여호와 하나님~ 오늘도 하나님의 사랑에 감격하여 감사함으로 주의 말씀을 지켜 행하되, 전심으로(with all my heart) 지켜 행하는 복된 날 되게 인도해 주시길, 예수 그리스도 이름으로 간절히 기도드립니다. 아멘! May God Bless you always!

✎ 주께서 주신, 기도응답의 말씀
_____
_____
_____
_____

4월 12일

☀ 찬양
말씀 앞에서 – with GOD

📖 오늘의 읽을 말씀
(열왕기하 13-17장) 엘리사의 죽음에 이어, 국가의 악순환적인 파멸은 가속화 되었습니다. 마지막 아홉 명의 왕들 가운데 단 한 명도 그들의 통치의 방향을 알기 위해 하나님을 바라보지 않았습니다. 마침내 앗수르는 불순종하는 하나님의 백성을 사로잡아 흩어놓음으로써 북 왕국의 종말을 초래케 되었습니다.[43] 오늘도 주의 말씀을 묵상하며 주 바라기의 믿음이 얼마나 소중한지를 다시금 깨닫게 됩니다.

📖 오늘의 핵심말씀
"이스라엘 자손이 여로보암이 행한 모든 죄를 따라 행하여 거기서 떠나지 아니하므로 여호와께서 그의 종 모든 선지자를 통하여 하신 말씀대로 드디어 이스라엘을 그 앞에서 내쫓으신지라 이스라엘이 고향에서 앗수르에 사로잡혀 가서 오늘까지 이르렀더라"(열왕기하 17:22-23).

✝ 주께 드리는, 오늘의 기도
우리 인생, 가정, 사업, 그리고 민족과 나라의 흥망성쇠를 결정하시는 여호와 하나님~ 하나님의 말씀에서 떠나 죄악에 계속 빠지므로 결국 앗수르에 멸망당한 북 왕국 이스라엘의 모습을 바라보며, 우리의 인생을 되새겨 볼 수 있는 은혜를 주시니 감사합니다. 오늘도 변함없이 하나님의 말씀 앞에 겸손함으로 허리를 동이고, 주의 말씀에 순종하며 복종함으로 하나님을 기쁘시게 해 드리는 은혜로운 날 되게 역사해 주시길, 예수 그리스도 이름으로 간절히 기도드립니다. 아멘! May God Bless you always!

✎ 주께서 주신, 기도응답의 말씀

4월 13일

☀ 찬양
주 말씀 내 삶 비출 때 - 염평안

📖 오늘의 읽을 말씀
(열왕기하 18-21장) 히스기야 왕, 그는 25세의 어린 나이에 즉위했지만, 백성들 사이에 있었던 이교도 숭배의 모든 흔적들을 파괴함으로써 곧 탁월한 개혁자로 자리 잡았습니다. 히스기야는 군대와 마병보다 하나님을 의지하여 주님께 무릎을 꿇었습니다. 왕의 기도에 대한 응답으로 하나님께서는 185,000명의 앗수르인을 섬멸하셨으며, 히스기야 왕의 생명을 15년 더 연장시켜 주셨습니다. 44 믿음의 선조였던 히스기야처럼, 우리들도 하나님을 온전히 신뢰하므로 주님께 영광 돌리며, 모든 사람들에게 축복의 통로로 쓰임 받는 복된 인생 되길, 소망해 봅니다.

📖 오늘의 핵심말씀
"히스기야가 이스라엘 하나님 여호와를 의지하였는데 그의 전후 유다 여러 왕 중에 그러한 자가 없었으니 곧 그가 여호와께 연합하여 그에게서 떠나지 아니하고 여호와께서 모세에게 명령하신 계명을 지켰더라 여호와께서 그와 함께 하시매 그가 어디로 가든지 형통하였더라..."(열왕기하 18:5-7). 아멘!

✝ 주께 드리는, 오늘의 기도
우리의 생사화복을 주관하시는 살아계신 하나님 아버지~ 히스기야 왕처럼 하나님을 전심으로 의지하며, 여호와께 연합하여 주의 계명을 지키고 준행하므로, 형통한 축복을 누리는 복된 오늘, 그리고 우리의 인생 되게 인도해 주시길, 예수 그리스도 이름으로 간절히 기도드립니다. 아멘!
May God Bless you always!

✎ 주께서 주신, 기도응답의 말씀

4월 14일

☀ **찬양**
말씀하시면 - 조수아

📖 **오늘의 읽을 말씀**
(열왕기하 22-25장) 경건한 왕 요시야를 통해서 의를 위한 강력한 개혁운동이 10년 이상 지속되었지만, 그 나라의 사악한 경향을 뒤집지는 못했습니다. 요시아 왕에게는 세 아들이 있었습니다. 왕의 사후에, 이렇게 세 아들이 통치한 예는 그동안 이스라엘이나 유다에게 없었던 일로 요시아 가문에게는 큰 축복이었습니다. 그럼에도 그들은 아버지를 따르지 못하고 우상숭배와 부도덕의 죄를 짓고 말았습니다.[45] 이러한 결과로 인해, 하나님의 심판의 검은 구름인 느부갓네살과 바벨론 군대를 통하여 온 나라를 뒤덮었습니다. 너무나도 안타깝고 암울한 이스라엘 역사를 묵상하며, 우리의 조국 대한민국과 위정자들, 그리고 국민들을 위해 중보기도하기를 소원합니다.

📖 **오늘의 핵심말씀**
"요시야가 여호와 보시기에 정직히 행하여 그의 조상 다윗의 모든 길로 행하고 좌우로 치우치지 아니하였더라 요시야와 같이 마음을 다하며 뜻을 다하며 힘을 다하여 모세의 모든 율법을 따라 여호와께로 돌이킨 왕은 요시야 전에도 없었고 후에도 그와 같은 자가 없었더라"(열왕기하 22:2; 23:25). 아멘!

✝ **주께 드리는, 오늘의 기도**
그럼에도 불구하고 한없는 사랑으로 우리를 위해 사랑해 주시는 하나님 아버지~ 주님의 변함없는 그 크신 십자가 사랑에 감격하여 오늘도 요시아처럼 마음과 뜻과 힘을 다하여 하나님 말씀에 순•복하고 준행하는 축복의 날 되게 인도해 주시길, 예수 그리스도 이름으로 간절히 기도드립니다. 아멘! May God Bless you always!

✎ **주께서 주신, 기도응답의 말씀**

4월 15일

☀ 찬양
야베스의 기도 – 장윤영

📖 오늘의 읽을 말씀
(역대상 1-9장) 역대기서는 바벨론 포로에서 돌아온 모든 백성들에게 본서를 통하여 신정국가(神政國家)로서 국가의 참된 영광과 다윗 왕조의 권리와 중요성을 보여주려 했습니다.[46] 역대기는 남 왕국 유다에 중점을 두고 있는데, 아담까지 거슬러 올라가는 다윗의 긴 계보를 서술하며 시작하고 있습니다. 계보는 역사 속에 하나님의 사역이 분명히 나타나고 있음을 확인케 됩니다. 오늘의 말씀을 읽으면서 하나님께서는 역사를 위한 계획을 갖고 계시며, 이스라엘을 위한 계획을 갖고 계셨음을 발견케 됩니다. 더불어 우리를 위한 계획도 갖고 계심을 확연히 깨닫게 됩니다.

📖 오늘의 핵심말씀
"야베스가 이스라엘 하나님께 아뢰어 이르되 주께서 내게 복을 주시려거든 나의 지역을 넓히시고 주의 손으로 나를 도우사 나로 환난을 벗어나 내게 근심이 없게 하옵소서 하였더니 하나님이 그가 구하는 것을 허락하셨더라"(역대상 4:10). 아멘!

✝ 주께 드리는, 오늘의 기도
만복의 근원되시는 살아계신 여호와 하나님~ 하나님의 은혜가운데 근심과 염려가 없게 하옵시며, 주님의 손길로 저희를 도우사 우리의 지경이 넓혀짐을 통해 '주의 사랑'을 증거하는, '축복의 통로'로 오늘도 변함없이 사용될 수 있기를, 예수 그리스도 이름으로 간절히 기도드립니다. 아멘!
May God Bless you always!

✎ 주께서 주신, 기도응답의 말씀

4월 16일

☀ **찬양**
예수 예수 – 김윤미

📖 **오늘의 읽을 말씀**
(역대상 10-16장) 언약궤는 역대기의 특징적인 모습이며, 40번 이상 언급되고 있습니다. 특히 법궤를 예루살렘으로 옮기는 여정을 통하여 '의로운 행동은 의로운 동기에 의해 이루어지지만 그러나 잘못된 방법으로 행해질 때는 죽음의 결과를 낳게 된다'는 교훈을 깨닫게 됩니다. 결국 그 여행은 3개월이 지나서야 끝이 나게 되었습니다.[47] 그러나 그 언약궤가 예루살렘에 안치되었을 때, 다윗은 모든 사람들과 더불어 큰 잔치를 베풀며 하나님께 감사의 찬양을 올려 드렸습니다.

📖 **오늘의 핵심말씀**
"너희는 여호와께 감사하며 그의 이름을 불러 아뢰며 그가 행하신 일을 만민 중에 알릴지어다"(역대상 16:8). 아멘!

✝ **주께 드리는, 오늘의 기도**
동기, 방법, 행동, 어느 것 하나 온전하지 못한 연약하고 부족한 저희들을 끝까지 품으시고, 죽기까지 사랑하셔서 구원해 주신 주님~ 오늘도 그 귀한 사랑에 충만하여 여호와 하나님께 감사하며, 주의 이름을 찬양하고, 만나는 모든 사람들에게 복음을 증거하는 복된 발걸음 되길, 예수 그리스도 이름으로 간절히 기도드립니다. 아멘! May God Bless you always!

✎ **주께서 주신, 기도응답의 말씀**

4월 17일

☀ 찬양
삶의 예배 – 이종윤

📖 오늘의 읽을 말씀
(역대상 17-21장) 다윗의 큰 꿈은 하나님을 위한 성전을 짓는 것이었습니다. 그러나 하나님께서는 나단 선지자에게 그 일은 솔로몬 때에 가서야 결실을 맺게 되리라고 분명하게 말씀하셨습니다. 다윗이 하나님의 전을 건축하도록 허락받지는 못했지만, 하나님께서는 다윗을 위하여 영원한 왕조와 영원한 왕국을 다윗에게 허락하셨습니다.[48] 이처럼 하나님께서는 우리가 하나님을 위한 큰일을 하기 원하십니다. 또한 동시에 하나님께서 우리를 위한 큰일을 하기 원하십니다. 우리는 어떤 것을 선택하겠습니까? 우리 자신이 이루고 싶은 꿈이 우선인가요? 아니면 하나님께서 우리 안에서, 우리를 통하여 이루시려는 하나님의 사역이 우선인가요?

📖 오늘의 핵심말씀
"다윗이 거기서 여호와를 위하여 제단을 쌓고 번제와 화목제를 드려 여호와께 아뢰었더니 여호와께서 하늘에서부터 번제단 위에 불을 내려 응답하시고 여호와께서 천사를 명령하시매 그가 칼을 칼집에 꽂았더라"(역대상 21:26-27). 아멘!

✝ 주께 드리는, 오늘의 기도
우리의 예배를 기쁘게 받으시는 하나님 아버지~ 이 세대를 본받지 말고 예배를 통해 하나님의 선하시고 기뻐하시고 온전하신 뜻을 분별하라는 말씀을 마음에 되새깁니다. 더 나아가 예배가 삶으로 드리는 거룩한 산제사, '삶이 곧 예배'가 되도록 우리의 삶을 인도하시고, 믿음 안에서 날마다 자라가도록 은혜를 베풀어 주시길, 예수 그리스도 이름으로 간절히 기도드립니다. 아멘! May God Bless you always!

✎ 주께서 주신, 기도응답의 말씀
_____
_____
_____

4월 18일

☀ 찬양
하나님 아버지의 마음 – 김정석, 세연, 조수아, 조시영

📖 오늘의 읽을 말씀
(사도행전 13:20-23) 다윗의 삶은 성경을 통해 그의 삶을 읽는 모든 사람들을 감동시킵니다. 하나님께 전심으로 헌신하는 그의 모습은 우리로 신앙 안에서 전진하게 합니다. 특히 하나님과의 독특한 관계는 다윗이 가장 아끼는 시편 7, 8, 23, 51편에 잘 나타나 있듯이, 그것은 정직하고 자기의 마음을 모두 털어놓는 관계였으며, 고백과 신뢰의 관계였습니다.[49] 즉 하나님의 마음에 합한 사람이었던 것입니다(행 13:22). 우리도 다윗처럼 하나님의 마음을 따르는 자들인가요? 아니면 하나님보다 사람의 마음을 따르는 자들인가요?

📖 오늘의 핵심말씀
"폐하시고 다윗을 왕으로 세우시고 증언하여 이르시되 내가 이새의 아들 다윗을 만나니 내 마음에 맞는 사람이라 내 뜻을 다 이루리라 하시더니"(사도행전 13:22). 아멘!

✝ 주께 드리는, 오늘의 기도
우리의 생사화복을 주관하시는 살아계신 여호와 하나님~ 오늘 우리의 삶 속에 동행해 주셔서 하나님의 마음을 흡족하게 해 드리는 복된 날 되길 소원합니다. 선한 목자되신 주님~~ 이 세대를 본받지 말고, 다윗처럼 하나님의 마음에 맞는 사람이 될 수 있도록 인도해 주시길, 예수 그리스도 이름으로 간절히 기도드립니다. 아멘! May God Bless you always!

✎ 주께서 주신, 기도응답의 말씀

4월 19일

✹ 찬양
하나님 계획은 - 서상권

📖 오늘의 읽을 말씀
(역대상 22-27장) 하나님의 뜻과 계획대로, 다윗은 성전 건축을 위한 준비를 하였고, 그의 아들 솔로몬을 통해 성전 건축이 이뤄지는 모습을 통해 하나님의 인도하심을 깨닫게 됩니다. 오늘 우리의 삶 속에서도 하나님의 뜻과 계획에 순복하며, 맡겨진 사명에 최선을 다하는 복된 날 되길 소망해 봅니다.

📖 오늘의 핵심말씀
"여호와의 말씀이 내게 임하여 이르시되 너는 피를 심히 많이 흘렸고 크게 전쟁하였느니라 네가 내 앞에서 땅에 피를 많이 흘렸은즉 내 이름을 위하여 성전을 건축하지 못하리라 보라 한 아들이 네게서 나리니... 그의 이름을 솔로몬이라 하리니... 그가 내 이름을 위하여 성전을 건축할지라 그는 내 아들이 되고 나는 그의 아버지가 되어 그 나라 왕위를 이스라엘 위에 굳게 세워 영원까지 이르게 하리라 하셨나니"(역대상 22:8-10). 아멘!

✝ 주께 드리는, 오늘의 기도
하나님의 마음을 온전히 따르는 하나님의 마음에 합한 자들에게 복에 복을 더하시는, 축복의 근원이신 여호와 하나님~ 믿음의 선조인 다윗을 본받아 '하나님의 영광'을 위해, '하나님의 뜻'에 순복함으로 '주님의 기쁨'이 되어지는 복된 날, 그리고 후회함이 없는 우리의 인생 되길, 예수 그리스도 이름으로 간절히 기도드립니다. 아멘! May God Bless you always!

✎ 주께서 주신, 기도응답의 말씀

4월 20일

☀ 찬양
주가 보이신 생명의 길 – 클래식콰이어

📖 오늘의 읽을 말씀
(역대상 28-29장) 다윗왕은 많은 업적에도 불구하고 영광을 자신에게 돌리지 않았습니다. 그는 자신의 삶을 겸손하게 하나님을 신뢰하므로 시작했던 것처럼, 끝마쳤습니다. 다윗왕의 삶을 기록한 놀라운 비문이 하나 있는데, 사도행전 13:36에서 이것을 찾을 수 있습니다. 거기에는 이렇게 기록되어 있습니다. "다윗은 당시에 하나님의 뜻을 따라 섬기다가 잠들었다…" 과연 우리들의 비문에는 어떤 내용으로 쓰여지게 될까요?

📖 오늘의 핵심말씀
"나의 하나님이여 주께서 마음을 감찰하시고 정직을 기뻐하시는 줄을 내가 아나이다 내가 정직한 마음으로 이 모든 것을 즐거이 드렸사오며 이제 내가 또 여기 있는 주의 백성이 주께 자원하여 드리는 것을 보오니 심히 기쁘도소이다"(역대상 29:17). 아멘!

✝ 주께 드리는, 오늘의 기도
겸손한 자를 통해 하나님의 일을 이루시는 여호와 하나님~ 늘 정직하고 기쁜 마음으로 하나님의 뜻에 순•복했던 다윗처럼, 하나님을 온전히 신뢰하는 믿음을 우리에게 허락해 주시옵소서. 하나님의 마음을 따르는 다윗을 본받아, 우리도 하나님의 마음에 합한 자로 주께 인정받는 복된 날 되게 인도해 주시길, 예수 그리스도 이름으로 간절히 기도드립니다. 아멘!
May God Bless you always!

✎ 주께서 주신, 기도응답의 말씀

4월 21일

☀ 찬양
삶으로 – 김성훈

📖 오늘의 읽을 말씀
(역대하 1-5장) 주의 일들을 섬기되 하나님께서 주신 지혜와 지식 가운데 행하면 얼마나 존귀하게 감당할 수 있는지, 솔로몬을 통해 다시금 깨닫게 되어 집니다(대하 1:7-12). 특히 하나님의 성전을 완성하는 데 수많은 사람들과 재료가 동원되어 마침내 언약궤를 안치하고 7년 만에 완성되었을 때, 솔로몬은 노래 부르는 자들과 사람들로 하여금 하나님을 찬양하며, 모든 영광을 하나님께 올려 드렸습니다(대하 5:13-14).

📖 오늘의 핵심말씀
"나팔 부는 자와 노래하는 자들이 일제히 소리를 내어 여호와를 찬송하며 감사하는데…여호와의 영광이 하나님의 전에 가득함이었더라"(역대하 5:13-14). 아멘!
"그런즉 너희가 먹든지 마시든지 무엇을 하든지 다 하나님의 영광을 위하여 하라"(고린도전서 10:31). 아멘!

✝ 주께 드리는, 오늘의 기도
우리 삶의 주인이 되시는 하나님 아버지~ 우리가 인생 최고의 목표를 하나님께 영광 돌리는 삶이라고 자신 있게 고백하게 하옵소서. 삶의 초점을 하나님께 맞추어 무엇을 하든지 하나님의 뜻에 순•복하며 살아가게 인도해 주시길, 예수 그리스도 이름으로 간절히 기도드립니다. 아멘!
May God Bless you always!

✎ 주께서 주신, 기도응답의 말씀

4월 22일

✹ **찬양**
우리의 삶을 통해 – 김복유 밴드

📖 **오늘의 읽을 말씀**
(고린도전서 6:19-20; 마태복음 5:14-16) 솔로몬의 성전은 인간의 손으로는 그 이상의 것을 만들 수 없는 하나님의 위엄과 존귀를 나타냈습니다. 물론 성전의 네 벽으로는 무한하신 하나님을 결코 에워쌀 수 없었지만, 성전을 바라보는 사람들은 이 일을 맡기신 하나님께 두려운 마음으로 예배하는 자세로 성전을 바라보게 되었습니다. 더불어 우리는 우리 안에 계신 하나님의 영광을 나타내기 위하여 부름을 받았습니다(고전 6:19-20). 하나님의 영광을 위하여 우리의 삶 속에서 빛을 더 환하게 비칠 수 있도록 하나님께 간구합시다. 또한 어떻게 하나님의 영광과 위엄을 우리의 성전 안에 나타낼 수 있는지 묵상해 보는 은혜의 시간되길, 소원합니다.

📖 **오늘의 핵심말씀**
"너희 몸은 너희가 하나님께로부터 받은 바 너희 가운데 계신 성령의 전인 줄을 알지 못하느냐 너희는 너희 자신의 것이 아니라 값으로 산 것이 되었으니 그런즉 너희 몸으로 하나님께 영광을 돌리라"(고린도전서 6:19-20). 아멘!
"이같이 너희 빛이 사람 앞에 비치게 하여 그들로 너희 착한 행실을 보고 하늘에 계신 너희 아버지께 영광을 돌리게 하라"(마태복음 5:16). 아멘!

✝ **주께 드리는, 오늘의 기도**
영광 받으시기에 합당하신 전지전능하신 여호와 하나님~ 우리의 모든 것들(입는 옷, 하는 말, 습관, 행동, 그리고 우리가 종종 가는 장소 등)을 통해 우리 삶 속에서 '하나님의 영광'을 나타낼 수 있도록 인도해 주시길, 예수 그리스도 이름으로 간절히 기도드립니다. 아멘!
May God Bless you always!

✎ **주께서 주신, 기도응답의 말씀**

_____
_____
_____

4월 23일

☀ 찬양
회복시키소서 – 클래식 콰이어

📖 오늘의 읽을 말씀
(역대하 6-9장) 성전을 봉헌하며, 예배하고 기뻐하는 중에도 주의해야 할 일이 있었습니다. 밤에 여호와께서 솔로몬에게 나타나셔서 하나님의 말씀에 준행할 것을 명하셨습니다(대하 7:12-22). 오늘 주신 말씀처럼, 주의 말씀에 순•복하는 삶되길 소원합니다.

📖 오늘의 핵심말씀
"내 이름으로 일컫는 내 백성이 그들의 악한 길에서 떠나 스스로 낮추고 기도하여 내 얼굴을 찾으면 내가 하늘에서 듣고 그들의 죄를 사하고 그들의 땅을 고칠지라"(역대하 7:14). 아멘!

✝ 주께 드리는, 오늘의 기도
긍휼과 자비가 풍성하신 하나님 아버지~ 일평생 진정한 회개의 은혜를 내려주시길 간구합니다. 회개하지 않은 부정함과 교만함으로는 결코 하나님께 나아갈 수 없음을 깨닫게 하시고, 겸비함으로 기도하고 하나님의 얼굴을 구하는 겸손함과 용기를 주시옵소서. 회개하며 주님의 뜻을 구하는 주의 자녀들의 비전이 변하게 하시고, 꿈이 달라지며, 기도가 새로워지게 하옵소서. 우리의 죄를 사하시기 위해 이 땅에 오시고, 돌아가시며, 부활 승천하시어 다시 오실, 예수 그리스도 이름으로 간절히 기도드립니다. 아멘! May God Bless you always!

✎ 주께서 주신, 기도응답의 말씀

_____
_____
_____
_____
_____
_____

4월 24일

☀ 찬양
말씀만이 - 염평안

📖 오늘의 읽을 말씀
(역대하 10-12장) 솔로몬의 아들 르호보암은 백성들에게 세금을 무겁게 부과하고 결국에는 왕국을 분열시키고 말았습니다. 여로보암에 의한 내란이 일어나자 르호보암은 하나님의 말씀에 순종하여 전쟁의 계획을 내려놓았습니다. 그러나 르호보암은 왕국이 강성해지자 여호와의 율법을 다시 잊어버렸습니다. 그러자 하나님께서 애굽왕 시삭을 보내 르호보암의 군대를 패배케 하셨습니다. 굴곡이 심한 르호보암의 영적 생활은 스페어 타이어에 비할 수 있습니다. 어려울 때는 하나님께 돌아가고, 일이 잘 되어갈 때는 하나님을 잊어버렸던 것입니다. [50] 지금 우리의 삶을 돌이켜 보십시다. 모든 일이 잘 되어가고 있나요? 그러나 조심하십시오! 지금이 사단이 우리를 삶의 근원이신 하나님으로부터 다른 곳으로 눈을 돌리게 하려고 할 때입니다.

📖 오늘의 핵심말씀
"여호와께서 이같이 말씀하시기를 너희는 올라가지 말라 너희 형제와 싸우지 말고 각기 집으로 돌아가라 이 일이 내게로 말미암아 난 것이라 하셨다 하라 하신지라 그들이 여호와의 말씀을 듣고 돌아가고 여로보암을 치러 가던 길에서 되돌아왔더라"(역대하 11:4). 아멘!

✝ 주께 드리는, 오늘의 기도
생명의 말씀으로 우리의 삶을 인도하시는 하나님 아버지~ 우리는 늘 지혜가 부족하여 고통과 시련의 골짜기를 지나고 나서야 어렴풋이 주의 뜻을 가늠할 때가 많습니다. 주님~~ 갈급한 영혼에 주의 말씀을 채워 주시옵소서. 주의 말씀을 통해 하나님의 뜻을 깨닫게 하옵시고, 말씀 앞에 겸손하며, 주의 말씀이 우리의 삶을 인도하여 주시길, 예수 그리스도 이름으로 간절히 기도드립니다. 아멘! May God Bless you always!

✎ 주께서 주신, 기도응답의 말씀

4월 25일

☀ 찬양
주를 위한 이곳에 – 마커스 2011

📖 오늘의 읽을 말씀
(역대하 13-16장) 유다 왕 아비야는 이스라엘 왕 여로보암을 파하기 위하여 하나님에 의해 사용되었습니다. 아비야의 뒤를 이은 아사는 하나님을 섬기고 의지하여 나라를 다스렸습니다. 그러나 이스라엘 왕 바아사가 쳐들어오자, 이번엔 하나님이 아닌 시리아 왕 벤하닷을 신뢰했습니다. 하나님은 선견자 하나니를 보내어 하나님 대신 아람을 의지했다고 책망하셨습니다. 그러자 아사는 충언을 한 예언자를 옥에 가둡니다. 그 후 아사는 심한 병에 걸렸는데도 끝까지 하나님을 찾지 않고 결국 죽었습니다.[51] '오늘'이라는 시간 속에서 하나님을 전적으로 의지하는 복된 삶 되길 소원합니다.

📖 오늘의 핵심말씀
"하나님의 영이 오뎃의 아들 아사랴에게 임하시매 그가 나가서 아사를 맞아 이르되 아사와 및 유다와 베냐민의 무리들아 내 말을 들으라 너희가 여호와와 함께 하면 여호와께서 너희와 함께 하실지라 너희가 만일 그를 찾으면 그가 너희와 만나게 되시려니와 너희가 만일 그를 버리면 그도 너희를 버리시리라"(역대하 15:1-2). 아멘!

✝ 주께 드리는, 오늘의 기도
존귀하신 여호와 하나님~ 때마다 일마다 하나님의 은혜가 차고 넘침에 감사드립니다. 주님께서는 늘 하나님을 온전히 신뢰하는 자를 통해 하나님의 일을 이루셨습니다. 자신의 형편과 처지를 보지 않고 하나님을 바라보는 겸손한 마음과 믿음을 허락해 주시옵소서. 언제나 변함없이 하나님과 동행할 수 있는 여호와삼마의 복된 삶으로 인도해 주시길, 예수 그리스도 이름으로 간절히 기도드립니다. 아멘! May God Bless you always!

✎ 주께서 주신, 기도응답의 말씀

_____

_____

_____

4월 26일

☀ 찬양
말씀하시면 – 조수아

📖 오늘의 읽을 말씀
(역대하 17-20장) 여호사밧 왕 시대에 영적 부흥이 일어났었는데, 그 근본적인 열쇠는 바로 '여호와의 율법에 대한 관심과 헌신을 새롭게 하라'는 것이었습니다. 그는 레위인들과 제사장들에게 모든 성읍으로 순행하며 백성들을 가르치게 하였습니다. 이 노력의 결과로 하나님께서는 그에게 복주시어 평강과 번영을 누리게 하였습니다.[52] 오늘 묵상한 말씀을 통하여 말씀을 온전히 배우며 준행하는 삶이 축복의 지름길임을 다시금 깨닫게 됩니다.

📖 오늘의 핵심말씀
"여호와께서 여호사밧과 함께 하셨으니 이는 그가 그의 조상 다윗의 처음 길로 행하여 바알들에게 구하지 아니하고 오직 그의 아버지의 하나님께 구하며 그의 계명을 행하고 이스라엘의 행위를 따르지 아니하였음이라 그들이 여호와의 율법책을 가지고 유다에서 가르치되 그 모든 유다 성읍들로 두루 다니며 백성들을 가르쳤더라"(역대하 17:3-4,9). 아멘!

✟ 주께 드리는, 오늘의 기도
생명의 말씀을 통해 우리의 삶을 인도하시는 하나님 아버지~ 저희는 늘 지혜가 부족하기에 목자 없는 양같이 갈 바를 알지 못하여 고통과 시련의 골짜기를 지나고 나서야 어렴풋이 주의 뜻을 알게 될 때가 많았음을 고백합니다. 주님~~ 우리의 무지하고, 완악한 교만함을 용서해 주시옵소서. "그런즉 선줄로 생각하는 자는 넘어질까 조심하라!"(고전 10:12)는 주의 말씀을 붙잡고, 겸손으로 허리를 동이며, '하나님만~ 오직 복음만!'을 자랑하는 복된 발걸음 되게 인도하옵소서. 여호사밧처럼 하나님의 말씀을 배우고, 가르치며, 준행하는 '말씀중심의 삶'으로 하나님께 영광 돌리는 복된 인생, 그리고 매일의 삶 되게 역사해 주시길, 예수 그리스도 이름으로 간절히 기도드립니다. 아멘! May God Bless you always!

📜 주께서 주신, 기도응답의 말씀

4월 27일

☀ 찬양
동행 – 하니 2집

📖 오늘의 읽을 말씀
(역대하 21-25장) "믿지 않는 자들과 멍에를 매지말라"(고후 6:14)는 말씀처럼, 유다의 여호람 왕은 우상숭배의 악한 왕인 북이스라엘의 아합 왕의 딸과 혼인함으로써 화를 자초하였습니다. 오늘의 삶 가운데 하나님의 말씀에 순복하여 준행함으로써 주님과 동행하는 복된 날 되길 마음중심으로 소원합니다.

📖 오늘의 핵심말씀
"제사장 여호야다가 세상에 사는 모든 날에 요아스가 여호와 보시기에 정직하게 행하였으며"(역대하 24:2). 아멘!
"너희는 믿지 않는 자와 멍에를 함께 메지 말라 의와 불법이 어찌 함께 하며 빛과 어둠이 어찌 사귀며"(고린도후서 6:14). 아멘!

✞ 주께 드리는, 오늘의 기도
사랑과 진리로 우리의 삶을 이끄시는 하나님 아버지~ 오늘도 우리의 기도 향기가 하나님께 상달되기를 간구합니다. 주님께 소원하옵기는 우리가 평생 의지하며, 마음과 뜻과 기도를 나눌 수 있는 친구와 동역자, 그리고 배우자를 만나는 축복을 누리게 하옵소서. 또한 우리 자신들도 좋은 동역자(친구, 배우자)로 준비되어 요나단, 여호야다, 룻과 같은 신실한 주의 종들과 인생을 함께 동행할 수 있는 은혜를 허락해 주시길, 예수 그리스도 이름으로 간절히 기도드립니다. 아멘! May God Bless you always!

✎ 주께서 주신, 기도응답의 말씀
_____
_____
_____
_____
_____

4월 28일

✹ 찬양
코람데오 – 임하네 선교사

📖 오늘의 읽을 말씀
(역대하 26-28장) 웃시야 왕은 52년간 다스리며 여호와 보시기에 정직하게 행했습니다(대하 26:3-5). 후에 그는 강성해지자 마음이 교만하여 악을 행하며 범죄하게 되는데, 곧 여호와의 성전에 들어가서 분향하려 했습니다. 이로 인해 웃시야 왕은 죽는 날까지 나병환자로 여호와의 전에서 끊어져 별궁에서 살게 됩니다.[53] 더 악한 일은 그의 손자 아하스가 바알의 상을 높은 곳에 만들어 놓고 예배하며 어린아이들을 희생 제물로 바쳤던 것입니다. 이 가슴 아픈 유다 역사를 살펴보면서, 유다 왕 요담처럼 하나님의 말씀대로 순복할 때는 형통하였지만 아하스처럼 우상을 숭배할 때는 처참할 정도로 큰 징계가 있음을 깨닫게 됩니다. '오늘'이라는 시간 가운데 살아갈 때, 하나님 말씀 앞에서 절대 순종하고 복종하는 소망된 우리 모두 되시길 소원합니다.

📖 오늘의 핵심말씀
"웃시야가 그의 아버지 아마샤의 모든 행위대로 여호와 보시기에 정직하게 행하며 하나님의 묵시를 밝히 아는 스가랴가 사는 날에 하나님을 찾았고 그가 여호와를 찾을 동안에는 하나님이 형통하게 하셨더라"(역대하 26:4-5).
"요담이 그의 하나님 여호와 앞에서 바른 길을 걸었으므로 점점 강하여졌더라"(역대하 27:6). 아멘!

✝ 주께 드리는, 오늘의 기도
살아서 역사하시는 하나님 아버지~ 오늘도 '코람데오'(coram Deo, 하나님 앞에서)의 신앙으로, 하나님의 선하시고 온전하신 뜻을 찾으며(롬 12:2), 바른 길을 걷는 복되고 형통한 날 되게 인도해 주시길, 예수 그리스도 이름으로 간절히 기도드립니다. 아멘! May God Bless you always!

✎ 주께서 주신, 기도응답의 말씀

_____
_____
_____

4월 29일

☀ **찬양**
기도 – 지선 2집

📖 **오늘의 읽을 말씀**
(역대하 29-32장) 히스기야는 나라를 다스리기 시작한 첫 달에 여호와의 전을 다시 열고 보수하며, 오랫동안 소홀했던 성전예배와 유월절 축제를 다시금 시작했습니다. 그리고 우상숭배와 이방관습을 척결하도록 명령했습니다. 한편 예루살렘에 쳐들어온 앗수르왕 산헤립으로 말미암아 비탄에 잠겨 있을 때, 히스기야는 간절한 믿음으로 주께 기도를 드렸습니다. 하나님께서는 그의 간구에 응답하시고, 히스기야로 하여금 권세와 명성을 얻게 하시며, 그의 삶을 영화롭게 하셨습니다. 오늘도 무시로 주의 말씀 붙잡고 간구하여 히스기야처럼 승리하는 기도의 용장되길 소망해 봅니다.

📖 **오늘의 핵심말씀**
"여호와께서 히스기야의 기도를 들으시고 백성을 고치셨더라"(역대하 30:20). 아멘!
"이러므로 히스기야 왕이 아모스의 아들 선지자 이사야와 더불어 하늘을 향하여 부르짖어 기도하였더니 여호와께서 한 천사를 보내어 앗수르 왕의 진영에서 모든 큰 용사와 대장과 지휘관들을 멸하신지라 앗수르 왕이 낯이 뜨거워 그의 고국으로 돌아갔더니 그의 신의 전에 들어갔을 때에 그의 몸에서 난 자들이 거기서 칼로 죽였더라"(역대하 32:20-21). 아멘!

✝ **주께 드리는, 오늘의 기도**
우리의 기도를 기뻐 받으시며 응답하시는 여호와 하나님~ 우리의 기도가 주의 말씀을 의지하게 하옵시고, 성령 하나님을 온전히 신뢰하여 기도드릴 때에 기도의 능력을 체험하며, 응답받는 은총과 기쁨을 히스기야처럼 누리게 하여 주시길, 예수 그리스도 이름으로 간절히 기도드립니다. 아멘!
May God Bless you always!

✎ **주께서 주신, 기도응답의 말씀**

4월 30일

☀ 찬양
순종은 - 히즈윌 1집 HISWILL

📖 오늘의 읽을 말씀
(역대하 33-36장) 더욱 악한 길로 나아가는 유다 민족의 마지막 역사의 여정 가운데 경건한 개혁자 요시아 왕은 성전을 보수하다가 발견된 율법 책을 통해 하나님께 더욱 순종하며 복종케 되었습니다. 우리는 오늘의 삶 속에서 하나님 말씀대로 순·복하여 어떠한 은혜를 체험하길 소원하시나요?

📖 오늘의 핵심말씀
"왕이 자기 처소에 서서 여호와 앞에서 언약을 세우되 마음을 다하고 목숨을 다하여 여호와를 순종하고 그의 계명과 법도와 율례를 지켜 이 책에 기록된 언약의 말씀을 이루리라 하고"(역대하 34:31). 아멘!

✚ 주께 드리는, 오늘의 기도
모든 지각에 뛰어나신 전능하신 여호와 하나님~ "오직 나와 내 집은 여호와를 섬기겠노라"고 선포했던 여호수아의 고백이 우리 가문에 대대로 울려 퍼지게 하옵시며, 세상이 바뀌고 문명이 변해도, 요시아처럼 '마음을 다하고 목숨을 다하여' 하나님만을 섬기는 믿음의 가문이 되게 하옵소서. 믿음의 사람들을 통하여 믿음의 명문 가문을 이루어 가시는 여호와 하나님! 주의 말씀에 순·복하여 하나님의 뜻을 이 땅에서 이루어 가는 거룩한 사명을 이어가는 복된 가문으로 세워 주시길, 예수 그리스도 이름으로 간절히 기도 드립니다. 아멘! May God Bless you always!

✎ 주께서 주신, 기도응답의 말씀
_____
_____
_____
_____
_____
_____

5월 1일

☀ 찬양
주가 일하시네 - 강중현

📖 오늘의 읽을 말씀
(에스라 1-3장) 하나님께 대한 무관심과 우상숭배 등으로 남 유다는 바벨론에게 패망한 이후, 70년 동안이나 바벨론으로 끌려가서 포로생활을 하게 되었습니다. 그러나 하나님께서는 예레미야의 입을 통해 하신 말씀 그대로 주님의 정한 때가 되자, 바사 왕 고레스를 세우셔서 유다인들이 고향으로 돌아갈 수 있도록 조서를 내리고 성전을 재건하게 하셨습니다. 그러므로 '하나님의 일은, 하나님의 때에, 주께서 하신다'는 진실을 확인케 됩니다. 그 놀라우신 하나님의 섭리를 깨달은 주의 자녀들은 하나님의 기쁘신 뜻에 순복하여 맡겨진 사명에 충성함으로 하나님께서 영광 받으신다는 사실을 다시금 깨닫게 됩니다.

📖 오늘의 핵심말씀
"바사 왕 고레스 원년에 여호와께서 예레미야의 입을 통하여 하신 말씀을 이루게 하시려고 바사 왕 고레스의 마음을 감동시키시매 그가 온 나라에 공포도 하고 조서도 내려 이르되 바사 왕 고레스는 말하노니 하늘의 하나님 여호와께서 세상 모든 나라를 내게 주셨고 나에게 명령하사 유다 예루살렘에 성전을 건축하라 하셨나니"(에스라 1:1-2). 아멘!

✞ 주께 드리는, 오늘의 기도
우리의 생사화복을 주관하시는 살아계신 하나님 아버지~ 모든 것이 하나님의 은혜요, 사랑임을 마음 중심으로 고백합니다. 오늘도 변함없이 하나님을 사랑하며, 하나님의 뜻에 순•복하여 충성되게 사명 감당할 수 있도록 성령 충만의 은총을 허락해 주시길, 예수 그리스도 이름으로 간절히 기도드립니다. 아멘! May God Bless you always!

✎ 주께서 주신, 기도응답의 말씀

_____
_____
_____

5월 2일

☀ 찬양
Way Maker – 스캇 브래너

📖 오늘의 읽을 말씀
(에스라 4-6장) 예루살렘에 성전을 재건하려는 스룹바벨의 의도는 순수한 동기에서 비롯된 것이었으며, 나라의 재건은 제단을 세우는 일에서부터 시작해야 한다고 믿었습니다. 그는 건물보다 영적인 것이 보다 큰 도전이라고 생각하였습니다. 그래서 스룹바벨은 제단을 세우고, 민족의 절기들을 회복하는 일에 우선권을 두었습니다. 이처럼 우리는 어디에 우선권을 두어야 할까요? 스룹바벨처럼 하나님께서 기뻐하시는 일에 최우선을 두는 복된 날 되길 소망해 봅니다.

📖 오늘의 핵심말씀
"…이스라엘 하나님의 명령과 바사 왕 고레스와 다리오와 아닥사스다의 조서를 따라 성전을 건축하며 일을 끝내되 다리오 왕 제육년 아달월 삼일에 성전 일을 끝내니라 이스라엘 자손과 제사장들과 레위 사람들과 기타 사로잡혔던 자의 자손이 즐거이 하나님의 성전 봉헌식을 행하니"(에스라 6:14-16). 아멘!

✝ 주께 드리는, 오늘의 기도
생사화복의 근원이시며, 모든 일들의 해결자되시는 여호와 하나님~ 오늘 주신 귀한 말씀을 통해 하나님께서 이루시고자 원하시는 일은 반드시 성취하신다는 사실을 다시금 확인케 됩니다. 살아계신 하나님 아버지~ 하나님께서 원하시는 것은 반드시 이루시기에 오늘도 주님의 뜻을 깨닫고, 주의 말씀에 순•복하여 준행하는 소망의 날 되게 인도해 주시길, 예수 그리스도 이름으로 간절히 기도드립니다. 아멘! May God Bless you always!

✎ 주께서 주신, 기도응답의 말씀

5월 3일

☀ 찬양
바벨론 강가에서(Rivers of Babylon) - 시편 137편을 재구성하면서

📖 오늘의 읽을 말씀
(시편 126; 137편) 하나님의 백성들과 그들의 지도자들은 하나님께서 함께 계심을 계속 부인했습니다. 그래서 하나님께서는 바벨론으로 하여금 포로로 잡혀가도록 만드셨습니다. 주전 587년 느부갓네살에 의해 예루살렘이 파괴되자 유다왕국은 멸망했습니다. 그러나 하나님의 예언자들(에스겔, 다니엘 등)은 고향에 대한 소망을 잃지 않고, 그 시기 동안에도 바벨론에서 계속 활동하였습니다. 고향을 떠난 지 70년이 지난 뒤 하나님께서는 스룹바벨과 에스라, 그리고 느헤미야의 인도하에 포로생활을 마치고 고향으로 되돌아갈 수 있게 하셨습니다.[54] 포로로 잡혀가기 전, 예루살렘을 회상하며 눈물을 흘리고, 바벨론에서 예루살렘으로 귀환하며 눈물을 흘리는 여정, 이스라엘 민족의 모습을 통해 우리가 어떻게 믿음 생활해야 할지를 깨닫게 됩니다.

📖 오늘의 핵심말씀
"우리가 바벨론의 여러 강변 거기에 앉아서 시온을 기억하며 울었도다 여호와여 예루살렘이 멸망하던 날을 기억하시고... "(시편 137:1,7).
"여호와께서 시온의 포로를 돌려보내실 때에 우리는 꿈꾸는 것 같았도다 눈물을 흘리며 씨를 뿌리는 자는 기쁨으로 거두리로다 울며 씨를 뿌리러 나가는 자는 반드시 기쁨으로 그 곡식 단을 가지고 돌아오리로다"(시편 126:1,5-6). 아멘!

✝ 주께 드리는, 오늘의 기도
생명의 근원이신 살아계신 하나님~ 하루를 시작하며, 온전히 주의 말씀을 붙잡고 기도하며 말씀대로 준행하는 마음을 허락해 주셔서 감사합니다. '오늘'이라는 시간을 살아가면서 우리 마음의 '하나님의 나라'를 빼앗기지 않고, 하나님의 평강과 기쁨과 은혜의 풍성함이 임할 수 있도록 예수 그리스도 이름으로 간절히 기도드립니다. 아멘! May God Bless you always!

✎ 주께서 주신, 기도응답의 말씀

5월 4일

✸ **찬양**
사명

📖 **오늘의 읽을 말씀**
(에스라 7-8장) 스룹바벨을 중심으로 바벨론에서 예루살렘으로 돌아온 이스라엘 백성들은 예루살렘 성전을 재건하였습니다(스 1-6장). 58년이 지난 후, 에스라는 백성들을 이끌고 예루살렘으로 돌아왔는데, 그는 하나님의 말씀을 통한 영적인 재 부흥과 함께 무형의 성전을 재건하였습니다(스 7-10장). 믿음의 선조였던 에스라의 삶을 살펴보면서, 하나님께서 우리에게 주신 사명과 비전들을 다시금 되새겨 보게 됩니다.

📖 **오늘의 핵심말씀**
"에스라가 여호와의 율법을 연구하여 준행하며 율례와 규례를 이스라엘에게 가르치기로 결심하였었더라"(에스라 7:10). 아멘!

✟ **주께 드리는, 오늘의 기도**
충성된 주의 자녀들의 삶을 바라보시며 기뻐하시는 하나님 아버지~ 자신이 받은 은사대로 가르침의 사명을 온전히 감당했던 에스라처럼, 우리도 주께 받은 사명과 비전들을 주 안에서 성취하는 크신 은혜를 허락해 주시길, 예수 그리스도 이름으로 간절히 기도드립니다. 아멘!
May God Bless you always!

✎ **주께서 주신, 기도응답의 말씀**

_____
_____
_____
_____
_____
_____
_____
_____

2. 구약성경의 '역사서'에 담겨진 기도의 선조들

5월 5일

☀ 찬양
Living Hope - Brian Johnson Bethel Music

📖 오늘의 읽을 말씀
(에스라 9-10장) 에스라가 예루살렘에 도착했다는 기쁜 소식은 백성들의 이방인과의 잡혼이라는 죄악된 소식으로 인해 침울해졌습니다. 이방여인과 통혼치 말라는 하나님의 명령에 불순종한 이스라엘 백성들을 위해 에스라는 회개 기도하며 간구하였고, 이에 모든 백성들은 화답하여 이방여인들과 그 식솔들을 모두 내보내는 결단을 내렸습니다. 하나님의 큰 일(영적 성전 재건)을 앞두고 모든 죄를 회개하며 정화하는 믿음의 결단과 헌신의 모습을 보면서 다시금 우리의 영적 모습을 점검하게 됩니다.

📖 오늘의 핵심말씀
"에스라가 하나님의 성전 앞에 엎드려 울며 기도하여 죄를 자복할 때에 많은 백성이 크게 통곡하매 이스라엘 중에서 백성의 남녀와 어린 아이의 큰 무리가 그 앞에 모인지라 엘람 자손 중 여히엘의 아들 스가냐가 에스라에게 이르되… 이스라엘에게 아직도 소망이 있나니 곧 내 주의 교훈을 따르며 우리 하나님의 명령을 떨며 준행하는 자의 가르침을 따라 이 모든 아내와 그들의 소생을 다 내보내기로 우리 하나님과 언약을 세우고 율법대로 행할 것이라"(에스라 10:1-3). 아멘!

✝ 주께 드리는, 오늘의 기도
자신의 죄를 자복하며, 회개하는 자들의 기도를 기뻐 받으시는 하나님 아버지~ 주님 앞에 나아가 에스라의 심정으로 하나님께 기도하는 간절한 우리들의 간구에 응답해 주셔서, 주께 영광 돌리며 주님 기뻐하실 '믿음의 결단과 헌신, 그리고 산 소망'을 허락해 주시길, 예수 그리스도 이름으로 간절히 기도드립니다. 아멘! May God Bless you always!

✎ 주께서 주신, 기도응답의 말씀

5월 6일

☀ 찬양
임재(하늘의 문을 여소서) - 시와 그림

📖 오늘의 읽을 말씀
(느헤미야 1-2장) 고대에 있어서 성은 성벽에 의해서만 보호를 받을 수 있었는데, 예루살렘의 경우 성은 유지되고 있었지만 벽은 무너지고 황폐해져 있었습니다. 이 안타까운 소식을 들은 느헤미야는 앉아서 울고 수일동안 슬퍼하며 하나님께 금식하여 기도드렸습니다. 무너진 성벽이 재건되기 전에 행한 이스라엘 백성들을 위한 느헤미야의 간절한 4개월간의 기도를 통해, 하나님께서 응답해 주셔서 느헤미야가 바사 왕의 관원으로 선출되어 큰 사명 이루게 길을 열어 주셨습니다.

📖 오늘의 핵심말씀
"이르되 하늘의 하나님 여호와 크고 두려우신 하나님이여 주를 사랑하고 주의 계명을 지키는 자에게 언약을 지키시며 긍휼을 베푸시는 주여 간구하나이다 이제 종이 주의 종들인 이스라엘 자손을 위하여 주야로 기도하오며 우리 이스라엘 자손이 주께 범죄한 죄들을 자복하오니 주는 귀를 기울이시며 눈을 여시사 종의 기도를 들으시옵소서 나와 내 아버지의 집이 범죄하여 주를 향하여 크게 악을 행하여 주께서 주의 종 모세에게 명령하신 계명과 율례와 규례를 지키지 아니하였나이다"(느헤미야 1:5-7). 아멘!

✝ 주께 드리는, 오늘의 기도
언약을 지키시며, 긍휼을 베푸시는 여호와 하나님~ 오늘도 느헤미야처럼 하나님 마음에 합한 기도를 드리는 주의 자녀들에게 크신 은혜와 형통하신 응답이 임하시길, 예수 그리스도 이름으로 간절히 기도드립니다. 아멘! May God Bless you always!

✎ 주께서 주신, 기도응답의 말씀

5월 7일

❋ 찬양
환난과 핍박 중에도 - Faith of our fathers

📖 오늘의 읽을 말씀
(느헤미야 3-4장) 스룹바벨의 예루살렘 성전재건과 에스라의 영적 성전재건 때처럼 느헤미야의 성벽 재건자들도 많은 반대를 겪었습니다. 성벽 건축을 방해하는 산발랏과 도비야 등을 물리치며, 하나님을 온전히 신뢰하는 믿음 안에서 항상 깨어 대비하여 성전을 중수케 되었습니다. 그러므로 주께서 원하신다면, 주의 자녀들에게 기도로 대비케 하시고, 적절하게 준비케 하셔서 어떠한 조롱과 핍박 속에서도 결국은 형통케 하신다는 하나님의 섭리를 다시금 깨닫게 됩니다.

📖 오늘의 핵심말씀
"우리의 대적이 우리가 그들의 의도를 눈치챘다 함을 들으니라 하나님이 그들의 꾀를 폐하셨으므로 우리가 다 성에 돌아와서 각각 일하였는데"(느헤미야 4:15). 아멘!
"나로 말미암아 너희를 욕하고 박해하고 거짓으로 너희를 거슬러 모든 악한 말을 할 때에는 너희에게 복이 있나니 기뻐하고 즐거워하라 하늘에서 너희의 상이 큼이라 너희 전에 있던 선지자들도 이같이 박해하였느니라"(마태복음 5:11-12). 아멘!

✝ 주께 드리는, 오늘의 기도
살아서 역사하시는 하나님 아버지~ 주의 말씀 조금 더 붙잡고, 조금 더 기도하며, 말씀에 순•복하여 주의 말씀대로 준행하기에, 세상으로부터 조롱과 핍박을 받는 자들에게 오늘도 크신 위로와 평강을 충만히 허락해 주시길, 예수 그리스도 이름으로 간절히 기도드립니다. 아멘!
May God Bless you always!

✎ 주께서 주신, 기도응답의 말씀

5월 8일

☀ **찬양**
사명 – 동방현주

📖 **오늘의 읽을 말씀**
(느헤미야 5-7장) 성벽이 재건되는 과정에서 여러 가지 음모와 공격에도 불구하고 느헤미야와 그의 동역자들은 52일 만에 그 성벽을 완성하였습니다. 모든 대적과 이스라엘 주변 사람들은 이 일이 '하나님께서 이루신 일'(느 6:16)임을 알게 되었습니다. 믿음의 선조 느헤미야처럼, 하나님께 부여받은 우리의 사명은 무엇인가요?

📖 **오늘의 핵심말씀**
"성벽 역사가 오십이 일 만인 엘룰월 이십 오일에 끝나매 우리의 모든 대적과 주위에 있는 이방 족속들이 이를 듣고 다 두려워하여 크게 낙담하였으니 그들이 우리 하나님께서 이 역사를 이루신 것을 앎이니라"(느헤미야 6:15-16). 아멘!
"오직 우리 주 곧 구주 예수 그리스도의 은혜와 그를 아는 지식에서 자라 가라 영광이 이제와 영원한 날까지 그에게 있을지어다"(베드로후서 3:18). 아멘!

✝ **주께 드리는, 오늘의 기도**
전지전능하신 여호와 하나님~ 느헤미야처럼 하나님의 기쁘신 뜻에 순•복하여 사명을 감당하는 주의 자녀들에게, 사명을 온전히 완수할 수 있는 믿음과 능력을 허락해 주실 줄 믿사오며, 구원의 근원되신 예수 그리스도 이름으로 간절히 기도드립니다. 아멘! May God Bless you always!

✎ **주께서 주신, 기도응답의 말씀**

_____
_____
_____
_____
_____

2. 구약성경의 '역사서'에 담겨진 기도의 선조들

5월 9일

☀ 찬양
우린 세상의 소금과 빛

📖 오늘의 읽을 말씀
(누가복음 14:25-35) 실제로 예루살렘의 성벽은 여러 가지의 기능을 가지고 있었습니다. 외부의 공격으로부터 보호할 뿐만 아니라 성 안에 있는 사람들을 안전하고, 외부 세상으로부터 타락된 영향을 받지 않으며, 자기들의 영적인 삶을 재건할 수 있도록 해주었습니다. 이와 마찬가지로 우리들도 영적인 성벽을 재건할 때, 하나님의 크신 은혜와 보호를 받을 수 있습니다.[55] 그 방법으로 주의 제자가 되는 것입니다. 주님의 제자가 된다는 것은 이 세상의 최우선 순위가 하나님으로 바뀌는 것입니다. 이 세상의 모든 것을 주께 모두 내려놓고, 주님만을 신뢰하며 주 안에서 최선을 다해 살아가는 '창조의 목적을 회복한 제자의 삶'인줄 깨닫고 믿습니다(사 43:7; 눅 14:25-35).

📖 오늘의 핵심말씀
"소금이 좋은 것이나 소금도 만일 그 맛을 잃으면 무엇으로 짜게 하리요 땅에도, 거름에도 쓸 데 없어 내버리느니라 들을 귀가 있는 자는 들을지어다 하시니라"(누가복음 14:34-35). 아멘!

✝ 주께 드리는, 오늘의 기도
늘 좋은 것으로 우리의 필요를 채워주시고, 갈 길을 인도해 주시는 하나님 아버지~ 주님을 본받아 겸손한 리더가 되게 하시며, 하나님께서 기뻐하실 굳센 믿음을 가진 주님의 제자가 되어, 세상을 비추는 빛과 소금되게 인도해 주시길, 예수 그리스도 이름으로 간절히 기도드립니다. 아멘!
May God Bless you always!

✎ 주께서 주신, 기도응답의 말씀
_____
_____
_____
_____
_____

5월 10일

☀ 찬양
주님 말씀하시면 – 예수 전도단

📖 오늘의 읽을 말씀
(느헤미야 8-10장) 느헤미야서에서 신앙부흥과 회복의 역사는 본문 말씀처럼 3단계로 이뤄졌습니다. 즉 1단계는 하나님의 말씀을 읽는 것(느 8:1-12)이었고, 2단계는 죄 고백(느 9:1-5)이었으며, 3단계는 하나님께 헌신하는 것(느 10:28-39) 이었습니다. 오늘 우리의 삶 가운데도 진정한 신앙부흥과 회복의 역사가 함께 하시길 소원드립니다.

📖 오늘의 핵심말씀
"하나님의 율법책을 낭독하고 그 뜻을 해석하여 백성에게 그 낭독하는 것을 다 깨닫게 하니 백성이 율법의 말씀을 듣고 다 우는지라..."(느헤미야 8:8-9). 아멘!

✝ 주께 드리는, 오늘의 기도
계시의 말씀으로 우리의 삶을 인도하시는 하나님 아버지~ 우리가 주의 말씀을 사모하게 하옵소서. 말씀 앞에 겸손하여 성경을 읽고, 묵상하며, 주의 말씀에 헌신하는 신앙의 부흥과 회복의 역사가, 오늘 우리의 삶의 현장에 임하여 주시길, 예수 그리스도 이름으로 간절히 기도드립니다. 아멘!
May God Bless you always!

✎ 주께서 주신, 기도응답의 말씀

5월 11일

☀ 찬양
임재 – 시와 그림

📖 오늘의 읽을 말씀
(느헤미야 11-13장) 느헤미야는 성전을 재건하고, 민족의 영적인 상태를 회복케 했으며, 거주지를 확고히 하고 조직하는 일을 하였습니다. 오늘 우리에게 있어서 영적인 성벽은 잘 쌓여져 있습니까? 영적으로 회복되어야 할 부분은 무엇인가요? 또한 확고히 하며, 조직해야 할 곳은 어디인지요?

📖 오늘의 핵심말씀
"내가 또 레위 사람들에게 몸을 정결하게 하고 와서 성문을 지켜서 안식일을 거룩하게 하라 하였느니라 내 하나님이여 나를 위하여 이 일도 기억하시옵고 주의 크신 은혜대로 나를 아끼시옵소서"(느헤미야 13:22). 아멘!

✝ 주께 드리는, 오늘의 기도
거룩하신 하나님 아버지~ 주께서 거룩하시니 주의 자녀들인 우리들도 거룩하여 주일예배가 온전히 드려지기를 소원합니다. 악한 영적 바이러스를 능히 이길 수 있는 복되고 충만한 믿음을 허락해 주셔서 하나님께서 기뻐하시는 예배가 다시금 회복되길, 예수 그리스도 이름으로 간절히 기도드립니다. 아멘! May God Bless you always!

✎ 주께서 주신, 기도응답의 말씀

5월 12일

☀ 찬양
하나님의 계획 – 이지원, 이송연

📖 오늘의 읽을 말씀
(에스더 1-2장) 에스더는 스룹바벨과 에스라, 그리고 느헤미야에 의해서 이스라엘 사람들이 예루살렘으로 돌아간 후에도 바사(페르시아)에 남기로 한 많은 유다인 중 한 사람이었습니다. 드라마틱한 사건의 역전 속에서 하나님께서는 에스더를 왕비로 세우시고, 그녀의 지위와 왕의 꿈을 사용하셔서 하나님의 백성들을 보호하셨습니다.[56] 에스더는 보이지 않는 하나님 아버지를 늘 신뢰했습니다. 하나님께 대한 믿음으로 무장하고 그녀는 담대하게 낯선 궁전에 어려운 임무를 수행하기 위해 나아갔던 것입니다. 하나님을 신뢰하는 우리 믿음의 현 주소는 어디쯤에 와있는 것일까요?

📖 오늘의 핵심말씀
"왕이 모든 여자보다 에스더를 더 사랑하므로 그가 모든 처녀보다 왕 앞에 더 은총을 얻은지라 왕이 그의 머리에 관을 씌우고 와스디를 대신하여 왕후로 삼은 후에 왕이 크게 잔치를 베푸니 이는 에스더를 위한 잔치라 모든 지방관과 신하들을 위하여 잔치를 베풀고 또 각 지방의 세금을 면제하고 왕의 이름으로 큰 상을 주니라"(에스더 2:17-18). 아멘!

✚ 주께 드리는, 오늘의 기도
사람이 마음으로 자기의 길을 계획할지라도 그의 걸음을 인도하시는, 살아 계신 여호와 하나님~ 믿음의 선조, 에스더에게 함께 하셨던 하나님의 섭리를 통해 하나님 아버지의 마음을 다시금 깨닫습니다. 오늘도 에스더와 모르드개처럼 하나님의 선하신 계획 앞에 온전히 신뢰하며, 최선을 다해 준비하는 선하고 충성된 청지기로 세워 주시길, 예수 그리스도 이름으로 간절히 기도드립니다. 아멘! May God Bless you always!

✎ 주께서 주신, 기도응답의 말씀

---

2. 구약성경의 '역사서'에 담겨진 기도의 선조들

5월 13일

❋ 찬양
죽으면 죽으리라 – 강중현

📖 오늘의 읽을 말씀
(에스더 3-4장) 정치적으로 실권을 쥐게 된 하만은 자신에게 경의를 표하지 않았던 모르드개와 그의 민족인 유다인에 대한 미움이 더욱 불타오르게 되었습니다. 결국 그는 아첨과 돈으로 아하수에로 왕을 매수하여 유다민족을 말살하는 조서를 꾸몄으며, 주사위를 던져서 음모를 실행할 날을 택하지만, 이 일은 하나님께서 무대 뒤에서 일하실 기회를 다시 드린 것이 되었습니다. 이제 왕비 에스더는 생명을 다한 결단을 내리게 되었습니다. 왕을 단념시키기 위해 목숨을 걸고 자신의 국적을 밝혀야 될지, 아니면 자신의 생명을 보호하기 위해 조용히 앉아 자기의 민족들이 학살당하는 것을 보고만 있을 것인지… '오늘'이라는 삶의 현장에서, 에스더의 귀한 '믿음의 결단'이 우리에게 신선한 도전을 주고 있음을 고백합니다.

📖 오늘의 핵심말씀
"당신은 가서 수산에 있는 유다인을 다 모으고 나를 위하여 금식하되 밤낮 삼 일을 먹지도 말고 마시지도 마소서 나도 나의 시녀와 더불어 이렇게 금식한 후에 규례를 어기고 왕에게 나아가리니 죽으면 죽으리라 하니라"(에스더 4:16). 아멘!

✝ 주께 드리는, 오늘의 기도
자비와 긍휼이 한없으신 하나님 아버지~ 일꾼을 찾으시는 주님의 음성에 에스더처럼 순종하고 복종할 수 있도록 우리를 준비시켜 주시옵소서. 하나님 나라를 사모하며, 나라와 민족을 가슴에 품고, '조금 더 말씀 붙잡고, 조금 더 기도하며, 주의 말씀 앞에 순•복하는' 주의 자녀들로 든든히 세워 주시길, 예수 그리스도 이름으로 간절히 기도드립니다. 아멘!
May God Bless you always!

✎ 주께서 주신, 기도응답의 말씀

5월 14일

☀ 찬양
나의 피난처 예수 - 시와 그림

📖 오늘의 읽을 말씀
(시편 46편; 다니엘 4:34-35) 에스더서는 성경의 다른 책보다 보이지 않는 하나님의 주권과 섭리를 강조하고 있습니다. 이 귀한 성경의 말씀은 하나님께서 자기의 백성을 다스리시며 피할 수 없는 비극으로부터 보호하신다는 확신으로 가득 차 있습니다. 오늘도 우리의 삶을 주관하시는 여호와 하나님께 나아갑시다. 주를 온전히 신뢰하는 자에게 만군의 여호와께서 함께 하셔서 피난처가 되어주실 줄 깨닫고 믿습니다.

📖 오늘의 핵심말씀
"하나님은 우리의 피난처시요 힘이시니 환난 중에 만날 큰 도움이시라"(시편 46:1). 아멘!

✞ 주께 드리는, 오늘의 기도
우리의 힘이시요 도움이신 여호와 하나님~ 악한 바이러스의 환난 중에도 피난처되시는 만군의 여호와께서 함께 동행해 주셔서 평강으로 우리의 마음과 생각을 지키시며, 형통한 길로 인도해 주시길, 예수 그리스도 이름으로 간절히 기도드립니다. 아멘! May God Bless you always!

✎ 주께서 주신, 기도응답의 말씀

5월 15일

☀ **찬양**
겸손 – 장윤영

📖 **오늘의 읽을 말씀**
(에스더 5-7장) 가장 오만한 사람은 보통 사람들을 휘어잡는 권력이나 영향력으로 자신의 가치를 측정하는 이들입니다. 하만은 지극히 오만한 지도자였습니다.[57] 그가 가졌던 교만의 흔적은 파멸에 이르는 길이었습니다. 이 길은 바사(페르시아)의 아하수에로 왕의 후원으로 시작된 길이었지만, 하만의 자기 자랑으로 나아가고, 결국에는 자신을 높이려는 마음을 갖게 되었습니다. 이것은 죽음에 이르는 세 단계의 길이었습니다. 최근에 우리의 삶 속에서 자신을 자랑하고 자신을 높이려고 한 적은 없었는지요?

📖 **오늘의 핵심말씀**
"왕을 모신 내시 중에 하르보나가 왕에게 아뢰되 왕을 위하여 충성된 말로 고발한 모르드개를 달고자 하여 하만이 높이가 오십 규빗 되는 나무를 준비하였는데 이제 그 나무가 하만의 집에 섰나이다 왕이 이르되 하만을 그 나무에 달라 하매 모르드개를 매달려고 한 나무에 하만을 다니 왕의 노가 그치니라"(에스더 7:9-10). 아멘!
"그러므로 하나님의 능하신 손 아래에서 겸손하라 때가 되면 너희를 높이시리라 너희 염려를 다 주께 맡기라 이는 그가 너희를 돌보심이라"(베드로전서 5:6-7). 아멘!

✝ **주께 드리는, 오늘의 기도**
모든 지각에 뛰어나신 평강의 하나님~ 모든 염려를 다 주님께 맡기고 모르드개와 에스더의 믿음을 본받아 오늘도 주께 나아갑니다. 하나님의 능력의 손 아래로 우리 자신을 낮출 때, 하나님께서 우리들을 기쁘게 사용하시고 온전히 세워 주실 줄 믿사오며, 우리의 소망이신 예수 그리스도 이름으로 간절히 기도드립니다. 아멘! May God Bless you always!

✎ **주께서 주신, 기도응답의 말씀**

5월 16일

☀ 찬양
나의 한숨을 바꾸셨네 - 소진영

📖 오늘의 읽을 말씀
(에스더 8-10장) 에스더서 말씀의 끝 장은 해피엔딩으로 마무리하고 있습니다. 모르드개는 존귀하게 되었고, 유다인들의 적대자들은 파멸되었으며, 에스더는 왕에게 이 위대한 구원을 이룬 날을 부림절로 지키도록 조서를 내리게 하였습니다.[58] 이제 우리는 실제로 역사 안에 펼쳐졌던 에스더서를 다 읽었습니다. 에스더나 모르드개가 그들의 성공을 누구에게 돌릴 것이라고 생각되십니까? 하나님께 영광 돌리기 위하여 우리 삶의 주관자와 협력할 수 있는 하나의 길은 어떤 것이 있을까요?

📖 오늘의 핵심말씀
"이 달 이 날에 유다인들이 대적에게서 벗어나서 평안함을 얻어 슬픔이 변하여 기쁨이 되고 애통이 변하여 길한 날이 되었으니 이 두 날을 지켜 잔치를 베풀고 즐기며 서로 예물을 주며 가난한 자를 구제하라 하매"(에스더 9:22). 아멘!

✞ 주께 드리는, 오늘의 기도
포기하지 않으시고 끝까지 인내하시며 축복의 선한 길로 인도하시는 사랑의 하나님~ 여호와 하나님을 오늘도 변함없이 신뢰하고 경외함으로, 슬픔이 변하여 기쁨이 되고 애통이 변하여 형통한 축복의 날 되길, 예수 그리스도 이름으로 간절히 기도드립니다. 아멘! May God Bless you always!

✎ 주께서 주신, 기도응답의 말씀

3. '시가서'를 통해 울려 퍼진 신실한 선조들의 기도

구약의 시가서(Poetic Books) 및 지혜서(Wisdom Books)에는 욥기, 시편, 잠언, 전도서, 아가가 있습니다. 시가서에 속하는 책은 시편과 아가 두 권이며, 이 책들은 모두 노래의 성격을 강하게 띠고 있습니다. 그리고 욥기, 잠언, 전도서는 내용적으로 볼 때 지혜서로 분류하며, 시적으로 표현되어 있기 때문에 시가서라고도 합니다. 세속화된 사회인 세상에서 하나님의 사람이 어떻게 살아야 되는지를 격언의 형식으로 보여주는 것이 잠언이고, 설교의 형식으로 표출된 것이 전도서이며, 논쟁의 형식으로 표현되는 것이 욥기인 것입니다. 이와 같은 '시가서'를 통해 울려 퍼진 기도의 선조들은 과연 누구였을까요?

• **욥의 기도**
하나님께서는 무엇보다 욥에게 친구들을 위해 축복할 수 있는 권한을 주셨습니다. 욥이 친구들을 위해 축복의 기도를 하니까 친구들도 복을 받았지만 여호와께서 욥의 곤경을 돌이키시고 욥은 더 많은 복을 받았습니다. 남들에게 축복한 것이 갑절 이상으로 자기에게 돌아온 것입니다.

"욥이 그의 친구들을 위하여 기도할 때 여호와께서 욥의 곤경을 돌이키시고 여호와께서 욥에게 이전 모든 소유보다 갑절이나 주신지라"(욥기 42:10)

• **다윗의 기도**
우리가 사랑스러운 사람을 사랑하는 것은 수월한 일입니다. 그러나 사랑스럽지 않은 사람을 사랑하기는 정말 어렵습니다. 또한 사랑할 수 없는 사람을 사랑하는 것은 어떻겠습니까? 이처럼 원수 같이 박해하는 사람을 위해 어떻게 기도할 수 있을까요? 시편 35편은 그 답을 주고 있습니다. 다윗이 자기를 저주하고 핍박하는 자들을 위하여 어떻게 기도하고 있는지, 주의 깊게 살펴보며 묵상할 필요가 있습니다.

"나는 그들이 병 들었을 때에 굵은 베옷을 입으며 금식하여 내 영혼을 괴롭게 하였더니 내 기도가 내 품으로 돌아왔도다 내가 나의 친구와 형제에게 행함같이 그들에게 행하였으며 내가 몸을 굽히고 슬퍼하기를 어머니를 곡함같이 하였도다"(시편 35:13-14).

• 아굴의 기도

잠언은 주로 금언과 격언들이 모아진 책입니다. 그런데 잠언에는 기도문도 포함되어 있습니다. 잠언에 나오는 유일한 기도문이 '아굴의 기도'입니다. 그의 기도는 하나님께 대한 신실함을 지키기 위해서 '너무 배부르게도 마옵시고 너무 가난하게도 마옵소서'라고 간구하는 것입니다.

"내가 두 가지 일을 주께 구하였사오니 내가 죽기 전에 내게 거절하지 마시옵소서 곧 헛된 것과 거짓말을 내게서 멀리하옵시며 나를 가난하게도 마옵시고 부하게도 마옵시고 오직 필요한 양식으로 나를 먹이시옵소서 혹 내가 배불러서 하나님을 모른다 여호와가 누구냐 할까 하오며 혹 내가 가난하여 도둑질하고 내 하나님의 이름을 욕되게 할까 두려워함이니이다"(잠언 30:7-9).

5월 17일

☀ 찬양
감사 – 지선

📖 오늘의 읽을 말씀
(욥기 1-3장) 경건하고 부유했던 우스 사람 욥은 자신의 재산과 자녀들, 그리고 건강과 축복이 속수무책으로 파괴되는 것을 바라보아야만 했습니다.[59] 참기 어려운 사단의 시험 속에서도 결코 하나님을 원망하지 않은 욥의 믿음을 통해 '축복받는 자의 마음중심'을 다시금 깨닫게 됩니다.

📖 오늘의 핵심말씀
"이 모든 일에 욥이 범죄하지 아니하고 하나님을 향하여 원망하지 아니하니라"(욥기 1:22). 아멘!
"... 우리가 하나님께 복을 받았은즉 화도 받지 아니하겠느냐 하고 이 모든 일에 욥이 입술로 범죄하지 아니하니라"(욥기 2:10). 아멘!

✟ 주께 드리는, 오늘의 기도
우리들의 마음중심을 감찰하시는 살아계신 하나님~ 우는 사자처럼 신앙의 성장과 성숙을 방해하는 악한 세력(사단)에게 결코 밀리거나 약해지지 않도록, 우리 마음을 인도해 주시옵소서. 믿음의 방패와 성령의 검인 '주의 말씀을 붙잡고, 간절히 기도함으로' 성령의 충만한 능력 받아 오늘도 승리하는 복된 날 되게 하옵소서. 어려운 여건 속에서도 원망하지 않고 범사에 감사할 수 있는 은혜의 날 되길, 예수 그리스도 이름으로 간절히 기도드립니다. 아멘! May God Bless you always!

✎ 주께서 주신, 기도응답의 말씀

5월 18일

☀ 찬양
그리 아니하실지라도

📖 오늘의 읽을 말씀
(욥기 4-7장) 욥의 친구들 가운데 가장 연장자였던 엘리바스는 "고난은 항상 고난당하는 사람의 삶에 죄가 있다는 표시이다"라고 말했습니다. 그러나 예수님께서는 "랍비여 이 사람이 맹인으로 난 것이 누구의 죄로 인함이니이까 자기니이까 그의 부모니이까?"(요 9:2) 라는 물음에 주님은 "그에게서 하나님이 하시는 일을 나타내고자 하심이라"고 대답하셨습니다. 그러므로 하나님께서는 때로 인간의 나약함 속에서 하나님의 강함을 나타내시기 위하여 고난을 허용하십니다. 우리도 건강과 재정 혹시 가족을 잃고 고통을 당한 적이 있나요? 우리가 겪는 고통에 다른 이유가 없다면, 거기에는 하늘에 속한 이유가 있다는 마음으로 하나님을 신뢰하는 복된 날, 그리고 축복된 인생 되길, 소원합니다.

📖 오늘의 핵심말씀
"그러할지라도 내가 오히려 위로를 받고 그칠 줄 모르는 고통 가운데서도 기뻐하는 것은 내가 거룩하신 이의 말씀을 거역하지 아니하였음이라"(욥기 6:10). 아멘!

✝ 주께 드리는, 오늘의 기도
한없는 사랑으로 우리의 삶을 인도하시는 하나님 아버지~ 어떤 상황과 여건 속에서도 위로를 받고, 감사하며, 기뻐할 수 있도록 주님의 생명말씀이 우리와 늘 함께 하여 주시옵소서. 우리의 참된 소망되시는 하나님~ 주님의 영원하신 말씀을 붙잡고 간절히 기도하며 '욥처럼 하나님을 온전히 신뢰함으로' 모든 시험을 담대히 이기고 넘어서길, 예수 그리스도 이름으로 간절히 기도드립니다. 아멘! May God Bless you always!

✎ 주께서 주신, 기도응답의 말씀
_____
_____
_____

5월 19일

❋ 찬양
'이 세상에 근심된 일이 많고'(찬송가 474장) - 나무엔

📖 오늘의 읽을 말씀
(욥기 8-10장) 엘리바스에 이어 욥의 친구였던 빌닷도 그에게 위로와 격려보다 책망을 하였습니다. 즉 "하나님은 의로우시며, 욥은 죄를 범했다"는 것이었습니다. 진정 죄가 없음에도 고통 받는 욥의 심정은 얼마나 괴로웠을까요? 욥은 고통 중에 "우리 사이에 손을 얹을 판결자도 없구나"(욥 9:33)라고 슬퍼하였습니다. 그러나 우리에게는 중재자가 계십니다(딤전 2:5). 우리는 욥보다 대단한 이점을 가지고 있습니다. 우리를 위하여 그리스도 예수께서 중보하시기 때문임을 깨닫고 믿습니다(히 7:25).

📖 오늘의 핵심말씀
"우리 사이에 손을 얹을 판결자도 없구나"(욥기 9:33).
"하나님은 한 분이시요 또 하나님과 사람 사이에 중보자도 한 분이시니 곧 사람이신 그리스도 예수라"(디모데전서 2:5). 아멘!
"그러므로 자기를 힘입어 하나님께 나아가는 자들을 온전히 구원하실 수 있으니 이는 그가 항상 살아 계셔서 그들을 위하여 간구하심이라"(히브리서 7:25). 아멘!

✝ 주께 드리는, 오늘의 기도
우리의 기도를 기뻐 받으시고, 응답해 주시는 살아계신 하나님 아버지~ 우리가 무시로 기도하게 하시며, 기도의 능력과 응답을 늘 체험하며 사는 복과 은혜를 베풀어 주시옵소서. 어떠한 형편에서도 기도하며 하나님을 의지할 때, 세상이 줄 수도 알 수도 없는 평강으로 우리의 마음과 생각을 지켜 주시길, 예수 그리스도 이름으로 간절히 기도드립니다. 아멘!
May God Bless you always!

✎ 주께서 주신, 기도응답의 말씀

5월 20일

☀ 찬양
그 사랑 - 마커스 워십 2011

📖 오늘의 읽을 말씀
(욥기 11-14장) 욥의 친구였던 소발조차도 그에 대하여 다양하게 여러 가지를 지적하면서 정중하게 이야기하지 않았습니다. 욥의 친구들은 결국 "거짓말을 지어내는 자"(욥 13:4)로 평가받게 되었습니다. 성경말씀에서는 흠이 없는 성도에 대한 거짓말과 중상에 대해 기록되어 있습니다(시 119:69). 그러나 하나님께서는 우리가 성경말씀대로 우리의 적대자에게 반응하기를 원하십니다. 오늘 우리를 비방하는 사람들을 '하나님의 거역할 수 없는, 한 없는 그 사랑으로…'

📖 오늘의 핵심말씀
"너희는 거짓말을 지어내는 자요 다 쓸모없는 의원이니라 너희가 참으로 잠잠하면 그것이 너희의 지혜일 것이니라"(욥기 13:4-5).
"악에게 지지 말고 선으로 악을 이기라"(로마서 12:21). 아멘!

✞ 주께 드리는, 오늘의 기도
가장 좋은 것으로 응답해 주시는 하나님 아버지~ 오늘 주신 귀한 말씀처럼, 주님의 선하신 사랑의 은총이 우리 마음에 충만하길 소원합니다. 오늘 하루를 살아가면서 하나님의 은혜로 주의 사랑을 머금고, 영혼을 위하여 '살리는 선한 말'을 하게 인도해 주시옵소서. 주님~ '우리 자신부터' 좋은 언어를 사용하는 오늘 하루, 일주일, 일 년, 십년, 그리고 전 일생 되길, 예수 그리스도 이름으로 간절히 기도드립니다. 아멘! May God Bless you always!

✎ 주께서 주신, 기도응답의 말씀

5월 21일

☀ 찬양
그 사랑 얼마나

📖 오늘의 읽을 말씀
(욥기 15-17장) 엘리바스의 질책으로 두 번째 변론은 시작되었습니다. 욥은 즉시 엘리바스와 그의 친구들에게 '재난을 주는 위로자들'(욥 16:2) 이라고 혹평했지만, 반면에 그는 하나님만이 자신의 증인이시고, 중재자이심을 고백했습니다(욥 16:19-21). 우리도 욥처럼 진정한 증인이시요, 중재자이신 하나님을 온전히 신뢰하는 복된 인생 되길 소원합니다.

📖 오늘의 핵심말씀
"지금 나의 증인이 하늘에 계시고 나의 중보자가 높은 데 계시니라 나의 친구는 나를 조롱하고 내 눈은 하나님을 향하여 눈물을 흘리니 사람과 하나님 사이에와 인자와 그 이웃 사이에 중재하시기를 원하노라"(욥기 16:19-21). 아멘!
"내가 확신하노니 사망이나 생명이나 천사들이나 권세자들이나 현재 일이나 장래 일이나 능력이나 높음이나 깊음이나 다른 어떤 피조물이라도 우리를 우리 주 그리스도 예수 안에 있는 하나님의 사랑에서 끊을 수 없으리라"(로마서 8:38-39). 아멘!

✝ 주께 드리는, 오늘의 기도
한없는 사랑으로 우리의 삶을 인도해 주시는 하나님 아버지~ 이 세상에 그 어떤 것도 '하나님 아버지 사랑'에서 우리를 끊을 수 없음을 믿음으로 고백합니다. '그 사랑'에 감격하여 오늘도 '그 사랑'을 전하는 축복의 통로로 쓰임받길, 예수 그리스도 이름으로 간절히 기도드립니다. 아멘!
May God Bless you always!

✎ 주께서 주신, 기도응답의 말씀

_____

_____

_____

5월 22일

☀ 찬양
살아계신 주 – 클래식 콰이어

📖 오늘의 읽을 말씀
(욥기 18-19절) 가족과 친구들로부터 따돌림을 받은 욥은 오직 하나님께만 위로를 간구하였습니다. 어두운 절망과 환멸에 빠진 욥은 눈을 들어 하늘을 보았던 것입니다. 절망과 좌절의 심연 속에서 빠져 나오면서 욥의 신앙은 믿음과 신뢰의 새로운 국면을 맞게 되었습니다. 곤고할 때에 우리는 누구를 의지하고 있나요? 이 땅의 두려움을 해결하기 위하여 하나님께로 나아가는 욥의 발전적인 믿음을 주목해 보는 도전의 시간되길 소망해 봅니다.

📖 오늘의 핵심말씀
"내가 알기에는 나의 대속자가 살아 계시니 마침내 그가 땅 위에 서실 것이라 내 가죽이 벗김을 당한 뒤에도 내가 육체 밖에서 하나님을 보리라"(욥기 19:25-26). 아멘!

✟ 주께 드리는, 오늘의 기도
살아서 역사하시는 전지전능하신 여호와 하나님~ 걱정하거나 염려하지 말고, 욥의 고백처럼 '살아계신 하나님'을 온전히 신뢰하여, 주 안에서 다시금 회복케 되는 은혜의 역사가 임하시길, 예수 그리스도 이름으로 간절히 기도드립니다. 아멘! May God Bless you always!

✎ 주께서 주신, 기도응답의 말씀

---

3. '시가서'를 통해 울려 퍼진 신실한 선조들의 기도

5월 23일

☀ 찬양
주가 보이신 생명의 길 – 클래식 콰이어

📖 오늘의 읽을 말씀
(욥기 20-21장) 자신이 받는 고난은 죄로 인한 것이 아님을 분명히 밝히면서 그의 친구들(특히 소발)의 악한 말에 흔들리지 않는 욥의 믿음을 보게 됩니다. 그는 자신의 현재 상황에서 힘든 일들을 거부하지 않고, 자기의 상황에 대한 하나님의 섭리와 약속을 믿으면서 살아갈 수 있는 '성경말씀대로 사는' 믿음의 선조였음을 다시금 깨닫게 됩니다.

📖 오늘의 핵심말씀
"그런데도 너희는 나를 헛되이 위로하려느냐 너희 대답은 거짓일 뿐이니라"(욥기 21:34).
"그러나 내가 가는 길을 그가 아시나니 그가 나를 단련하신 후에는 내가 순금같이 되어 나오리라"(욥기 23:10). 아멘!

✝ 주께 드리는, 오늘의 기도
우리의 인생길을 온전하게 인도하시는 사랑의 하나님~ 우리를 향하신 주님의 연단과 훈련들을 믿음 안에서 감사함으로 잘 감당하여 정금같이 쓰임 받는 주의 복된 자녀들 되길, 예수 그리스도 이름으로 간절히 기도드립니다. 아멘! May God Bless you always!

✎ 주께서 주신, 기도응답의 말씀

5월 24일

☀ 찬양
주가 보이신 생명의 길 – 클래식 콰이어

📖 오늘의 읽을 말씀
(욥기 22-24장) 욥이 위기에 처했을 때는 "앞으로 가도… 뒤로 가도… 왼편에도… 오른편에도" 하나님은 계시지 않은 것만 같았습니다. 막막한 현실 가운데서도 이 연단을 믿음으로 승리하여 반드시 순금같이 사용되기를 욥은 소망하였습니다. 그래서 그는 하나님의 명령을 준행했으며, 일정한 음식보다 그 입의 말씀을 귀히 여겼습니다. 욥처럼 오늘도 하나님을 온전히 신뢰하여 믿음으로 승리하는 복된 날 되길 소망해 봅니다.

📖 오늘의 핵심말씀
"그러나 내가 가는 길을 그가 아시나니 그가 나를 단련하신 후에는 내가 순금 같이 되어 나오리라 내 발이 그의 걸음을 바로 따랐으며 내가 그의 길을 지켜 치우치지 아니하였고 내가 그의 입술의 명령을 어기지 아니하고 정한 음식보다 그의 입의 말씀을 귀히 여겼도다"(욥기 23:10-12). 아멘!

✝ 주께 드리는, 오늘의 기도
살아서 역사하시는 하나님 아버지~ 어떠한 상황에서도 욥처럼 하나님을 신뢰하며, 주의 말씀에 순•복하여 준행하는 은혜를 허락해 주시옵소서. 우리를 향하신 주님의 연단과 훈련들을 믿음 안에서 감사함으로 잘 감당하여 순금같이 쓰임 받는 주의 복된 자녀들 되길, 예수 그리스도 이름으로 간절히 기도드립니다. 아멘! May God Bless you always!

✎ 주께서 주신, 기도응답의 말씀

5월 25일

☀ 찬양
하나님의 은혜 - 소리엘

📖 오늘의 읽을 말씀
(욥기 25-28장) 욥의 친구였던 빌닷의 세 번째 권면으로도 욥은 어떤 위로도 받지 못했습니다. 지혜롭고 명철했던 욥은 끝까지 하나님만을 따르며, 비난하는 친구들에게 결코 굴하지 않았습니다. 다시금 욥의 삶을 바라보면서 진정한 '지혜와 명철'의 의미를 되새겨 보게 됩니다.

📖 오늘의 핵심말씀
"또 사람에게 말씀하셨도다 보라 주를 경외함이 지혜요 악을 떠남이 명철이니라"(욥기 28:28). 아멘!

✝ 주께 드리는, 오늘의 기도
거룩하고 존귀하신 여호와 하나님~ 때마다 일마다 베풀어 주시는 하나님의 은총이 오늘도 풍성하오니, 눈을 열어 더욱 주를 경외함으로 거룩하신 자를 알아가며(잠 9:10), 악에서 떠나 명철함이 충만한 복된 날 되게 인도해 주시길, 예수 그리스도 이름으로 간절히 기도드립니다. 아멘!
May God Bless you always!

✎ 주께서 주신, 기도응답의 말씀

5월 26일

☀ 찬양
여호와는 나의 목자시니 – 나무엔

📖 오늘의 읽을 말씀
(욥기 29-31장) 욥의 충고자, 소발이 침묵을 지킬 때에 욥은 지난날을 회상하며, 하나님께 다시 회복의 날이 올 것을 믿음으로 간구하였습니다. 자신을 바라보면서 욥은 자신이 받은 형벌이 정당하지 못한 것이라고 결론을 내리고, 하나님께 자신의 온전함을 알아달라고 간절하게 기도하였습니다. 선한 목자되신 우리 구주 예수 그리스도께 우리 자신의 고충을 아뢰고, 주의 말씀 의지하여 기다릴 때, 우리에게 가장 선한 길로 응답해 주실 줄 다시금 깨닫게 됩니다.

📖 오늘의 핵심말씀
"하나님께서 나를 공평한 저울에 달아보시고 그가 나의 온전함을 아시기를 바라노라"(욥기 31:6). 아멘!
"도둑이 오는 것은 도둑질하고 죽이고 멸망시키려는 것뿐이요 내가 온 것은 양으로 생명을 얻게 하고 더 풍성히 얻게 하려는 것이라"(요한복음 10:10). 아멘!

✝ 주께 드리는, 오늘의 기도
한없는 자비하심으로 우리를 사랑하시는 하나님 아버지~ 세상은 주의 자녀들을 멸망시키려 하지만, 선한 목자되신 주님은 우리들에게 풍성한 생명을 얻게 하심을 믿습니다. 믿음의 조상 욥처럼, 변함없이 하나님을 신뢰하는 '주 바라기 믿음'을 통해 하나님께 인정받고, 모든 사람들에게 생명의 복음을 전하는 복된 오늘, 그리고 우리의 인생 되길, 예수 그리스도 이름으로 간절히 기도드립니다. 아멘! May God Bless you always!

✎ 주께서 주신, 기도응답의 말씀

5월 27일

✷ 찬양
겸손 – 정윤영

📖 오늘의 읽을 말씀
(욥기 32-34장) 그동안 옆에서 조용히 있던 네 번째 사람은 가장 연소한 사람, 엘리후였습니다. 네 번째의 긴 독백을 통해 엘리후가 진단한 문제는 '교만'이었습니다. '교만'은 항상 '내가' 중심에 자리 잡고 있는 것입니다. 욥을 통해서 보면, '나'의 문제에 대한 가장 빠른 치유책은 바로 가장 큰 '나는'(the Great 'I Am')이라고 말씀하시는 하나님을 찾는 길임을 다시금 깨닫게 됩니다.

📖 오늘의 핵심말씀
"그가 사람의 귀를 여시고 경고로써 두렵게 하시니 이는 사람에게 그의 행실을 버리게 하려 하심이며 사람의 교만을 막으려 하심이라"(욥기 33:16-17). 아멘!
"사람의 마음의 교만은 멸망의 선봉이요 겸손은 존귀의 길잡이니라"(잠언 18:12). 아멘!
"주 앞에서 낮추라 그리하면 주께서 너희를 높이시리라"(야고보서 4:10). 아멘!

✠ 주께 드리는, 오늘의 기도
겸손한 자를 기뻐하시며, 귀하게 사용하시는 하나님 아버지~ 욥의 세 친구들, 그리고 엘리후와 같은 우리의 연약함을 주님의 십자가 앞에 내려놓습니다. 예수 십자가 보혈의 피로 우리의 연약한 모든 죄를 용서해 주시옵소서. 겸손으로 허리를 동이고 주께 나아갈 때, 주의 은혜와 말씀의 시야가 활짝 열리는 복된 오늘 되길, 예수 그리스도 이름으로 간절히 기도드립니다. 아멘! May God Bless you always!

✎ 주께서 주신, 기도응답의 말씀
_____
_____
_____

5월 28일

✹ 찬양
그 크신 하나님의 사랑 – 나무엔 3집

📖 오늘의 읽을 말씀
(빌립보서 1:12-30) 모든 역경 가운데서도 하나님의 선하심과 능력을 신뢰하며, 하나님에 대한 앎을 더 넓혀갔던 욥처럼, 사도 바울도 하나님을 전적으로 의지하며 복음을 증거했던 믿음의 선조였습니다. 그는 그 모든 상황 가운데서 하나님께서 역사하고 계시다는 사실을 자신의 사명의 삶을 통해 확증했으며, 하나님의 은혜로 고난을 극복하고 승리로운 복음의 축복을 누릴 수 있었음을 확인케 됩니다.

📖 오늘의 핵심말씀
"형제들아 내가 당한 일이 도리어 복음 전파에 진전이 된 줄을 너희가 알기를 원하노라 그리스도를 위하여 너희에게 은혜를 주신 것은 다만 그를 믿을 뿐 아니라 또한 그를 위하여 고난도 받게 하려 하심이라"(빌립보서 1:12,29). 아멘!

✝ 주께 드리는, 오늘의 기도
복의 근원되시는 여호와 하나님~ 그 크신 사랑과 은혜로, 주님께서 욥의 곤경을 돌이키시고 이전보다 갑절이나 더한 축복을 주셨듯이, 오늘을 사는 우리도 사도바울같이 주님 주신 은혜의 믿음으로 현재의 고난과 연단을 잘 극복하여 주님 주시는 축복을 풍성히 누리는 복된 날 되길, 예수 그리스도 이름으로 간절히 기도드립니다. 아멘! May God Bless you always!

✎ 주께서 주신, 기도응답의 말씀

5월 29일

☀ 찬양
주 하나님 지으신 모든 세계 – 박종호

📖 오늘의 읽을 말씀
(욥기 35-37장) 계속되는 엘리후의 잘못된 말에 욥은 침묵으로 일관합니다. 이와 마찬가지로 어린 아들이 자연과 인생에 대한 심오한 질문에 대해서 난감해 하는 부모들을 종종 봅니다. 그러나 우리 하나님께서는 말씀만으로 만물을 창조하셨습니다(창 1:1-2:3). 하나님께서는 천둥과 비를 만드시며, 바람과 구름을 만드신 분이시고(욥 37:5-11), 인생의 깊은 수수께끼들에 대한 답을 알고 계신 분이십니다. 그분은 여러분과 저, 우리의 아버지이신가요? 우리는 진정 그분의 가족입니까? 우리는 우리의 인간적인 노력으로 그 가족 안에 들어갈 수 없음을 깨닫습니다. 그러기에 우리는 다시 태어남으로 하나님의 가족이 될 수 있음을 깨닫고 믿습니다(요 3:1-18).

📖 오늘의 핵심말씀
"하나님은 놀라운 음성을 내시며 우리가 헤아릴 수 없는 큰 일을 행하시느니라 눈을 명하여 땅에 내리라 하시며 적은 비와 큰 비도 내리게 명하시느니라"(욥기 37:5-6). 아멘!
"예수께서 대답하시되 진실로 진실로 네게 이르노니 사람이 물과 성령으로 나지 아니하면 하나님의 나라에 들어갈 수 없느니라"(요한복음 3:5). 아멘!
"너희는 그 은혜에 의하여 믿음으로 말미암아 구원을 받았으니 이것은 너희에게서 난 것이 아니요 하나님의 선물이라"(에베소서 2:8). 아멘!

✝ 주께 드리는, 오늘의 기도
우주만물을 창조하신 하나님 아버지~ 우리가 받은 이 구원이 전적인 하나님의 은혜이기에 소중함을 깨닫지 못하고 살 때가 너무나 많습니다. 구원받은 저희들의 사명이 '복음전파, 영혼구원'임을 마음속에 다시금 되새기며 승리하는 오늘 되게하소서. 예수 그리스도 이름으로 간절히 기도드립니다. 아멘! May God Bless you always!

🕮 주께서 주신, 기도응답의 말씀

5월 30일

☀ 찬양
은혜 - cover by Sound of PRAISE

📖 오늘의 읽을 말씀
(욥기 38-39장) 고난을 끝까지 감수하면서 욥은 천지만물과 우주의 주인이신 하나님의 말씀을 듣기 위해 오랫동안 갈망해 왔습니다. 그러나 그 꿈이 이루어졌을 때 욥은 감히 자신이 당한 고소 내용을 하소연할 수 없었습니다. 하나님의 놀라움 앞에서 그는 아무 말도 할 수 없었습니다.[60] 분명한 사실은 우리도 언젠가는 하나님 앞에 설 것이며, 하나님께서 계신 그대로 보게 될 것입니다(요일 3:2). 주님을 만나기 전에 우리는 어떻게 해야 할까요? 그 만남을 위해 우리는 무엇을 준비해야 될까요?

📖 오늘의 핵심말씀
"내가 땅의 기초를 놓을 때에 네가 어디 있었느냐 네가 깨달아 알았거든 말할지니라 그때에 새벽 별들이 기뻐 노래하며 하나님의 아들들이 다 기뻐 소리를 질렀느니라 바다가 그 모태에서 터져 나올 때에 문으로 그것을 가둔 자가 누구냐 너는 별자리들을 각각 제 때에 이끌어 낼 수 있으며 북두성을 다른 별들에게로 이끌어 갈 수 있겠느냐 네가 하늘의 궤도를 아느냐 하늘로 하여금 그 법칙을 땅에 베풀게 하겠느냐"(욥기 38:4,7-8,32-33). 아멘!

✝ 주께 드리는, 오늘의 기도
우주만물을 말씀으로 창조하신 전지전능한 여호와 하나님~ 삶에 지치고 힘든, 막막한 현실 앞에 처절하게 괴로울지라도, '창조주 하나님, 부활하신 우리 구주 예수 그리스도'를 믿음으로, 다시금 치유되고 회복되어 더욱 주님 닮아가는 은혜로운 오늘, 그리고 내일되길, 예수 그리스도 이름으로 간절히 기도드립니다. 아멘! May God Bless you always!

✎ 주께서 주신, 기도응답의 말씀

5월 31일

☀ 찬양
하나님 아버지의 마음 - 김정석, 세연, 조수아, 조시영

📖 오늘의 읽을 말씀
(욥기 40-42장) 끝까지 잘 참고 인내해서 믿음을 지킨 욥이었음에도, 더욱 하나님 앞에서 낮아져서 겸손하게 회개하는 신실한 욥에게(욥 42:3) 하나님께서 갑절의 축복을 선물로 주셨습니다.

📖 오늘의 핵심말씀
"욥이 그의 친구들을 위하여 기도할 때 여호와께서 욥의 곤경을 돌이키시고 여호와께서 욥에게 이전 모든 소유보다 갑절이나 주신지라"(욥기 42:10). 아멘!

✝ 주께 드리는, 오늘의 기도
복의 근원되시는 여호와 하나님~ 주의 자녀들에게 축복하기 원하시는 '하나님 아버지의 마음'을 조금이라도 알아갈 수 있도록, 우리 인생을 인도해 주시옵소서. 믿음의 선조였던 욥과 같이 '갑절의 축복'을 받을만한 '겸손한 믿음의 그릇' 되어, 축복(사랑, 복음)의 통로로 쓰임 받는 오늘, 그리고 매일의 삶 되길, 예수 그리스도 이름으로 간절히 기도드립니다. 아멘!
May God Bless you always!

✎ 주께서 주신, 기도응답의 말씀

6월 1일

☀ 찬양
시편 1편 – The Crossover

📖 오늘의 읽을 말씀
(시편 1-6편) 시편 전체의 서론에 해당되는 처음 여섯 편의 말씀들 가운데, 특히 1편에서는 하나님 말씀에 대한 묵상의 중요성에 대하여 배울 수 있으며, 하나님의 말씀대로 순종하고 복종한 자들은 결코 망하지 않고 형통할 것임을 말씀하고 있습니다. 또한 늘 주님을 우리 삶의 왕(주인)으로 인정하며(2편), 어떤 상황에서든지 항상 기도해야 한다(3-6편)는 사실을 깨닫게 됩니다.

📖 오늘의 핵심말씀
"복 있는 사람은 악인들의 꾀를 따르지 아니하며 죄인들의 길에 서지 아니하며 오만한 자들의 자리에 앉지 아니하고 오직 여호와의 율법을 즐거워하여 그의 율법을 주야로 묵상하는도다"(시편 1:1~2). 아멘!

✝ 주께 드리는, 오늘의 기도
계시의 말씀으로 우리의 삶을 인도하시는 하나님 아버지~ 우리는 지혜가 부족하여 목자 없는 양같이 갈 바를 알지 못할 때가 많습니다. 주님~ 갈급한 영혼에 주의 말씀을 채워 주시옵소서. 말씀을 사모하게 하시고, 말씀을 통해 주의 뜻을 깨닫게 하옵소서. 말씀 앞에 겸손하며, 말씀이 내 삶을 인도하게 하시고, 어떤 형편과 처지에서도 평강과 감사가 넘치는 복 있는 사람 되게 오늘도 인도해 주시길, 예수 그리스도 이름으로 간절히 기도드립니다. 아멘! May God Bless you always!

✎ 주께서 주신, 기도응답의 말씀

6월 2일

❋ 찬양
여호와 우리 주여 - 손영진

📖 오늘의 읽을 말씀
(시편 7-12편) 오늘 읽을 대부분의 시편 말씀들이 짧으면서도 힘이 있는 노래들로써, 우주만물을 질서 있게 창조하신 하나님께서 공의롭게 이 세상을 다스리신다는 사실을 찬양하고 있습니다. 조금 더 구체적으로 살펴보면, 공의가 널리 퍼지고(7편), 악한 자들이 낮아지며(9-10편), 하나님의 거룩한 이름이 존귀하게 되기를 원하는(8,11-12편) 시편기자의 소망을 확인케 됩니다. 이처럼 우리도 질서와 공의, 그리고 공평의 하나님을 온전히 의지하고 신뢰하는 오늘 되길 소원해 봅니다.

📖 오늘의 핵심말씀
"여호와 우리 주여 주의 이름이 온 땅에 어찌 그리 아름다운지요 주의 영광이 하늘을 덮었나이다 주의 대적으로 말미암아 어린 아이들과 젖먹이들의 입으로 권능을 세우심이여 이는 원수들과 보복자들을 잠잠하게 하려 하심이니이다 그를 하나님보다 조금 못하게 하시고 영화와 존귀로 관을 씌우셨나이다 주의 손으로 만드신 것을 다스리게 하시고 만물을 그의 발 아래 두셨으니"(시편 8:1-2, 5-6). 아멘!

✢ 주께 드리는, 오늘의 기도
우주만물을 말씀만으로 질서있게 창조하신 여호와 하나님~ 주의 이름이 온 땅에서 영광 받으옵시며, 주의 창조의 질서대로 다시 회복되어지는 창조의 섭리가 오늘 우리의 삶 가운데 함께 하여 주시길, 예수 그리스도 이름으로 간절히 기도드립니다. 아멘! May God Bless you always!

✎ 주께서 주신, 기도응답의 말씀

6월 3일

☀ 찬양
나의 힘이 되신 여호와여 - 소리엘

📖 오늘의 읽을 말씀
(시편 13-18편) 이 시는 다윗에게 속한 시로써 인도자를 따라 부르는 노래입니다. 처음에 시인은 숨으신 것처럼 느껴지는 하나님을 찾으며 절망으로 치닫고 번민하지만, 주님의 사랑에 대한 확신을 노래합니다.[61] 이 세상이 악하고 미련하여 하나님의 존재를 부인하며 하나님을 멀리한다 할지라도(14편), 하나님을 섬기는 자들은 기쁨과 전심으로(13편), 하나님과 교제함으로(15편), 만족한 마음으로(16편), 마음을 보존함으로(17편), 그리고 다가올 미래에 대한 신뢰로(18편) 인해 많은 축복을 받을 것입니다. 우리도 오늘의 삶 속에서 힘이 되시고 피난처 되시는 여호와 하나님께 온전히 나아가는 복된 날 되길 소망해 봅니다.

📖 오늘의 핵심말씀
"나의 힘이신 여호와여 내가 주를 사랑하나이다 여호와는 나의 반석이시요 나의 요새시요 나를 건지시는 이시요 나의 하나님이시요 내가 그 안에 피할 나의 바위시요 나의 방패시요 나의 구원의 뿔이시요 나의 산성이시로다"(시편 18:1-2). 아멘!

✝ 주께 드리는, 오늘의 기도
우리의 힘이시요, 반석이신 여호와 하나님~ 우리의 앞길에 실패와 좌절이 밀려올 때에 다윗처럼 주의 도우심을 기도로 앙망하게 하시고, 비상하는 독수리와 같은 힘과 용기를 주시옵소서. 환란 날에 주를 부르게 하시고, 앞을 가로막고 있던 문제가 변하여 기쁨과 승리가 되는 전화위복의 놀라운 은총을 받는 복된 날 되게 인도해 주시길, 예수 그리스도 이름으로 간절히 기도드립니다. 아멘! May God Bless you always!

✎ 주께서 주신, 기도응답의 말씀

6월 4일

☀ 찬양
여호와는 나의 목자시니 - 김수진

📖 오늘의 읽을 말씀
(시편 19-24편) 오늘 주시는 여섯 편의 시편 말씀에서 하나님은 창조자이시며(19편), 도우시는 분(20편), 왕(21편), 선한 목자(22편), 훌륭한 목자(23편), 그리고 양을 다스리시는 주인(24편)으로 나타나십니다.
그렇다면 하나님은 지금 우리에게 어떠한 존재이신가요? 오늘, 우리 삶과 인생에서 어떤 모습으로 주님께서 나타나실까요?

📖 오늘의 핵심말씀
"여호와는 나의 목자시니 내게 부족함이 없으리로다 그가 나를 푸른 풀밭에 누이시며 쉴 만한 물 가로 인도하시는도다 내 영혼을 소생시키시고 자기 이름을 위하여 의의 길로 인도하시는도다"(시편 23:1-3). 아멘!

✝ 주께 드리는, 오늘의 기도
생명까지 다한 사랑으로 우리와 늘 함께 하시는 여호와 하나님~ 우리의 선한 목자이신 '여호와삼마 하나님께서 동행하시니 부족함이 없다'는 다윗의 고백이, 오늘을 사는 우리의 간증되게 인도해 주시길, 예수 그리스도 이름으로 간절히 기도드립니다. 아멘! May God Bless you always!

✎ 주께서 주신, 기도응답의 말씀

6월 5일

☀ 찬양
Goodness Of God - Bethel Music VICTORY

📖 오늘의 읽을 말씀
(히브리서 13:20-21) 오늘 본문말씀을 묵상하면서 깨닫는 것은 하나님께서 우리 자신이 위로 받도록 우리를 위로하시는 것이 아니라, '우리가 위로자가 되도록 위로하신다'는 사실입니다. 즉, 평강의 하나님께서 우리를 구원하심은 우리가 복음증거의 통로로 쓰임받기 위함이요, 우리를 사랑하시고 축복하심은 '주의 사랑과 축복의 통로'로 사용하기 원하시는 '하나님의 선하신 뜻'이 담겨있음을 다시금 깨닫게 됩니다. 오늘도 무시로 다가오는 섬김의 기회 앞에 주저함 없이 기쁨과 감사함으로 선하게 쓰임 받는 우리 모두 되길 소망해 봅니다.

📖 오늘의 핵심말씀
"양들의 큰 목자이신 우리 주 예수를 영원한 언약의 피로 죽은 자 가운데서 이끌어 내신 평강의 하나님이 모든 선한 일에 너희를 온전하게 하사 자기 뜻을 행하게 하시고 그 앞에 즐거운 것을 예수 그리스도로 말미암아 우리 가운데서 이루시기를 원하노라 영광이 그에게 세세무궁토록 있을지어다 아멘"(히브리서 13:20-21). 아멘!

✣ 주께 드리는, 오늘의 기도
선한 목자되신 우리 주여~ 순간순간 찾아오는 모든 결정과 결단 앞에서, 제일 먼저 주님을 바라보게 인도하소서. 주 바라기의 믿음으로 최종 결정한 모든 결과의 열매들이 하나님께 영광이요, 기쁨이 되길 마음중심으로 소원 드리오며, 하나님의 기쁘신 뜻을 위하여 모든 선한 일에 우리를 오늘도 변함없이 온전하게 사용하기 원하시는, 예수 그리스도 이름으로 간절히 기도 드립니다. 아멘! May God Bless you always!

✎ 주께서 주신, 기도응답의 말씀

_____

_____

_____

6월 6일

☀ 찬양
빛 되신 주 – 어노인팅 2집

📖 오늘의 읽을 말씀
(시편 25-30편) 다윗 자신이 예배드린 하나님에 대하여 '선하시고 정직하시며'(시 25:8), '나의 빛이시며'(시 27:1), '나의 힘이시며'(시 28:7), '영원하신 왕'(시 29:10), 그리고 '나의 하나님'(시 30:2,12)이라고 찬양의 고백을 하였습니다.[62] 믿음의 선조 다윗처럼 우리는 하나님에 대하여 어떻게 표현하고 소개하며 증거할 수 있을까요?

📖 오늘의 핵심말씀
"여호와는 나의 빛이요 나의 구원이시니 내가 누구를 두려워하리요 여호와는 내 생명의 능력이시니 내가 누구를 무서워하리요"(시편 27:1). 아멘!

✝ 주께 드리는, 오늘의 기도
우리의 빛이요, 생명의 능력이신 여호와 하나님~ 차고 넘치는 성령의 능력으로 어떠한 영적전쟁에서도 승리하는 삶을 살게 하옵소서. 성령께서 주시는 말씀의 능력으로 당당히 이기게 하시고, 기도하며 주의 뜻을 찾아 나아가는 우리에게 승리의 기쁨을 주시옵소서. 실패와 고난이 몰아치는 절망의 순간에서도 성령의 능력으로 다시 일어설 뿐만 아니라 이전보다 더욱 강건한 영혼으로 하나님의 살아계심을 증거하며 살게 인도해 주시길, 예수 그리스도 이름으로 간절히 기도드립니다. 아멘! May God Bless you always!

✎ 주께서 주신, 기도응답의 말씀

6월 7일

☀ 찬양
내 입술로 - 어노인팅 3집

📖 오늘의 읽을 말씀
(시편 31-36편) 생명의 원천되신 주님 안에서(시 36:9-12), 구원을 기뻐하며(시 35:9), 주를 경외하라 그리하면 부족함이 없으리로다(시 34:9). 우리의 입술로 주님을 찬양하며 자랑하는 복된 날 되길 소망해 봅니다(시 34:1-2).

📖 오늘의 핵심말씀
"내가 여호와를 항상 송축함이여 내 입술로 항상 주를 찬양하리이다 내 영혼이 여호와를 자랑하리니 곤고한 자들이 이를 듣고 기뻐하리로다"(시편 34:1-2). 아멘!

✞ 주께 드리는, 오늘의 기도
찬양을 기뻐 받으시는 여호와 하나님~ 오늘도 항상 여호와를 송축하고, 우리의 입술로 주를 찬양하며, 주님만을 자랑하길 소원합니다. 하나님 아버지~ 찬송보다 세상 노래를 즐겼던 우리의 잘못을 회개합니다. 우리의 입술에서 늘 찬양의 곡조가 흘러넘치게 하옵시고, 찬양할 때에 하나님의 임재를 경험하게 하옵소서. 하나님을 찬송할 때에 영혼과 육신의 치유가 일어나며, 막혀있던 인생의 문제가 형통하게 열려지는 기적의 오늘, 그리고 우리의 인생 되게 역사해 주시길, 예수 그리스도 이름으로 간절히 기도드립니다. 아멘! May God Bless you always!

✎ 주께서 주신, 기도응답의 말씀

6월 8일

☀ 찬양
시편 40편 - 하나님의 음성을

📖 오늘의 읽을 말씀
(시편 37-41편) 시편 말씀은 하나님을 찬양하는 내용뿐만 아니라 실제적인 상담의 내용을 담고 있습니다. 즉, 쉽게 화를 내는 문제(37편), 기력이 쇠함(38-39편), 어떻게 안식하며(40편), 친구의 불성실한 문제에 대하여 어떻게 반응해야 하는지(41편)를 배우게 될 것입니다.[63] 또한 곡조있는 기도로 주께 간곡히 간구하여 응답받는 기도의 책인 것입니다. "여호와여 나의 기도를 들으시고 응답하여 주옵소서! 주여~ 새 노래로 주께 찬양케 인도하소서!"라는 구원의 감격과 기도응답에 감사하여 올려 드리는 간절한 기도가 우리의 기도되길 소원드립니다.

📖 오늘의 핵심말씀
"내가 여호와를 기다리고 기다렸더니 귀를 기울이사 나의 부르짖음을 들으셨도다 나를 기가 막힐 웅덩이와 수렁에서 끌어 올리시고 내 발을 반석 위에 두사 내 걸음을 견고하게 하셨도다 새 노래 곧 우리 하나님께 올릴 찬송을 내 입에 두셨으니 많은 사람이 보고 두려워하여 여호와를 의지하리로다"(시편 40:1-3). 아멘!

✝ 주께 드리는, 오늘의 기도
우리들의 간구하는 음성을 들으시고, 가장 좋은 것으로 응답해 주시는 하나님 아버지~ 결코 회생할 수 없는 절망적인 위기 상황 속에서도 우리를 구원하신 살아계신 하나님을 '새 노래'로 찬양합니다. 오늘도 이 놀라운 '새 노래'로 새로운 마음을 허락하시며, 감사함이 넘쳐나는 복된 날 되게 인도해 주시길, 예수 그리스도 이름으로 간절히 기도드립니다. 아멘!
May God Bless you always!

✎ 주께서 주신, 기도응답의 말씀
_____
_____
_____

6월 9일

☀ 찬양
내 영혼아 어찌하여 낙망하여 불안해하는가?

📖 오늘의 읽을 말씀
(시편 42-49편) 오늘 읽을 시편 말씀은 고라의 자손들이 기록한 것으로써 "우리의 피난처시요, 힘이시며, 환난 중에 만날 큰 도움이신 하나님께 소망을 두고 바랄 때 하나님께서 도우시리라"고 마음중심으로 고백하였습니다. 우리들도 우리를 도우실 하나님만을 의지하며 최선을 다하는 하루이길 소망합니다.

📖 오늘의 핵심말씀
"내 영혼아 네가 어찌하여 낙심하며 어찌하여 내 속에서 불안해 하는가 너는 하나님께 소망을 두라 그가 나타나 도우심으로 말미암아 내가 여전히 찬송하리로다"(시편 42:5). 아멘!

✞ 주께 드리는, 오늘의 기도
우리의 피난처시요, 힘이신 여호와 하나님~ 그 어떠한 환난 중에도 우리의 큰 도움이시기에, 오늘도 변함없이 하나님께 소망을 둡니다. 하나님을 신뢰하고, 소망했던 다윗에게 피난처가 되셨던 만군의 여호와께서, 우리를 도우심으로 말미암아 여호와 닛시 하나님을 찬양하는 은혜의 날 되게 역사해 주시길, 예수 그리스도 이름으로 간절히 기도드립니다. 아멘!
May God Bless you always!

✎ 주께서 주신, 기도응답의 말씀

6월 10일

☀ 찬양
임재 - 시와 그림 5집

📖 오늘의 읽을 말씀
(시편 50-54편) 죄에 대하여 침묵하지 않으시는 심판자이신 하나님에 대하여 시편 50편에서 말씀해주고 계십니다. 그리고 다윗은 나단 선지자의 지적을 듣고 하나님께 용서를 구하는 기도를 드렸으며(51편), 간사한 혀(52편)와 악을 도모하는 어리석음(53편)에 대하여 기록하고 있음을 보게 됩니다. 그러나 오직 하나님과 함께 함으로써 매일 매일의 유혹과 삶의 함정들을 극복해 낼 수 있듯이(54편), 우리도 주의 말씀 붙잡고 간절히 간구함으로 오늘도 승리하는 복된 날 되길 소원합니다.

📖 오늘의 핵심말씀
"시온에서 이스라엘을 구원하여 줄 자 누구인가 하나님이 자기 백성의 포로 된 것을 돌이키실 때에 야곱이 즐거워하며 이스라엘이 기뻐하리로다"(시편 53:6). 아멘!

✝ 주께 드리는, 오늘의 기도
우리의 산 소망 되시는 여호와 하나님~ 오늘도 우리의 모든 삶에 성령 하나님께서 임재하여 주셔서 구원의 손길로 우리 마음을 붙잡아 주시며, 구원받은 감격으로 기뻐하고 감사하는 은혜의 날 되게 인도해 주시길, 예수 그리스도 이름으로 간절히 기도드립니다. 아멘! May God Bless you always!

✎ 주께서 주신, 기도응답의 말씀

6월 11일

☀ 찬양
찬양이 언제나 넘치면

📖 오늘의 읽을 말씀
(시편 55-59편) 오늘 읽을 시편의 말씀들은 다윗 왕의 가장 어려웠던 여건 속에서 가졌던 감정들을 표현해주고 있습니다. 배반당하거나(55편), 마음이 깨졌을 때(56편), 쫓길 때(57,59편) 조차도 하나님을 온전히 신뢰하며, 주께 솔직하게 간구하는 다윗의 신실한 믿음을 통해 오늘도 도전받고, 다윗처럼 주 바라기의 믿음으로 승리하는 복된 날 되길 소망해 봅니다.

📖 오늘의 핵심말씀
"하나님이여 내 마음이 확정되었고 내 마음이 확정되었사오니 내가 노래하고 내가 찬송하리이다 내 영광아 깰지어다 비파야, 수금아, 깰지어다 내가 새벽을 깨우리로다"(시편 57:7-8). 아멘!

✞ 주께 드리는, 오늘의 기도
찬양을 기뻐 받으시는 하나님 아버지~ 우리가 어떤 상황 가운데도 변함없이 하나님을 찬양하며 살아가게 하옵소서. 입술로, 영으로, 삶으로 하나님을 찬양하게 하옵시며, 찬송할 때에 영혼과 육신의 치유가 일어나게 하옵소서. 하나님을 끝까지 신뢰하며 찬송할 때에 닫혔던 인생의 문제가 풀려지며 기도응답이 임하는 주의 은혜와 기적을 오늘도 경험케 하옵소서. 영광과 존귀와 찬양과 권세를 하나님께 올려드리며, 살아계신 예수 그리스도 이름으로 간절히 기도드립니다. 아멘! May God Bless you always!

✎ 주께서 주신, 기도응답의 말씀

6월 12일

☀ 찬양
오직 주 만이 - 최정원

📖 오늘의 읽을 말씀
(시편 60-66편) 하나님을 향한 견고한 신뢰가 있기에 어떠한 상황들(패배, 낙담, 속임 당함 등) 속에서도 소망을 잃지 않았습니다. 또한 다윗은 하나님의 다스리심을 분명히 깨달았습니다. 우리의 피난처시요 반석이신 하나님께서 개인의 문제뿐만 아니라 민족의 문제도 다루신다는 사실이었습니다. 그래서 다윗은 "우리가 하나님을 의지하고 용감히 행하리니..."(시 60:12)라는 믿음으로 하나님의 크신 권능을 자랑하였습니다. 우리도 하나님의 권능을 만방에 알릴 수 있는 복음의 나팔수들 되길 소원합니다.

📖 오늘의 핵심말씀
"나의 영혼이 잠잠히 하나님만 바람이여 나의 구원이 그에게서 나오는도다 오직 그만이 나의 반석이시요 나의 구원이시요 나의 요새이시니 내가 크게 흔들리지 아니하리로다"(시편 62:1-2). 아멘!

✟ 주께 드리는, 오늘의 기도
우리의 기도를 기뻐 받으시고, 응답하시는 하나님 아버지~ 우리 자신의 모든 행사를 반석이시요 구원이신 하나님께 맡기고, 주의 말씀과 기도로 하나님의 뜻을 잠잠히 찾아가며, 기도의 응답으로 행동하게 하옵소서. 오늘도 변함없이 조금 더 말씀 붙잡고, 조금 더 기도하는 우리들에게, '걱정하지 않고, 늘 감사하며, 승리를 확신하게' 하옵소서. 마땅히 기도할 바를 모르는 자녀를 위해 말할 수 없는 탄식으로 친히 간구해주시는, 존귀하신 예수 그리스도 이름으로 간절히 기도드립니다. 아멘! May God Bless you always!

✎ 주께서 주신, 기도응답의 말씀
___
___
___
___

6월 13일

✹ 찬양
기쁨의 날 주시네 – 마커스워십

📖 오늘의 읽을 말씀
(시편 67-72편) 오늘의 시편 말씀을 통해 하나님은 공평하시며, 긍휼과 은택을 준비하시고, 자녀들의 외침을 들으시는 위대하신 분이심을 보여주고 있습니다. 또한 약한 자를 돌보시고 모든 나라들을 다스리시는 찬양받기에 합당하신 하나님이심을 다시금 깨닫고 믿습니다.

📖 오늘의 핵심말씀
"하나님이여 나를 건지소서 여호와여 속히 나를 도우소서 주를 찾는 모든 자들이 주로 말미암아 기뻐하고 즐거워하게 하시며 주의 구원을 사랑하는 자들이 항상 말하기를 하나님은 위대하시다 하게 하소서 나는 가난하고 궁핍하오니 하나님이여 속히 내게 임하소서 주는 나의 도움이시요 나를 건지시는 이시오니 여호와여 지체하지 마소서"(시편 70:1,4-5). 아멘!

✞ 주께 드리는, 오늘의 기도
진정한 영혼의 기쁨과 즐거움의 근원되시는 살아계신 하나님 아버지~ 주의 구원을 사랑하는 우리 모두가 일평생 하나님께서 주시는 기쁨 속에서 감사하며 살기를 소망합니다. 기쁨이 넘치고, 늘 감사하는 우리들을 통해 복음이 증거되게 하시고, 위대하신 하나님의 영광이 드러나게 하옵소서. 우리의 기도를 기뻐 받으시는, 예수 그리스도 이름으로 간절히 기도드립니다. 아멘! May God Bless you always!

✎ 주께서 주신, 기도응답의 말씀

6월 14일

☀ 찬양
나의 반석이신 하나님 – 마커스워십

📖 오늘의 읽을 말씀
(사무엘하 22장; 고린도전서 10:4) '하나님은 나의 반석이시다'라는 말씀은 하나님에 대하여 가장 온전하게 묘사한 표현들 중에 하나인 것 같습니다. 특히 하나님은 시편에서 20번 정도 반석으로 언급되십니다. 그리고 신약에서는 그리스도께서 반석이 되십니다. 고린도전서 10:4에서 바울은 출애굽의 반석을 그리스도와 동일시하고 있음을 보게 됩니다. 그러므로 어떤 경우에도 하나님은 구원하실 수 있는 반석이시며, 우리가 안전과 평안을 누릴 수 있는 근원임을 믿음으로 고백합니다.

📖 오늘의 핵심말씀
"여호와께서 다윗을 모든 원수의 손과 사울의 손에서 구원하신 그 날에 다윗이 이 노래의 말씀으로 여호와께 아뢰어 이르되 여호와는 나의 반석이시요 나의 요새시요 나를 위하여 나를 건지시는 자시요 내가 피할 나의 반석의 하나님이시요 나의 방패시요 나의 구원의 뿔이시요 나의 높은 망대시요 그에게 피할 나의 피난처시요 나의 구원자시라 나를 폭력에서 구원하셨도다"(사무엘하 22:1-3). 아멘!
"다 같은 신령한 음료를 마셨으니 이는 그들을 따르는 신령한 반석으로부터 마셨으매 그 반석은 곧 그리스도시라"(고린도전서 10:4). 아멘!

✟ 주께 드리는, 오늘의 기도
우리의 반석이요, 견고한 요새이신 여호와 하나님~ 우리를 건지시고 보호하시는 구원자 하나님을 찬양하며 경배드립니다. '오늘'이라는 시간과 도전 속에 살아갈 때, 우리의 반석이신 하나님만을 흔들림 없이 신뢰하므로 은혜롭게 승리하는 복된 날 되게 인도해 주시길, 예수 그리스도 이름으로 간절히 기도드립니다. 아멘! May God Bless you always!

✎ 주께서 주신, 기도응답의 말씀

6월 15일

☀ 찬양
내 주를 가까이 – 아이자야 씩스티원

📖 오늘의 읽을 말씀
(시편 73-77편) 하나님을 무시하는 악인들의 형통함은 오래가지 못하여 파멸에 던져져서 전멸되고 말 것입니다. 그러나 하나님께 가까이 나아가는 자들은 복이 있습니다. 주의 말씀을 따라 사는 자들의 삶은 환난 중에도 소망을 갖게 되고, 삶의 모든 상황 속에서 승리로운 은혜가 함께할 줄 깨닫고 믿습니다.

📖 오늘의 핵심말씀
"하나님께 가까이 함이 내게 복이라 내가 주 여호와를 나의 피난처로 삼아 주의 모든 행적을 전파하리이다"(시편 73:28). 아멘!
"태초에 말씀이 계시니라 이 말씀이 하나님과 함께 계셨으니 이 말씀은 곧 하나님이시니라"(요한복음 1:1). 아멘!

✝ 주께 드리는, 오늘의 기도
생명의 말씀이신 하나님께 가까이 나아오는 자들에게 복 주시기 원하시는 주님~ 우리는 늘 지혜가 부족합니다. 목자 없는 양같이 갈 바를 알지 못할 때가 많습니다. 주여~ 갈급한 영혼에 주의 말씀을 채워 주시옵소서. 말씀 앞에 겸손하며, 말씀이 우리의 삶을 인도하게 하시고, 어떠한 형편과 처지에서도 평강과 감사가 넘치게 하옵소서. 계시의 말씀으로 우리의 삶을 인도하시는 예수 그리스도 이름으로 간절히 기도드립니다. 아멘!
May God Bless you always!

✎ 주께서 주신, 기도응답의 말씀

6월 16일

☀ 찬양
주의 사랑을 주의 선하심을 – 마커스워십

📖 오늘의 읽을 말씀
(시편 78-83편) 하나님께서는 말씀하셨던 약속을 지키셨고, 불확실한 상황 속에서도 위로자가 되어 주시며, 우상과 대적자들에게 침묵하지 않으시는 신실하신 주님이심을 확인케 됩니다. "만군의 여호와 하나님께서 우리를 회복시키시며, 구원을 얻게 인도하시리니… 우리의 능력되시는 하나님을 온전히 찬양합니다!"라는 아삽의 찬송이 우리 삶의 찬송되길 마음중심으로 소원합니다.

📖 오늘의 핵심말씀
"여호와여 그들의 얼굴에 수치가 가득하게 하사 그들이 주의 이름을 찾게 하소서"(시편 83:16). 아멘!
"악에게 지지 말고 선으로 악을 이기라"(로마서 12:21). 아멘!

✞ 주께 드리는, 오늘의 기도
우리의 행할 길을 밝혀주시는 사랑의 하나님~ 원수가 주리거든 먹이고 목마르거든 마시게 하는, '하나님의 그 크신 은혜와 사랑'으로, 빈 들에 마른 풀 같은 우리의 영혼을 충만케 하옵소서. 원수까지라도 가슴에 품고, 그들이 하나님께 회개하며 돌아오기를 소원하셨던 '주님의 마음'으로, 오늘도 모든 관계 속에서 승리하게 인도해 주시길, 예수 그리스도 이름으로 간절히 기도드립니다. 아멘! May God Bless you always!

✎ 주께서 주신, 기도응답의 말씀

6월 17일

✸ 찬양
전능하신 나의 주 하나님은 – 에이맨

📖 오늘의 읽을 말씀
(시편 84-89편) 각 시편들은 여호와께서 백성들의 기도에 응답하신다는 확신 아래 전능하신 하나님께 마음의 간구를 곡조있는 기도로 아뢰었습니다. 이처럼 하나님의 사랑과 은혜 가운데 우리의 죄를 사함 받고 회복케 되며, 신앙의 부흥과 영적 각성을 통해 다시금 주님의 영광위해 쓰임받길 마음중심으로 소원드립니다.

📖 오늘의 핵심말씀
"주께서 우리를 다시 살리사 주의 백성이 주를 기뻐하도록 하지 아니하시겠나이까 여호와여 주의 인자하심을 우리에게 보이시며 주의 구원을 우리에게 주소서 내가 하나님 여호와께서 하실 말씀을 들으리니 무릇 그의 백성, 그의 성도들에게 화평을 말씀하실 것이라 그들은 다시 어리석은 데로 돌아가지 말지로다"(시편 85:6-8). 아멘!

✚ 주께 드리는, 오늘의 기도
갈급한 영혼들에게 주의 말씀을 채워 다시 살리길 원하시는 전능하신 여호와 하나님~ 주의 말씀을 사모하게 하시고, 들을 귀가 열려 말씀을 통해 주의 뜻을 깨닫게 하옵소서. '오늘'이라는 시간 속에서 인생의 문제를 풀어갈 때에 우리의 입술에서 고백하는 성경말씀으로 답을 찾게 하옵시며, 세상의 허탄한 욕망을 따라 어리석은 길로 다시 돌아가지 않도록 인도하옵소서. 생명의 말씀과 기도가 악하고 음란한 세대를 살아가는 우리의 가장 강력한 삶의 무기가 되게 하옵소서. 존귀하신 예수 그리스도 이름으로 간절히 기도드립니다. 아멘! May God Bless you always!

✎ 주께서 주신, 기도응답의 말씀
_____
_____
_____
_____

6월 18일

☀ 찬양
구원의 감격을 노래해 – 김민아

📖 오늘의 읽을 말씀
(시편 90-97편) 오늘 읽을 말씀을 통해 우리의 예배 대상에 관해 잘 알 수 있습니다. 그 대상은 바로 '영원하신 하나님'(90편), '보호하시는 하나님'(91편), '위대하신 하나님'(92편), '위엄있는 하나님'(93편), '죄악을 갚으시는 하나님'(94편), '구원의 하나님'(95편), '영광의 하나님'(96편), 그리고 '거룩한 하나님'(97편) 이십니다.[64] 이처럼 우리가 하나님께 예배드리며 찬양할 이유는, 온 천지만물을 창조하셨고, 우리를 구원하셨으며, 영원히 변치 않을 전지전능하신 여호와 하나님이시기 때문임을 믿음의 삶으로 고백하는 복된 날 되길 소망해 봅니다.

📖 오늘의 핵심말씀
"오라 우리가 여호와께 노래하며 우리의 구원의 반석을 향하여 즐거이 외치자"(시편 95:1). 아멘!

✞ 주께 드리는, 오늘의 기도
죄 많은 우리를 위해 물과 피 다 흘리시며, 죽기까지 사랑해 주신 주님~ 구원받은 감격이 있기에, 항상 기뻐할 수 있습니다. 구원해 주신 주님의 은혜 가운데, 쉬지 않고 기도하게 되며, 구원의 은총이 있기에, 범사에 감사할 수 있음을 믿음으로 고백합니다. 주께 소원하옵기는, 오늘 그리고 매일의 삶 속에서 구원의 은혜로 충만케 역사하시사, 세상 욕심과 욕망으로 죄 짓지 않도록 인도하옵소서. 결단코 사망이 아닌, 늘 주 안에서 '새로운 피조물로 거듭나는 새 생명의 삶'을 통해, 하나님을 증거하고 찬양하는 향기로운 예배되게 인도해 주시길, 예수 그리스도 이름으로 간절히 기도드립니다. 아멘! May God Bless you always!

✎ 주께서 주신, 기도응답의 말씀
_____
_____
_____

6월 19일

☀ 찬양
항상... 쉬지말고... 범사에 - Awesome K-CCM

📖 오늘의 읽을 말씀
(시편 98-103편) 우리가 기뻐하고 감사하며 하나님을 찬양할 이유는, 우리를 구원하신 은혜 때문이요, 기도에 응답하시기 때문입니다. 또한 하나님의 공의로우심과 거룩하심으로 인해 주를 찬양하길 소원하나이다. 오늘도 변함없이 온 맘 다해 하나님만을 찬양하며, 영광 올려 드리는 복된 하루되길 간절히 소망합니다.

📖 오늘의 핵심말씀
"내 영혼아 여호와를 송축하라 내 속에 있는 것들아 다 그의 거룩한 이름을 송축하라 내 영혼아 여호와를 송축하며 그의 모든 은택을 잊지 말지어다"(시편 103:1-2). 아멘!

✞ 주께 드리는, 오늘의 기도
항상 기뻐하고 감사하는 것이 하나님의 뜻이라고 말씀하신 주님~ 원망과 불평이 많았던 우리의 잘못을 용서해 주시고, 기쁨과 감사의 생활을 실천하게 하옵소서. 기쁨의 기도와 찬양의 고백이 기쁨을 가져오고, 여호와를 송축하며 감사하는 인생에 갑절로 감사할 일이 넘치는 은총을 내려주시옵소서. 희락과 축복의 근원되시는 예수 그리스도 이름으로 간절히 기도드립니다. 아멘! May God Bless you always!

✎ 주께서 주신, 기도응답의 말씀

6월 20일

☀ 찬양
내가 주인 삼은 - 조수아

📖 오늘의 읽을 말씀
(시편 104-106편) 우리가 예배하는 우리의 주인 되시는 하나님은, 창조세계를 다스리시며 역사를 주관하시고, 악을 기억하시는 하나님이십니다. 특히, 하나님의 백성(자녀)의 죄에 대해서는 깨달을 수 있도록 징계하시며, 깨닫고 회개하는 모든 영혼들을 용서하셔서 하나님을 찬양하는 삶을 살 수 있도록 인도하십니다. 이처럼 오늘의 삶 속에서도 하나님의 구원과 인도하심을 찬양하는 복된 날 되길 소원합니다.

📖 오늘의 핵심말씀
"여호와 우리 하나님이여 우리를 구원하사 여러 나라로부터 모으시고 우리가 주의 거룩하신 이름을 감사하며 주의 영예를 찬양하게 하소서 여호와 이스라엘의 하나님을 영원부터 영원까지 찬양할지어다 모든 백성들아 아멘 할지어다 할렐루야"(시편 106:47-48). 아멘!

✚ 주께 드리는, 오늘의 기도
우리 삶의 주인이 되시는 거룩하신 여호와 하나님~ 우리 인생 최고의 목표를 '하나님께 영광 돌리는 삶'(사 43:7)이라고 자신 있게 고백하게 하옵소서. 삶의 초점을 하나님께 맞추고, 하나님의 뜻을 따라가며, 오직 하나님 한 분 만으로 만족하게 하옵소서. 혹여 하나님을 떠나 믿음 없이 살았을 지라도 하나님께 돌이키는 삶이 하나님께는 가장 큰 기쁨임을 깨닫게 하옵소서. 기쁨과 소망의 근원되시며, 찬양 받으시기에 합당하신 예수 그리스도 이름으로 간절히 기도드립니다. 아멘! May God Bless you always!

✎ 주께서 주신, 기도응답의 말씀

6월 21일

☀ 찬양
주 하나님 지으신 모든 세계 – Vince Gill & Carrie Underwood

📖 오늘의 읽을 말씀
(창세기 1:1-2:3, 로마서 1:20) 하나님께서 창조하신 만물을 바라볼 때마다 주님의 높고 위대하심을 체휼케 됩니다. 존귀하신 창조주 하나님께서 함께 하시는 일들마다 질서와 기쁨, 충만함과 안식이 있음을 창조의 모습을 통해 다시금 깨닫게 됩니다.

📖 오늘의 핵심말씀
"태초에 하나님이 천지를 창조하시니라"(창세기 1:1). 아멘!
"창세로부터 그의 보이지 아니하는 것들 곧 그의 영원하신 능력과 신성이 그가 만드신 만물에 분명히 보여 알려졌나니 그러므로 그들이 핑계하지 못할지니라"(로마서 1:20). 아멘!

✚ 주께 드리는, 오늘의 기도
온 우주만물과 인류의 주인되시는 창조주 하나님~ 주님의 높고 위대하심을 찬양하나이다. 분주한 일상 속에서도 주께서 창조하신 만물을 보며 하나님께 감사할 수 있는 은혜의 마음을 허락해 주시옵소서. 하나님의 보호하심 가운데 우리가 건강하게 숨 쉴 수 있고, 걸어 다니며, 살아갈 수 있음에 감사합니다. 하나님께 감사하는 자들에게 더 크신 은총이 있음을 깨닫게 하시며, 받은 복을 겸손하게 나눌 수 있는 겸허한 마음통해 더욱 주께 영광돌리길 예수 그리스도 이름으로 간절히 기도드립니다. 아멘!
May God Bless you always!

✎ 주께서 주신, 기도응답의 말씀

6월 22일

☀ 찬양
나의 기도 – 시와 그림

📖 오늘의 읽을 말씀
(시편 107-110편) 인애하신 구세주의 구속하심에 감사함으로(107편), 헌신의 찬양과 기도를 올려드립니다(108편). 주의 백성들의 기도를 세심하게 들으셔서 가장 선한 길로 인도하시는 사랑의 하나님을 주저함 없이 경배하였던 다윗처럼, 우리의 삶도 왕이신 우리 하나님을 마음 중심에 모셔드리는 경배와 찬양의 인생 되길(110편) 소원합니다.

📖 오늘의 핵심말씀
"여호와의 인자하심과 인생에게 행하신 기적으로 말미암아 그를 찬송할지로다 그가 사모하는 영혼에게 만족을 주시며 주린 영혼에게 좋은 것으로 채워 주심이로다"(시편 107:8-9). 아멘!

✞ 주께 드리는, 오늘의 기도
간구하는 주의 자녀들에게 가장 좋은 것으로 응답해 주시는 하나님 아버지 ~ 주님의 한없는 사랑으로 영혼들에게 변함없이 베푸시는 그 놀라운 은혜에 감사의 찬양을 올려드립니다. 광야 사막과 같은 세상에서 방황하며, 근심 중에 여호와께 부르짖을 때에도 우리의 고통에서 기적적으로 건지시고, 바른 길로 인도하신 우리 주님께 모든 영광을 올려드리는 '기쁨과 감사의 복된 날' 되기를, 예수 그리스도 이름으로 간절히 기도드립니다. 아멘!
May God Bless you always!

✎ 주께서 주신, 기도응답의 말씀

6월 23일

☀ 찬양
말씀 앞에서 – with GOD

📖 오늘의 읽을 말씀
(시편 111-118편) 가장 낮은 곳에 오셔서 생명 다한 십자가 사랑으로 영혼들을 사랑하시며 구원하신 주님~ '주님께서 하신 일(111편), 하나님을 예배하는 이들에게 복을 베푸심(112편), 주께서 어려움 당하는 이들을 도우심(113편), 주님의 능력(114편), 주님은 마땅히 찬양받으실 분(115편), 주의 구속하심(116편), 주의 진리(117편), 그리고 주님의 자비하심(118편)'으로 인해 하나님을 찬양합니다. 오늘도 변함없이 여호와를 경외하며, 주의 말씀 앞에 겸손히 하나님만을 찬양하는 복된 날 되길 소망해 봅니다.

📖 오늘의 핵심말씀
"할렐루야, 여호와를 경외하며 그의 계명을 크게 즐거워하는 자는 복이 있도다"(시편 112:1). 아멘!

✝ 주께 드리는, 오늘의 기도
할렐루야! 복의 근원되시는 여호와 하나님~ 오늘도 구원의 기쁨과 감사, 그리고 자원하는 마음으로 주의 말씀에 순종하고 복종하여 '축복의 은총'을 누리는 복된 날 되게 인도해 주시길, 예수 그리스도 이름으로 간절히 기도드립니다. 아멘! May God Bless you always!

✎ 주께서 주신, 기도응답의 말씀

6월 24일

☀ 찬양
행복 – 하니 2집

📖 오늘의 읽을 말씀
(시편 119편) 오늘 읽을 말씀인 시편 119편은 성경에서 가장 긴 장입니다. 시편 119편은 모두 176절로 되어 있습니다. 176절이라는 끝없는 구절들은 하나님의 말씀을 한없이 찬양하고 사랑하게 인도합니다. 또한 여호와의 말씀에 순·복하여 그대로 행하는 자들과 여호와를 구하는 자들에게 복과 평강이 있음을 다시금 확인하며 묵상케 됩니다.

📖 오늘의 핵심말씀
"행위가 온전하여 여호와의 율법을 따라 행하는 자들은 복이 있음이여"(시편 119:1). 아멘!

✝ 주께 드리는, 오늘의 기도
진정한 행복의 근원되시는 주님~ 주님의 생명의 말씀을 통하여 성령 충만, 은혜 충만케 하여 주옵소서. 세상의 그 어떤 것과도 바꿀 수 없는 '말씀의 맛'을 경험할 뿐 만 아니라, 말씀에 순·복하는 삶을 통해 참된 행복이 넘쳐나는 '행복한 주님의 제자'되게 인도해 주시길, 예수 그리스도 이름으로 간절히 기도드립니다. 아멘! May God Bless you always!

✎ 주께서 주신, 기도응답의 말씀

6월 25일

☀ 찬양
주님께 모든 것을 맡깁니다. - 최정원

📖 오늘의 읽을 말씀
(시편 120-127편) 오늘의 말씀을 읽으며 하나님의 평강(120,122편), 보호(121,125,127편), 도우심과 준비하심(123,124,126편)에 대하여 묵상하게 됩니다. 더불어 하나님께서 우리를 세우시고 지키시며 안식을 허락하심을 날마다 기억합시다. 더 나아가 하나님의 섭리를 온전히 신뢰하며 내맡기는 복된 삶을 살아가는 우리 모두 되시길 소원드립니다.

📖 오늘의 핵심말씀
"여호와께서 집을 세우지 아니하시면 세우는 자의 수고가 헛되며 여호와께서 성을 지키지 아니하시면 파수꾼의 깨어 있음이 헛되도다 너희가 일찍이 일어나고 늦게 누우며 수고의 떡을 먹음이 헛되도다 그러므로 여호와께서 그의 사랑하시는 자에게는 잠을 주시는도다"(시편 127:1-2). 아멘!

✝ 주께 드리는, 오늘의 기도
찬양과 경배를 받으시기에 합당하신 하나님 아버지~ 늘 넘치는 은혜로 우리의 삶을 인도하신 하나님께서 우리의 현재와 미래에도 풍성하게 채워주실 그 은혜로 인해 감사드립니다. 허탄한 세상 가치관에 우리의 마음을 빼앗기지 않고, 우리는 늘 청지기임을 잊지 않으며, 하나님의 주권적인 인도하심 안에 우리의 모든 것을 맡길 수 있는 복된 날, 그리고 헛된 인생이 아닌 축복된 인생되길, 예수 그리스도 이름으로 간절히 기도드립니다. 아멘! May God Bless you always!

✎ 주께서 주신, 기도응답의 말씀

6월 26일

☀ 찬양
서로 사랑하자 - 히즈윌 4집

📖 오늘의 읽을 말씀
(시편 128-134편) 오늘 읽을 성경본문 말씀에서는 의로운 자에 대한 축복(128편)과 악한 자에 대한 심판(129편) 뿐 만 아니라 인생 여정 가운데 어두운 밤(130편)도 있지만, 주 안에서 소망이 있음을 발견하게 됩니다(131편). 또한 하나님의 성소에서(132,134편), 그리고 하나님의 백성 중에서(133편) 새로운 날을 맞이할 힘을 회복하는 은혜가, [65] 우리 모두에게도 함께 하시길 소망해 봅니다.

📖 오늘의 핵심말씀
"보라 형제가 연합하여 동거함이 어찌 그리 선하고 아름다운고"(시편 133:1). 아멘!
"너희가 서로 사랑하면 이로써 모든 사람이 너희가 내 제자인 줄 알리라"(요한복음 13:35). 아멘!

✞ 주께 드리는, 오늘의 기도
교회의 머리되신 주님~ 교회의 지체인 우리들이 하나님께서 세우신 거룩한 공동체인 교회를 일평생 사랑하며 섬기게 하옵소서. 또한 교회 공동체 안에서 서로 사랑하며 협력하고 화합하여 부흥케 하는 일에 쓰임 받을 뿐 만 아니라, 어두운 세상을 환하게 비추는 주님의 빛된 제자들로 온전히 사용하여 주시길, 예수 그리스도 이름으로 간절히 기도드립니다. 아멘!
May God Bless you always!

✎ 주께서 주신, 기도응답의 말씀

6월 27일

☀ 찬양
날 사랑하는 이/ 예수 사랑하심은 - 제이어스

📖 오늘의 읽을 말씀
(시편 135-139편) 우리가 하나님을 찬양할 이유는 주의 인자하심과 성실하심 때문이요, 신실하게 응답하심으로 인함이고, 우리를 생명 다한 십자가 사랑으로 주목하시기 때문임을 믿음으로 고백합니다.

📖 오늘의 핵심말씀
"내가 주의 성전을 향하여 예배하며 주의 인자하심과 성실하심으로 말미암아 주의 이름에 감사하오리니 이는 주께서 주의 말씀을 주의 모든 이름보다 높게 하셨음이라"(시편 138:2). 아멘!

✞ 주께 드리는, 오늘의 기도
한없는 사랑과 성실하심으로 우리의 삶을 인도해 주시는 하나님 아버지~ 독생자 예수 그리스도를 통하여 우리에 대한 사랑을 성실하게 증명하신 '사랑의 하나님'을 찬양합니다. 받은 은혜에 감격하여 올려 드리는 '하나님을 향한 사랑의 고백'이 삶으로 이어져, 오늘도 더 많은 것을 사랑하게 되며, 인생 곳곳에 사랑의 흔적이 삶의 이정표로 세워지게 인도해 주시길, 예수 그리스도 이름으로 간절히 기도드립니다. 아멘! May God Bless you always!

✎ 주께서 주신, 기도응답의 말씀

6월 28일

☀ 찬양
찬양이 언제나 넘치면

📖 오늘의 읽을 말씀
(시편 1편, 요한일서 1:9) 주님 앞에 가까이 나아가 죄를 자백하는 영혼들에게 죄를 사하시며 모든 불의에서 깨끗케 하시는 미쁘시고 의로우신 하나님 ~ 하나님의 은혜에 감사하여 전심을 다해 주께 더 가까이 나아가는 주의 자녀들에게 하나님의 복된 말씀을 허락해 주옵소서. 하나님의 말씀이 우리 마음에 충만하여 무시로 묵상하며, 날마다 주를 찬송하고 경배하는 말씀묵상과 찬양의 삶 되길 소원하나이다.

📖 오늘의 핵심말씀
"만일 우리가 우리 죄를 자백하면 그는 미쁘시고 의로우사 우리 죄를 사하시며 우리를 모든 불의에서 깨끗하게 하실 것이요"(요한일서 1:9). 아멘!
"복 있는 사람은 악인들의 꾀를 따르지 아니하며 죄인들의 길에 서지 아니하며 오만한 자들의 자리에 앉지 아니하고 오직 여호와의 율법을 즐거워하여 그의 율법을 주야로 묵상하는도다"(시편 1:1~2). 아멘!

✝ 주께 드리는, 오늘의 기도
찬양을 기뻐 받으시는 하나님 아버지~ 오늘도 하나님의 복된 말씀을 붙잡고, 곡조있는 기도인 찬양을 주님께 올려 드리는 은혜의 날 되길 소원합니다. 찬송할 때에 하나님의 임재를 경험하게 하옵시며, 영혼과 육신, 그리고 인생의 문제가 풀리게 하옵소서. 하나님의 말씀 앞에 겸손하며, 말씀이 내 삶을 인도하게 하시고, 어떤 형편과 처지에서도 찬양이 넘치는 복 있는 사람되게 오늘도 인도해 주시길, 예수 그리스도 이름으로 간절히 기도드립니다. 아멘! May God Bless you always!

✎ 주께서 주신, 기도응답의 말씀
_____
_____
_____
_____

6월 29일

☀ 찬양
아침에 주의 인자하심을 - 좋은 씨앗 1집

📖 오늘의 읽을 말씀
(시편 140-145편) 하나님께 진실하게 간구하는 모든 자에게 가까이 하시며, 하나님을 경외하는 자들의 소원을 들어주시는 하나님을 찬양합니다. 믿음의 선조 다윗은 어려울 때, '확실한 피난처(140,142편), 신뢰할만한 의인(141편), 기도를 들어주시는 주님(143편), 강한 팔(144편), 긍휼하신 왕(145편)'을 찾았습니다. 오늘 우리도 하나님의 말씀을 온전히 의뢰하며, 주께 간구하여 응답받는 기쁨의 날 되길 소원합니다.

📖 오늘의 핵심말씀
"아침에 나로 하여금 주의 인자한 말씀을 듣게 하소서 내가 주를 의뢰함이니이다 내가 다닐 길을 알게 하소서 내가 내 영혼을 주께 드림이니이다"(시편 143:8). 아멘!

✝ 주께 드리는, 오늘의 기도
선한 목자되신 우리 주님~ 우리는 늘 지혜가 부족하여 갈 바를 알지 못할 때가 많습니다. 우리의 분주한 일상으로 인해 주의 말씀을 묵상하는 일이 간과되지 않도록 우리의 믿음을 지켜주시옵소서. 하나님 아버지~ 정한 시간에 주의 말씀을 듣게 하시며, 주를 의뢰함으로 오늘도 앞길이 활짝 열려지는 형통함의 축복을 허락해 주시옵소서. 존귀하신 예수 그리스도 이름으로 간절히 기도드립니다. 아멘! May God Bless you always!

✎ 주께서 주신, 기도응답의 말씀

6월 30일

☀ 찬양
호흡이 있는 자마다

📖 오늘의 읽을 말씀
(시편 146-150편) 시편의 찬양이 절정을 이루는 가운데, 찬양받으실 하나님을 찬양하며(146편), 하나님의 보호하심을 인해 찬양하고(147편), 하나님의 창조세계(148편)와 하나님의 공의(149편), 그리고 하나님의 위대하심(150편)을 인해 찬양하고 있습니다. 오늘 우리도 찬양받으시기에 합당하신 하나님을 변함없이 찬양하며, 증거하는 축복의 통로로 쓰임받길 소원합니다.

📖 오늘의 핵심말씀
"그의 능하신 행동을 찬양하며 그의 지극히 위대하심을 따라 찬양할지어다 호흡이 있는 자마다 여호와를 찬양할지어다 할렐루야"(시편 150:2,6). 아멘!

✝ 주께 드리는, 오늘의 기도
생사화복의 근원이신 여호와 하나님~ 주님의 전능하심과 위대하심을 찬양할 수 있는 은혜와 건강을 주셔서 감사합니다. 그러나 다른 한편으로는 원망과 불평이 많았던 우리의 잘못을 용서해 주시옵소서. 우울함과 부정적인 생각, 그리고 불평을 주는 악한 영이 틈타지 못하도록 우리 마음 중심을 지켜주시옵시며, 기쁨이 넘치고 늘 감사하는 삶의 새 노래를 통해 복음의 통로로 사용해 주시길, 예수 그리스도 이름으로 간절히 기도드립니다. 아멘! May God Bless you always!

✎ 주께서 주신, 기도응답의 말씀

7월 1일

☀ 찬양
잠언 3장 – 다윗과 요나단

📖 오늘의 읽을 말씀
(잠언 1-4장) 여호와 경외함을 통해 지식의 근본을 이루며, 감추어진 보배를 찾는 것 같이 간절함으로 지혜를 찾으면 찾을 것입니다. 또한 무엇보다 마음을 지켜서 하나님의 귀한 종되기를 소원합니다.

📖 오늘의 핵심말씀
"너는 마음을 다하여 여호와를 신뢰하고 네 명철을 의지하지 말라 너는 범사에 그를 인정하라 그리하면 네 길을 지도하시리라"(잠언 3:5-6). 아멘!

✞ 주께 드리는, 오늘의 기도
우리를 통해 하나님 나라 확장의 사명을 펼쳐 가시는 하나님 아버지~ 오늘도 주님께서 주시는 '사명과 비전'을 보게 하옵소서. 다윗처럼 어떠한 형편과 처지에서도 여호와를 끝까지 신뢰하고, 자신의 명철을 의지하지 않으며, 주의 말씀에 순•복하는 은혜를 허락해 주시옵소서. 하나님을 범사에 인정하고, 구별된 삶으로 으뜸이 되었던 요셉과 같이, '하나님의 영광과 주의 나라' 위해 쓰임 받는 '기쁨의 날' 되게 인도해 주시길, 예수 그리스도 이름으로 간절히 기도드립니다. 아멘! May God Bless you always!

✎ 주께서 주신, 기도응답의 말씀

7월 2일

☀ 찬양
세상을 사는 지혜 – 필그림 남성4중창

📖 오늘의 읽을 말씀
(잠언 5-9장) 현란해 보이지만 유혹은 죽음의 결과를 초래할 수도 있습니다. 하나님께서 미워하시는 죄에 빠지지 말고, 오히려 지혜의 소리에 귀를 기울이도록 기도합니다. 하나님을 알고, 주의 말씀대로 순•복하여 하나님의 지혜가 충만한 오늘, 그리고 우리의 인생되게 인도해 주시길 소원합니다.

📖 오늘의 핵심말씀
"지혜가 부르지 아니하느냐 명철이 소리를 높이지 아니하느냐"(잠언 8:1). 아멘

✞ 주께 드리는, 오늘의 기도
우리를 생명의 길로 인도하시는 선한 목자이신 주님~ 오늘도 변함없이 주어진 선택의 기로에서 하나님께서 기뻐하실 후회함이 없는 결단을 할 수 있는 '하나님의 지혜와 명철'을 허락해 주시길, 예수 그리스도 이름으로 간절히 기도드립니다. 아멘! May God Bless you always!

✎ 주께서 주신, 기도응답의 말씀

7월 3일

☀ 찬양
사랑 – 히즈윌 2집

📖 오늘의 읽을 말씀
(잠언 10-13장) 오늘의 읽을 본문말씀은 하나님의 관점에서 삶에 어떻게 응답할 것인가를 가르쳐주는 지침서입니다. 그 내용은 다양하며 실제적인데, '재물의사용, 말의 절제, 친구의 선택, 다툼의 해결, 그리고 어떻게 장사할지' 등에 대해 설명하고 있습니다.

📖 오늘의 핵심말씀
"미움은 다툼을 일으켜도 사랑은 모든 허물을 가리느니라"(잠언 10:12). 아멘!
"사랑은 오래 참고 사랑은 온유하며 시기하지 아니하며 사랑은 자랑하지 아니하며 교만하지 아니하며 무례히 행하지 아니하며 자기의 유익을 구하지 아니하며 성내지 아니하며 악한 것을 생각하지 아니하며 불의를 기뻐하지 아니하며 진리와 함께 기뻐하고 모든 것을 참으며 모든 것을 믿으며 모든 것을 바라며 모든 것을 견디느니라 사랑은 언제까지나 떨어지지 아니하되 예언도 폐하고 방언도 그치고 지식도 폐하리라"(고린도전서 13:4-8). 아멘!

✚ 주께 드리는, 오늘의 기도
사랑과 은혜가 충만하신 하나님 아버지~ 우리에게 주신 성령으로 말미암아 '하나님의 사랑'이 우리 마음에 부은바 되어 어두운 세상을 비추는 빛과 사랑, 그리고 복음과 축복의 통로로 쓰임 받는 복된 날 되길, 예수 그리스도 이름으로 간절히 기도드립니다. 아멘! May God Bless you always!

✎ 주께서 주신, 기도응답의 말씀

7월 4일

※ 찬양
세상을 사는 지혜 – 최정원

📖 오늘의 읽을 말씀
(고린도전서 1:30; 골로새서 2:3; 잠언 2장) 매일의 삶 속에서 생겨나는 모든 문제들을 성공적으로 잘 다루기 위해서 지혜가 필요한데, 지혜를 주시는 분은 바로 예수 그리스도이십니다. 왜냐하면 주님 안에 지혜가 있으시기 때문입니다. 그러므로 주의 자녀들에게 후히 주시기 원하시는 우리 주님께 신령과 진정으로 지혜를 간구하길 소원합니다.

📖 오늘의 핵심말씀
"지혜를 얻은 자와 명철을 얻은 자는 복이 있나니"(잠언 3:13). 아멘!
"너희는 하나님으로부터 나서 그리스도 예수 안에 있고 예수는 하나님으로부터 나와서 우리에게 지혜와 의로움과 거룩함과 구원함이 되셨으니"(고린도전서 1:30). 아멘!
"그 안에는 지혜와 지식의 모든 보화가 감추어져 있느니라"(골로새서 2:3). 아멘!

✝ 주께 드리는, 오늘의 기도
우리에게 지혜와 의로움과 거룩함과 구원함이 되시는 주님~ 죄 많은 세상 속에서 오늘도 살아갈 때에 매일의 삶 속에서 생겨나는 모든 문제들을 '주 안에서' 성공적으로 잘 다루며 살아갈 수 있는 '지혜'를 허락해 주시길, 예수 그리스도 이름으로 간절히 기도드립니다. 아멘!
May God Bless you always!

✎ 주께서 주신, 기도응답의 말씀

7월 5일

☀ **찬양**
길 – 손경민

📖 **오늘의 읽을 말씀**
(잠언 14-17장) 잠언서의 구조는 단순하지만, 그 영역은 매우 넓습니다. 사람의 성질과 혀, 살아가는 길과 목적, 생각과 그 생각의 동기 등등… 만약 성공의 길을 단축시키려는 우리의 의도를 하나님께서 싫어하신다면 어떻게 하시겠습니까? 오늘 우리가 취하려는 지름길을 생각해봅시다. 그 길은 성공에 이르는 길일까요? 아니면 재난에 이르는 길일까요?

📖 **오늘의 핵심말씀**
"사람이 마음으로 자기의 길을 계획할지라도 그의 걸음을 인도하시는 이는 여호와시니라"(잠언 16:9). 아멘!
"마음의 경영은 사람에게 있어도 말의 응답은 여호와께로부터 나오느니라"(잠언 16:1). 아멘!
"너의 행사를 여호와께 맡기라 그리하면 네가 경영하는 것이 이루어지리라"(잠언 16:3). 아멘!
"제비는 사람이 뽑으나 모든 일을 작정하기는 여호와께 있느니라"(잠언 16:33). 아멘!

✚ **주께 드리는, 오늘의 기도**
우리의 생사화복과 흥망성쇠를 결정하시는 여호와 하나님~ 저희들의 인간적인 욕망과 욕심들을 주님의 십자가 앞에 모두 내려놓습니다. 예수 십자가 보혈의 피로 우리의 연약한 죄들을 씻어 정결케 하옵소서. 오늘 우리가 정한 '마음과 모든 생각들', 그리고 '선한 결정들'을 통해 '하나님의 기쁨'이 되길, 예수 그리스도 이름으로 간절히 기도드립니다. 아멘!
May God Bless you always!

✎ **주께서 주신, 기도응답의 말씀**

7월 6일

☀ 찬양
겸손 – 장윤영

📖 오늘의 읽을 말씀
(잠언 18-21장) 무엇보다 사람들의 마음과 모든 일들 속에서 역사하시고, 아첨이나 거짓을 피하며, 그 대신에 주의 말씀에 순•복하도록 인도해 주시는 하나님만을 바라봅시다. 자신이나, 재물, 능력 등에 대한 교만은 파멸을 가져오지만 하나님 앞에서, 타인과 자신 앞에서의 겸손은 존귀를 가져온다는 사실을 깨닫습니다. 마음중심으로 소원하옵기는, 교만 대신에 겸손을 행하므로 하나님을 기쁘시게 해 드리는 복된 날 되길 소망해 봅니다.

📖 오늘의 핵심말씀
"사람의 마음의 교만은 멸망의 선봉이요 겸손은 존귀의 길잡이니라"(잠언 18:12). 아멘!
"... 무릇 자기를 높이는 자는 낮아지고 자기를 낮추는 자는 높아지리라 하시니라"(누가복음 18:14). 아멘!
"...하나님은 교만한 자를 대적하시되 겸손한 자들에게는 은혜를 주시느니라"(베드로전서 5:5). 아멘!

✟ 주께 드리는, 오늘의 기도
우리의 모든 모습과 마음 중심을 아시는 하나님 아버지~ 우리 자신이 스스로의 주인이 되려하고, 하나님 보다 높아지려고 하며, 이웃들과의 벽을 쌓는 이 '교만'을 용서해 주시옵소서. 주여~ 저희들을 불쌍히 여겨주셔서, 예수 그리스도께서 피로 씻어 우리 죄를 용서해주신 눈물의 감격과 확신 속에서 오늘도 걸어가며, 겸손한 자들에게 예비된 하나님의 축복을 받아 누리는 복된 날 되길, 예수 그리스도 이름으로 간절히 기도드립니다. 아멘!
May God Bless you always!

✎ 주께서 주신, 기도응답의 말씀

7월 7일

✸ 찬양
여호와께 돌아가자 – 제이어스

📖 오늘의 읽을 말씀
(잠언 22-24장) 오늘의 말씀은 가정이나 교회, 그리고 직장과 세상에서 책임자의 위치에 있는 사람들을 위한 지혜로운 권고의 말씀입니다. 우리의 모든 언행심사가 하나님을 경외하는 모습으로 나날이 변화되는 복된 삶 되길 소원합니다.

📖 오늘의 핵심말씀
"네 마음으로 죄인의 형통을 부러워하지 말고 항상 여호와를 경외하라 정녕히 네 장래가 있겠고 네 소망이 끊어지지 아니하리라"(잠언 23:17-18). 아멘!
"매를 아끼는 자는 그의 자식을 미워함이라 자식을 사랑하는 자는 근실히 징계하느니라"(잠언 13:24). 아멘!
"… 하나님께서 그들을 그 상실한 마음대로 내버려 두사 …"(로마서 1:28). 아멘!

✞ 주께 드리는, 오늘의 기도
세상의 구원 없는 행악자들처럼 죄악 가운데 내버려두지 않으시고, 늘 사랑의 매로 근실히 징계하시는 살아계신 하나님 아버지~ 철이 든 자식이 부모의 사랑의 매를 그리워하듯, 주님의 존귀하신 사랑 앞에 다시금 감사드립니다. 오늘도 변함없이 주님 주신 말씀 붙잡고, 하나님을 경외하므로 크신 복을 누리는 형통한 인생 되길, 예수 그리스도 이름으로 간절히 기도드립니다. 아멘! May God Bless you always!

✎ 주께서 주신, 기도응답의 말씀

7월 8일

☀ 찬양
죄 짐 맡은 우리 구주 – 마커스 워십

📖 오늘의 읽을 말씀
(잠언 25-29장) 오늘 읽을 성경말씀에서 의로운 자의 부유함과 어리석은 자의 위태로운 운명을 기록하고 있습니다. 삶의 여러 가지 상황들에 대해 올바르게 응답하게 하고, 물질적 소유에 대하여 적절한 시각을 갖게 하는 '하나님의 지혜'가 오늘, 그리고 우리의 삶 가운데 함께 하시길 소원합니다.

📖 오늘의 핵심말씀
"철이 철을 날카롭게 하는 것 같이 사람이 그의 친구의 얼굴을 빛나게 하느니라"(잠언 27:17). 아멘!

✝ 주께 드리는, 오늘의 기도
우리의 기도에 늘 좋은 것으로 응답하시는 하나님 아버지~ 친구 위해 목숨을 버리는 큰 사랑을 몸소 실천하심으로 죄인된 우리의 친구가 되신 주님을 찬양하며 경배 드립니다. 우리의 가장 친한 친구되신 예수님~ 주님과 늘 함께하며, 말씀 붙잡고 기도 가운데 교제하는 기쁨을 누리게 하시니, 이 또한 너무나 감사합니다. 살아계신 하나님 아버지~ 우리의 친구되신 예수 그리스도와 동행하므로 우리 자신들도 좋은 친구로 준비되게 하옵시며, 우리의 마음과 뜻과 기도를 나눌 수 있는 참된 친구(동역자)를 만나고 누리는 '관계의 축복'을 풍성히 허락해 주시길, 예수 그리스도 이름으로 간절히 기도드립니다. 아멘! May God Bless you always!

✎ 주께서 주신, 기도응답의 말씀

7월 9일

☀ 찬양
주의 약속하신 말씀 위에 서 – 어노인팅 찬송가 3집

📖 오늘의 읽을 말씀
(잠언 30-31장) 잠언은 점진적 구조를 가지고 있습니다. 먼저 서론(1:1-7)에서는 잠언의 목적을 밝힙니다. 잠언은 하나님을 경외하는 자들을 위한 지혜의 책입니다. 그 다음에는 의인화된 두 여인이 등장합니다(1:8-9:18). 지혜 여인과 어리석은 여인입니다. 저자는 두 여인 중 누구를 선택할 것인지를 묻고, 지혜 여인을 선택한 사람을 위해 구체적인 지혜의 여정을 제시합니다(10:1-31:9).[66] 그리고 결론에서 다시 한 번 지혜로운 여인을 소개하면서 지혜로운 삶의 가치를 찬양합니다. 이처럼 하늘에서(잠 1:7) 시작한 잠언이 가정에서 끝을 맺는(잠 31:15) 것은 매우 타당한 일입니다. 현숙한 여인을 아내로, 어머니로 둔 남편과 자녀들은 진주보다 더 할 것입니다. 더욱이 하나님을 경외하는 아내와 어머니는 그 이상 더할 나위 없는 축복이 함께 할 줄 믿습니다.

📖 오늘의 핵심말씀
"하나님의 말씀은 다 순전하며 하나님은 그를 의지하는 자의 방패시니라"(잠언 30:5). 아멘!

✝ 주께 드리는, 오늘의 기도
말씀을 사모하는 갈급한 영혼들에게 순전한 말씀으로 역사해 주시는 하나님 아버지~ 주의 말씀 앞에 겸손하여 말씀을 온전히 의지하며, 성경말씀으로 인생문제의 답을 찾게 하옵소서. 말씀과 기도가 악하고 음란한 세대를 살아가는 우리들에게 가장 강력한 삶의 무기가 되게 하여 주시길, 예수 그리스도 이름으로 간절히 기도드립니다. 아멘! May God Bless you always!

✎ 주께서 주신, 기도응답의 말씀

7월 10일

✳ 찬양
내 삶의 이유라 - 조수아

📖 오늘의 읽을 말씀
(전도서 1-6장) 만약 사람들에게 구약에서 가장 성공한 사람을 추천하라고 한다면 "그 사람은 솔로몬이다"라고 할 것입니다. 그는 지혜와 부, 지위, 권세, 명성 등… 사람들이 갖기 원하는 모든 것들을 소유했습니다. 그러나 그는 전도서 2장 1-11절에서 "모든 것이 헛되다"라고 말했습니다. 절망의 모습인가요? 아마 그럴 것입니다. 그러나 솔로몬이 인생의 모든 일과 노력을 하나님의 관점에서 보고, 인생의 선한 일을 '하나님의 손에서 나온 것'으로 보게 될 때 그의 인생은 의미와 목적을 갖게 되었습니다(전 2:24). 그러므로 오직 여호와를 경외하는 것이 헛된 세상에서 의미있고, 후회함 없이 사는 지름길임을 다시금 마음에 되새기게 됩니다(전 5:2-7).

📖 오늘의 핵심말씀
"전도자가 이르되 헛되고 헛되며 헛되고 헛되니 모든 것이 헛되도다 해 아래에서 수고하는 모든 수고가 사람에게 무엇이 유익한가"(전도서 1:2-3).

✞ 주께 드리는, 오늘의 기도
우리 삶의 주인이 되시는 하나님 아버지~ 우리 자신들의 인생 목표가 결단코 세상적인 성공과 출세가 되지 않게 하옵시며, 삶의 초점을 하나님께 맞추고, 주의 뜻을 따라가게 인도하옵소서. 우리 삶의 목자되신 하나님 아버지~ 주님을 만나 구원받은 놀라운 감격으로 '영원하신 하나님을 위해, 영원한 하나님의 말씀'을 통해, 사람들의 영혼들을 주님께로 인도하는 의미있고, 후회함이 없는 복된 오늘, 그리고 우리의 인생되길, 예수 그리스도 이름으로 간절히 기도드립니다. 아멘! May God Bless you always!

✎ 주께서 주신, 기도응답의 말씀

_____
_____
_____
_____

7월 11일

☀ 찬양
주를 더 알수록 – 마커스 커뮤니티

📖 오늘의 읽을 말씀
(전도서 7-12장) 헛되고 헛된 이 세상 가운데 우리의 근본은 하나님을 경외하고, 주의 말씀을 지켜 살아가는 것입니다. 이러한 믿음의 삶이 우리가 마땅히 해야 할 본분임을 다시금 깨닫습니다.

📖 오늘의 핵심말씀
"일의 결국을 다 들었으니 하나님을 경외하고 그의 명령들을 지킬지어다 이것이 모든 사람의 본분이니라 하나님은 모든 행위와 모든 은밀한 일을 선악 간에 심판하시리라"(전도서 12:13-14). 아멘!

✚ 주께 드리는, 오늘의 기도
사랑으로 이 땅에 오셔서 우리에 대한 사랑을 증명하신 주님~ 그 십자가 사랑에 감격하여 오늘도 하나님을 경외하는 복된 삶 살아가게 하옵소서. 주를 더 알아갈수록 더욱 감사하는 매일의 삶 통해 하나님의 마음을 기쁘게 해 드리는 축복된 인생되게 인도해 주시길, 예수 그리스도 이름으로 간절히 기도드립니다. 아멘! May God Bless you always!

✎ 주께서 주신, 기도응답의 말씀

7월 12일

✹ 찬양
그 크신 하나님의 사랑(찬송가 304장) - 나무엔

📖 오늘의 읽을 말씀
(아가 1-8장) '노래 중의 노래' 또는 '최고의 노래'라고 알려진 아가서는 술람미 여인에 대한 솔로몬의 사랑과 결혼을 묘사하고 있습니다. 더불어 이스라엘 민족을 향한 하나님의 사랑에 대한 풍유이며, 하나님의 신부인 교회를 향한 하나님의 사랑을 묘사하고 있습니다.

📖 오늘의 핵심말씀
"너는 나를 도장 같이 마음에 품고 도장 같이 팔에 두라 사랑은 죽음 같이 강하고 질투는 스올 같이 잔인하며 불길 같이 일어나니 그 기세가 여호와의 불과 같으니라 많은 물도 이 사랑을 끄지 못하겠고 홍수라도 삼키지 못하나니 사람이 그의 온 가산을 다 주고 사랑과 바꾸려 할지라도 오히려 멸시를 받으리라"(아가 8:6-7). 아멘!

✞ 주께 드리는, 오늘의 기도
생명 다한 사랑으로 물과 피를 흘리시며 죽기까지 사랑해 주신 우리 주님~ 술람미 여인에 대한 솔로몬의 사랑을 통해 하나님의 사랑을 다시금 체휼할 수 있는 은혜를 주시니 너무나 감사합니다. 오늘도 변함없이, 성도들과 교회 공동체를 향한 '하나님의 그 크신 사랑'을 전하는 '축복의 통로'로 쓰임 받길, 예수 그리스도 이름으로 간절히 기도드립니다. 아멘!
May God Bless you always!

✎ 주께서 주신, 기도응답의 말씀

4. '예언서'에서 전하는 기도의 선조들

구약의 예언서는 '대 예언서'(major prophets, 이사야, 예레미야, 예레미야애가, 에스겔, 다니엘) 다섯 권과 '소 예언서'(minor prophets, 호세아, 요엘, 아모스, 오바댜, 요나, 미가, 나훔, 하박국, 스바냐, 학개, 스가랴, 말라기) 열두 권이 포함되어 있습니다.

우리는 보통 예언이라고 하면, 미리 '예'(豫)와 말씀 '언'(言), 즉 '미리 말씀하는 것'(fore-telling)으로 알고 있습니다. 그러나 성경의 예언은, 맡길 '예'(預)와 말씀 '언'(言)으로 '맡겨진 말씀을 전달하는 것'(forth-telling)을 의미합니다. 그러므로 예언은 미래를 점치는 것이 아니라 하나님께서 맡기신 말씀을 전달하는 것입니다. 그래서 예언은 특정한 시기와 나라, 그리고 예언자를 통해서 특정한 백성들에게 한 말씀이므로, 예언자가 활동했던 그 특정한 시대가 언제인지를 아는 것이 중요합니다. 이처럼 '예언서'에서 전하는 기도의 선조들은 과연 누구였을까요?

• 이사야의 기도

이사야 선지자가 처했던 현실은 밝지 않았습니다. 왕들은 부패했고, 이스라엘의 미래는 어두웠습니다. 그럼에도 불구하고 이사야 선지자는 낙망과 한탄, 그리고 탄식의 기도에만 머무르지 않았습니다. 왜냐하면 그가 보는 역사관은 그렇게 좁지 않았기 때문입니다. 이사야 선지자는 먼 과거인 출애굽을 바라보고, 또 먼 미래에 하나님께서 이스라엘을 바벨론 포로에서 건져 내시며, 예수 그리스도께서 오시고 세계만방이 구원받는 놀라운 역사까지를 보았습니다. 그랬기에 이사야 선지자는 자기 민족을 위해서 '부흥을 준비하는 기도'를 할 수 있었습니다. 이러한 기도는 크게 세 가지 차원으로 살펴볼 수 있는데, 그 첫 번째가 '과거에 베푸신 자비를 감사하는 기도'(이사야 63:7-9)이며, 두 번째가 '그럼에도 불구하고 하나님께 반역한 것을 회개하는 기도'(이사야 63:1-15)입니다. 그리고 세 번째 차원이 바로 '부흥을 위한 간구'(이사야 63:15-19)였음을 확인케 됩니다.

"내가 여호와께서 우리에게 베푸신 모든 자비와 그의 찬송을 말하며 그의 사랑을 따라, 그의 많은 자비를 따라 이스라엘 집에 베푸신 큰 은총을 말하리라"(이사야 63:7).
"주여 하늘에서 굽어 살피시며 주의 거룩하고 영화로운 처소에서 보옵소서 주의 열성과 주의 능하신 행동이 이제 어디 있나이까 주께서 베푸시던 간곡한 자비와 사랑이 내게 그쳤나이다"(이사야 63:15).
"여호와여 어찌하여 우리로 주의 길에서 떠나게 하시며 우리의 마음을 완고하게 하사 주를 경외하지 않게 하시나이까 원하건대 주의 종들 곧 주의 기업인 지파들을 위하사 돌아오시옵소서"(이사야 63:17).

• 예레미야의 기도

예레미야는 손과 마음을 들고 하나님께 나아가자고 촉구합니다(예레미야애가 3:40-41). 자신도 주님이 응답하실 때까지 눈물의 기도를 멈추지 않겠다고 다짐합니다. 이처럼 참된 회개는, 당면한 징계의 소나기를 피하고 보자는 응급 처방식 기도나 회개의 모양만 갖춘 기도가 아닙니다. 자기 자신의 행위를 낱낱이 살피며 죄를 인정하고, 슬퍼하여 죄악된 삶에서 돌이키는 진솔한 마음의 기도를 의미하는 것입니다.

이와 같은 마음으로 예레미야는 시온을 '딸 내 백성', '나의 성읍'이라 부르며 눈물의 기도를 드렸던 것입니다(예레미야애가 3:48-51). 여호와께서 자기 백성에게 긍휼을 베푸실 때까지 눈물을 그치지 않겠다고 다짐했듯이, 예레미야 선지자처럼 우리도 나라와 민족, 그리고 교회를 위해 눈물로 기도해야 할 일이 무엇입니까?

"우리가 스스로 우리의 행위들을 조사하고 여호와께로 돌아가자 우리의 마음과 손을 아울러 하늘에 계신 하나님께 들자"(예레미야애가 3:40-41).

• 다니엘의 기도

다니엘은 성경에서 부정적인 내용들이 전혀 기록되지 않고 있는 소수의 인물들 가운데 한 사람입니다. 그는 어떻게 그런 확신과 용기의 삶을 살아갈 수 있었을까요? 그가 그렇게 변함없이 하나님을 기쁘시게 하고, 영화롭게 할 수 있었던 비결은 무엇이었을까요? 수많은 대답들이 나올 수 있겠지만, '다니엘은 충실하게 기도한 사람이었다'라는 사실입니다.

어려운 상황이기에 그는 믿음의 친구들과 함께 충성되이 기도했습니다(다니엘 2:17-19). 죽을 수도 있다는 것을 알면서도 하나님께 생명 다해 충실히 기도했습니다(다니엘 6:10-11). 그리고 새로운 왕(페르시아 다리오왕)을 맞이하여 다니엘은 믿음을 지키기 위해 금식하며 기도했다는 사실입니다(다니엘 9:1-3). 또한, 다니엘 선지자는 자신과 친구들 뿐 만 아니라, 자신의 민족을 위해서 기도하는 모습을 보게 됩니다(다니엘 9:19).

특히, 여러 이방나라의 왕들을 섬겨야할 위치에 있으면서도 어떤 환경에 직면하든지, 그리고 그의 계획이 아무리 바쁘다 할지라도 그는 기도를 통해 하나님과 대화하는 시간을 찾았으며, 하나님 주시는 말씀을 믿고 의지하여 승리할 수 있었습니다. 하나님만을 바라보지 못하게 하는 극한 환경 속에서도 하나님만을 의지하여 겸손히 기도했던 하나님의 종, 다니엘 선지자! 그를 통하여 하나님께서 살아계심과 전능하심을 모든 이방민족들에게 보이셨으며, 영광 받으셨습니다. 우리도 다니엘처럼 하나님께 기도하여 하나님을 자랑하는, 하나님께서 영광 받으시는 복된 인생을 누리길 간절히 소원해 봅니다.

"다니엘이 이 조서에 왕의 도장이 찍힌 것을 알고도 자기 집에 돌아가서는 윗방에 올라가 예루살렘으로 향한 창문을 열고 전에 하던 대로 하루 세 번씩 무릎을 꿇고 기도하며 그의 하나님께 감사하였더라"(다니엘 6:10). "주여 들으소서 주여 용서하소서 주여 귀를 기울이시고 행하소서 지체하지 마옵소서 나의 하나님이여 주 자신을 위하여 하시옵소서 이는 주의 성과 주의 백성이 주의 이름으로 일컫는 바 됨이니이다"(다니엘 9:19).

· **하박국의 기도**

성경의 위대한 신앙 선조들 가운데 하박국 선지자가 있습니다. 그의 기도는 시기오놋에 맞추어서 열광적으로 찬양하는 기도였는데, 하박국 3장 1절을 보시면, "시기오놋에 맞춘 선지자 하박국의 기도라"고 말씀하고 있습니다. 여기서 '시기오놋'이란, 예배드릴 때 사용했던 '수금'이라는 악기이며, 하박국 선지자는 이 악기에 맞춰서 곡조있는 기도인 '노래'를 하고 있는 것입니다. 그런데 그 노래가 비통한 애가가 아니라, 오히려 빠르고 활기찬 노래로 하나님을 찬송하고 있습니다.

하박국 선지자가 이렇게 노래하는 이유가 무엇일까요? 하박국 3장 2절 상반절에서는 "여호와여 내가 주께 대한 소문을 듣고 놀랐나이다…"라고 말씀하고 있습니다. 이 말씀에 근거해서 볼 때, 그의 기도와 노래는 '하나님의 말씀을 듣고 난 충격에서 시작되고 있다'는 것입니다. 그렇다면 하박국 선지자가 하나님께 들은 말씀이 무엇입니까? 그가 처음 들은 것은 '유다와 예루살렘의 완전한 멸망'이라는 비극적인 소식이었습니다.

그런데 하나님의 말씀은 거기에서 그치지 않았습니다. 하나님께서는 유다의 멸망이 곧 하나님 나라의 끝은 아니라고 하셨습니다. 오히려 유다의 멸망을 통해 '여호와의 영광을 인정하는 것'이 온 세상에 가득해질 것이라고 말씀하셨습니다. 그러므로 예루살렘과 유다는 반드시 망하게 될 것이며, 이 엄청난 시련과 충격과 고통은 오히려 하나님을 드러내는 영광의 기회가 될 것입니다. 이것이 바로 하박국 선지자가 들은 말씀의 내용이었습니다.

예루살렘은 이미 생명이 끝난 도시였습니다. 그러나 하나님께서는 죽은 도시를 다시 살려 내겠다고 말씀하십니다. 그렇다면 어떻게 해결 불가능한 상황에서 '믿음'을 가질 수 있을까요? 하박국 선지자는 하나님께 들은 말씀을 붙잡고 기도함을 통해 '미래의 비전'을 보았습니다. 예루살렘의 폐허 위에서 솟아나는 영광스러운 교회의 미래를 내다본 것입니다.

우리의 힘이 어디에 있습니까? 우리의 소망이 어디에 있습니까? 불가능한 가운데서도 길을 발견하는데 있습니다. 바늘 구멍만한 소망을 찾아내는데 있습니다. 온 세상이 폐허가 되어도 그 폐허를 넘어서는 하나님의 건설 계획을 내다보며, 입에서는 늘 찬양이 터져 나오는 하박국 선지자의 기도와 찬양의 삶처럼, 복된 소망의 삶되길 소원합니다.

"시기오놋에 맞춘 선지자 하박국의 기도라 여호와여 내가 주께 대한 소문을 듣고 놀랐나이다 여호와여 주는 주의 일을 이 수년 내에 부흥하게 하옵소서 이 수년 내에 나타내시옵소서 진노 중에라도 긍휼을 잊지 마옵소서"(하박국 3:1-2).

7월 13일

☀ 찬양
보혈을 지나 – 호산나 싱어즈

📖 오늘의 읽을 말씀
(이사야 1-4장) 구약의 39권과 같은 이사야서 전반부 1-39장까지의 말씀은 하나님의 거룩성과 공의에 중점을 두고 유다에 대한 경고와 정죄를 선포하였습니다. 하나님의 책망이 예언자 이사야의 입술을 통하여 임했던 것입니다. 파멸과 수치스러운 치욕의 일반적인 상징이었던 소돔과 고모라처럼 유다도 조롱과 비웃음의 대상이 되었습니다(사 1:9-10). 만약 우리나라가 소돔에 비유된다면, 그렇게 되지 않기 위해서 오늘 우리는 무엇을 할 수 있을까요?

📖 오늘의 핵심말씀
"여호와께서 말씀하시되 오라 우리가 서로 변론하자 너희의 죄가 주홍 같을지라도 눈과 같이 희어질 것이요 진홍 같이 붉을지라도 양털 같이 희게 되리라 너희가 즐겨 순종하면 땅의 아름다운 소산을 먹을 것이요"(이사야 1:18-19). 아멘!

✝ 주께 드리는, 오늘의 기도
우리 죄를 진정으로 자백하면, 우리 죄를 용서하시고, 모든 불의에서 깨끗하게 해주실 신실하시고 의로우신 하나님 아버지~ 우리가 일평생 회개하며, 거룩함과 성결함을 이루기 위해 '주의 말씀 조금 더 붙잡고, 조금 더 기도하는' 복된 날, 그리고 축복된 인생되게 인도해 주시길, 예수 그리스도 이름으로 간절히 기도드립니다. 아멘! May God Bless you always!

✎ 주께서 주신, 기도응답의 말씀

7월 14일

☀ 찬양
십자가의 전달자 – 박만호 선교사

📖 오늘의 읽을 말씀
(이사야 5-7장) 이사야는 하나님의 예언자로서 말씀을 전하기 전에 먼저 자신의 죄(고집과 미적지근한 영적 상태 등)를 해결해야 했습니다. 임마누엘의 확신을 가질 때 이사야는 유다왕국의 높은 궁전에서부터 엄한 말씀을 선포하기 시작했고, 자원하여 하나님을 섬기는 데 어떤 어려움도 갖지 않게 되었습니다.

📖 오늘의 핵심말씀
"그 때에 그 스랍 중의 하나가 부젓가락으로 제단에서 집은 바 핀 숯을 손에 가지고 내게로 날아와서 그것을 내 입술에 대며 이르되 보라 이것이 네 입에 닿았으니 네 악이 제하여졌고 네 죄가 사하여졌느니라 하더라 내가 또 주의 목소리를 들으니 주께서 이르시되 내가 누구를 보내며 누가 우리를 위하여 갈꼬 하시니 그 때에 내가 이르되 내가 여기 있나이다 나를 보내소서 하였더니"(이사야 6:6-8). 아멘!

✞ 주께 드리는, 오늘의 기도
하나님의 은혜가운데 모든 죄 용서함 받고, 구원받아 복된 삶을 살아가도록 인도하신 주님~ 우리 자신들만 받아 누리는 복이 아닌, 나와 남을 함께 살릴 뿐만 아니라 더 풍성하게 하는 복의 통로가 되게 하옵소서. 이사야처럼 복음전파의 통로로 쓰임 받는 우리의 삶을 하나님께서 존귀하게 높여주시며, 더 큰 복과 은혜를 누리는 기쁨이 있게 하여 주시길, 예수 그리스도 이름으로 간절히 기도드립니다. 아멘! May God Bless you always!

✎ 주께서 주신, 기도응답의 말씀

7월 15일

☀ 찬양
만 가지 이유(송축해 내 영혼) - 10,000 Reasons

📖 오늘의 읽을 말씀
(베드로전서 1:13-25) 하나님은 거룩하신 분입니다. 사도 베드로는 소아시아 교회 성도들에게 그들을 부르신 하나님께서 거룩하시기에 모든 행실에 거룩한 자가 되라고 말씀했습니다. 즉, 하나님을 경외하며 살아가라는 것이었습니다. 소아시아 교회 성도들은 은이나 금같이 썩어질 것이 아니라, 오직 흠 없고 점 없는 어린 양 같은 그리스도의 보배로운 피로 대속 받았으며, 그리스도로 말미암아 하나님을 믿게 되었습니다. 오늘 우리들의 삶 속에서도 주님께서 동행하셔서 거룩하게 인도해 주시길 마음중심으로 소원합니다.

📖 오늘의 핵심말씀
"오직 너희를 부르신 거룩한 이처럼 너희도 모든 행실에 거룩한 자가 되라 기록되었으되 내가 거룩하니 너희도 거룩할지어다 하셨느니라 외모로 보시지 않고 각 사람의 행위대로 심판하시는 이를 너희가 아버지라 부른즉 너희가 나그네로 있을 때를 두려움으로 지내라 너희는 그를 죽은 자 가운데서 살리시고 영광을 주신 하나님을 그리스도로 말미암아 믿는 자니 너희 믿음과 소망이 하나님께 있게 하셨느니라"(베드로전서 1:15-17, 21). 아멘!

✝ 주께 드리는, 오늘의 기도
회개하는 심령의 기도를 기뻐하시는 거룩하신 하나님 아버지~ 회개하며 주님의 뜻을 간구하는 우리의 인생 그릇에 성령의 충만한 은혜를 허락해 주시옵소서. 우리 자신의 모든 죄를 회개하고 성결함을 회복할 때에 하나님께서 일하심을 경험하는 거룩한 복과 은혜를 오늘도 부어주시길, 예수 그리스도 이름으로 간절히 기도드립니다. 아멘! May God Bless you always!

✎ 주께서 주신, 기도응답의 말씀
_____
_____
_____

7월 16일

☀ 찬양
감사로 주님께 나가세 – AWC 2020

📖 오늘의 읽을 말씀
(이사야 8-12장) 이사야는 예언의 지평을 주시하면서 자기 민족의 패배와 멸망을 바라보게 되었습니다. 결국 유다는 교만과 악함 때문에 멸망하고 말았습니다. 그러나 전쟁은 끝나지 않았습니다. 하나님께서는 유다 지파 이새의 후손 중에서 나온 의로운 가지가 그루터기에서 새순이 돋듯 이 패배를 승리로 이끌 것이기 때문입니다.[67] 전쟁처럼 그리스도인의 삶에서도 궁극적인 결과는 마지막 전투에서 이긴 사람에게 달려있다는 사실입니다. 그러므로 오늘 우리는 기억하며, 마음에 되새깁시다! "끝날 때까지 끝난 것이 아니라는 사실을~"

📖 오늘의 핵심말씀
"그 날에 네가 말하기를 여호와여 주께서 전에는 내게 노하셨사오나 이제는 주의 진노가 돌아섰고 또 주께서 나를 안위하시오니 내가 주께 감사하겠나이다 할 것이니라 보라 하나님은 나의 구원이시라 내가 신뢰하고 두려움이 없으리니 주 여호와는 나의 힘이시며 나의 노래시며 나의 구원이심이라"(이사야 12:1-2). 아멘!

✝ 주께 드리는, 오늘의 기도
한없는 사랑으로 물과 피 다 흘리시며, 죽기까지 사랑하신 주님~ 우리가 일평생 하나님의 구원에 감격하여 기쁨 속에서 모든 일에 감사하며, 살기를 소망합니다. 우리의 힘이시고, 노래이시며, 구원이신 여호와 하나님~ 끝까지 인내하며 포기하지 않고 하나님을 신뢰하게 인도해 주시옵소서. 주 바라기의 믿음 안에서 '늘 감사하는 인생'에, 갑절로 감사할 일이 넘치는 은총을 오늘도 변함없이 내려주시길, 예수 그리스도 이름으로 간절히 기도드립니다. 아멘! May God Bless you always!

✎ 주께서 주신, 기도응답의 말씀

7월 17일

✸ 찬양
겸손 - 장윤영

📖 오늘의 읽을 말씀
(이사야 13-16장) 모든 나라의 흥망성쇠는 하나님의 손에 있습니다. 바벨론, 앗수르, 블레셋, 모압 등의 패망도 하나님의 뜻이었듯이 세상의 경영은 하나님의 손에 달려 있음을 다시금 깨닫게 됩니다.

📖 오늘의 핵심말씀
"너 아침의 아들 계명성이여 어찌 그리 하늘에서 떨어졌으며 너 열국을 엎은 자여 어찌 그리 땅에 찍혔는고 네가 네 마음에 이르기를 내가 하늘에 올라 하나님의 뭇 별 위에 내 자리를 높이리라 내가 북극 집회의 산 위에 앉으리라 가장 높은 구름에 올라가 지극히 높은 이와 같아지리라 하는도다"(이사야 14:12-14).
"그런즉 선 줄로 생각하는 자는 넘어질까 조심하라"(고린도전서 10:12). 아멘!

✝ 주께 드리는, 오늘의 기도
존귀하신 하나님 아버지~ 무슨 일을 하든지 다툼이나 허영으로 하지 말고, 겸손한 마음으로 섬길 수 있는 은총을 주시옵소서. 우리 자신의 얕은 재주를 의지하는 교만의 함정에 빠지지 않으며, 자신의 부족함으로 인해 낙망하는 낙심의 올무에도 빠지지 않고, 오직 전능하신 하나님만을 온전히 신뢰하는 겸손한 마음을 허락해 주시길, 예수 그리스도 이름으로 간절히 기도드립니다. 아멘! May God Bless you always!

✎ 주께서 주신, 기도응답의 말씀

_____
_____
_____
_____
_____
_____

7월 18일

☀ 찬양
여호와께 돌아가자 – 제이어스

📖 오늘의 읽을 말씀
(이사야 17-20장) 에브라임과 다메섹, 그리고 구스와 애굽의 심판처럼 하나님의 손 안에서 나라의 흥망성쇠가 결정되었습니다. 또한 징계 후에 고치시고 회복하셔서 사용하시는 하나님의 모습 속에 주님의 귀한 사랑을 발견케 됩니다.

📖 오늘의 핵심말씀
"여호와께서 애굽을 치실지라도 치시고는 고치실 것이므로 그들이 여호와께로 돌아올 것이라 여호와께서 그들의 간구함을 들으시고 그들을 고쳐 주시리라 … 애굽 사람이 앗수르 사람과 함께 경배하리라 그 날에 이스라엘이 애굽 및 앗수르와 더불어 셋이 세계 중의 복이 되리니 이는 만군의 여호와께서 복 주시며 이르시되 내 백성 애굽이여, 내 손으로 지은 앗수르여, 나의 기업 이스라엘이여, 복이 있을 지어다 하실 것임이라"(이사야 19:22-25). 아멘!

✚ 주께 드리는, 오늘의 기도
우리 죄를 진정으로 자백할 때 우리 죄를 사하시며, 모든 불의에서 깨끗케 하시는 미쁘시고 의로우신 여호와 하나님~ 주께 다시 돌아와, 하나님을 예배하는 개인, 가정, 나라마다 관계 회복의 은혜와 형통한 축복을 허락해 주시길, 예수 그리스도 이름으로 간절히 기도드립니다. 아멘!
May God Bless you always!

✎ 주께서 주신, 기도응답의 말씀

7월 19일

☀ 찬양
80인이 부르는 '그리스도의 계절'

📖 오늘의 읽을 말씀
(이사야 21-23장) 이사야는 바벨론('해변광야' - 사 21:1)이 메대에 의해 잔인하게 파괴될 것이며, 주를 앙망하지 않고 경외하지 않는 예루살렘과 두로는 심판뿐이라고 예언하면서 마음 아파하고, 놀라움을 금치 못했습니다. 예루살렘에 임할 심판은 마땅한 것이었지만 자기 민족을 위해 이사야는 무릎을 꿇고 기도하고 행동하였습니다. 나라와 민족을 향한 우리의 경우는 어떠한지요?

📖 오늘의 핵심말씀
"...그러나 너희가 이를 행하신 이를 앙망하지 아니하였고 이 일을 옛적부터 경영하신 이를 공경하지 아니하였느니라 그 날에 주 만군의 여호와께서 명령하사 통곡하며 애곡하며 머리 털을 뜯으며 굵은 베를 띠라 하셨거늘"(이사야 22:11-12).

✟ 주께 드리는, 오늘의 기도
자비와 긍휼이 한없으신 하나님 아버지~ 일꾼을 찾으시는 주님의 음성에 순복할 수 있는 은혜를 허락해 주시옵소서. 하나님의 나라를 사모하며, 나라와 민족을 가슴에 품고 기도하는 주의 자녀들이 되게 하옵소서. 하나님의 마음으로 대한민국을 바라보게 하시고, 수많은 순교의 피와 성도들의 눈물이 흐르는 이 땅을 회복시키는 사역에 우리를 들어 사용해 주시길, 예수 그리스도 이름으로 간절히 기도드립니다. 아멘!
May God Bless you always !

✎ 주께서 주신, 기도응답의 말씀
_____
_____
_____
_____
_____

7월 20일

☀ 찬양
평화 하나님의 평강이 - 조수진

📖 오늘의 읽을 말씀
(이사야 24-27장) 오늘 읽을 말씀의 모든 구절 속에 스며들어 있는 것은 '기쁨과 평강'입니다. 남은 자들의 즐거움(사 24:14-16), 하나님의 크심을 기뻐함(25장), 영원한 반석이신 여호와 하나님을 신뢰하는 자들에게 평강의 은총을 주시며(26장), 참된 하나님의 백성은 위기의 순간에도 복을 받게 됩니다. 위기를 당할 때 우리의 태도는 어떻습니까? 그 위기의 바람을 누가 불게 했는지를 알기 때문에 폭풍 속에서도 미소를 짓고 있나요?

📖 오늘의 핵심말씀
"주께서 심지가 견고한 자를 평강하고 평강하도록 지키시리니 이는 그가 주를 신뢰함이니이다 너희는 여호와를 영원히 신뢰하라 주 여호와는 영원한 반석이심이로다"(이사야 26:3-4). 아멘!

✞ 주께 드리는, 오늘의 기도
영원한 반석이신 여호와 하나님~ 우리 주님을 온전히 신뢰하는 복된 믿음 안에서 '평강의 은혜'를 허락해 주시니, 너무나 감사합니다. 주님께서 허락하신 '오늘'이라는 시간의 여정 가운데, '영원한 하나님'(사 40:28; 시 90:2)을 위해, '영원하신 주의 말씀'(사 40:8; 벧전 1:24-25)을 통해서, 영혼들을 주님께로 인도하는 의미있고, 보람된 '오늘'되게 인도해 주시길, 예수 그리스도 이름으로 간절히 기도드립니다. 아멘! May God Bless you always!

✎ 주께서 주신, 기도응답의 말씀

7월 21일

☀ 찬양
주의 약속하신 말씀 위에서 - 어노인팅 찬송가 3집

📖 오늘의 읽을 말씀
(베드로전서 1:1-12) 오늘 읽을 본문말씀에서는 신자들을 향해 "새로운 정체성(거듭난 자)과 미래 소망을 근거로 현 상황을 바르게 인식하고, 하나님의 도움을 기대하며 고난을 견디라"고 말씀하였습니다. 우리도 소아시아 성도들처럼 '구원과 부활의 감격, 그리고 산 소망' 가운데 하나님을 찬양하며, 오늘의 고난과 어려움을 헤쳐 나가서 결국 승리하는 복된 날 되길 소원합니다.

📖 오늘의 핵심말씀
"너희 믿음의 확실함은 불로 연단하여도 없어질 금보다 더 귀하여 예수 그리스도께서 나타나실 때에 칭찬과 영광과 존귀를 얻게 할 것이니라"(베드로전서 1:7). 아멘!

✞ 주께 드리는, 오늘의 기도
믿음의 사람들을 통해 믿음의 명문 가문을 이루어 가시는 하나님 아버지~ 초대교회 당시의 소아시아에 흩어진 신실한 성도들(벧전 1:1)처럼, 세상의 어떠한 시험에도 흔들리지 않는 '확실한 믿음'으로 오늘도 하나님께 영광 돌리는 기쁨의 날 되게 인도해 주시길, 예수 그리스도 이름으로 간절히 기도드립니다. 아멘! May God Bless you always!

✎ 주께서 주신, 기도응답의 말씀

7월 22일

☀ 찬양
하나님 아버지의 마음 – 김정석, 세연, 조수아, 조시영

📖 오늘의 읽을 말씀
(이사야 28-30장) 이사야는 안타까운 아버지의 심정으로 에브라임(북왕국)과 아리엘(예루살렘, 남왕국의 상징)을 경고하였습니다. "너의 신뢰를 애굽 군대에 두지 말고, 만군의 여호와께 두라. 그가 너를 결코 버리지 않으시리라." 그러나 그들은 선지자들의 경고를 듣지 않고 다른 것들을 신뢰하다가 하나님께로부터 징계의 채찍을 맞게 되었습니다. 혹시 우리도 이와 같은 위험에 처해 있지는 않은가요? 우리로 하여금 하나님만을 의지하도록 하기 위하여 무엇이 필요할까요?

📖 오늘의 핵심말씀
"그러나 여호와께서 기다리시나니 이는 너희에게 은혜를 베풀려 하심이요 일어나시리니 이는 너희를 긍휼히 여기려 하심이라 대저 여호와는 정의의 하나님이심이라 그를 기다리는 자마다 복이 있도다 시온에 거주하며 예루살렘에 거주하는 백성아 너는 다시 통곡하지 아니할 것이라 그가 네 부르짖는 소리로 말미암아 네게 은혜를 베푸시되 그가 들으실 때에 네게 응답하시리라"(이사야 30:18-19). 아멘!

✝ 주께 드리는, 오늘의 기도
마치 유산을 미리 챙겨 집을 나간 아들을 기다리는, 애절한 아비의 심정으로 우리를 애타게 바라보시는 하나님 아버지~ 내일로 미루지 않고, 오늘 바로 이 순간 주께 돌아오는 주의 자녀들에게, 주께서 예비하신 크신 은혜와 기도응답, 그리고 놀라운 축복을 허락해 주실 줄 믿사오며, 우리를 죄의 수렁에서 건지시어 새 생명주신, 예수 그리스도 이름으로 간절히 기도드립니다. 아멘! May God Bless you always!

✎ 주께서 주신, 기도응답의 말씀

7월 23일

✹ 찬양
주만 의지해 – 마커스워십

📖 오늘의 읽을 말씀
(이사야 31-35장) 성령 하나님께서 이사야를 통해 말씀해 주시고 있는 '고통의 전주곡'(사 31-35장)은 뒤이어 나올 '하나님의 백성에 대한 위로'(사 40-66장)를 준비하였습니다. 그것은 바로 '여호와는 주권자이시며, 구세주이시다'라는 사실과 '하나님의 능력을 부인하는 자는 그의 구원을 받아들이기도 힘들다'라는 내용이었습니다. 이러한 이유들 때문에 하나님께서는 말과 마병의 많음을 의지하지 말라고 반복해서 경고하시며(사 31:1), 오직 하나님만을 의뢰하라고 말씀하셨습니다.[68] 할렐루야! 오늘 우리들도 하나님만을 온전히 의지하여 주께서 기뻐하실 승리로운 삶으로 나아가는 복된 날 되길 소원합니다.

📖 오늘의 핵심말씀
"도움을 구하러 애굽으로 내려가는 자들은 화 있을진저 그들은 말을 의지하며 병거의 많음과 마병의 심히 강함을 의지하고 이스라엘의 거룩하신 이를 앙모하지 아니하며 여호와를 구하지 아니하나니"(이사야 31:1).

✟ 주께 드리는, 오늘의 기도
사랑과 은혜가 풍성하신 하나님 아버지~ 일평생 다양한 시험들과 연단들을 통해 우리가 하나님을 전인격적으로 의지하게 하시고, 인생의 도울 힘이 하나님께 있음을 깨닫게 하옵소서. 우리에게 주어진 오늘의 시험을 치를 때에, 모든 지각에 뛰어난 하나님의 평강으로 마음과 생각을 지켜주시옵소서. 감당할 만한 시험을 통해 우리를 단련하시고, 하나님 나라의 정병으로 빚어 가시는 존귀하신 예수 그리스도 이름으로 간절히 기도드립니다. 아멘! May God Bless you always!

✎ 주께서 주신, 기도응답의 말씀

7월 24일

☀ 찬양
기도 – 지선

📖 오늘의 읽을 말씀
(이사야 36-39장) 히스기야의 간절한 기도에 대한 응답으로 하나님께서는 185,000명의 앗수르 군사들을 퇴각시키셨습니다. 또한 히스기야의 기도에 대한 다른 응답은 그의 생명이 15년간 연장된 것이었습니다. 이와 같은 히스기야 왕의 기도응답의 모습을 통해 '여호와 닛시와 여호와 라파 하나님'의 놀라운 은혜를 체험케 됩니다.

📖 오늘의 핵심말씀
"이에 여호와의 말씀이 이사야에게 임하여 이르시되 너는 가서 히스기야에게 이르기를 네 조상 다윗의 하나님 여호와께서 이같이 말씀하시기를 내가 네 기도를 들었고 네 눈물을 보았노라 내가 네 수한에 십오년을 더하고 너와 이 성을 앗수르 왕의 손에서 건져내겠고 내가 또 이 성을 보호하리라"(이사야 38:4-6). 아멘!

✟ 주께 드리는, 오늘의 기도
우리의 기도를 기뻐 받으시고, 언제나 우리에게 가장 좋은 것으로 응답해 주시는 살아계신 하나님 아버지~ 우리 자신의 모든 행사를 하나님께 맡기며, 주의 말씀 의지하여 기도함으로 하나님의 뜻을 찾아가고, 기도의 응답으로 행동하게 하옵소서. 어떠한 형편에서도 기도하며 하나님을 의지할 때, 세상이 줄 수도, 알 수도 없는 '평강'으로 우리의 마음과 생각을 지켜주시길, 예수 그리스도 이름으로 간절히 기도드립니다. 아멘!
May God Bless you always!

✎ 주께서 주신, 기도응답의 말씀

7월 25일

☀ 찬양
모든 영광을 하나님께

📖 오늘의 읽을 말씀
(이사야 40-43장) 오늘부터 읽게 되는 이사야서 후반부 27장(40-66장) 말씀을 통해서 '메시야가 그의 백성들에게 위로를 가져오며, 나라를 심판할 것' 이라는 점을 보여주고 있습니다. 이사야서 전반부 39장(1-39장)의 심판 후에 나오는 "위로하라..."(사 40:1)는 이사야 선지자의 외침은 그 위로를 '누가' 주시는지를 알지 못하면 그 외침은 헛될 뿐이라는 것을 상기시켜 주십니다. 그러므로 우리가 갖는 진정한 위로는 항상 하나님께 대한 우리의 확신에 비례한다는 사실을 다시금 깨닫게 됩니다.

📖 오늘의 핵심말씀
"내 이름으로 불려지는 모든 자 곧 내가 내 영광을 위하여 창조한 자를 오게 하라 그를 내가 지었고 그를 내가 만들었느니라"(이사야 43:7). 아멘!
"우리는 그가 만드신 바라 그리스도 예수 안에서 선한 일을 위하여 지으심을 받은 자니 이 일은 하나님이 전에 예비하사 우리로 그 가운데서 행하게 하려 하심이니라"(에베소서 2:10). 아멘!

✚ 주께 드리는, 오늘의 기도
온 세상 만물을 창조하신 창조주 여호와 하나님~ 우리를 창조하신 목적대로, 주께 영광 돌리는 복된 인생되게 하옵소서. 주님의 뜻 안에서 최선을 다해 하나님의 이름을 높이며, 주님(복음) 만을 자랑하는 축복의 통로로 쓰임받는 오늘, 그리고 모든 삶 되길, 예수 그리스도 이름으로 간절히 기도드립니다. 아멘! May God Bless you always!

✎ 주께서 주신, 기도응답의 말씀

7월 26일

☀ 찬양
주 예수보다 귀한 것은 없네 – 예수 전도단

📖 오늘의 읽을 말씀
(이사야 44-48장) "…나 외에 다른 신이 없느니라"(사 44:6), "우상을 만드는 자는 다 허망하도다 그들이 원하는 것들은 무익한 것이거늘…"(사 44:9) 이라는 하나님의 말씀은 너무나 놀랍지 않습니까? 도대체 우상숭배란 무엇인가요? 그것은 바로 하나님을 사랑하는 것 보다 다른 것을 사랑하는 것임을 다시금 깨닫습니다.

📖 오늘의 핵심말씀
"너희는 옛적 일을 기억하라 나는 하나님이라 나 외에 다른 이가 없느니라 나는 하나님이라 나 같은 이가 없느니라"(이사야 46:9). 아멘!

✝ 주께 드리는, 오늘의 기도
처음이요, 마지막이신 여호와 하나님~ 세상의 헛된 것들에 정신이 혼미해지지 않도록 우리의 마음과 생각을 지켜주시옵소서. 하나님보다 다른 것을 더 귀중하게 생각하는 그것이 바로 우상임을 잊지 않도록, 늘 깨어 기도하게 하옵시고, 오직 우리 주 하나님만을 의지하며 사랑하는 복된 오늘, 그리고 우리의 인생되게 인도해 주시길, 예수 그리스도 이름으로 간절히 기도드립니다. 아멘! May God Bless you always!

✎ 주께서 주신, 기도응답의 말씀

7월 27일

☀ 찬양
야곱의 축복

📖 오늘의 읽을 말씀
(이사야 49-51장) 분주한 일상 속에서도 우리는, '죄악을 사하시며, 시온에 의를 회복하실 메시야에 대한 이사야의 예언'에 집중해야 할 것입니다. 즉 그리스도는 고난 받는 종으로 오시기 원하셨으며, 그의 사랑을 모두에게 널리 전하기 위해 수욕과 침 뱉음을 감당하셨습니다(사 50:6). 우리도 주님처럼 하나님의 사랑을 구체적으로 실현하는 복된 오늘 되길 마음중심으로 소망합니다.

📖 오늘의 핵심말씀
"너희의 조상 아브라함과 너희를 낳은 사라를 생각하여 보라 아브라함이 혼자 있을 때에 내가 그를 부르고 그에게 복을 주어 창성하게 하였느니라 나 여호와가 시온의 모든 황폐한 곳들을 위로하여 그 사막을 에덴 같게, 그 광야를 여호와의 동산 같게 하였나니 그 가운데에 기뻐함과 즐거워함과 감사함과 창화하는 소리가 있으리라"(이사야 51:2-3). 아멘!

✟ 주께 드리는, 오늘의 기도
믿음의 조상 아브라함에게 복의 복을 주셨던 하나님 아버지~ 주님을 신뢰하여 믿음으로 간구할 때에 응답받는 복을 주시옵소서. 영혼이 잘됨 같이 범사에 잘되고, 강건한 복을 주시옵소서. 물이 흘러가듯이 우리 안에 넘친 복이 영혼구원을 위해서 자연스럽게 흘러가게 하옵시며, 주의 백성을 지키시고 인도하시는 하나님의 손길을 모든 이들이 보게 하셔서 그들이 하나님을 찬양하게 인도해 주시길, 예수 그리스도 이름으로 간절히 기도드립니다. 아멘! May God Bless you always!

🔖 주께서 주신, 기도응답의 말씀

7월 28일

☀ 찬양
십자가 그 사랑이 - 하니

📖 오늘의 읽을 말씀
(이사야 52-57장) 오늘 읽게 될 말씀은 가장 복된 말씀들을 포함하고 있습니다. 그 말씀들은 바로 '성육신(사 53:2-3), 구속(사 53:10,12), 그리고 초대(사 55:1)'인 것입니다. 고난 받는 종의 초대에 우리는 어떻게 해야 할까요? 주님의 말씀을 통해 은혜받고, 오늘의 삶 속에서 십자가 복음을 증거하는 복된 날 되길 소원드립니다.

📖 오늘의 핵심말씀
"그는 실로 우리의 질고를 지고 우리의 슬픔을 당하였거늘 우리는 생각하기를 그는 징벌을 받아 하나님께 맞으며 고난을 당한다 하였노라 그가 찔림은 우리의 허물 때문이요 그가 상함은 우리의 죄악 때문이라 그가 징계를 받으므로 우리는 평화를 누리고 그가 채찍에 맞으므로 우리는 나음을 받았도다 우리는 다 양 같아서 그릇 행하여 각기 제 길로 갔거늘 여호와께서는 우리 모두의 죄악을 그에게 담당시키셨도다"(이사야 53:4-6). 아멘!

✟ 주께 드리는, 오늘의 기도
독생자 예수 그리스도를 이 땅에 보내셔서 우리에 대한 사랑을 증명하신 하나님 아버지! 사랑의 하나님을 찬양합니다~ "하나님께서 나를 사랑하시고, 내가 하나님을 사랑하니 결단코 낙망하거나 교만하지 않는다"는 성숙한 믿음으로 오늘도 승리로운 인생되게 인도해 주시길, 예수 그리스도 이름으로 간절히 기도드립니다. 아멘! May God Bless you always!

✎ 주께서 주신, 기도응답의 말씀

7월 29일

☀ 찬양
주님의 마음을 본받는 자 (찬송가 455장)

📖 오늘의 읽을 말씀
(빌립보서 2:5-11) 이사야 선지자는 메시아에 대하여 '우리의 죄를 위해 고난 받으신 분'으로 묘사하였습니다(사 52:13-53:12). 또한 고난 받는 종에 대한 바울의 표현인 빌립보서 2:5-11을 묵상해 봅니다. 예수 그리스도의 마음... 자기를 비워 종의 형체를 가진 마음, 자신을 낮추어 십자가에서 죽기까지 하나님 말씀에 순복하신 옥토와 같은 믿음의 마음! 그 놀라우신 주님의 마음이 우리 모두에게도 온전히 스며들기를 소원합니다.

📖 오늘의 핵심말씀
"너희 안에 이 마음을 품으라 곧 그리스도 예수의 마음이니"(빌립보서 2:5). 아멘!

✞ 주께 드리는, 오늘의 기도
그럼에도 불구하고, 한없이 우리를 사랑해 주시는 하나님 아버지~ 하나님의 뜻에 순복하여 인간의 모습으로 이 땅에 오셔서 우리와 함께 하시고, 영혼들의 구원위해 십자가 지신, '그리스도 예수의 마음'을 본받기 소원합니다. 주님의 마음을 본받기 위해, '조금 더 말씀 붙잡고, 조금 더 기도하는' 우리들에게 험악한 세상을 이길 '힘과 능력, 그리고 평강'을 허락해 주시길, 예수 그리스도 이름으로 간절히 기도드립니다. 아멘!
May God Bless you always!

✎ 주께서 주신, 기도응답의 말씀
_____
_____
_____
_____
_____
_____

7월 30일

☀ 찬양
일어나라 주의 백성 - 예수 전도단

📖 오늘의 읽을 말씀
(이사야 58-62장) 유다 민족들의 영적생활은 의미 없는 금식, 깨어진 관계, 공허한 의식뿐이었습니다. 그러나 폭풍우가 지나간 후에 한 줄기 햇살이 비취듯 이사야 선지자는 하나님의 백성들에게 소망된 말씀을 선포하였습니다. "일어나라 빛을 발하라... 여호와의 영광이 네 위에 임하였음이니라"(사 60:1). 아멘! 할렐루야! 이사야 시대의 암울했던 환경처럼 어두운 세상 속에서 방황하는 영혼들을 하나님께로 인도하는 빛 된 복음의 사명을 변함없이 오늘도 감당하길 소망합니다.

📖 오늘의 핵심말씀
"일어나라 빛을 발하라 이는 네 빛이 이르렀고 여호와의 영광이 네 위에 임하였음이니라"(이사야 60:1). 아멘!

✝ 주께 드리는, 오늘의 기도
우리의 행할 길을 밝혀주시는 빛 되신 주님~ 성령께서 주시는 말씀의 능력으로 어둔 세상을 비추는 '빛 된 복음의 사명' 감당케 하옵소서. 우리 보다 앞서 행하시며, 이미 승리하신 주님을 신뢰하고 따르는 복된 믿음을 '오늘도 무시로' 허락해 주시길, 예수 그리스도 이름으로 간절히 기도드립니다. 아멘! May God Bless you always!

✎ 주께서 주신, 기도응답의 말씀

7월 31일

✻ 찬양
지금까지 지내온 것 – 나무엔

📖 오늘의 읽을 말씀
(이사야 63-66장) 이사야서는 성경에서 다섯 번째로 긴 책입니다. 본 서에서는 하나님께서 죄를 그냥 내버려 두시지 않기에 자신의 아들을 고난받는 종으로 보내셨다는 사실을 말씀하고 있습니다. 그러므로 하나님의 백성들이 할 수 있는 한 가지 응답은 자기들의 교만과 반역을 회개하는 것임을 깨닫고 믿습니다. 토기장이이신 하나님께 진실로 회개하는 자녀들에게 하나님의 크신 위로가 함께 하시길 마음중심으로 소원합니다(사 66:14).

📖 오늘의 핵심말씀
"내가 여호와께서 우리에게 베푸신 모든 자비와 그의 찬송을 말하며 그의 사랑을 따라, 그의 많은 자비를 따라 이스라엘 집에 베푸신 큰 은총을 말하리라 그가 말씀하시되 그들은 실로 나의 백성이요 거짓을 행하지 아니하는 자녀라 하시고 그들의 구원자가 되사 그들의 모든 환난에 동참하사 자기 앞의 사자로 하여금 그들을 구원하시며 그의 사랑과 그의 자비로 그들을 구원하시고 옛적 모든 날에 그들을 드시며 안으셨으나"(이사야 63:7-9). 아멘!

✟ 주께 드리는, 오늘의 기도
한없는 사랑으로 지금까지 함께 인도해 주신 하나님 아버지~ 자나 깨나 무시로 주의 손이 보살펴 주시고, 모든 일을 형통하게 인도해 주신 하나님께 찬양과 영광을 올려드립니다. 이 시간 마음을 다하여 주께 소원하옵기는, 주 안에서 감사하는 인생에 갑절로 감사할 일이 넘치며, 부흥하는 놀라운 역사를 체험케 인도해 주시길, 예수 그리스도 이름으로 간절히 기도드립니다. 아멘! May God Bless you always!

✎ 주께서 주신, 기도응답의 말씀
_____
_____
_____
_____

8월 1일

※ 찬양
예수 예수 - 김윤미

📖 오늘의 읽을 말씀
(예레미야 1-3장) "회개하라 그렇지 아니하면 하나님께서 너희를 심판하실 것이다"라는 하나님의 말씀을 생명 다해 선포했던 선지자 예레미야! 그가 절규하며 대언했던 하나님의 말씀 그대로, 유다 백성들은 그들의 우상숭배와 무관심으로 인하여 바벨론에 의한 심판으로 흩어지게 되었습니다. 오늘 하나님의 말씀을 대하는 우리의 마음 자세가 어떠한지요? 그리고 우리를 부르신 하나님의 소명과 사명은 무엇인가요? 그 부르심대로 사명을 온전히 감당하고 있는지, 우리의 삶을 다시금 되새겨 봅니다.

📖 오늘의 핵심말씀
" ... 보소서 우리가 주께 왔사오니 주는 우리 하나님 여호와이심이니이다 작은 산들과 큰 산 위에서 떠드는 것은 참으로 헛된 일이라 이스라엘의 구원은 진실로 우리 하나님 여호와께 있나이다"(예레미야 3:22-23). 아멘!

✟ 주께 드리는, 오늘의 기도
첫 조상의 죄로 인해 죽을 수밖에 없는 저희들에게 독생자 예수 그리스도를 보내주심으로 구원과 영생의 길을 열어 주신 사랑의 하나님~ 이 귀하고 소중한 복음과 신앙생활의 자유가 하나님의 선물임을 깨닫지 못하고, 세상 속에서 정신없이 살아가는 우리의 연약함을 주님께 회개합니다. 구원의 유일한 길이신 우리 주 예수 그리스도께 다시 돌아가 하나님만 의지하고, 구원의 은혜와 감격 속에서 말씀과 기도로 승리하는 오늘, 그리고 복된 인생 되길, 예수 그리스도 이름으로 간절히 기도드립니다. 아멘!
May God Bless you always!

✎ 주께서 주신, 기도응답의 말씀

_____
_____
_____
_____

8월 2일

☀ 찬양
주를 위한 이곳에 – 박상규

📖 오늘의 읽을 말씀
(예레미야 4-6장) 오늘 우리가 읽을 성경말씀에는 다가올 바벨론의 침공에 대해서 생생하게 묘사하고 있습니다. 즉 바벨론이 사악한 유다에 대한 하나님의 심판의 수단이 될 것이라는 사실은 예레미야 선지자를 통해 164회나 선포되었습니다.[69] 죄 많은 예레미야 선지자 당시의 상황 속에서도 공의와 진리를 구했던 한 사람을 하나님께서 찾으셨습니다(렘 5:1). 이와 동일하게 죄의 심각성을 깨닫지 못하는 이 시대에서도 진실된 하나님의 백성을 찾고 계십니다. 우리들은 주님께서 찾으시는 그 사람인가요?

📖 오늘의 핵심말씀
"너희는 예루살렘 거리로 빨리 다니며 그 넓은 거리에서 찾아보고 알라 너희가 만일 정의를 행하며 진리를 구하는 자를 한 사람이라도 찾으면 내가 이 성읍을 용서하리라"(예레미야 5:1). 아멘!

✝ 주께 드리는, 오늘의 기도
주님께 돌아오는 한 영혼을 천하보다 귀하게 여기시는 하나님 아버지~ 늘 주님의 십자가 앞에서 회개하고, 용서받아 깨끗한 심령으로 하나님께 쓰임받는 복된 오늘, 그리고 우리의 인생되게 인도해 주시길, 예수 그리스도 이름으로 간절히 기도드립니다. 아멘! May God Bless you always!

✎ 주께서 주신, 기도응답의 말씀

8월 3일

☀ **찬양**
말씀하시면 – 조수아

📖 **오늘의 읽을 말씀**
(예레미야 7-10장) '우상숭배와 위선, 그리고 교만한 무관심' 가운데서 유다의 모든 백성들은 쓸모없고 무익한 경배를 행했습니다. 이에 대하여 예레미야를 통하여 '하나님의 경고장'이 전달되었습니다. 그러나 유다는 그 경고의 말씀을 무시했습니다. 결국 우매한 백성의 죄악들이 영적인 분별을 가리웠으며, 패망으로 치닫고 말았습니다. 그럼에도 불구하고 하나님의 징계가 임박한 상황 속에서 예레미야 선지자는 무정하고 어리석은 유다 동족들을 위해 부끄러움을 잊은 채 통곡하며 기도했습니다. 오늘 우리도 예레미야의 심정으로 우리나라와 민족을 위해 중보기도하기를 소원합니다.

📖 **오늘의 핵심말씀**
"오직 내가 이것을 그들에게 명령하여 이르기를 너희는 내 목소리를 들으라 그리하면 나는 너희 하나님이 되겠고 너희는 내 백성이 되리라 너희는 내가 명령한 모든 길로 걸어가라 그리하면 복을 받으리라 하였으나"(예레미야 7:23). 아멘!

✝ **주께 드리는, 오늘의 기도**
우리의 참된 목자이신 주님~ 우리는 지혜가 늘 부족하여 목자 없는 양같이 갈 바를 알지 못하고 방황할 때가 너무나 많습니다. 존귀하신 주님~ 주의 말씀 앞에 겸손으로 허리를 동이고, 하나님의 말씀대로 순종하고 복종하여 주님 주신 축복을 누리는 복된 날 되게 인도해 주시길, 예수 그리스도 이름으로 간절히 기도드립니다. 아멘! May God Bless you always!

✎ **주께서 주신, 기도응답의 말씀**

___
___
___
___

8월 4일

✼ 찬양
그 사랑 – 마커스 워십 2011

📖 오늘의 읽을 말씀
(예레미야 11-15장) 하나님과의 친밀한 교제의 관계로 부름 받은 유다는, 이제 그 부패로 인하여 마치 더 이상 쓸모없는 하나의 썩은 띠와 같이 심판 가운데 던져지게 되었습니다. '썩은 띠'(렘 13:1-11)는 시청각의 전문가였던 예레미야가 그의 메시지를 전달하기 위해서 사용했던 10가지 도구 가운데 첫 번째 것이었습니다.[70] 그리고 그 비유는 가슴이 아플 만큼 분명하고, 확실했습니다. 그러므로 이 시간 마음을 다하여 소원하옵기는, 하나님 말씀과 늘 동행하므로 주님을 더 알아가며, 닮아갈 수 있는 축복된 주의 자녀들 되길 소망합니다.

📖 오늘의 핵심말씀
"이 언약은 내가 너희 조상들을 쇠풀무 애굽 땅에서 이끌어내던 날에 그들에게 명령한 것이라 곧 내가 이르기를 너희는 내 목소리를 순종하고 나의 모든 명령을 따라 행하라 그리하면 너희는 내 백성이 되겠고 나는 너희의 하나님이 되리라"(예레미야 11:4). 아멘!

✝ 주께 드리는, 오늘의 기도
한없는 사랑으로 우리의 삶을 인도하시는 하나님 아버지~ 그 사랑에 오늘도 감사하여, 주의 말씀에 순종하고 복종하는 복된 날 되게 함께 인도해 주시길, 예수 그리스도 이름으로 간절히 기도드립니다. 아멘!
May God Bless you always!

✎ 주께서 주신, 기도응답의 말씀

8월 5일

☀ 찬양
물가에 심은 나무 - 홀리원

📖 오늘의 읽을 말씀
(예레미야 16-20장) 예레미야 선지자는 하나님의 뜻을 따르며 사명을 감당하기 위해서 여러 어려움들을 기꺼이 감수했습니다. 엄청난 대가를 지불하면서도 하나님을 따르는 이유가 무엇일까요? 주님을 따르는 것은 고통스러울 수 있지만, 그 길은 항상 유익하기 때문입니다. 그러므로 오늘 읽을 말씀에서 확인할 수 있듯이, 복을 받을 사람은 여호와를 의지하며 주를 의지하는 자인 줄 깨닫고 믿습니다. 할렐루야!

📖 오늘의 핵심말씀
"그러나 무릇 여호와를 의지하며 여호와를 의뢰하는 그 사람은 복을 받을 것이라 그는 물 가에 심어진 나무가 그 뿌리를 강변에 뻗치고 더위가 올지라도 두려워하지 아니하며 그 잎이 청청하며 가무는 해에도 걱정이 없고 결실이 그치지 아니함 같으리라"(예레미야 17:7-8). 아멘!

✞ 주께 드리는, 오늘의 기도
우리의 생사화복을 주관하시는 살아계신 하나님 아버지~ 오늘 우리에게 주시는 존귀한 말씀처럼 하나님을 의뢰하고, 의지하는 복된 믿음의 자녀되게 인도해 주시옵소서. 물가에 심어진 나무가 어떤 환경에서도 결실이 그치지 않는 것 같이, 온전한 '주 바라기의 믿음' 안에서 오늘도 튼실한 결실들을 허락해 주시길, 예수 그리스도 이름으로 간절히 기도드립니다. 아멘!
May God Bless you always!

✎ 주께서 주신, 기도응답의 말씀

---

4. '예언서'에서 전하는 기도의 선조들

8월 6일

☀ 찬양
주를 더 알수록 – 마커스 커뮤니티

📖 오늘의 읽을 말씀
(예레미야 21-25장) 하나님께 불순종하며 고집부릴 때는 징계의 심판 밖에 없음을 주님께서 말씀하셨습니다. 특히 예레미야 선지자를 통해 유다에 경고하셨던 모습(렘 25:4-11)을 되새기며, 오늘 우리의 삶이 하나님께 온전히 영광 돌리는 기쁨의 날 되길 소원합니다.

📖 오늘의 핵심말씀
"내가 여호와인 줄 아는 마음을 그들에게 주어서 그들이 전심으로 내게 돌아오게 하리니 그들은 내 백성이 되겠고 나는 그들의 하나님이 되리라"(예레미야 24:7). 아멘!

✝ 주께 드리는, 오늘의 기도
우리 삶에 오셔서 구원의 길이 되신 주님~ 연약한 우리를 포기하지 않으시고, 주의 말씀을 통해 여호와를 알아가는 마음을 허락하신 주님을 찬양합니다. 생명 다한 그 큰 사랑을 인하여 허물로 죽은 우리를 그리스도와 함께 살리셔서 '하나님의 자녀' 삼아주신 '주님의 은혜'에 감격하여, 오늘도 무시로 감사하며 주를 더 알수록 주의 말씀에 순복하고 평안을 누리는 '소망의 날' 되게 인도해 주시길, 예수 그리스도 이름으로 간절히 기도드립니다. 아멘!
May God Bless you always!

✎ 주께서 주신, 기도응답의 말씀

8월 7일

☀ **찬양**
기도 - 지선

📖 **오늘의 읽을 말씀**
(예레미야 26-29장) 시드기야가 통치할 때, 예레미야는 바벨론 통치의 상황 가운데서도 예루살렘의 중요성을 표현하기 위해 자신의 목에 나무 멍에를 얹었습니다. 바벨론의 가혹한 통치를 의미하는 예레미야의 멍에에 반하여, 예수님의 멍에는 기쁨과 안식의 교제를 상징하고 있습니다(마 11:28-30). 오늘 우리도 주어진 일을 하면서 그리스도의 멍에를 맨 자신의 모습을 그려 봅시다. 주님께서 우리와 함께 멍에를 매시고 우리 곁에서 동행하신다는 사실을 깨닫고 알아가는 복된 날 되길 소망해 봅니다.

📖 **오늘의 핵심말씀**
"너희가 내게 부르짖으며 내게 와서 기도하면 내가 너희들의 기도를 들을 것이요 너희가 온 마음으로 나를 구하면 나를 찾을 것이요 나를 만나리라"(예레미야 29:12-13). 아멘!

✚ **주께 드리는, 오늘의 기도**
우리의 기도를 기뻐 받으시고, 응답하시는 하나님 아버지~ 우리가 무시로 하나님께 기도하게 하시며, 기도의 능력과 응답을 늘 체험하며 사는, '복과 은혜'를 베풀어 주시옵소서. 언제나 좋은 것으로 응답하시는 하나님 아버지 ~ 우리의 기도가 주의 말씀을 의지하게 하옵시며, 말씀을 통해 지혜주시는 성령님을 의지하는 기도를 오늘도 변함없이 드리게 인도해 주시길, 예수 그리스도 이름으로 간절히 기도드립니다. 아멘!
May God Bless you always!

✎ **주께서 주신, 기도응답의 말씀**

8월 8일

☀ 찬양
나 주님의 기쁨 되기 원하네 - 호산나 싱어즈

📖 오늘의 읽을 말씀
(예레미야 30-33장) 회복에 대한 하나님의 약속이 오늘 읽을 말씀에 묘사되어 선포되었습니다. 하나님께서는 포로생활의 연단과 훈련을 통해 정결케 한 후에 나라를 다시 세우겠다고 약속하셨습니다. 하나님께서 이스라엘 백성들에게 새 언약을 주시고, 하나님의 백성되게 하시며, 경외하는 백성들에게 축복주시기 원하셨습니다. 특히 간구하는 주의 백성들의 기도에 응답하기 원하시는 하나님이심을 깨닫고 믿습니다.

📖 오늘의 핵심말씀
"내가 그들에게 복을 주기 위하여 그들을 떠나지 아니하리라 하는 영원한 언약을 그들에게 세우고 나를 경외함을 그들의 마음에 두어 나를 떠나지 않게 하고 내가 기쁨으로 그들에게 복을 주되 분명히 나의 마음과 정성을 다하여 그들을 이 땅에 심으리라"(예레미야 32:40-41). 아멘!

✝ 주께 드리는, 오늘의 기도
여호와를 경외하는 자들을 기뻐하시며, 복 주시기 원하시는 주님~ 우리 영혼에게 '영원한 언약'을 세워주신 주님을 찬양하고, 무시로 경외하며 기도하는 '하나님의 기쁨'되길, 예수 그리스도 이름으로 간절히 기도드립니다. 아멘! May God Bless you always!

✎ 주께서 주신, 기도응답의 말씀

8월 9일

☀ 찬양
보혈을 지나 – 호산나 싱어즈

📖 오늘의 읽을 말씀
(마태복음 26:17-30) 오늘의 읽을 말씀인 마태복음 26장 17-30절을 묵상할 때, 주님께서 흘리신 보혈의 피는 우리의 죄를 사하시기 위한 언약의 피이며, 이 언약의 피는 바로 새 언약과 함께 귀한 보증이 됨을 깨닫고 믿습니다.

📖 오늘의 핵심말씀
"그들이 먹을 때에 예수께서 떡을 가지사 축복하시고 떼어 제자들에게 주시며 이르시되 받아서 먹으라 이것은 내 몸이니라 하시고 또 잔을 가지사 감사기도 하시고 그들에게 주시며 이르시되 너희가 다 이것을 마시라 이것은 죄사함을 얻게 하려고 많은 사람을 위하여 흘리는 바 나의 피 곧 언약의 피니라"(마태복음 26:26-28). 아멘!

✝ 주께 드리는, 오늘의 기도
우리 죄를 사하시기 위해 이 땅에 오셔서, 물과 피를 다 흘리시며 죽기까지 사랑해 주신 주님~ 일평생 진정한 회개의 은혜를 우리에게 내려주시기를 간구합니다. 우리가 우리 자신의 죄를 회개하고 성결함을 회복할 때에 하나님께서 일하심을 경험하는 복과 은혜를 오늘도 무시로 부어주시길, 예수 그리스도 이름으로 간절히 기도드립니다. 아멘!
May God Bless you always!

✎ 주께서 주신, 기도응답의 말씀

8월 10일

☀ 찬양
여호와 닛시 – 시와 그림

📖 오늘의 읽을 말씀
(예레미야 34-39장) 언약이 파기되고(34장), 두루마리가 불타며(36장), 잔인한 박해(37-38장)가 있다 할지라도, 예레미야는 그의 선지자적 사명을 충실히 완수(完遂)하였습니다. 오직 하나님의 말씀에 순종하고 복종함이 살 길임을 예레미야 선지자의 삶을 통해 다시금 깨닫게 됩니다.

📖 오늘의 핵심말씀
"여호와의 말씀이니라 내가 그 날에 너를 구원하리니 네가 그 두려워하는 사람들의 손에 넘겨지지 아니하리라 내가 반드시 너를 구원할 것인즉 네가 칼에 죽지 아니하고 네가 노략물 같이 네 목숨을 얻을 것이니 이는 네가 나를 믿었음이라 여호와의 말씀이니라 하시더라"(예레미야 39:17-18). 아멘!

✞ 주께 드리는, 오늘의 기도
모든 사람과 나라들의 흥망성쇠를 주관하시는 여호와 하나님~ 우리의 구원은 오직 여호와께 있음을 마음중심으로 고백합니다. 어떤 상황과 여건 속에서도, 길과 진리와 생명되신 예수님을 온전히 신뢰하는, '주 바라기'의 믿음으로 오늘도 넉넉히 승리하는 '여호와 닛시'의 은혜를 충만히 허락해 주시길, 예수 그리스도 이름으로 간절히 기도드립니다. 아멘!
May God Bless you always!

✎ 주께서 주신, 기도응답의 말씀

8월 11일

☀ 찬양
말씀하시면 – 조수아

📖 오늘의 읽을 말씀
(예레미야 40-45장) 예레미야 선지자는 조롱, 투옥, 살해, 그리고 추방에도 맞서는 하나님의 종이었습니다. 유다 백성들이 포로로 끌려갔지만, 하나님의 말씀은 그의 입을 통해 계속 선포되었습니다. 또한 사령관 느부사라단의 제안에 따라 바벨론에 가면 호의호식할 수 있었지만, 예레미야는 남은 백성과 운명을 같이하기로 작정하였습니다. 그는 하나님의 기쁘신 뜻에 순종하고 복종하는 사명자였던 것입니다. 믿음의 종, 예레미야 선지자를 바라보며, 주님께서 우리에게 주신 복음의 사명을 다시금 되새겨 봅니다.

📖 오늘의 핵심말씀
"너희 유다의 남은 자여 이제 여호와의 말씀을 들으라 만군의 여호와 이스라엘의 하나님께서 이와 같이 말씀하시되 너희가 만일 애굽에 들어가서 거기서 살기로 고집하면"(예레미야 42:15).
"그러므로 어리석은 자가 되지 말고 오직 주의 뜻이 무엇인가 이해하라"(에베소서 5:17). 아멘!

✝ 주께 드리는, 오늘의 기도
살아계신 하나님 아버지~ 우리의 삶과 사역에서 내 뜻과 내 생각, 내 고집을 다 내려놓고 하나님의 뜻에 순•복하는 은혜를 허락해 주시옵소서. 범사에 주님처럼, 그리고 다윗, 예레미야, 사도바울처럼, 하나님의 뜻을 온전히 이루어 드리는 복된 삶과 사역되길, 예수 그리스도 이름으로 간절히 기도드립니다. 아멘! May God Bless you always!

✎ 주께서 주신, 기도응답의 말씀

8월 12일

✸ 찬양
회복시키소서 – 클래식 콰이어

📖 오늘의 읽을 말씀
(예레미야 46-49장) 하나님의 공의를 무시하고 사악한 우상숭배로 하나님을 완고하게 거절하는 유다의 주변 족속들(모압, 암몬, 에돔 등)은 적군의 손에 멸망할 것이며, 애굽과 유다 백성들은 심판받을 것이라고 예레미야 선지자를 통하여 예언적 심판의 말씀이 선포되었습니다. 하나님을 신뢰하지 못하고, 의심하며 불신하여 하나님을 떠난 대가였습니다. 그러나 하나님께서는 이스라엘을 징계하신 후에, 구원하시며 회복케 하셨습니다. 지금 우리가 처한 상황이 징계이든 회복이든, 하나님께서는 결국 우리를 평안과 평화의 나라로 인도하실 것입니다.

📖 오늘의 핵심말씀
"내 종 야곱아 두려워하지 말라 이스라엘아 놀라지 말라 보라 내가 너를 먼 곳에서 구원하며 네 자손을 포로된 땅에서 구원하리니 야곱이 돌아와서 평안하며 걱정 없이 살게 될 것이라 그를 두렵게 할 자 없으리라"(예레미야 46:27). 아멘!

✞ 주께 드리는, 오늘의 기도
변함없는 사랑으로 끊임없이 사랑해 주시는 하나님 아버지~ 우리가 처한 상황이 어떠하든, 우리를 '평안과 평화의 나라'로 인도하실 주님께 감사의 찬양을 올려드립니다. 곤고한 상황에서도 주님의 긍휼을 바라며 회복의 때를 기다리게 하시고, 정결한 믿음 안에서 주를 향한 첫사랑이 회복되는 기쁨의 날 되게 인도해 주시길, 예수 그리스도 이름으로 간절히 기도드립니다. 아멘! May God Bless you always!

✎ 주께서 주신, 기도응답의 말씀
_____
_____
_____
_____

8월 13일

☀ **찬양**
겸손 – 장윤영

📖 **오늘의 읽을 말씀**
(예레미야 50-52장) 하나님께서 예레미야를 통해 예언해주신 그대로 예루살렘이 멸망했지만, 선지자 예레미야는 특히 소망에 대해 언급하였습니다. 즉 그는 언약을 지키시는 하나님에 의해 언약을 파기한 유다의 장래가 결국 회복될 것을 묘사하였습니다. 언약을 그대로 이루시는 하나님의 신실하신 말씀을 오늘 우리의 삶에 어떻게 겸손하게 적용했나요? 또한 그 결과는 어떻습니까?

📖 **오늘의 핵심말씀**
"주 만군의 여호와의 말씀이니라 교만한 자여 보라 내가 너를 대적하나니 너의 날 곧 내가 너를 벌할 때가 이르렀음이라"(예레미야 50:31).
"...하나님은 교만한 자를 대적하시되 겸손한 자들에게는 은혜를 주시느니라"(베드로전서 5:5). 아멘!

✟ **주께 드리는, 오늘의 기도**
거룩하고 존귀하신 사랑의 하나님~ 주님께서는 늘 겸손한 자를 통하여 하나님의 일을 이루셨습니다. 자신의 재능을 하나님께서 주신 것으로 고백하며, 겸손함으로 우리의 허리를 동이고, 주님(복음)만을 자랑하는 자녀들에게 세상을 이길 권능과 지혜를 오늘도 넘치도록 부어주시길, 예수 그리스도 이름으로 간절히 기도드립니다. 아멘! May God Bless you always!

✎ **주께서 주신, 기도응답의 말씀**

8월 14일

☀ 찬양
여호와께 돌아가자 - 조수아

📖 오늘의 읽을 말씀
(예레미야 애가 1-5장) 오늘의 읽을 말씀인 예레미야 애가에서는 처음부터 비참하게 짓밟힌 예루살렘 폐허의 현장에서 예루살렘을 생각하며 흘리는 눈물로 시작합니다. 그러나 선지자는 눈물을 통해서 모든 것의 배후에 계시는 주권자 하나님을 바라보게 됩니다.[71] 유다 멸망의 회오리 속에서도 예레미야는 '하나님을 바라고 소망하는 주의 자녀들은 진멸되지 않으며, 구원 받으리라'는 소망의 메시지를 선포하였습니다. 우리는 '눈물을 흘리는 선지자'로부터 어떤 교훈을 배웠습니까? 그럼에도 불구하고 하나님의 말씀대로 주를 바라고, 소망하는 구원의 은총이 가득한 하루였는지요?

📖 오늘의 핵심말씀
"우리가 스스로 우리의 행위들을 조사하고 여호와께로 돌아가자 우리의 마음과 손을 아울러 하늘에 계신 하나님께 들자"(예레미야애가 3:40-41). 아멘!

✝ 주께 드리는, 오늘의 기도
긍휼과 자비가 풍성하신 하나님 아버지~ 여호와께로 돌아가, 죄로부터 마음을 돌이키는 '참된 회개'를 드릴 수 있도록, '회개의 은혜'를 내려 주시옵소서. 변치 않는 사랑으로 한없이 사랑해 주시는 주님~ 하나님께 손을 들 뿐 아니라 마음도 들어 올려 겸비함으로 간구하오니, 성결함을 회복하며 하나님의 일하심을 경험하는 복과 은혜를 오늘도 허락해 주시길, 예수 그리스도 이름으로 간절히 기도드립니다. 아멘! May God Bless you always!

✎ 주께서 주신, 기도응답의 말씀

8월 15일

☀ 찬양
예수 믿으세요 – 호산나 싱어즈

📖 오늘의 읽을 말씀
(에스겔 1-6장) 예레미야가 예루살렘에 남아 있을 동안, 제사장 출신인 에스겔은 바벨론에서 포로가 된 유대인들에게 전도하였습니다. 때를 얻든지 못 얻든지, 주권자이신 하나님에 대한 영광을 강조하며, 주의 복음을 담대하게 선포했던 에스겔의 발자취를 따라 오늘도 하나님의 복된 말씀을 증거하는 우리 모두 되길 소망합니다.

📖 오늘의 핵심말씀
"또 내게 이르시되 인자야 내가 네게 이를 모든 말을 너는 마음으로 받으며 귀로 듣고 사로잡힌 네 민족에게로 가서 그들이 듣든지 아니 듣든지 그들에게 고하여 이르기를 주 여호와의 말씀이 이러하시다 하라"(에스겔 3:10-11). 아멘!

✝ 주께 드리는, 오늘의 기도
"온 천하에 다니며 만민에게 복음을 전하라"(막 16:15)고 명령하신 주님~ 우리가 주의 명령에 따라 전도와 선교 사역에 우리의 물질과 재능과 시간을 기꺼이 드리게 하옵시며, 때를 얻든지 못 얻든지 말씀을 전파하는 복된 인생되게 인도해 주시길, 예수 그리스도 이름으로 간절히 기도드립니다. 아멘! May God Bless you always!

✎ 주께서 주신, 기도응답의 말씀

8월 16일

☀ 찬양
내 안에 가장 귀한 것 - 아이자야 씩스티원(Isaiah Sixty One)

📖 오늘의 읽을 말씀
(고린도전서 13:12) 사도 바울시대의 사람들은 놋 거울로 희미한 상만을 비춰볼 수 있었듯이, 우리가 이 땅에 있는 동안 간접적으로 주님을 뵐 수밖에 없을 것입니다. 그러나 언젠가는 주께서 우리를 아신 것같이 우리도 주님을 온전히 알게 될 줄 깨닫고 믿습니다.

📖 오늘의 핵심말씀
"우리가 지금은 거울로 보는 것같이 희미하나 그때에는 얼굴과 얼굴을 대하여 볼 것이요 지금은 내가 부분적으로 아나 그때에는 주께서 나를 아신 것같이 내가 온전히 알리라"(고린도전서 13:12). 아멘!

✝ 주께 드리는, 오늘의 기도
사랑과 은혜가 풍성하신 하나님 아버지~ 오늘도 변함없이 십자가 보혈, 구속의 은혜에 감격할 수 있는 옥토의 마음을 허락해 주셔서 감사합니다. 구원받은 주의 자녀로서, 삶의 자리에서 복음의 사명을 감당하고 있는 모든 것이 또한 하나님의 은혜임을 믿음으로 고백합니다. 주를 알게 하시며, 깨닫게 하신 것은 증거케 하시기 위함인 줄 확신하오니, 그 놀라우신 하나님의 사랑과 은혜를 전파하는 복된 날 되게 인도해 주시길, 예수 그리스도 이름으로 간절히 기도드립니다. 아멘! May God Bless you always!

✎ 주께서 주신, 기도응답의 말씀

8월 17일

☀ 찬양
빈들에 마른 풀 같이 – 나무엔

📖 오늘의 읽을 말씀
(에스겔 7-11장) 에스겔은 유다에 대한 하나님의 심판에 대하여 예견하며 선포하였습니다. 즉 유다가 심판받을 이유는 여러 세대에 걸친 우상숭배와 영적 무관심, 그리고 사악함 때문이라는 것이었습니다. 또한 하나님께서 선정하신 심판의 대리자인 바벨론을 통해서, 예루살렘의 완전한 파괴와 성전으로부터 하나님의 영광이 떠났다는 내용이었습니다. 그러나 하나님께로부터 새 영을 받은 주의 백성들은 주께 돌아와 회복의 은혜를 맛보게 되었습니다. 오늘 우리의 삶 속에도 하나님께서 새 영을 부어 주셔서 주의 자녀로서 온전히 회복된 삶을 누리길 마음중심으로 소원합니다.

📖 오늘의 핵심말씀
"내가 그들에게 한 마음을 주고 그 속에 새 영을 주며 그 몸에서 돌 같은 마음을 제거하고 살처럼 부드러운 마음을 주어 내 율례를 따르며 내 규례를 지켜 행하게 하리니 그들은 내 백성이 되고 나는 그들의 하나님이 되리라"(에스겔 11:19-20). 아멘!

✞ 주께 드리는, 오늘의 기도
빈들에 마른 풀 같이 시들은 우리 영혼에 '흡족한 은혜'를 약속해 주신, 여호와 하나님~ 가물어 메마른 땅과 같은 우리 마음에 '성령의 단비'를 부어, 돌 같은 우리 마음을 제거하고, 살처럼 부드러운 마음을 주시사, 주의 말씀대로 준행하는 '기쁨의 날'되게 인도해 주시길, 예수 그리스도 이름으로 간절히 기도드립니다. 아멘! May God Bless you always!

✎ 주께서 주신, 기도응답의 말씀

8월 18일

☀ 찬양
내 이름 아시죠 – 옹기장이

📖 오늘의 읽을 말씀
(시편 139편) 구약시대의 선지자들, 특히 예레미야는 강하고 거친 경향이 있었던 반면에, 에스겔은 더 위안이 되었습니다. 이처럼 하나님께서는 자신의 말씀을 다른 사람들에게 전달하기 위해서 주님의 자녀들을 특별한 도구로써 창조하셨습니다. 우리도 우리의 모든 것을 하나님께서 사용하시도록 하고 있나요? 주님께서는 우리를 사용하시기 원하십니다. 오늘 읽을 말씀을 묵상하면서 주님께서 바로 그 일을 행하실 수 있도록 결단하는 우리 모두 되길 소망합니다.

📖 오늘의 핵심말씀
"주께서 내 내장을 지으시며 나의 모태에서 나를 만드셨나이다 내가 주께 감사하오음은 나를 지으심이 심히 기묘하심이라 주께서 하시는 일이 기이함을 내 영혼이 잘 아나이다"(시편 139:13-14). 아멘!

✝ 주께 드리는, 오늘의 기도
우리의 이름과 모든 생각도 너무나 잘 아시는 아바 하나님~ 우리가 어딜 가든지 떠나지 않으시며, 흐르는 눈물까지도 닦아 주시는 '한량없는 은혜'에 오늘도 주저함없이 주께 감사하는 '주님의 날'되게 인도해 주시길, 예수 그리스도 이름으로 간절히 기도드립니다. 아멘!
May God Bless you always!

✒ 주께서 주신, 기도응답의 말씀

_____
_____
_____
_____
_____
_____

8월 19일

☀ 찬양
보혈을 지나 - 호산나 싱어즈

📖 오늘의 읽을 말씀
(에스겔 12-15장) 거짓되게 자기 마음대로 예언하는 어리석은 선지자들과 우상 숭배하는 이스라엘의 지도자들과 백성들의 모습 속에서 하나님께서는 심판을 결정하셨습니다. 오늘 읽을 말씀을 통해 깨닫는 것은, 우리의 삶 속에 있는 우상은 돌이나 나무로 만든 우상만이 아니라는 사실입니다. 그것은 우리의 마음을 훔치는 어떤 것(일, 사람, 물질, 명예, 권세 등) 일 수 있다는 것이며, 이럴 경우 응답되지 않는 기도들이 반드시 뒤따른다는 것입니다. 오늘도 우상 숭배한 적은 없는지 삶을 바라보면서 주님만을 신뢰하며 사랑하는 주 바라기의 믿음으로 승리하는 복된 날 되길 소망해 봅니다.

📖 오늘의 핵심말씀
"그런즉 너는 이스라엘 족속에게 이르기를 주 여호와의 말씀에 너희는 마음을 돌이켜 우상을 떠나고 얼굴을 돌려 모든 가증한 것을 떠나라"(에스겔 14:6). 아멘!
"내가 나의 마음에 죄악을 품었더라면 주께서 듣지 아니하시리라"(시편 66:18). 아멘!

✚ 주께 드리는, 오늘의 기도
마음 중심을 보시는 여호와 하나님~ 하나님의 은혜가운데, 우리의 마음을 돌이켜 우상(하나님보다 더 사랑하는 모든 것들)을 떠나게 하옵소서. '철저한 회개'를 통해 죄 사함 받고(요일 1:9), 다시금 새롭게 기도응답의 문이 활짝 열려지는 복된 오늘 되길, 예수 그리스도 이름으로 간절히 기도드립니다. 아멘! May God Bless you always!

✎ 주께서 주신, 기도응답의 말씀

_____
_____
_____

8월 20일

☀ 찬양
여호와께 돌아가자 – 제이어스

📖 오늘의 읽을 말씀
(에스겔 16-19장) 유다의 죄를 음란한 아내로 비유하면서, 영적간음인 우상숭배는 결국 지혜롭지 못한 정치적 동맹으로까지 이어져서 재앙으로 끝나고 말았습니다. 그러나 이러한 모든 죄에서 돌이켜 회개하고, 정의와 공의를 행하면 다시 살려주신다는 하나님의 사랑을 다시금 깨닫게 되어집니다.

📖 오늘의 핵심말씀
"주 여호와의 말씀이니라 내가 어찌 악인이 죽는 것을 조금인들 기뻐하랴 그가 돌이켜 그 길에서 떠나 사는 것을 어찌 기뻐하지 아니하겠느냐 너희는 너희가 범한 모든 죄악을 버리고 마음과 영을 새롭게 할지어다 이스라엘 족속아 너희가 어찌하여 죽고자 하느냐"(에스겔 18:23,31). 아멘!

✚ 주께 드리는, 오늘의 기도
한없는 사랑으로 우리의 삶을 인도하시는 하나님 아버지~ 모든 영혼들이 죄악된 길에서 돌이켜 자신들의 죄악을 고백하게 하옵시며, 악한 길에서 돌이켜 마음과 영이 새롭게 되는 크신 은총을 허락해 주시길, 예수 그리스도 이름으로 간절히 기도드립니다. 아멘! May God Bless you always!

✎ 주께서 주신, 기도응답의 말씀

8월 21일

☀ 찬양
너 예수께 조용히 나가 - 나무엔

📖 오늘의 읽을 말씀
(에스겔 20-23장) 행음하고 우상 숭배하여 하나님의 징벌을 면할 수 없었던 오홀라와 오홀리바처럼 유다도 같은 징계를 피할 수 없었습니다. 왜냐하면 하나님께서 너무나 오랫동안 유다에 대해 참아 오셨기 때문이었습니다. 죄 많은 유다를 향한 하나님의 사랑은 결국 징계의 회초리를 들게 하셨듯이, 하나님께서 경고하시는 우리 삶의 죄들은 무엇인가요? 주님 앞에 나아가 진정으로 회개하는 이 시간되길 소원합니다.

📖 오늘의 핵심말씀
"이스라엘 땅에게 이르기를 여호와의 말씀에 내가 너를 대적하여 내 칼을 칼집에서 빼어 의인과 악인을 네게서 끊을지라 내가 의인과 악인을 네게서 끊을 터이므로 내 칼을 칼집에서 빼어 모든 육체를 남에서 북까지 치리니 모든 육체는 나 여호와가 내 칼집을 칼집에서 빼낸 줄을 알지라 칼이 다시 꽂히지 아니 하리라 하셨다 하라"(에스겔 21:3-5).

✝ 주께 드리는, 오늘의 기도
한없는 자비하심으로 우리를 사랑하시는 공의로우신 하나님~ 오만해진 다윗왕조에 심판의 칼이 임한 것처럼 하나님의 심판에는 성역이 없음을 깨닫습니다. 하나님께서 징계를 하시기 전에 진정으로 회개하여 주님의 진노가 우리 민족과 인류, 그리고 우리에게서 멈춰질 수 있기를, 예수 그리스도 이름으로 간절히 기도드립니다. 아멘! May God Bless you always!

✎ 주께서 주신, 기도응답의 말씀

8월 22일

✹ 찬양
겸손 - 장윤영

📖 오늘의 읽을 말씀
(에스겔 24-28장) 하나님의 징벌을 면치 못한 이웃나라들(암몬, 모압, 에돔, 블레셋, 두로)의 모습을 보면서 그들의 죄악을 생각해 봅니다. 그들 나라, 특히 두로의 왕좌에는 '자기'(self)가 앉았습니다. 그리고 결과적으로 하나님의 진노에 의한 파멸을 당하게 되었습니다. 두로의 운명을 바라보며 우리의 마음에 있는 '보좌'를 다시금 점검합니다. 지금 거기에 누가 앉아 있나요?

📖 오늘의 핵심말씀
"또 여호와의 말씀이 내게 임하여 이르시되 인자야 너는 두로 왕에게 이르기를 주 여호와께서 이같이 말씀하시되 네 마음이 교만하여 말하기를 나는 신이라 내가 하나님의 자리 곧 바다 가운데에 앉아 있다 하도다 네 마음이 하나님의 마음 같은 체할지라도 너는 사람이요 신이 아니거늘"(에스겔 28:1-2).

✝ 주께 드리는, 오늘의 기도
거룩하고 존귀하신 하나님 아버지~ 교만은 패망의 선봉이요, 거만한 마음은 넘어짐의 앞잡이라는 말씀(잠 16:18)을 마음 깊이 새기게 하옵소서. 무슨 일을 하든지 온유하신 예수님을 본받아 '겸손함과 성실함'을 잃지 않음으로, 때를 따라 도우시는 '하나님의 은혜'를 누리는 형통한 오늘되게 인도해 주시길, 예수 그리스도 이름으로 간절히 기도드립니다. 아멘!
May God Bless you always!

✎ 주께서 주신, 기도응답의 말씀

8월 23일

☀ **찬양**
일어나라 주의 백성 – 예수 전도단

📖 **오늘의 읽을 말씀**
(에스겔 29-32장) 오늘의 말씀에는 애굽에 관한 일곱 개의 예언(29:1-16; 29:17-21; 30:1-19; 30:20-26; 31:1-18; 32:1-16)이 있습니다.[72] 또한 본문에서 말씀하시는 변치 않는 교훈은 '한 나라의 지도자가 움직이는 대로 그 나라는 그렇게 움직인다'는 사실입니다. 애굽에 대한 에스겔서의 말씀은 나라가 아니라 그 나라의 지도자에게 있음을 깨닫게 됩니다. 즉, 바로의 교만과 그의 군대에 대한 잘못된 확신은 한때 강력했던 애굽을 황폐하게 만들었습니다. 이는 우리에게 우리의 나라, 공동체, 그리고 교회 지도자의 중요성에 대하여 다시금 일깨워주고 있습니다. 오늘 우리가 기도할 때 우리의 지도자들을 위해 하나님께 중보 기도하는 시간을 갖길 소원합니다.

📖 **오늘의 핵심말씀**
"여호와께서 이같이 말씀하셨느니라 애굽을 붙들어 주는 자도 엎드러질 것이요 애굽의 교만한 권세도 낮아질 것이라 믹돌에서부터 수에네까지 무리가 그 가운데에서 칼에 엎드러지리라 주 여호와의 말씀이니라 황폐한 나라들같이 그들도 황폐할 것이며 사막이 된 성읍들같이 그 성읍들도 사막이 될 것이라 내가 애굽에 불을 일으키며 그 모든 돕는 자를 멸할 때에 그들이 나를 여호와인 줄 알리라"(에스겔 30:6-8). 아멘!

✝ **주께 드리는, 오늘의 기도**
우리의 갈 길을 인도하시는 하나님 아버지~ 우리가 성공을 위해 남을 짓밟고 일어서지 않게 하옵소서. 애굽의 바로처럼 탐욕으로 이룬 성공으로 인해 하나님을 잃는 크나큰 실수를 범하지 않도록 인도하소서. 기꺼이 낮아지신 주님을 본받아 겸손한 리더가 되게 하소서. 신실한 믿음의 자녀들을 통해 이 나라와 교회와 우리 가정을 의의 길로 인도해 주시길, 예수 그리스도 이름으로 간절히 기도드립니다. 아멘! May God Bless you always!

✎ **주께서 주신, 기도응답의 말씀**

8월 24일

☀ 찬양
선하신 목자 – 어노인팅

📖 오늘의 읽을 말씀
(에스겔 33-36장) 자신의 사명(파수꾼)을 분명히 깨닫고 온전히 감당했던 에스겔 선지자, 그는 3년 동안 침묵했던 그의 혀가 마침내 풀려 새 목자가 오실 것을 선포하게 되었습니다. 그분은 이스라엘의 양떼를 돌보시고, 포로생활의 흩어졌던 가정들로부터 그의 백성들을 구하시며, 그들을 언약의 땅으로 복귀시키실 것입니다. 사명자 에스겔처럼, 오늘도 복음의 나팔수로서 복된 사명을 온전히 감당하길 소원합니다.

📖 오늘의 핵심말씀
"내가 친히 내 양의 목자가 되어 그것들을 누워 있게 할지라 주 여호와의 말씀이니라 그 잃어버린 자를 내가 찾으며 쫓기는 자를 내가 돌아오게 하며 상한 자를 내가 싸매 주며 병든 자를 내가 강하게 하려니와 살진 자와 강한 자는 내가 없애고 정의대로 그것들을 먹이리라"(에스겔 34:15-16). 아멘!
"여호와는 나의 목자시니 내게 부족함이 없으리로다 그가 나를 푸른 풀밭에 누이시며 쉴 만한 물 가로 인도하시는도다"(시편 23:1-2). 아멘!

✝ 주께 드리는, 오늘의 기도
선한 목자되신 우리 주님~ 주님께서 우리 가운데 오신 것은, 양으로 생명을 얻게 하고, 더 풍성히 얻게 하기 위함인 줄 깨닫고 믿습니다. 오늘도 풍성한 영의 양식인 생명의 말씀을 통해 '치유와 회복', 그리고 '쉼과 안식'을 누리는 은혜의 날 되게 인도해 주시길, 예수 그리스도 이름으로 간절히 기도드립니다. 아멘! May God Bless you always!

✎ 주께서 주신, 기도응답의 말씀

_____
_____
_____
_____

8월 25일

☀ 찬양
마른 뼈 – 펠로우 워십

📖 오늘의 읽을 말씀
(에스겔 37-39장) 하나님께서 에스겔 선지자에게 대언케 하신 예언의 말씀은 '흩어진 뼈들이 재결합되고 하나님의 생기로 다시 소생하듯, 멸망한 이스라엘은 하나님의 은혜로 새 이스라엘이 되어 원수를 물리치고 승리자가 되어 진다'는 것이었습니다. 그렇습니다. 이스라엘 민족이 하나님께 매달리고, 오직 하나님께 의지할 때 그들에게는 적이 없었습니다. 하나님께 가까이 할 때는 힘과 승리를 가져다주며, 하나님으로부터 멀어질 때는 나약함과 패배를 가져다주었습니다. 그러므로 오늘도 변함없이 우리의 '피난처시요 힘이시며 환난 중에 만날 큰 도움이신 하나님'만을 신뢰하는 주 바라기의 믿음으로 승리하는 복된 날 되길 소망해 봅니다.

📖 오늘의 핵심말씀
"또 내게 이르시되 너는 이 모든 뼈에게 대언하여 이르기를 너희 마른 뼈들아 여호와의 말씀을 들을지어다 주 여호와께서 이 뼈들에게 이같이 말씀하시기를 내가 생기를 너희에게 들어가게 하리니 너희가 살아나리라"(에스겔 37:4-5). 아멘!

✚ 주께 드리는, 오늘의 기도
우리의 참 소망이신 하나님 아버지~ 마른 뼈와 같이 희망 없이 죽어 있었던 이스라엘 백성들에게 '여호와의 말씀'을 통해 생기를 주신 것처럼, 아무리 어렵고 힘든 현 상황일지라도 '주의 말씀 조금 더 붙잡고, 신뢰함으로 조금 더 기도하는' 우리들에게 다시금 살아나는 '부흥의 기적'을 경험케 인도해 주시길, 예수 그리스도 이름으로 간절히 기도드립니다. 아멘!
May God Bless you always!

✎ 주께서 주신, 기도응답의 말씀
_____
_____
_____

8월 26일

☀ 찬양
삶의 예배 - 아이자야 씩스티원(Isaiah Sixty One)

📖 오늘의 읽을 말씀
(에스겔 40-43장) 선지자는 14년 전에 이미 파괴된 옛 성전의 위치에 세워질 새 성전의 모습을 미리 보게 되었습니다. 사방을 척량하던 중에 에스겔은 하나님께서 새 지성소로 다시 돌아오시는 '하나님의 영광'을 보게 되었던 것입니다. [73] '하나님의 영광'이 다시금 성전에 임하시는 역사 속에 이스라엘 회복이 찾아왔듯이, 주 안에서 우리도 온전히 회복되어, 하나님의 영광위해 복되게 사용되길 소원합니다.

📖 오늘의 핵심말씀
"여호와의 영광이 동문을 통하여 성전으로 들어가고 영이 나를 들어 데리고 안뜰에 들어가시기로 내가 보니 여호와의 영광이 성전에 가득하더라"(에스겔 43:4-5). 아멘!

✝ 주께 드리는, 오늘의 기도
영광 받으시기에 합당하신 여호와 하나님~ 성전을 떠난 하나님의 영광이 다시 돌아와 성전에 가득하게 된 것을 에스겔 선지자에게 보여 주신 것은, 이스라엘 백성들이 지은 모든 죄들을 회개시키기 위함인 줄 깨닫고 믿습니다. 이 시간 마음 중심으로 주께 간구하옵기는, 우리를 모든 죄의 유혹과 위험에서 지켜 주시며, 삶의 매 순간이 정결함으로 주님 앞에 드리는 예배가 되게 인도해 주시길, 예수 그리스도 이름으로 간절히 기도드립니다. 아멘! May God Bless you always!

✎ 주께서 주신, 기도응답의 말씀
_____
_____
_____
_____
_____

8월 27일

☀ 찬양
동행 – 하니 2집

📖 오늘의 읽을 말씀
(에스겔 44-48장) 예배형식의 변혁과 땅의 경계를 재 구분하면서 새 성읍의 이름을 '여호와삼마'(겔 48:3)라고 지칭하는 모습을 보면서, 하나님을 주인으로 모신 하나님의 백성으로 살아가는 우리도 날마다 '여호와삼마'의 새로운 성읍 되길 소망해 봅니다.

📖 오늘의 핵심말씀
"그 사방의 합계는 만 팔천 척이라 그 날 후로는 그 성읍의 이름을 여호와삼마라 하리라"(에스겔 48:35). 아멘!

✞ 주께 드리는, 오늘의 기도
주의 백성들과 늘 함께하시는 하나님 아버지~ 오늘도 무시로 동행하시는 '여호와삼마'의 하나님을 찬양하며, 영광을 올려드립니다. 우리가 사망의 음침한 골짜기 같은 세상에서 살아갈지라도 염려하거나 두려워하지 않는 것은 여호와께서 우리와 함께 하시기 때문인 줄 깨닫고 믿습니다. 마음을 다해 주께 간구하옵기는, '하나님의 임재'로 교회가 회복되고, 부흥하는 역사가 일어나게 하시며, 우리의 삶에 치유와 회복이 일어나게 인도해 주시길, 예수 그리스도 이름으로 간절히 기도드립니다. 아멘!
May God Bless you always!

✎ 주께서 주신, 기도응답의 말씀

8월 28일

✺ 찬양
세상의 헛된 신을 버리고 (찬송가 322장)

📖 오늘의 읽을 말씀
(다니엘 1-3장) 오늘 읽을 말씀에 등장하는 인물인 다니엘과 그의 세 친구들은 유다의 바벨론 포로기의 에스겔과 같은 시대의 인물들이었습니다. 바벨론과 바벨론 왕 느부갓네살을 위해 선택된 네 명의 유대 청년들은 죽을 위기에서 다니엘의 꿈 해석을 통해 살아나게 되었습니다. 또한 금신 상에 절하지 않은 사드락, 메삭, 아벳느고를 풀무불에서 구원하신 하나님! 살아서 역사하시는 하나님을 목격한 느부갓네살은 다시금 하나님께 찬양을 올려 드렸습니다. 하나님을 온전히 신뢰했던 다니엘과 세 청년들의 모습 속에서 큰 도전을 받고, 우리의 삶을 반추하는 은혜의 날 되길 소망합니다.

📖 오늘의 핵심말씀
"느부갓네살이 말하여 이르되 사드락과 메삭과 아벳느고의 하나님을 찬송할지로다 그가 그의 천사를 보내사 자기를 의뢰하고 그들의 몸을 바쳐 왕의 명령을 거역하고 그 하나님 밖에는 다른 신을 섬기지 아니하며 그에게 절하지 아니한 종들을 구원하셨도다 그러므로 내가 이제 조서를 내리노니 각 백성과 각 나라와 각 언어를 말하는 자가 모두 사드락과 메삭과 아벳느고의 하나님께 경솔히 말하거든 그 몸을 쪼개고 그 집을 거름터로 삼을지니 이는 이같이 사람을 구원할 다른 신이 없음이니라 하더라 왕이 드디어 사드락과 메삭과 아벳느고를 바벨론 지방에서 더욱 높이니라"(다니엘 3:28-30). 아멘!

✚ 주께 드리는, 오늘의 기도
찬양과 영광 받으시기에 합당하신 여호와 하나님~ 다니엘과 사드락, 메삭, 아벳느고처럼 살아계신 하나님을 증거하는 빛 된 오늘, 그리고 우리의 인생 되게 인도해 주시길, 예수 그리스도 이름으로 간절히 기도드립니다. 아멘! May God Bless you always!

✎ 주께서 주신, 기도응답의 말씀
_____
_____

8월 29일

☀ 찬양
내가 너를 도우리라 – 호산나 싱어즈

📖 오늘의 읽을 말씀
(다니엘 4-6장) 오늘의 읽을 말씀에서 만날 수 있는 세 명의 통치자들은 그들의 생애 가운데 하나님의 손길을 느낄 수밖에 없었습니다. 벨사살(5장)에게 있어서 그것은 그의 왕국의 종말을 의미했으며, 다리오(6장)와 느부갓네살(4장)에게는 하나님과 같아지려는 자기숭배의 파국을 의미했습니다. 어떠한 역경 가운데서도 결단코 믿음을 포기하지 않는 '다니엘의 믿음'을 통해 이방민족들에게 하나님 살아계심을 증거했듯이, 오늘도 변함없이 주님을 신뢰함으로 하나님께 영광 돌리는 복된 우리 모두 되길 소원합니다.

📖 오늘의 핵심말씀
"왕이 심히 기뻐서 명하여 다니엘을 굴에서 올리라 하매 그들이 다니엘을 굴에서 올린즉 그의 몸이 조금도 상하지 아니하였으니 이는 그가 자기의 하나님을 믿음이었더라"(다니엘 6:23). 아멘!

✞ 주께 드리는, 오늘의 기도
살아서 역사하시는 하나님 아버지~ 하나님을 온전히 신뢰하는 주의 자녀들에게 가장 선하고, 형통한 길로 인도하실 줄 깨닫고 믿습니다. 오늘도 변함없이 복음을 증거하는 '작은 다니엘'이 되어, 주께 영광 올려 드리는 주님의 기쁨 되길, 예수 그리스도 이름으로 간절히 기도드립니다. 아멘!
May God Bless you always!

✎ 주께서 주신, 기도응답의 말씀

8월 30일

☀ 찬양
오직 주만이 – 마커스 워십

📖 오늘의 읽을 말씀
(다니엘 2:17-23; 6:10-11; 9:1-3; 에베소서 6:18) 어떤 환경에 처하든지 하나님만을 바라보고 의지하며 겸손히 기도했던 믿음의 선조, 다니엘을 통하여 하나님께서 살아계심과 전지전능하심을 모든 이방인들에게 보이셨으며, 영광 받으셨습니다. 이처럼 욕심과 죄의 불순물이 없는 겸손한 기도의 사람들을 주님께서 들어서 사용하신다는 사실을 확인케 되어 집니다. 다니엘처럼 하나님께 쓰임받기위한 오늘 우리의 기도와 겸손의 수준은 어느 정도일까요?

📖 오늘의 핵심말씀
"모든 기도와 간구를 하되 항상 성령 안에서 기도하고 이를 위하여 깨어 구하기를 항상 힘쓰며 여러 성도를 위하여 구하라"(에베소서 6:18). 아멘!

✝ 주께 드리는, 오늘의 기도
전지전능하시며, 무소부재하신 살아계신 여호와 하나님~ 조서에 왕의 도장이 찍혀 있으므로 기도생활이 발각되면 죽게 된다는 것을 알면서도 변함 없는 믿음으로 하나님께 기도드렸던 다니엘의 모습을 통해 다시금 우리의 신앙생활을 점검하며, 회개합니다. 이 시간 주께 마음중심으로 소원하옵기는, 다니엘과 동일한 믿음으로 이 어려운 환경과 여건들을 이겨낼 수 있는 크신 믿음을 허락해 주시옵소서. 선한 목자되신 우리 주님! 우리의 암울한 마스크를 벗고 하나님께 마음껏 찬양 드리며, 기도할 수 있는 푸른 초장으로 인도해 주시길, 예수 그리스도 이름으로 간절히 기도드립니다. 아멘!
May God Bless you always!

✎ 주께서 주신, 기도응답의 말씀
_____
_____
_____
_____

8월 31일

☀ 찬양
다니엘의 기도

📖 오늘의 읽을 말씀
(다니엘 7-12장) 다니엘서는 크게 두 부분으로 나눌 수 있습니다. 전반부는 제국의 궁궐에서 일어난 선지자의 개인적인 사건을 중심으로 전개되었으며, 후반부는 다니엘이 본 환상들을 다루고 있습니다. 전반부의 강조점은 하나님만 믿고 신뢰한 자들을 하나님께서 은혜롭게 돌보셨다는 것이며, 후반부의 강조점은 아무리 강력한 나라라도 반드시 멸망하고, 결국에는 하나님의 나라만 승리한다는 것입니다.[74] 다니엘은 정결케하는 심판과 축복으로 가득한 미래에 대해 선지자의 시각으로 밝히고 있습니다. 또한 자신의 민족을 향한 간절한 중보기도를 통해 다니엘의 인격을 알게 되며, 그를 통한 하나님의 사랑을 바라보게 됩니다.

📖 오늘의 핵심말씀
"주여 들으소서 주여 용서하소서 주여 귀를 기울이시고 행하소서 지체하지 마옵소서 나의 하나님이여 주 자신을 위하여 하시옵소서 이는 주의 성과 주의 백성이 주의 이름으로 일컫는 바 됨이니이다"(다니엘 9:19). 아멘!

✞ 주께 드리는, 오늘의 기도
우리의 기도에 귀를 기울이시며, 가장 선한 길로 인도하시는 주님~ 하늘의 문 열어 주셔서 주의 긍휼을 베풀어 주시옵소서. 주님의 말씀 붙잡고, 생명 다해 기도함으로 살아계신 하나님을 증거했던 다니엘처럼, 우리도 주님을 간증하는 주인공되어 하나님을 자랑케 인도해 주시길, 예수 그리스도 이름으로 간절히 기도드립니다. 아멘! May God Bless you always!

✎ 주께서 주신, 기도응답의 말씀

9월 1일

☀ 찬양
쉼 – 나무엔

📖 오늘의 읽을 말씀
(호세아 1-3장) 호세아서의 주된 내용은 임박한 심판 예언입니다. 호세아 선지자는 바알 숭배가 초래할 북이스라엘의 멸망을 시적인 풍자로 묘사합니다.[75] 하나님께서는 이스라엘에 '구원'이란 뜻의 이름을 가진 선지자 호세아를 보내셨습니다. 그의 아내였던 음녀 고멜처럼, 우상을 숭배하는 이스라엘을 보면서 하나님의 안타까운 심정을 체휼케 됩니다. 비록 이스라엘이 그들의 영적인 간음으로 인하여 앗수르의 손에 포로와 노예 상태로 전락한다 할지라도 여호와 하나님께서는 자신의 백성을 위한 계속적인 사랑을 맹세하셨습니다. 그럼에도 불구하고 고멜과 같은 우리를 사랑해주셔서 주님을 닮아가길 고대하시는 하나님! 하나님의 마음을 기쁘게 해 드리는 축복된 오늘, 그리고 우리의 인생되게 역사해 주시길 마음중심으로 소원합니다.

📖 오늘의 핵심말씀
"그 후에 이스라엘 자손이 돌아와서 그들의 하나님 여호와와 그들의 왕 다윗을 찾고 마지막 날에는 여호와를 경외함으로 여호와와 그의 은총으로 나아가리라"(호세아 3:5). 아멘!

✝ 주께 드리는, 오늘의 기도
우리의 피난처가 되시는 주님~ 우리가 인생을 살아가면서 만날 어려움에 낙심하지 않게 하옵소서. 우리의 앞길에 좌절이 밀려올 때 주의 도우심을 말씀 붙잡고 기도함으로 앙망하게 하시고, 비상하는 독수리와 같은 힘을 주시옵소서. 어둡고 힘겨운 터널을 지나 주께 돌아온 이스라엘 자손들처럼, 여호와를 경외함으로 주의 은총과 진정한 쉼을 누리는 복된 은혜를 오늘도 허락해 주시길, 예수 그리스도 이름으로 간절히 기도드립니다. 아멘!
May God Bless you always!

✎ 주께서 주신, 기도응답의 말씀

9월 2일

✺ 찬양
원하고 바라고 기도합니다 – 민호기 목사

📖 오늘의 읽을 말씀
(호세아 4-6장) 오늘 성경본문 4-6장에서 호세아는 이스라엘이 십계명을 어떻게 파기했는지 증명했습니다. 죄를 붙들고 있는 한 어떤 나라도 하나님의 진노를 면치 못한다는 사실을 보이면서 심판은 오고야 말았습니다.[76] 심판을 받고 죽을 고통을 당해야 하나님 앞으로 돌아오는 이스라엘의 모습을 통해 우리의 현주소를 되짚어 보게 됩니다.

📖 오늘의 핵심말씀
"오라 우리가 여호와께로 돌아가자 여호와께서 우리를 찢으셨으나 도로 낫게 하실 것이요 우리를 치셨으나 싸매어 주실 것임이라"(호세아 6:1). 아멘!

✚ 주께 드리는, 오늘의 기도
미쁘시고 의로우시며, 사랑과 은혜가 풍성하신 하나님 아버지~ 주께 돌아가 하나님을 더욱 알아가며, 우리 자신의 죄들도 온전히 깨닫기를 소원합니다. 어려움이 생기면 회개한다고 하고서는 금방 식는 불성실한 회개가 아닌, '진정한 회개'를 통하여 '주님의 죄 사함과 치료와 회복의 역사'가 우리 가운데 임하여 주시길, 예수 그리스도 이름으로 간절히 기도드립니다. 아멘! May God Bless you always!

✎ 주께서 주신, 기도응답의 말씀

9월 3일

☀ 찬양
아버지 내 눈물이 기도되어 – 유효림

📖 오늘의 읽을 말씀
(호세아 7-8장) 호세아 시대 이스라엘 백성들의 특징은 불순한 동기, 불완전한 순종, 그리고 영적 무관심이었습니다. 언약의 나라에서 벌어지는 이러한 상황들로 인해 하나님의 마음은 어떠셨을까요? 혹시 우리나라와 우리의 현재 모습은 어떠한가요? 말씀 앞에 겸손히 무릎 꿇고 성심으로 간구하길 소원합니다.

📖 오늘의 핵심말씀
"성심으로 나를 부르지 아니하였으며 오직 침상에서 슬피 부르짖으며 곡식과 새 포도주로 말미암아 모이며 나를 거역하는도다"(호세아 7:14).

✝ 주께 드리는, 오늘의 기도
우리의 간구하는 기도를 일일이 세밀하게 들으시고, 가장 좋은 것으로 응답해 주시는, 살아계신 하나님 아버지~ 호세아 당시의 이스라엘 백성들처럼, 하나님 앞에서 아무런 소용없는 기도가 되지 않도록 인도하옵소서. 단지 입술만을 움직이고, 죄에서 돌이킬 줄 모르는 기도가 아닌, '성심'을 다해 마음 중심으로 하나님께 '진실된 기도'를 올려 드리며, 더욱 주님 닮아가는 우리 모두 되길, 예수 그리스도 이름으로 간절히 기도드립니다. 아멘! May God Bless you always!

✎ 주께서 주신, 기도응답의 말씀

9월 4일

☀ 찬양
신랑되신 예수께서 (찬송가 175장)

📖 오늘의 읽을 말씀
(요한계시록 19:6-10; 고린도후서 11:1-2) 하나님께서는 호세아를 부르셔서 선지자로 세우시고, 그의 개인적인 비극을 이스라엘의 국가적인 비극에 대한 실제적인 예로 사용하셨습니다. 그것은 선지자 호세아와 그의 불성실한 아내 고멜 사이의 결혼이야기이며, 이것은 하나님의 신부인 불성실한 백성과 하나님과의 관계를 반영하고 있습니다.[77] 하나님과 그분의 백성과의 관계를 결혼으로 비유하는 데는 많은 의미가 있지만, 그중에 하나님의 순전하시고 영원하신 사랑과 헌신을 가장 크게 내포하고 있음을 보게 됩니다. 또한 우리 시대에 있어서 교회는 그리스도의 신부로 불려지며, 사도 바울은 고린도의 신자들에게 신랑되시는 예수 그리스도께 신실하라고 간청하였습니다(고후 11:1-2). 그리고 오늘 우리에게 주신 말씀들을 묵상하면서 '그리스도의 신부로 드려지는 것이 무엇을 의미하는지' 깊이 소망해 봅니다.

📖 오늘의 핵심말씀
"그에게 빛나고 깨끗한 세마포 옷을 입도록 허락하셨으니 이 세마포 옷은 성도들의 옳은 행실이로다 하더라"(요한계시록 19:8). 아멘!

✢ 주께 드리는, 오늘의 기도
우리 성도의 진정한 신랑되시는 주님~ 마지막 날 주님 앞에 설 때에 불성실한 호세아의 아내 고멜이 아닌, 주님 보시기에 아름답고 기쁜 모습으로 단장하길 소원합니다. 예수 그리스도의 대속의 피로 모든 죄 씻음 받아 '빛나고 깨끗한 세마포 옷'을 덧입고 살아가는 항상 정결하고 성화되어 가는 은혜의 삶을 살게 하옵소서. 오늘도 세상에 주눅들지 않고, 의롭고 옳은 행실과 변치 않는 믿음으로 아름답게 단장하고, 신랑되신 예수님을 기쁨으로 맞이하는 슬기로운 신부가 되길, 예수 그리스도 이름으로 간절히 기도드립니다. 아멘! May God Bless you always!

✎ 주께서 주신, 기도응답의 말씀

4. '예언서'에서 전하는 기도의 선조들

9월 5일

☀ 찬양
그 사랑 – 마커스 워십 2011

📖 오늘의 읽을 말씀
(호세아 9-11장) 두 마음을 품고 우상을 숭배하며 음란한 이스라엘은 결국 하나님의 심판을 면할 수 없었습니다. 그럼에도 불구하고 택하신 선민을 향한 하나님의 사랑은 변함없이 포기치 않으셨습니다. 이러한 징벌까지도 사랑의 매였음을 다시금 깨닫게 됩니다.

📖 오늘의 핵심말씀
"그들은 사자처럼 소리를 내시는 여호와를 따를 것이라 여호와께서 소리를 내시면 자손들이 서쪽에서부터 떨며 오되 그들은 애굽에서부터 새 같이, 앗수르에서부터 비둘기 같이 떨며 오리니 내가 그들을 그들의 집에 머물게 하리라 나 여호와의 말이니라"(호세아 11:10-11). 아멘!

✞ 주께 드리는, 오늘의 기도
한없는 사랑으로 우리의 삶을 인도하시는 하나님 아버지~ 여호와께서 사자처럼 큰 소리로 온 세계에서 주의 백성들을 부르실 때에, 그들이 듣고 새같이, 비둘기같이 거역하지 않고 돌아오는 '복음의 역사'가 임하시길 소원합니다. 그 놀라운 하나님 아버지의 사랑, 주의 복음으로 구원받아 부름 받은 우리들도 '복음의 통로'로 빛 되게 쓰임받길, 예수 그리스도 이름으로 간절히 기도드립니다. 아멘! May God Bless you always!

✎ 주께서 주신, 기도응답의 말씀

9월 6일

☀ 찬양
내 모습 내려놓고서 – 조수아

📖 오늘의 읽을 말씀
(호세아 12-14장) 이스라엘은 불의함으로 엎드러졌지만 주께로 회개하고 돌아오라며 안타까운 심정으로 바라보시는 하나님의 마음을 체휼케 됩니다. 호세아 선지자가 간구했듯이, 우리도 주님 앞에서 회복되어 다시 쓰임 받을 그날을 기대하며 소망의 비전을 그려봅시다. 어떤 모습의 그림일까요?

📖 오늘의 핵심말씀
"이스라엘아 네 하나님 여호와께로 돌아오라 네가 불의함으로 말미암아 엎드러졌느니라 내가 그들의 반역을 고치고 기쁘게 그들을 사랑하리니 나의 진노가 그에게서 떠났음이니라" (호세아 14:1,4). 아멘!

✝ 주께 드리는, 오늘의 기도
감당할 만한 시험을 통해 우리를 단련하시고, 하나님 나라의 정병으로 빚어가시는 여호와 하나님~ 우리가 하나님을 인격적으로 의지하게 하시고, 인생의 도울 힘이 하나님께 있음을 깨닫게 하옵소서. 무엇보다도 우리 자신을 위해 기도하고 있는 부모와 가족, 그리고 교회의 영적인 식구들이 있다는 것을 기억하며, 신실하신 하나님의 인도하심을 신뢰하고 주께로 돌아오는 오늘, 그리고 주 안에서 회복되어 다시 쓰임 받는 우리의 인생되게 인도해 주시길, 예수 그리스도 이름으로 간절히 기도드립니다. 아멘!
May God Bless you always!

✎ 주께서 주신, 기도응답의 말씀

9월 7일

☀ 찬양
선한 능력으로 – 나무엔

📖 오늘의 읽을 말씀
(요엘 1-3장) 선지자 요엘은 유다에 하나님의 경고의 말씀을 전했습니다. "만약 나라가 회개하지 않는다면, 북쪽에서 오는 군대에 의해 파멸될 것이다. 그러나 회개하여 돌아오면, 주의 심판과 진노로부터 보호받을 뿐만 아니라 축복받을 수 있다!"라고 말입니다. 어찌 보면 그 때 당시와 흡사한 우리나라의 현 시국을 바라보며 오늘도 주께 무릎을 꿇습니다.

📖 오늘의 핵심말씀
"너희는 옷을 찢지 말고 마음을 찢고 너희 하나님 여호와께로 돌아올지어다 그는 은혜로우시며 자비로우시며 노하기를 더디하시며 인애가 크시사 뜻을 돌이켜 재앙을 내리지 아니하시나니"(요엘 2:13). 아멘!
"내 사랑하는 자들아 너희가 친히 원수를 갚지 말고 하나님의 진노하심에 맡기라 기록되었으되 원수 갚는 것이 내게 있으니 내가 갚으리라고 주께서 말씀하시니라 네 원수가 주리거든 먹이고 목마르거든 마시게 하라 그리함으로 네가 숯불을 그 머리에 쌓아 놓으리라 악에게 지지 말고 선으로 악을 이기라"(로마서 12:19-21). 아멘!

✝ 주께 드리는, 오늘의 기도
살아계신 하나님 아버지~ 말씀대로 살아내지 못했던 불순종의 마음을 찢으며, 뜻을 다하여 회개합니다. 주의 말씀에 순•복하여 선으로 악을 이기는 승리의 날 되게 인도해 주시길, 예수 그리스도 이름으로 간절히 기도드립니다. 아멘! May God Bless you always!

✏ 주께서 주신, 기도응답의 말씀

9월 8일

☀ 찬양
보혈을 지나 – 호산나 싱어즈

📖 오늘의 읽을 말씀
(아모스 1-2장) 직업이 농부인 아모스의 삶을 통해 사치스럽고 평화와 번영을 누리는 이스라엘의 죄악된 삶을 주께서 깨닫게 하셨고, 그를 통해 '회개하지 않으면 망할 것'을 선포하셨습니다. 하나님께서는 항상 시대적으로 깨어있는 주의 종을 통해 말씀하심을 다시금 돌아보게 됩니다.

📖 오늘의 핵심말씀
"여호와께서 이와 같이 말씀하시되 에돔의 서너 가지 죄로 말미암아 내가 그 벌을 돌이키지 아니하리니 이는 그가 칼로 그의 형제를 쫓아가며 긍휼을 버리며 항상 맹렬히 화를 내며 분을 끝없이 품었음이라"(아모스 1:11).
"분을 쉽게 내는 자는 다툼을 일으켜도 노하기를 더디 하는 자는 시비를 그치게 하느니라"(잠언 15:18). 아멘!
"분을 내어도 죄를 짓지 말며 해가 지도록 분을 품지 말고"(에베소서 4:26). 아멘!

✝ 주께 드리는, 오늘의 기도
긍휼과 자비가 풍성하신 하나님 아버지~ 우리의 무거운 모든 죄 짐을 다 주께 맡기며 회개하오니, 우리 죄를 사하시고 우리를 모든 불의에서 깨끗하게 하여 주옵소서. 우리 자신의 죄를 회개하며 성결함을 회복할 때에 하나님께서 일하심을 경험하는 복과 은혜를 부어주시길, 예수 그리스도 이름으로 간절히 기도드립니다. 아멘! May God Bless you always!

✎ 주께서 주신, 기도응답의 말씀

9월 9일

☀ 찬양
주의 약속하신 말씀 위에 서 - 어노인팅 찬송가 3집

📖 오늘의 읽을 말씀
(아모스 3-5장) 하나님께서 기근, 염병, 가뭄 등의 여러 징계를 통해 이스라엘의 회개를 촉구하셨지만 그들은 주께로 돌아오지 않았습니다. 더욱이 회칠한 무덤처럼 회개치 않고 형식에만 매여 있는 종교행위를 하는 이스라엘 민족들에게는 하나님이 계시지 않았습니다. 부패한 마음에 하나님께서 역사하시지 않았던 것입니다. 혹시 우리도 이스라엘 백성들처럼 형식적인 종교인으로 되어가고 있지는 않은가요? 죄악으로 부패하지 않고, 하나님의 은혜를 갈망하며, 주의 말씀대로 준행하기 위한 간절한 기도가 이어지고 있습니까?

📖 오늘의 핵심말씀
"여호와께서 이스라엘 족속에게 이와같이 말씀하시기를 너희는 나를 찾으라 그리하면 살리라"(아모스 5:4). 아멘!
"네가 만일 네 하나님 여호와의 말씀만 듣고 내가 오늘 네게 내리는 그 명령을 다 지켜 행하면 네 하나님 여호와께서 네게 기업으로 주신 땅에서 네가 반드시 복을 받으리니 너희 중에 가난한 자가 없으리라"(신명기 15:4). 아멘!

✝ 주께 드리는, 오늘의 기도
구원받고 축복받을 영혼들을 지금도 찾으시는 여호와 하나님~오늘 우리에게 주신 말씀처럼, 세상의 우상을 모두 내려놓고, 하나님께 돌아와 전심으로 주의 말씀대로 살아가는 복된 오늘, 그리고 성공적인 미래를 준비하는 매일의 삶 되길, 예수 그리스도 이름으로 간절히 기도드립니다. 아멘!
May God Bless you always!

✎ 주께서 주신, 기도응답의 말씀

9월 10일

☀ 찬양
하나님 아버지의 마음 - 김정석, 세연, 조수아, 조시영

📖 오늘의 읽을 말씀
(아모스 6-7장) 이스라엘 자손들은 하나님께로부터 많은 물질적 축복을 누렸습니다. 그러나 그들은 하나님 안에 자신들의 믿음을 두기보다는 오히려 그들이 소유했던 물질에서 안전을 구했습니다.[78] 이것으로 진정한 안전을 찾을 수 있었을까요? 소유만으로는 결코 안전을 가져올 수 없었습니다. 이것을 묘사하기 위해서 선지자는 '황충의 떼, 참화를 초래하는 불, 그리고 다림줄'을 마음에 생생하게 그리게 하였습니다. 나라가 잘못된 대상에 애정을 두었기 때문에 하나님께서는 바로 재앙을 내리실 수도 있었지만, 끝까지 보살피시고 피할 길을 예비하시며 용서하시는 '하나님의 사랑'을 다시금 체휼케 됩니다.

📖 오늘의 핵심말씀
"주 여호와께서 또 내게 보이신 것이 이러하니라 주 여호와께서 명령하여 불로 징벌하게 하시니 불이 큰 바다를 삼키고 육지까지 먹으려 하는지라 이에 내가 이르되 주 여호와여 청하건대 그치소서 야곱이 미약하오니 어떻게 서리이까 하매 주 여호와께서 이에 대하여 뜻을 돌이켜 주 여호와께서 이르시되 이것도 이루지 아니하리라 하시니라" (아모스 7:4-6). 아멘!

✝ 주께 드리는, 오늘의 기도
징벌하기를 주저하시고, 회개하는 심령의 기도를 기뻐하시는 하나님 아버지~ 원수같은 자신의 동족 이스라엘을 가슴에 품고, 하나님께 간절히 기도한 아모스의 기도에 응답해 주신 것처럼, 하나님의 마음을 아프게 하며, 우리를 핍박하는 악한 자들이 주님께 회개하고 돌아오는 크신 구원의 은총을 허락해 주시길, 예수 그리스도 이름으로 간절히 기도드립니다. 아멘!
May God Bless you always!

✎ 주께서 주신, 기도응답의 말씀

9월 11일

☀ 찬양
말씀 앞에서 (with GOD)

📖 오늘의 읽을 말씀
(아모스 8-9장) 오늘의 읽을 성경말씀에서 설득력있는 묘사들을 발견할 수 있습니다. 그것은 바로 나라를 여름 과일 한 광주리로 묘사한 것이며, 여름 과일은 마지막으로 수확하는 과일로써 쉽게 물러지기에 빨리 먹어야 하는 과일이라는데 이처럼 이스라엘의 마지막이 가까웠다는 의미일 것입니다.[79] 또한 참화에 대한 불길한 예언으로 제단 곁에 서 계신 하나님을 설명하였습니다. 그러나 하나님의 징계 뒤에는 반드시 주의 자녀들에 대한 긍휼하심과 회복, 그리고 갱신이 있었습니다. 버리시지 않고, 그럼에도 불구하고 끝까지 사랑하시는 하나님 아버지의 마음을 체휼케 되어집니다.

📖 오늘의 핵심말씀
"주 여호와의 말씀이니라 보라 날이 이를지라 내가 기근을 땅에 보내리니 양식이 없어 주림이 아니며 물이 없어 갈함이 아니요 여호와의 말씀을 듣지 못한 기갈이라"(아모스 8:11).
"베뢰아에 있는 사람들은 데살로니가에 있는 사람들보다 더 너그러워서 간절한 마음으로 말씀을 받고 이것이 그러한가 하여 날마다 성경을 상고하므로 그 중에 믿는 사람이 많고 또 헬라의 귀부인과 남자가 적지 아니하나"(사도행전 17:11-12). 아멘!

✝ 주께 드리는, 오늘의 기도
살아서 역사하시는 하나님 아버지~ 초대교회 당시의 베뢰아 사람들처럼 간절한 마음으로 말씀을 받고 읽으며, 온전히 묵상해서 말씀의 기갈 없이 늘 영혼의 윤택함을 얻는 은총을 오늘도 허락해 주시길, 예수 그리스도 이름으로 간절히 기도드립니다. 아멘! May God Bless you always!

✎ 주께서 주신, 기도응답의 말씀

_____
_____
_____

9월 12일

☀ **찬양**
겸손 – 장윤영

📖 **오늘의 읽을 말씀**
(오바댜 1장) 유다에 있는 유대인들(야곱의 후손)과 에돔에 있는 에돔족속(에서의 후손)은 서로 상부상조해야 되는 혈족 관계임에도 에돔은 배신하여 결국 AD 70년에 멸망하고 말았습니다. 이 모습을 보면서 피를 나눈 형제, 자매라도 그들 안에 '진정한 겸손과 사랑'이 없다면 남보다도 못하다는 사실을 다시금 깨닫게 됩니다. 그러므로 하나님께 겸손함으로 나아가 주의 은혜와 충만한 사랑을 간구합시다. 형제, 자매가 어려울 때 마음중심으로 겸손하게 섬길 수 있길 소원합니다. 지금까지 우리의 삶은 어떠했나요? 우리의 진정한 형제, 자매는 누구이며, 그들을 향한 섬김은 어떠했는지요?

📖 **오늘의 핵심말씀**
"너의 마음의 교만이 너를 속였도다 바위 틈에 거주하며 높은 곳에 사는 자여 네가 마음에 이르기를 누가 능히 나를 땅에 끌어내리겠느냐 하니"(오바댜 1:3).
"... 하나님은 교만한 자를 대적하시되 겸손한 자들에게는 은혜를 주시느니라"(베드로전서 5:5). 아멘!

✝ **주께 드리는, 오늘의 기도**
사랑과 은혜가 풍성하신 하나님 아버지~ 우리 자신의 형편과 처지를 보지 않고, 전능하신 하나님을 신뢰하며 바라보는 '겸손한 마음'을 허락해 주시옵소서. 겸손한 주의 자녀들의 삶을 하나님의 능력의 손으로 붙잡아 주시며, 주님의 기쁘신 뜻에 순•복하여 하나님께 영광 올려 드리는 '진정한 겸손의 삶'으로 인도해 주시길, 예수 그리스도 이름으로 간절히 기도드립니다. 아멘! May God Bless you always!

✎ **주께서 주신, 기도응답의 말씀**

---

4. '예언서'에서 전하는 기도의 선조들

9월 13일

☀ 찬양
하나님의 사랑 주님의 눈물 – 다윗과 요나단

📖 오늘의 읽을 말씀
(요나 1-4장) 하나님의 뜻대로 니느웨로 가지 않고 다시스로 배를 타고 도망가려 했던 요나는 큰 시련을 만나게 되었습니다. 폭풍이 일어나서 그는 바다 속으로 던져지고, 큰 물고기에게 삼켜졌습니다. 삼일 후에 물고기는 요나를 마른 땅에 토해냈습니다. 그 후에 그는 니느웨 백성들에게 하나님께서 명하신 대로 선포하였지만, 사람들이 회개하자 그는 노하므로, 하나님께서는 박넝쿨을 통해서 하나님의 긍휼을 깨닫게 하셨습니다. 오늘의 읽을 말씀을 통해 구원받을 영혼이 있다면 끝까지 포기하지 않으시는 주님의 사랑을 체휼케 됩니다. 이 크고 놀라운 하나님의 사랑과 뜻 안에서 '주님의 계획들이 세워지고, 성취된다'는 사실을 다시금 마음에 되새기며, 우리 삶의 계획들도 선하신 하나님의 뜻에 인도함을 받는 복된 인생 되길 소망해 봅니다.

📖 오늘의 핵심말씀
"여호와께서 이르시되 네가 수고도 아니하였고 재배도 아니하였고 하룻밤에 났다가 하룻밤에 말라 버린 이 박넝쿨을 아꼈거든 하물며 이 큰 성읍 니느웨에는 좌우를 분변하지 못하는 자가 십이만여 명이요 가축도 많이 있나니 내가 어찌 아끼지 아니하겠느냐 하시니라"(요나 4:10-11). 아멘!

✞ 주께 드리는, 오늘의 기도
사랑과 은혜가 풍성하신 하나님 아버지~ 생명 다한 하나님의 사랑으로 우리들이 구원받았듯이, 받은 사랑에 감격하여 우리도 복의 통로로 쓰임 받게 인도해 주시옵소서. 우리만 받아 누리는 복이 아닌, 우리 자신과 남을 살릴 뿐만 아니라, 더 풍성하게 하는 복의 통로가 되게 하옵소서. 오늘도 하나님의 선하신 뜻과 계획안에서 구원받을 영혼들을 주님께로 인도하는 복음 전파의 통로가 되게 인도해 주시길, 예수 그리스도 이름으로 간절히 기도드립니다. 아멘! May God Bless you always!

✎ 주께서 주신, 기도응답의 말씀

9월 14일

☀ 찬양
사람을 보며 세상을 볼 땐 – 호산나 싱어즈

📖 오늘의 읽을 말씀
(미가 1-2장) 미가 선지자가 등장했던 요담과 아하스와 히스기야의 통치 기간에 유다의 상황은 부도덕하고 부패했으며, 사회의 각 분야에 죄가 침투해 있었습니다. 미가는 훈계로 그의 예언서를 시작합니다. "백성들아 너희는 다 들을지어다 땅과 거기에 있는 모든 자들아 자세히 들을지어다..."(미 1:2). 우리 삶의 우선순위가 무엇인가요? 세상에서의 성공, 사람들에게 인정받는 것, 돈과 명예, 그리고 권세인가요? 오늘도 변함없이 자녀들과 교제하기 원하시는 하나님 아버지의 말씀 듣기를 최우선으로 사모하는 우리 모두 되시길 마음중심으로 소망합니다.

📖 오늘의 핵심말씀
"백성들아 너희는 다 들을지어다 땅과 거기에 있는 모든 것들아 자세히 들을지어다 주 여호와께서 너희에게 대하여 증언하시되 곧 주께서 성전에서 그리하실 것이니라"(미가 1:2). 아멘!

✜ 주께 드리는, 오늘의 기도
너무도 정신없이 분주한 일상 속에서도 무시로 우리와 교제하시기 원하시는, 사랑의 하나님~ 사람을 보며 세상을 볼 땐 만족함이 없었지만, 천지를 지으시고 우리를 창조하신 하나님을 뵙고, 그 분의 말씀을 들을 땐, 주님 한 분 만으로 만족할 줄 믿습니다. 세상의 악한 악취가 우리의 삶을 찌들게 할지라도, 사망 권세 이기시고 부활하신 우리 주님과 늘 동행하므로 '예수 향기' 날리는 복된 날 되게 인도해 주시길, 예수 그리스도 이름으로 간절히 기도드립니다. 아멘! May God Bless you always!

✎ 주께서 주신, 기도응답의 말씀

_____
_____
_____
_____

9월 15일

☀ 찬양
우리는 모두 다 – 천민찬

📖 오늘의 읽을 말씀
(미가 3-5장) 오늘 성경의 본문말씀을 읽으면서 깨닫는 것은 '죄를 통해서는 나쁜 소식의 결과이지만, 하나님의 긍휼하심을 통해서는 좋은 소식뿐'이라는 사실입니다. 다시 말해서 멸망은 가혹할 것이지만, 남은 자는 용서를 받아 다시금 평화와 안전의 축복을 상속으로 받을 것입니다. 그리고 베들레헴이라 불리는 미천한 마을에서 '이스라엘을 다스릴 메시야'가 일어나시고 의의 새 날, 영광의 새 날을 맞이하게 될 것이라는 좋은 소식인 것입니다. 이 기쁘고 복된 좋은 소식을 오늘도 전하는 귀한 발걸음 되길 소원합니다.

📖 오늘의 핵심말씀
"만민이 각각 자기의 신의 이름을 의지하여 행하되 오직 우리는 우리 하나님 여호와의 이름을 의지하여 영원히 행하리로다"(미가 4:5). 아멘!

✞ 주께 드리는, 오늘의 기도
우리의 삶을 인도하시는 하나님 아버지~ 단 한사람의 불신자를 위해서 땅 끝까지라도 달려가겠다고 기도했던, 요한 웨슬레의 '영혼사랑의 열정'을 우리의 심장에 넣어 주시옵소서. 우리가 세상의 어떤 종교적인 도전 앞에서도 당당하게 하시고, 능력 없는 세상 신이 아닌 전능하시고 살아계신 유일하신 하나님을 증거할 때에 성령 충만함을 힘입어 권위 있게 하옵소서. 세상의 영혼들을 품고 나아가는 우리를 하늘과 땅의 모든 권세로 세상 끝 날까지 지켜주실, 예수 그리스도 이름으로 간절히 기도드립니다. 아멘!
May God Bless you always!

✎ 주께서 주신, 기도응답의 말씀

_____
_____
_____
_____

9월 16일

☀ 찬양
하나님의 약속 – 옹기장이

📖 오늘의 읽을 말씀
(미가 6-7장) 오늘 읽을 말씀을 통해서 하나님의 징계는 주님의 변함없는 사랑의 관계 안에서만 있는 것임을 깨닫게 됩니다. 왜냐하면 하나님의 진노는 결국 긍휼과 용서를 가져다 줄 것이기 때문입니다. 또한 미가 선지자는 간결하게 하나님의 백성에 대한 최소한 세 가지 '매일의 요구 사항들'을 요약했듯이(미 6:8), "오늘 우리는 공의롭게 살아가고 있나요?", 그리고 "주의 사랑으로 사람들을 얼마나 사랑하고 있으며, 겸손히 하나님과 동행하는 매일의 삶이 되고 있는지요?"

📖 오늘의 핵심말씀
"주와 같은 신이 어디 있으리이까 주께서는 죄악과 그 기업에 남은 자의 허물을 사유하시며 인애를 기뻐하시므로 진노를 오래 품지 아니하시나이다 다시 우리를 불쌍히 여기셔서 우리의 죄악을 발로 밟으시고 우리의 모든 죄를 깊은 바다에 던지시리이다 주께서 옛적에 우리 조상들에게 맹세하신 대로 야곱에게 성실을 베푸시며 아브라함에게 인애를 더하시리이다"(미가 7:18-20). 아멘!

✟ 주께 드리는, 오늘의 기도
한없는 사랑으로 우리의 삶을 인도하시는 하나님 아버지~ 우리를 불쌍히 여기시사 우리의 모든 죄와 허물을 용서하시며, 주께서 믿음의 선조들에게 맹세하신 그대로, 주의 백성들인 우리들과 장차 아브라함의 후손이 될 천하만민이 구원받고 복을 얻는 은총을 허락해 주시길, 예수 그리스도 이름으로 간절히 기도드립니다. 아멘! May God Bless you always!

✎ 주께서 주신, 기도응답의 말씀

9월 17일

☀ 찬양
예수 예수 – 김윤미

📖 오늘의 읽을 말씀
(마태복음 18:21-35; 요한복음 3:16-17) 사랑과 은혜가 풍성하신 하나님께서 죄로 인해 죽을 수밖에 없는 우리들에게 그럼에도 불구하고 죄에 대한 해결책을 제공해 주셨습니다. 그것은 바로 '하나님의 어린 양'(요 1:29)이신 예수 그리스도께서 우리의 죄로 인해 우리 자신이 져야 될 그 십자가에서 우리 대신 돌아가시므로 하나님께서 우리의 모든 죄를 용서하시는 근거가 되었습니다. 그러므로 예수 그리스도를 믿는 자마다 멸망하지 않고 영생을 얻게 된 줄 깨닫고 믿습니다. 할렐루야! 하나님의 은혜와 사랑 가운데 구속받은 우리들도 용서의 삶을 실천하며, 복음을 증거하는 복된 매일의 삶 되길 소원합니다.

📖 오늘의 핵심말씀
"하나님이 세상을 이처럼 사랑하사 독생자를 주셨으니 이는 그를 믿는 자마다 멸망하지 않고 영생을 얻게 하려 하심이라 하나님이 그 아들을 세상에 보내신 것은 세상을 심판하려 하심이 아니요 그로 말미암아 세상이 구원을 받게 하려 하심이라"(요한복음 3:16-17). 아멘!

✝ 주께 드리는, 오늘의 기도
첫 조상 아담의 죄로 죽을 수밖에 없는 우리들에게 독생자 예수 그리스도를 통하여 구원과 영생의 길을 열어 주신 하나님 아버지~ 어떠한 형편과 처지에서도 우리가 하나님만 의지하고, 구원의 은혜와 감격 속에서 주의 말씀과 기도로 승리하는 삶을 살 수 있도록 인도해 주시옵소서. 구원의 유일한 길이 되시는 우리 주 예수 그리스도 이름으로 간절히 기도드립니다. 아멘! May God Bless you always!

✎ 주께서 주신, 기도응답의 말씀

_____

_____

_____

9월 18일

☀ 찬양
하나님은 우리의 피난처가 되시고

📖 오늘의 읽을 말씀
(나훔 1-3장) 앗수르의 니느웨에 대한 하나님의 심판은 나훔 선지자를 통해 선포되었습니다. 150여 년 전 요나 선지자에 의해 하나님의 말씀을 듣고 통회하여 크게 부흥했던 시대와는 정반대로 타락의 극치를 점했던 그들은 결국 멸망당하고 말았습니다. 요나 선지자 시대 때 크게 부흥한 전력이 있었던 니느웨가 망할 수밖에 없었던 것은 다음세대들(후손들)에게 하나님의 진리를 가르치지 않았기 때문임을 다시금 깨닫습니다.

📖 오늘의 핵심말씀
"여호와는 선하시며 환난 날에 산성이시라 그는 자기에게 피하는 자들을 아시느니라"(나훔 1:7). 아멘!

✠ 주께 드리는, 오늘의 기도
우리의 피난처시요 힘이시며, 환난 중에 만날 큰 도움이신 여호와 하나님 ~ 만군의 여호와께서 우리와 함께 계시니 무시로 주님만을 신뢰하며 찬양과 영광을 올려 드립니다. 온전히 주님을 바라보며, 최선을 다해 최상의 하나님을 의지하는 신실한 주의 자녀들에게 오늘도 변함없이 '하나님의 평강과 은총'을 허락해 주시길, 예수 그리스도 이름으로 간절히 기도드립니다. 아멘! May God Bless you always!

✎ 주께서 주신, 기도응답의 말씀

9월 19일

☀ 찬양
주의 손에 나의 손을 포개고 - 강중현

📖 오늘의 읽을 말씀
(하박국 1-3장) 악인이 의인을 어렵게 하는 절망적인 상황에 대해서 하나님께 하박국 선지자는 간곡히 호소하였습니다. 그의 회의적인 질문에 대해 하나님께서는 '악인을 멸하실 것이며, 의인은 믿음으로 살 것'임을 말씀하셨습니다. 이에 감격하여 선지자는 주께 찬양과 경배를 올려드렸습니다. 이처럼 오늘의 삶 속에서도 하나님만을 찬양하는 축복된 날 되길 소망합니다. 할렐루야!

📖 오늘의 핵심말씀
"나는 여호와로 말미암아 즐거워하며 나의 구원의 하나님으로 말미암아 기뻐하리로다"(하박국 3:18). 아멘!

✟ 주께 드리는, 오늘의 기도
독생자 예수 그리스도를 이 땅에 보내셔서 우리에 대한 사랑을 증명하신 하나님 아버지~ 하나님을 사랑한다는 입술의 고백이 결국은 더 많은 것을 사랑하게 되며, 우리가 했던 사랑과는 비교할 수 없는 더 큰 사랑을 받게 되는 일체의 비결을 경험하도록 인도하옵소서. 우리가 기쁜 일이 있거나 자랑할 일이 있을 때, 하나님의 구원의 은혜를 선포하게 하시고, 하나님 사랑을 실천하며, 인생 곳곳에 사랑의 흔적이 삶의 이정표로 세워지게 하옵소서. 사랑으로 이 땅에 오시고, 우리를 구원해 주신 예수 그리스도 이름으로 간절히 기도드립니다. 아멘! May God Bless you always!

✎ 주께서 주신, 기도응답의 말씀

9월 20일

☀ 찬양
하나님 계획은 - 서상권

📖 오늘의 읽을 말씀
(에베소서 1:11-14) 역사의 통치자이신 주권자 하나님께서는 자신의 목적을 성취하시기 위해 인간의 역사를 통하여 일하시고, 말씀을 통하여 우리에게 자신을 나타내십니다. 오늘, 모든 환경 가운데 계시는 하나님의 뜻을 알기 위한 기도의 마음이 일어나길 소원합니다. 또한 하나님의 말씀의 창을 통해 주의 뜻을 알게 되며, 주의 뜻에 순복하는 은혜가 우리 가운데 함께 하길 열망합니다.

📖 오늘의 핵심말씀
"모든 일을 그의 뜻의 결정대로 일하시는 이의 계획을 따라 우리가 예정을 입어 그 안에서 기업이 되었으니 ... 이는 우리 기업의 보증이 되사 그 얻으신 것을 속량하시고 그의 영광을 찬송하게 하려 하심이라"(에베소서 1:11,14). 아멘!

✝ 주께 드리는, 오늘의 기도
우리의 주인되시는 살아계신 하나님 아버지~ 우리 삶의 초점을 하나님께 맞추게 하옵소서. 하나님의 뜻을 따라가게 인도하시며, 오직 하나님 한 분만으로 만족하게 하옵소서. 때로 실패와 좌절 속에 있더라도 주님께서 우리와 함께 하심을 고백하며, 정직하고 성실한 삶이었다면 하나님께는 영광이라는 것을 깨닫게 하옵소서. 행여라도 원하는 것을 얻었을 때에 하나님께 영광을 돌릴 뿐만 아니라, 우리의 성공이 하나님을 섬기는 성도의 삶에 유익한 것인지 겸손하게 고민하며 기도하게 인도해 주시길, 예수 그리스도 이름으로 간절히 기도드립니다. 아멘! May God Bless you always!

✎ 주께서 주신, 기도응답의 말씀

_____

_____

_____

9월 21일

☀ **찬양**
말씀 앞에서 - 나비 워십

📖 **오늘의 읽을 말씀**
(스바냐 1-3장) 하나님은 죄를 미워하시는 거룩한 분이시기에 모든 나라는 다가올 '주의 날'에 심판을 받게 될 것입니다. 그러나 하나님은 주의 백성들을 남겨 두시고, 그들 가운데 함께하실 것을 약속하셨습니다. 매일 주의 말씀 붙잡고, 간절히 기도하며, 말씀에 순복하는 거룩하고 성실한 주의 자녀 되어 오늘도 변함없이 하나님께 영광돌리길 마음중심으로 소망해 봅니다.

📖 **오늘의 핵심말씀**
"여호와의 규례를 지키는 세상의 모든 겸손한 자들아 너희는 여호와를 찾으며 공의와 겸손을 구하라 너희가 혹시 여호와의 분노의 날에 숨김을 얻으리라"(스바냐 2:3). 아멘!

✝ **주께 드리는, 오늘의 기도**
살아계신 하나님 아버지~ 갈급한 영혼에 주의 말씀을 채워 주시옵소서. 말씀을 사모하게 하시고, 말씀을 통해 주의 뜻을 깨닫게 하옵소서. 말씀 앞에 겸손하며, 말씀이 우리의 삶을 인도하게 하시고, 어떤 형편과 처지에서도 평강과 감사가 넘치게 하여 주시길, 예수 그리스도 이름으로 간절히 기도드립니다. 아멘! May God Bless you always!

✎ **주께서 주신, 기도응답의 말씀**

9월 22일

☀ 찬양
여호와 닛시 – 시와 그림

📖 오늘의 읽을 말씀
(학개 1-2장) 포로귀환 이후의 선지서들인 '학개, 스가랴, 말라기' 세 권의 책들은 바벨론 포로로부터 귀환한 사람들을 대상으로 쓰여 졌습니다. 특히 여호와께서 학개를 통해 성전건축을 완성할 것을 촉구하셨습니다. 또한 주의 말씀에 순종하는 축복을 언급하며, 강력한 은혜를 선포하였습니다. 성전건축의 여정을 살펴보면서 하나님의 것을 먼저 드리는 '삶의 우선순위'를 다시금 깨닫게 됩니다.

📖 오늘의 핵심말씀
"그러나 여호와가 이르노라 스룹바벨아 스스로 굳세게 할지어다 여호사닥의 아들 대제사장 여호수아야 스스로 굳세게 할지어다 여호와의 말이니라 이 땅 모든 백성아 스스로 굳세게 하여 일할지어다 내가 너희와 함께 하노라 만군의 여호와의 말이니라"(학개 2:4). 아멘!
"그런즉 너희는 먼저 그의 나라와 그의 의를 구하라 그리하면 이 모든 것을 너희에게 더하시리라"(마태복음 6:33). 아멘!

✝ 주께 드리는, 오늘의 기도
주의 백성들과 함께 하셔서 굳센 믿음으로 승리케 하시는 살아계신 여호와 닛시 하나님~ 주를 끝까지 신뢰하는 참된 그리스도인들이 이 땅 각계각층에 세워지길 마음중심으로 소원합니다. 불의와 부정이 만연한 이 나라를 주님의 공의와 정의의 땅으로 바꾸어 주시며, 우상과 물신을 좇는 패역함에서 벗어나 하나님을 온전히 섬기는 우리 대한민국이 되게 하옵소서. 하나님의 기쁘신 뜻이라면 주의 뜻이 이루어 질 때까지 말씀 붙잡고 기도하며 담대히 나아가는 신실한 리더들로 우리들을 세워 주시길, 예수 그리스도 이름으로 간절히 기도드립니다. 아멘! May God Bless you always!

✎ 주께서 주신, 기도응답의 말씀

9월 23일

☀ 찬양
여호와께 돌아가자 - 제이어스

📖 오늘의 읽을 말씀
(스가랴 1-2장) 구약성경의 어떤 책보다 메시야에 대한 예언들이 많은 스가랴서는 소선지서 가운데 가장 긴 책입니다. 특히 스가랴 선지자는 하나님의 언약 백성들에게 영광스러운 미래의 계획들을 묘사하기 위해 화려한 환상들을 사용하였습니다. 또한 그는 '죄를 멀리하고, 성전을 완성하며, 메시야를 열망하라'고 선포하였습니다. 오늘 읽을 말씀인 스가랴에서는 "내게로 돌아오라"는 하나님의 명령과 "나도 너희에게로 돌아가리라"는 하나님의 약속으로 시작하며, 먼저 마음을 재건하라고 말씀하셨습니다. 이제 우리가 응답할 차례입니다. 죄에 더 물들기 전에 주님께 돌아와서 회복되고 다시금 쓰임 받는 주님의 기쁨 되길 소원합니다.

📖 오늘의 핵심말씀
"그러므로 너는 그들에게 말하기를 만군의 여호와께서 이처럼 이르시되 너희는 내게로 돌아오라 만군의 여호와의 말이니라 그리하면 내가 너희에게로 돌아가리라 만군의 여호와의 말이니라"(스가랴 1:3). 아멘!

✝ 주께 드리는, 오늘의 기도
죄를 미워하시고 회개하는 심령의 기도를 기뻐하시는 하나님 아버지~ 일평생 진정한 회개의 은혜를 우리에게 내려주시옵소서. 우리 자신의 죄를 진심으로 고백하게 인도하시며, 악한 길에서 돌이켜 거룩함으로 옷 입게 하옵소서. 거룩함을 회복한 우리의 기도가 새로워지게 하시며, 주님의 기쁘신 뜻 안에서 사명과 비전들을 성취하는 소망된 인생, 그리고 복된 오늘 되길, 예수 그리스도 이름으로 간절히 기도드립니다. 아멘!
May God Bless you always!

✎ 주께서 주신, 기도응답의 말씀
_____
_____
_____

9월 24일

✹ 찬양
오직 성령으로 – 소리엘 7집

📖 오늘의 읽을 말씀
(스가랴 3-4장) 대제사장 여호수아의 더러운 옷을 벗기시고 정결한 관을 씌워주셨던 하나님의 뜻은 무엇이었을까요? 하나님께서는 그의 백성을 정결케 하셔서 사용하길 원하셨습니다. 그래서 촛대와 등불처럼, 이스라엘은 어두워진 세상에 빛을 비칠 수 있었습니다. 왜냐하면 '이는 힘으로 되지 아니하며 능력으로 되지 아니하고 오직 하나님의 영으로' 될 수 있었기 때문이었습니다.

📖 오늘의 핵심말씀
"그가 내게 대답하여 이르되 여호와께서 스룹바벨에게 하신 말씀이 이러하니라 만군의 여호와께서 말씀하시되 이는 힘으로 되지 아니하며 능력으로 되지 아니하고 오직 나의 영으로 되느니라"(스가랴 4:6). 아멘!

✚ 주께 드리는, 오늘의 기도
우리의 기도를 기뻐 받으시고, 응답하시는 하나님 아버지~ 우리가 하나님께 기도드릴 수 있는 것이 인생의 가장 큰 복과 은혜임을 깨닫게 하옵소서. 기도할 수 있음에 걱정하지 않고, 기도할 수 있음에 늘 감사하며, 기도할 수 있음에 승리를 확신하게 하옵소서. 막막한 현실 앞에서 방황하는 연약한 우리를 위해 말할 수 없는 탄식으로 친히 간구해주시는 성령님을 의지하며 기도드릴 때에 기도의 능력을 체험하게 인도하시며, 응답받는 은총과 기쁨을 누리게 하여 주시길, 예수 그리스도 이름으로 간절히 기도드립니다. 아멘!
May God Bless you always!

✎ 주께서 주신, 기도응답의 말씀
_____
_____
_____
_____
_____

9월 25일

❋ 찬양
성령이 오셨네 - 조수아

📖 오늘의 읽을 말씀
(스가랴 5-6장) 살아계신 하나님께서는 공의를 이스라엘에게만 한정시키시는 것이 아니라 전 세계로 넓히셨습니다. 왜냐하면 주의 긍휼과 정의가 하나님의 뜻에 따라 온 세상으로 퍼지길 원하셨기 때문입니다. 하나님의 섭리 가운데 우리들의 삶도 주의 사랑을 온전히 증거하는 성령 충만한 주님의 제자 되길 소원합니다.

📖 오늘의 핵심말씀
"먼 데 사람들이 와서 여호와의 전을 건축하리니 만군의 여호와께서 나를 너희에게 보내신 줄을 너희가 알리라 너희가 만일 너희의 하나님 여호와의 말씀을 들을진대 이같이 되리라"(스가랴 6:15). 아멘!

✝ 주께 드리는, 오늘의 기도
물과 피를 다 흘리시며 죽기까지 사랑하신 우리 주님~ 예수 그리스도를 자신의 구세주로 믿는 하나님의 백성들을 통하여, '하나님의 나라'를 든든히 세워 가시는 '하나님의 섭리'에 찬양과 영광을 올려 드립니다. 교회의 머리 되신 우리 주 예수 그리스도를 통하여 이루실 '소망의 기적'을 바라보며, 오늘도 믿음으로 충성되이 살아내는 주의 백성들에게 '성령의 충만한 은혜'를 허락해 주시길, 예수 그리스도 이름으로 간절히 기도드립니다. 아멘!
May God Bless you always!

✎ 주께서 주신, 기도응답의 말씀

9월 26일

☀ 찬양
주께 영광 영원히 - 어노인팅

📖 오늘의 읽을 말씀
(스가랴 7-8장) 스가랴 시대의 유대인은 바벨론 포로의 비참했던 시절을 기억하기 위해서 일련의 금식일을 제정했습니다. 그러나 이에 대한 하나님의 함축된 답변은 "아니다!"였습니다. 왜냐하면 그들은 실제 그들 자신을 위해서 금식하고 있었기 때문이었습니다. 이처럼 우리가 하는 일들은 진정 하나님의 영광을 위한 것일까요? 아니면 우리 자신만을 위한 것일까요?

📖 오늘의 핵심말씀
"... 그 금식이 나를 위하여, 나를 위하여 한 것이냐"(스가랴 7:5).
"또 무엇을 하든지 말에나 일에나 다 주 예수의 이름으로 하고 그를 힘입어 하나님 아버지께 감사하라"(골로새서 3:17). 아멘!
"너희가 먹든지 마시든지 무엇을 하든지 다 하나님의 영광을 위하여 하라"(고린도전서 10:31). 아멘!

✝ 주께 드리는, 오늘의 기도
우리 삶의 주인이 되시는 하나님 아버지~ 우리가 인생 최고의 목표를 '하나님께 영광 돌리는 삶'이라고 자신 있게 고백하게 하옵소서. "먹든지 마시든지 무엇을 하든지 다 하나님의 영광을 위해 하라"는 성경말씀을 잊지 않을 뿐만 아니라, 그 말씀을 성실하게 준행할 믿음을 허락해 주시길, 예수 그리스도 이름으로 간절히 기도드립니다. 아멘! May God Bless you always!

✎ 주께서 주신, 기도응답의 말씀

9월 27일

☀ 찬양
원하고 바라고 기도합니다 - 찬미 워십

📖 오늘의 읽을 말씀
(스가랴 9-11장) 구름과 비를 만드신 창조주 하나님은 모든 선과 은사의 제공자이시지만, 주님께 온전하게 간청하는 자녀들을 기뻐하십니다(슥 10:1). 오늘, 우리의 삶 가운데 '기도로 요청하지 않은 것들'에 대해서 하나님께 순전하게 아룁시다. 주님께서는 우리가 기도하기 전에 우리의 필요한 것을 알고 계시지만, 우리 자신이 직접 요구하지 않은 간구에는 응답하실 수 없다고 말씀하셨습니다(약 4:2).

📖 오늘의 핵심말씀
"봄비가 올 때에 여호와 곧 구름을 일게 하시는 여호와께 비를 구하라 무리에게 소낙비를 내려서 밭의 채소를 각 사람에게 주시리라"(스가랴 10:1). 아멘!
" ... 너희가 얻지 못함은 구하지 아니하기 때문이요 구하여도 받지 못함은 정욕으로 쓰려고 잘못 구하기 때문이라"(야고보서 4:2-3). 아멘!

✝ 주께 드리는, 오늘의 기도
순전한 마음으로 간구하는 자녀들의 기도를 세심하게 들으시고, 가장 좋은 것으로 응답하시는 하나님 아버지~ 저희들이 얻지 못함은 구하지 않았기 때문이며, 구하여도 받지 못함은 정욕으로 쓰려고 잘못 구했기 때문임을 진심으로 회개합니다. 우리의 참된 소망이신 예수님~ 낙심하지 말며 쉬지 않고 기도하는 주의 자녀들이 되게 인도해 주시옵소서. 하나님의 꿈이 우리의 비전이 되고, 예수님의 성품이 우리의 인격이 되며, 성령님의 권능이 우리의 권능되어 오늘도 변함없이 '주님의 증인'되게 역사해 주시길, 예수 그리스도 이름으로 간절히 기도드립니다. 아멘! May God Bless you always!

✎ 주께서 주신, 기도응답의 말씀
_____
_____
_____
_____

9월 28일

☀ 찬양
전능하신 나의 주 하나님은 - 에이맨

📖 오늘의 읽을 말씀
(스가랴 12-14장) '그 날에' 이스라엘을 기다리고 있는 사건들의 깜짝 놀랄만한 광경들로 스가랴의 예언들(14:4,9,20; 13:2-3; 12:9)을 끝맺습니다. [80] 이처럼 한 나라와 가정, 그리고 모든 사업의 흥망성쇠는 하나님께 달려 있음을 다시금 말씀을 통해 깨닫게 됩니다. 이스라엘을 깨끗케 하시며, 주변의 적들을 섬멸시키시고, 온 천하의 왕으로 영광 받으시는 하나님의 모습(슥 14:9)을 통해, 우리가 진정으로 주를 의지할 이유를 발견케 됩니다.

📖 오늘의 핵심말씀
"여호와가 말하노라 이 온 땅에서 삼분의 이는 멸망하고 삼분의 일은 거기 남으리니 내가 그 삼분의 일을 불 가운데에 던져 은 같이 연단하며 금 같이 시험할 것이라 그들이 내 이름을 부르리니 내가 들을 것이며 나는 말하기를 이는 내 백성이라 할 것이요 그들은 말하기를 여호와는 내 하나님이시라 하리라"(스가랴 13:8-9). 아멘!

✝ 주께 드리는, 오늘의 기도
흩어진 양 떼를 불로 정련해서 정결한 백성으로 새롭게 창조하시는 여호와 하나님~ 하나님의 목표는 흩어버리시는 것이 아니라, 새롭게 만드시는 것으로 깨닫고 믿습니다. 그 과정에서 우리들의 불순물은 타서 소멸하고, 순전한 주의 백성으로 다시금 남겨지게 하옵소서. 감당할 만한 시험을 통해 우리를 단련하시고, 하나님 나라의 정병으로 빚어 가시는 존귀하신 예수 그리스도 이름으로 간절히 기도드립니다. 아멘! May God Bless you always!

✎ 주께서 주신, 기도응답의 말씀

9월 29일

☀ 찬양
삶의 예배 – 아이자야 씩스티원 (Isaiah Sixty One)

📖 오늘의 읽을 말씀
(시편 24편: 이사야 33:14-16) 선지서들의 공통된 주제는 '여호와의 날'입니다. 그 날은 문자적인 하루의 24시간이 아니라 하나님의 계획의 절정의 기간을 의미합니다. 그 날은 이 땅 위에 하나님의 최후 심판과 그 결과로 도래하는 축복과 평화의 때를 가리키고 있는 것입니다.[81] 우리는 '여호와의 날'을 대비하고 있나요? 여호와 앞에서 우리의 마음을 세심하게 살펴보며 삶의 예배를 드리는 은혜의 날 되길 소원합니다.

📖 오늘의 핵심말씀
"여호와의 산에 오를 자가 누구며 그의 거룩한 곳에 설 자가 누구인가 곧 손이 깨끗하며 마음이 청결하며 뜻을 허탄한 데에 두지 아니하며 거짓 맹세하지 아니하는 자로다"(시편 24:3-4). 아멘!

✞ 주께 드리는, 오늘의 기도
우리의 예배를 기뻐 받으시는 여호와 하나님~ 주일만이 아닌 일상의 삶이 하나님께서 기뻐 받으시는 거룩한 예배가 되게 하옵소서. 이 세대를 본받지 말고 예배를 통해 하나님의 선하시고 기뻐하시고 온전하신 뜻을 분별하며, 믿음 안에서 예배가 삶이 되고 삶이 예배가 되는 우리 모두 되길, 예수 그리스도 이름으로 간절히 기도드립니다. 아멘! May God Bless you always!

✎ 주께서 주신, 기도응답의 말씀

9월 30일

☀ 찬양
내 주를 가까이 – 아이자야 씩스티원 (Isaiah Sixty One)

📖 오늘의 읽을 말씀
(말라기 1-4장) 말라기 시대는 한 마디로 암흑기였습니다. 바벨론 포로에서 귀환한 이스라엘 백성들이 영적으로 나태해지고 도덕적으로 타락한 모습을 보이고 있었습니다. 선지자 말라기와 건축자 느헤미야는 동시대의 인물이었는데, 느헤미야가 직면했던 어려움들인 '부패한 제사장들, 이방 종교 간의 결혼, 무감각한 양심' 등은 말라기의 시대적 상황이기도 하였습니다. 말라기는 하나님의 백성의 교만과 영적 무감각을 경책하면서 장차 오실 메시야(구세주)를 맞이할 준비를 하라고 말씀하였습니다. 이처럼 그들의 마음은 점점 굳어져 갔고, 하나님에 대한 그들의 사랑은 점점 냉담해졌습니다. 그러나 하나님께서 택정하신 구원받을 하나님의 자녀들에게 부드러운 마음을 허락하실 것과 그들이 주께로 돌아오기를 선포하였습니다. 오늘의 읽을 말씀을 묵상하면서 주의 자녀를 포기치 않으시고 끝까지 사랑하시는 '하나님 아버지의 마음'을 체휼케 됩니다.

📖 오늘의 핵심말씀
"그가 아버지의 마음을 자녀에게로 돌이키게 하고 자녀들의 마음을 그들의 아버지에게로 돌이키게 하리라 돌이키지 아니하면 두렵건대 내가 와서 저주로 그 땅을 칠까 하노라 하시니라"(말라기 4:6/ 구약 p.1331). 아멘!

✚ 주께 드리는, 오늘의 기도
한없는 사랑으로 우리 영혼들을 사랑해 주시는 하나님 아버지~ 오늘도 변함없이 무시로 기도하다가 죄를 깨닫고 회개하며 주께로 돌이켜 하나님 말씀대로 준행하는 '은혜의 날'되게 인도해 주시길, 예수 그리스도 이름으로 간절히 기도드립니다. 아멘! May God Bless you always!

✎ 주께서 주신, 기도응답의 말씀

5. 신약성경의 '역사서'에서 확인케 되는 예수 그리스도의 기도

신약성경의 기초를 이루고 있는 다섯 권의 역사서에는 4복음서로 알려진 '마태복음, 마가복음, 누가복음, 요한복음'과 초대 교회의 역사서인 '사도행전'을 포함하고 있습니다. 특별히 마태복음에서는 예수님께서 구약의 선지자들이 예언한 '메시야(그리스도)'이심을 강조하며 유대인인 마태는 성령 하나님의 감동(디모데후서 3:16-17) 가운데 유대인들을 향해 글을 썼습니다. 또한 마가복음에서는 인간의 영적, 육체적 요구에 도움을 주기 위해 오신 '완전한 종'으로서의 예수님에 관한 좋은 소식을 로마인들에게 들려주고자 하였습니다. 그리고 누가복음에서는 잃어버린 자를 찾아 구원하시려는 '인간으로서의 예수님'을 표현하고 있으며, 요한복음에서는 예수 그리스도께서 '하나님의 아들'이라는 메시지를 모든 인류에게 선포하고 있습니다. 더욱이 사도행전은 예수 그리스도의 승천에서부터 바울의 로마 투옥 2년간의 행적까지 초대 교회의 역사를 말해 주고 있습니다. 특히 사도행전은 초대 교회에 나타난 성령의 능력과 그 영향력에 대해 명쾌하게 보여주고 있습니다. 이와 같은 신약의 '역사서'를 통해 모든 그리스도인들에게 감동을 주는 기도의 본보기는 무엇이었을까?

• **예수 그리스도의 기도**

신약의 '역사서'를 통해 성도들에게 잔잔한 감동을 주는 기도의 모델은 바로 '주님의 기도'라고 깨달아 집니다. 주기도는 예수 그리스도께서 제자들에게 가르쳐주신 기도입니다(마태복음 6:9-13). 이 주기도는 성경에 나오는 모든 기도 중의 기도입니다. 주기도의 내용은 우리가 하나님과 함께 살아가면서 무엇을 소망하며, 무엇을 삶의 목적으로 삼고 살아가야 할 것인가에 대해 말씀해 주고 있습니다.

주기도는 하나님과 관련된 것과 인간과 관련된 것의 두 부분으로 크게 나누어지는데, 주기도의 내용은 하나님을 아버지로 부르는 데서부터 시작됩니다(9절). 하나님 아버지께서는 우리와 대화하기 원하시며, 주님의 창조 사역을 우리와 함께 가길 원하시는 인격적인 하나님이신 줄 깨닫습니다.

주기도의 첫 번째 부분(9절 하반절)에서는 하나님의 목적이 우선입니다. 그러므로 하나님과의 인격적인 교제 가운데 우리는 무시로, 그리고 변함없이 하나님의 이름이 거룩히 여김을 받도록 기도해야 합니다. 또한 그의 이름이 거룩히 여김을 받음과 함께 하나님의 나라가 임하도록 기도하여야 하며, 그의 나라와 더불어 그의 뜻이 이루어지도록 마음중심으로 간절히 기도해야 한다는 것입니다(10절).

그러나 주기도의 두 번째 부분에서는 우리 인간의 목적이 우선이 됩니다. 일용할 양식은 그 목적과 관련된 부분입니다(11절). 우리는 그날그날의 양식을 위해 하나님께 기도해야 합니다. 그 날의 양식은 우리 삶에 필요한 부분이기 때문입니다. 그런데 그 부분조차도 그의 나라와 그의 뜻이 이루어지는 곳에 우리가 구하는 양식이 있다는 사실입니다. 또한 일용할 양식은 우리의 일상생활과 밀접한 관련이 있습니다. 그리고 우리의 일상생활은 우리 삶의 현실과 밀접한 관련이 있습니다. 우리의 삶의 현실은 곧 현실 사회입니다. 이 현실 사회에 몸담고 살 때 죄와 시험, 그리고 악의 문제는 언제나 현실적 문제로 대두됩니다. 그러므로 우리는 이 문제들을 가지고 하나님께 기도하지 않을 수 없습니다. 그래서 우리 구주 예수 그리스도께서 제자들에게 이렇게 기도하라 말씀하셨습니다. 마태복음 6장 9-13절까지 말씀입니다.

"그러므로 너희는 이렇게 기도하라 하늘에 계신 우리 아버지여 이름이 거룩히 여김을 받으시오며 나라가 임하시오며 뜻이 하늘에서 이루어진 것 같이 땅에서도 이루어지이다 오늘 우리에게 일용할 양식을 주시옵고 우리가 우리에게 죄지은 자를 사하여 준 것 같이 우리 죄를 사하여 주시옵고 우리를 시험에 들게 하지 마시옵고 다만 악에서 구하시옵소서 (나라와 권세와 영광이 아버지께 영원히 있사옵나이다 아멘)."

이와 같이 예수 그리스도께서는 제자들에게 '주님의 기도'를 가르치셨을 뿐만 아니라, 십자가를 지시기 전날 밤에도 제자들을 위해 기도하셨습니다(요한복음 17:6-19). 주님께서 제자들을 위해 기도하셨던 것처럼, 우리를 위해 기도하신다는 것은 우리에게 기대가 있으시다는 말씀입니다. 이처럼 우리 자신이 어떤 사람을 위해 기도한다는 것은 그에 대한 기대가 있다는 말입니다. 이에 반해서 그를 위한 나의 기도가 중단되었다는 말은 그를 향한 내 기대를 포기했다는 것을 뜻할 수 있습니다.

요한복음 17장 전체는 서두 부분을 제외하고는 제자들을 위한 주님의 기도로 이뤄져 있습니다. 특히 9절에서 주님은 이 기도가 제자들을 위한 기도인 것을 밝히셨습니다. 그러나 20절의 말씀을 근거로 깨닫는 것은, 이 사람들만 아니라 이들을 통해 앞으로 예수 그리스도를 믿게 될, 오고 오는 시대의 모든 제자들을 위해서도 주님께서 기도하신다는 사실입니다. 다시 말해서, 이 기도는 바로 우리를 위한 예수 그리스도의 기도가 들어 있는 것이며, 우리 삶에 대한 주님의 기대라고 할 수 있습니다.

"내가 그들을 위하여 비옵나니 내가 비옵는 것은 세상을 위함이 아니요 내게 주신 자들을 위함이니이다 그들은 아버지의 것이로소이다"(요한복음 17:9).

"내가 비옵는 것은 이 사람들만 위함이 아니요 또 그들의 말로 말미암아 나를 믿는 사람들도 위함이니"(요한복음 17:20).

10월 1일

☀ 찬양
하나님의 사랑 주님의 눈물 – 다윗과 요나단

📖 오늘의 읽을 말씀
(마태복음 1-4장) 오늘 읽을 성경 본문은 순종의 중요성에 관한 예들로 풍성합니다. 먼저 1장에 나타난 '족보'(genealogy)에는 하나님께 순종한 믿음의 선조들인 '아브라함, 룻, 다윗, 히스기야, 요시야, 요셉' 등이 언급되었습니다. 또한 3장에는 타협하지 않는 순종을 요구하는 메시지인 '회개와 열매 맺음'에 대하여 말씀하셨으며, 4장에서는 예수님께서 사단의 간교한 시험들에 넘어가지 않고, 하나님의 뜻과 말씀에 순종하셔서 승리하신 모습을 보게 됩니다.[82] 특히 예수님께서는 자신의 이름에 내포되어 있는 사명에 순복하셔서 하나님의 뜻을 이루셨습니다. 이와 같이 하나님께서는 우리의 순종을 통해 일하심을 경험합니다. 우리도 주의 복음을 위한 '순종의 아름다운 그릇'이 되어 하나님께 영광 돌리는 복된 날과 인생 되길 전심으로 소원합니다.

📖 오늘의 핵심말씀
"아들을 낳으리니 이름을 예수라 하라 이는 그가 자기 백성을 그들의 죄에서 구원할 자이심이라 하니라"(마태복음 1:21). 아멘!

✝ 주께 드리는, 오늘의 기도
온 천하에 다니며 만민에게 복음을 전파하라고 명령하신 주님~ 우리가 복음을 증거하는 삶을 살게 하옵소서. 때를 얻든지 못 얻든지 말씀을 전파하는 인생되게 인도해 주시옵소서. 예수님처럼 우리들도, 세상을 구원하는 은혜의 소식인 복음을 '순종하고 복종하는 아름다운 그릇'에 담아 전하는 사명자들로 온전히 세워 주시길, 예수 그리스도 이름으로 간절히 기도드립니다. 아멘! May God Bless you always!

✎ 주께서 주신, 기도응답의 말씀
_____
_____
_____

10월 2일

☀ 찬양
하늘에 계신 (찬송가 635장)

📖 오늘의 읽을 말씀
(마태복음 5-7장) 우리가 오늘 읽을 성경본문은 전통적으로 '산상 수훈'이라고 불리며, 예수 그리스도의 교훈 또는 설교를 가리킵니다. 또한 이 설교가 너무나 가치있는 가르침이란 의미에서 '산상 보훈'으로도 불리우고 있으며, 기독교 도덕의 근본을 말한다는 의미에서 '기독교의 대헌장'이라고 불려지고 있습니다. 예수 그리스도의 산상 수훈은 주님의 가장 핵심적인 '하나님의 나라'에 관한 메시지를 선포하고 계십니다. 특히 보물과 열매에 대한 비유를 통해서 말씀의 권능을 귀하게 깨닫게 됩니다. 어느 것 하나 버릴 것 없는 주옥같이 보배로운 산상 수훈의 말씀대로 준행하는 복된 은혜의 삶 되길 마음중심으로 소원합니다.

📖 오늘의 핵심말씀
"그러므로 너희는 이렇게 기도하라 하늘에 계신 우리 아버지여 이름이 거룩히 여김을 받으시오며 나라가 임하시오며 뜻이 하늘에서 이루어진 것 같이 땅에서도 이루어지이다"(마태복음 6:9-10). 아멘!

✝ 주께 드리는, 오늘의 기도
자비와 긍휼이 풍성하신 하나님 아버지~ 우리 안에 행하신 그 놀라우신 은혜를 찬양드리며, 주께 경배드립니다. 주님의 뜻을 거스르는 악한 세대 속에서 사탄의 계략에 넘어가지 않고, 하나님의 놀라운 뜻이 우리를 통해 이루어지도록 인도해 주시길, 예수 그리스도 이름으로 간절히 기도드립니다. 아멘! May God Bless you always!

✎ 주께서 주신, 기도응답의 말씀

_____
_____
_____
_____

5. 신약성경의 '역사서'에서 확인케 되는 예수 그리스도의 기도

10월 3일

☀ 찬양
너희는 먼저 그의 나라와

📖 오늘의 읽을 말씀
(마태복음 6장) 산상수훈의 말씀은 그야말로 살아있는 생명의 메시지입니다. 주님의 제자로서 매일의 삶 속에 자신의 발자취를 거울처럼 살펴볼 수 있는 복된 말씀이라 깨닫습니다. 오늘의 삶 속에서 적용할 수 있는 산상수훈의 말씀은 어떠한 내용이며, 적용한 삶의 열매는 무엇인가요?

📖 오늘의 핵심말씀
"그런즉 너희는 먼저 그의 나라와 그의 의를 구하라 그리하면 이 모든 것을 너희에게 더하시리라"(마태복음 6:33). 아멘!

✝ 주께 드리는, 오늘의 기도
우리 삶의 주인이 되시는 하나님 아버지~ 우리가 인생 최고의 목표를 '하나님께 영광 돌리는 삶'이라고 자신 있게 고백하게 하옵소서. 삶의 초점을 하나님께 맞추어 하나님의 기쁘신 뜻을 따라가며, 오직 하나님 한 분 만으로 만족하는 후회함이 없는 오늘의 삶, 그리고 우리의 인생되게 인도해 주시길, 예수 그리스도 이름으로 간절히 기도드립니다. 아멘!
May God Bless you always!

✎ 주께서 주신, 기도응답의 말씀

10월 4일

☀ 찬양
가서 제자 삼으라

📖 오늘의 읽을 말씀
(마태복음 8-11장) 우리 구주 예수 그리스도를 믿고, 하나님의 자녀된 우리들에게 산상수훈의 귀한 말씀을 통해 이 땅에서 어떻게 살아야 할지를 알려주신 주님께 다시금 마음중심으로 감사드립니다. '하나님의 나라와 하나님의 의'를 위해 부름 받았던 주님의 열두 제자들을 바라보며, 생명책(빌 4:3; 계 3:5)에 우리의 이름들도 그 열 한분의 명단에 이어서 연속되길 소원합니다.

📖 오늘의 핵심말씀
"예수께서 그의 열두 제자를 부르사... 열두 사도의 이름은 이러하니 베드로라 하는 시몬을 비롯하여 그의 형제 안드레와 세배대의 아들 야고보와 그의 형제 요한, 빌립과 바돌로매, 도마와 세리 마태, 알패오의 아들 야고보와 다대오, 가나나인 시몬 및 가룟 유다 곧 예수를 판 자라"(마태복음 10:1-4).
"또 참으로 나와 멍에를 같이한 네게 구하노니 복음에 나와 함께 힘쓰던 저 여인들을 돕고 또한 글레멘드와 그 외에 나의 동역자들을 도우라 그 이름들이 생명책에 있느니라"(빌립보서 4:3). 아멘!
"이기는 자는 이와 같이 흰옷을 입을 것이요 내가 그 이름을 생명책에서 결코 지우지 아니하고 그 이름을 내 아버지 앞과 그의 천사들 앞에서 시인하리라"(요한계시록 3:5). 아멘!

✝ 주께 드리는, 오늘의 기도
물과 피를 흘리시며, 죽기까지 사랑해 주신 예수님~ 주님의 생명 다한 그 크신 사랑에 감사하고 감격하여, 하나님을 온전히 주인으로 모셔 들이는 우리의 심령되길 소원합니다. 또한 '하나님의 나라와 하나님의 의'를 위해 전심으로 헌신하는, 주님의 진정한 제자되길, 예수 그리스도 이름으로 간절히 기도드립니다. 아멘! May God Bless you always!

✎ 주께서 주신, 기도응답의 말씀

10월 5일

☀ 찬양
야곱의 축복 - 소리엘 7집

📖 오늘의 읽을 말씀
(마태복음 12-15장) 유대 종교 지도자들인 서기관과 바리새인들의 완고한 거부에 직면하여 예수님께서는 다시 비유로 말씀하셨습니다. 그러나 더 깊은 영적 의미를 지닌 비유들은 제자들에게만 주님께서 설명해 주셨습니다. 예수님께서 모든 비유를 마치신 후에 자신의 고향인 나사렛으로 돌아가셔서 회당에서 가르치셨지만 고향 사람들의 마음은 좋은 땅이 아니었습니다. 오히려 예수님을 배척하였던 것입니다. 이와 같은 악조건에도 불구하고 예수님은 실망하거나 좌절하지 않으셨습니다. 언제나 영혼들을 불쌍히 여기셔서 영혼들의 필요를 채워주셨고, 영혼들을 구원해 주셨습니다. 오늘을 살아갈 때 우리도 주님의 발자취를 따라 풍성한 열매를 수확하는 좋은 땅이 되길 소망합니다.

📖 오늘의 핵심말씀
"좋은 땅에 뿌려졌다는 것은 말씀을 듣고 깨닫는 자니 결실하여 어떤 것은 백 배, 어떤 것은 육십 배, 어떤 것은 삼십 배가 되느니라 하시더라"(마태복음 13:23). 아멘!

✝ 주께 드리는, 오늘의 기도
생명의 말씀으로 우리의 삶을 인도하시는 하나님 아버지~ 주의 말씀에 갈급한 심령을 우리에게 부어주셔서 말씀을 사모하는 복된 마음을 허락해 주시옵소서. 주의 말씀 앞에 겸손하여 말씀을 온전히 듣고, 깨달으며, 말씀대로 살아낼 수 있는 '좋은 땅'을 우리 가운데 회복시켜 주시길, 예수 그리스도 이름으로 간절히 기도드립니다. 아멘! May God Bless you always!

✏ 주께서 주신, 기도응답의 말씀

10월 6일

☀ 찬양
예수 예수 - 김윤미

📖 오늘의 읽을 말씀
(마태복음 16-19장) 오늘의 읽을 성경말씀 네 장에 걸쳐서 예수님의 생애에서 일어난 결정적인 사건들을 기록하고 있지만, 주님의 주요 관심은 제자들에게 있었으며, 앞으로 닥칠 어려운 날들을 대비하여 충실한 제자들을 준비시키는데 초점이 맞춰졌습니다. 특히 예수님의 수제자였던 베드로의 신앙고백 위에 주님의 교회가 세워졌으며, 음부의 권세가 이기지 못하는 교회를 통해 하나님의 나라가 임하시고 확장되며, 하나님의 뜻이 온전히 이루어질 줄 깨닫고 믿습니다.

📖 오늘의 핵심말씀
"시몬 베드로가 대답하여 이르되 주는 그리스도시요 살아 계신 하나님의 아들이시니이다 예수께서 대답하여 이르시되 바요나 시몬아 네가 복이 있도다 이를 네게 알게 한 이는 혈육이 아니요 하늘에 계신 내 아버지시라 또 내가 네게 이르노니 너는 베드로라 내가 이 반석 위에 내 교회를 세우리니 음부의 권세가 이기지 못하리라 내가 천국 열쇠를 네게 주리니 네가 땅에서 무엇이든지 매면 하늘에서도 매일 것이요 네가 땅에서 무엇이든지 풀면 하늘에서도 풀리리라 하시고"(마태복음 16:16-19). 아멘!

✝ 주께 드리는, 오늘의 기도
믿는 자들에게 영생의 복된 길을 열어주신 주님~ 우리 교회와 교회의 지체들인 우리가 많은 사람들에게 예수 그리스도를 전하는 복음 전파의 통로가 되게 하옵소서. 상처받은 사람들, 영육의 매임으로 고통 받는 사람들, 그리고 허무주의와 악한 세상 풍조 속에 방황하는 사람들이 우리 교회 공동체를 통해 참 소망되신 예수님을 만나게 인도해 주시길, 예수 그리스도 이름으로 간절히 기도드립니다. 아멘! May God Bless you always!

✎ 주께서 주신, 기도응답의 말씀

10월 7일

☀ 찬양
그 사랑 얼마나

📖 오늘의 읽을 말씀
(마태복음 20-23장) 오늘의 읽을 성경본문에서 주님의 말씀에 대한 세 가지 다른 반응들이 있었습니다. 그 첫 번째가 제자들이었는데, 그들에게 예수님께서 자신에게 일어날 일들을 세 번이나 말씀하셨음에도 그의 말씀에 주의하지 못했습니다(마 20:17-19). 두 번째로 바리새인들은 주의 말씀에 기분이 너무 좋지 않아 분을 품게 되었고(마 21:45-46), 설교자를 시험에 빠지게 하려 했습니다(마 22:34-40). 그러나 세 번째로 소경들은 주의 말씀에 즉시 순종하는 믿음을 보게 됩니다(마 20:29-34). 만약 주님께서 우리의 죄를 지적하실 때 바리새인들처럼 화를 낼까요? 아니면 두 소경과 같이 겸손하여 주님의 말씀에 즉시 순종할까요? 오늘도 우리에게 주신 성령으로 말미암아 하나님의 사랑이 우리 마음에 충만하여 '그럼에도 불구하고' 주의 말씀대로 준행하는 복된 날 되길 소원합니다(롬 5:5).

📖 오늘의 핵심말씀
"예수께서 이르시되 네 마음을 다하고 목숨을 다하고 뜻을 다하여 주 너의 하나님을 사랑하라 하셨으니 이것이 크고 첫째 되는 계명이요 둘째도 그와 같으니 네 이웃을 네 자신같이 사랑하라 하셨으니 이 두 계명이 온 율법과 선지자의 강령이니라"(마태복음 22:37-40). 아멘!

✝ 주께 드리는, 오늘의 기도
독생자 예수 그리스도를 보내셔서 우리에 대한 사랑을 증명하신 하나님 아버지~ 하나님을 향한 사랑 고백이 삶으로 이어져 이웃 사랑으로 표현되는 풍요로운 인생을 누릴 수 있도록 인도해 주시길, 예수 그리스도 이름으로 간절히 기도드립니다. 아멘! May God Bless you always!

✎ 주께서 주신, 기도응답의 말씀

10월 8일

☀ 찬양
때를 얻든지 못 얻든지 – 주리

📖 오늘의 읽을 말씀
(마태복음 24-25장) 본 단원의 전체적인 주제는 '심판'입니다. 전반부(24:1-35)는 주후 70년 예루살렘 성전 파괴, 곧 이스라엘에 대한 심판을 다루고, 후반부(24:36-25:46)는 세상 끝에 있게 될 심판, 특히 새이스라엘에 대한 심판을 다루고 있습니다.[83] 그러나 천국 복음이 모든 민족에게 증언되기 위하여 온 세상에 전파되는 때에 주님께서 다시 오실 것을 믿습니다. 슬기로운 다섯 처녀처럼 주님의 재림을 깨어 준비하는 복된 복음전파의 삶 되길 마음중심으로 소원합니다.

📖 오늘의 핵심말씀
"이 천국 복음이 모든 민족에게 증언되기 위하여 온 세상에 전파되리니 그제야 끝이 오리라"(마태복음 24:14). 아멘!

✞ 주께 드리는, 오늘의 기도
땅 끝까지 복음을 전하라고 명령하신 주님~ 우리가 주의 명령을 따라 전도와 선교 사역에 우리 자신의 물질과 재능, 그리고 은사와 시간을 기꺼이 드리게 하옵소서. 때를 얻든지 못 얻든지 주님 다시 오실 그 날까지 복음을 전파하는 복된 인생되게 인도해 주시길, 예수 그리스도 이름으로 간절히 기도드립니다. 아멘! May God Bless you always!

✎ 주께서 주신, 기도응답의 말씀

10월 9일

☀ 찬양
가서 제자 삼으라

📖 오늘의 읽을 말씀
(마태복음 26-28장) 선지자의 예언 그대로 주님께서 모든 인류의 죄를 대신해 십자가를 지시고 돌아가셨으며, 3일 만에 부활하셨습니다. 할렐루야! 부활하신 주님께서 갈릴리에서 열한 제자들에게 분부하셨듯이 우리들에게도 말씀하시며, 동일한 사명을 주셨습니다(마 28:19-20). 우리는 주님의 제자로서 분부하신 사명을 잘 감당하고 있나요? 그 열매들은 어떻습니까?

📖 오늘의 핵심말씀
"그러므로 너희는 가서 모든 민족을 제자로 삼아 아버지와 아들과 성령의 이름으로 세례(침례)를 베풀고 내가 너희에게 분부한 모든 것을 가르쳐 지키게 하라 볼지어다 내가 세상 끝날까지 너희와 항상 함께 있으리라 하시니라"(마태복음 28:19-20). 아멘!

✝ 주께 드리는, 오늘의 기도
우리의 기도와 간구를 기뻐 받으시는 하나님 아버지~ 하나님께서 기쁨으로 사용하실 수 있는 주님의 제자가 되도록 우리에게 은혜를 허락해 주시옵소서. 오늘도 변함없이 주님의 권세를 등에 업고, 함께 하시는 주님의 능력을 의지하므로 주님의 위대한 명령에 순•복하는 우리 모두 되길, 예수 그리스도 이름으로 간절히 기도드립니다. 아멘! May God Bless you always!

✎ 주께서 주신, 기도응답의 말씀

10월 10일

☀ 찬양
새롭게 하소서 – 주영훈, 박요한, 안수지, 송지은, 여니엘, 이정수

📖 오늘의 읽을 말씀
(마가복음 1-3장) 하나님의 종으로서 섬기러 오신 예수 그리스도! 마가복음에서는 예수님의 말씀만큼이나 주님의 사역과 일들에 강조점(focus)을 맞추고 있음을 보게 됩니다. 그러므로 우리들에게 있어서도 "누구든지 하나님의 뜻대로 행하는 자가 내 형제요 자매요 어머니이니라"는 주님의 말씀(막 3:35)은 두고두고 마음에 새겨지는 생생한 음성임을 고백합니다.

📖 오늘의 핵심말씀
"새 포도주를 낡은 가죽 부대에 넣는 자가 없나니 만일 그렇게 하면 새 포도주가 부대를 터트려 포도주와 부대를 버리게 되리라 오직 새 포도주는 새 부대에 넣느니라 하시니라"(마가복음 2:22). 아멘!

✞ 주께 드리는, 오늘의 기도
늘 주 안에서 새로운 피조물로 새 일을 행하시는 사랑의 하나님~ 이 시대를 향한 하나님의 선하시고 기뻐하시며 온전하신 뜻이 무엇인지 분별할 능력을 주시옵소서. 거침없이 휘몰아치는 시대의 파도 앞에 두려워 떠는 우리들을 '주의 복음'을 통해 다시금 새롭게 세워 주셔서 하나님 나라의 동역자들로 복되게 사용해 주시길, 예수 그리스도 이름으로 간절히 기도드립니다. 아멘! May God Bless you always!

✎ 주께서 주신, 기도응답의 말씀

10월 11일

☀ 찬양
오병이어 - 소리엘

📖 오늘의 읽을 말씀
(마가복음 4-7장) 예수님을 '완전한 종'으로 묘사하고 있는 마가복음에서는 주님의 행적에 비중을 두고 있으며, "주님께서 섬기려 하고, 자기 목숨을 많은 사람들의 대속물로 주시려 이 땅에 오셨다"라고 말씀하고 있습니다. 이처럼 예수님의 신유와 이적을 통해 하나님의 아들이심을 확증하셨으며, 주님을 믿는 것이 얼마나 중요하고 급한지를 강조하기 위해 '곧바로', '즉시로'란 단어를 많이 사용하였음을 보게 됩니다. 특히, 떡 5개와 물고기 2마리를 가지고 하늘을 우러러 축사하시사 5천명을 배불리 먹이고도 남은 떡 조각과 물고기를 12바구니에 차게 거두는 '오병이어' 역사는 복음을 증거하기 위한 귀한 우리의 간증임을 깨닫고 믿습니다.

📖 오늘의 핵심말씀
"예수께서 떡 다섯 개와 물고기 두 마리를 가지사 하늘을 우러러 축사하시고 떡을 떼어 제자들에게 주어 사람들에게 나누어 주게 하시고 또 물고기 두 마리도 모든 사람에게 나누시매 다 배불리 먹고 남은 떡 조각과 물고기를 열두 바구니에 차게 거두었으며 떡을 먹은 남자는 오천 명이었더라"(마태복음 6:41-44). 아멘!

✝ 주께 드리는, 오늘의 기도
전지전능하신 여호와 하나님~ 주님의 신유와 이적의 말씀들은 복음을 증거하기 위한 귀한 간증임을 고백합니다. 오늘도 이 보배로운 보배 함을 열어 소중한 주님의 간증들을 증거하는 향기로운 삶이 되게 인도해 주시길, 예수 그리스도 이름으로 간절히 기도드립니다. 아멘!
May God Bless you always!

✎ 주께서 주신, 기도응답의 말씀
_____
_____
_____

10월 12일

☀ 찬양
섬김 – 강찬 3집

📖 오늘의 읽을 말씀
(마가복음 8-10장) 오늘의 읽을 성경말씀 가운데, 마가복음 8:31; 9:31; 10:33-34에서 3번씩이나 반복적으로 자신의 죽음과 부활에 대해서 말씀하시는 주님의 모습 속에서 생명 다해 영혼들의 죄를 구속하시려는 사랑과 섬김의 종 된 마음을 체휼케 됩니다.

📖 오늘의 핵심말씀
"인자가 온 것은 섬김을 받으려 함이 아니라 도리어 섬기려 하고 자기 목숨을 많은 사람의 대속물로 주려 함이니라"(마가복음 10:45). 아멘!

✚ 주께 드리는, 오늘의 기도
사랑과 은혜가 풍성하신 하나님 아버지~ 사랑과 섬김의 본을 보여주신 예수님을 닮아가는 은혜로운 인생 되길 소원합니다. 오늘도 변함없이 생명 다한 구속의 은총에 감격하여 우리에게 보내주신 영혼들에게 주의 사랑을 베풀며 섬기는 복된 날 되게 인도해 주시길, 예수 그리스도 이름으로 간절히 기도드립니다. 아멘! May God Bless you always!

✎ 주께서 주신, 기도응답의 말씀

10월 13일

☀ 찬양
나의 기도 – 시와 그림 3집

📖 오늘의 읽을 말씀
(마가복음 11-13장) 오늘 읽을 성경말씀에서는 고난 주간의 시작인 예수님의 예루살렘 입성(주일)부터 최후의 만찬(목요일) 전까지의 주요 사건들을 살펴볼 수 있습니다. 또한 이와 같은 주요 사건들을 통해서 하나님의 계획의 섭리와 믿음의 중요성에 대해 다시금 깨닫게 됩니다.

📖 오늘의 핵심말씀
"그러므로 내가 너희에게 말하노니 무엇이든지 기도하고 구하는 것은 받은 줄로 믿으라 그리하면 너희에게 그대로 되리라"(마가복음 11:24). 아멘!

✝ 주께 드리는, 오늘의 기도
의심하지 않고 믿음으로 간구하는 우리의 기도에 언제나 좋은 것으로 응답하시는 하나님~ 기도할 수 있음에 걱정하지 않고, 기도할 수 있기에 늘 감사하며, 기도할 수 있음으로 형통한 응답을 항상 체험하며 사는 복과 은혜를 베풀어 주시길, 예수 그리스도 이름으로 간절히 기도드립니다. 아멘!
May God Bless you always!

✎ 주께서 주신, 기도응답의 말씀
_____
_____
_____
_____
_____
_____
_____
_____
_____

10월 14일

✹ 찬양
우리는 모두 다 - 천민찬

📖 오늘의 읽을 말씀
(마가복음 14-16장) 모진 고통을 다 이겨내시고 하나님의 뜻에 따라 죽기까지 순•복하신 우리 구주 예수 그리스도! 십자가에서 돌아가신 것만으로 주님의 생애가 끝났다면 성인으로 기억되었을 것이지만, 예수님께서 부활하심으로 하나님의 아들이심을 증명하셨으며, 부활하신 주님께서 우리에게도 복음의 사명을 주셨습니다. 오늘의 삶 속에서 복음을 전할 수 있는 복음의 열정이 우리 마음속에 임하기를 소원합니다.

📖 오늘의 핵심말씀
"또 이르시되 너희는 온 천하에 다니며 만민에게 복음을 전파하라"(마가복음 16:15). 아멘!

✝ 주께 드리는, 오늘의 기도
땅 끝까지 복음을 전하라고 명령하신 주님~ 복음을 전하며 살기로 작정하는 우리에게 성령 충만함을 내려주시옵소서. 바울과 베드로처럼 복음 선포에 권위가 있게 하시고, 스데반처럼 하늘의 지혜가 충만하여 복음이 생명력 있게 전달되게 하옵소서. 우리의 소망과 기쁨이 되시는 예수 그리스도 이름으로 간절히 기도드립니다. 아멘! May God Bless you always!

✎ 주께서 주신, 기도응답의 말씀

10월 15일

☀ 찬양
성령이여 내 영혼을 - 이천

📖 오늘의 읽을 말씀
(누가복음 1-2장) 누가복음의 1차적인 기록 목적은 데오빌로에게 예수 그리스도를 소개하는 것이었으며, 2차적인 목적은 데오빌로와 같은 이방인 신자들과 모든 그리스도인들에게 예수님이 잃어버린 당신의 백성을 찾으러 오신 분이심을 알리는데 있었습니다.[84] 특히 직업이 의사였던 누가는 예수님을 죄 많은 백성을 구원하기 위해 오신 완전한 인간으로 묘사하였고, 예수님의 생애에 대한 이야기를 연대순으로 전개하였습니다. 더욱이 모태로부터 성령의 충만함을 받아 출생한 선구자 요한, 그리고 성육신하여 이 세상에 탄생하신 예수 그리스도를 바라보며 성령 충만한 삶을 소망케 됩니다.

📖 오늘의 핵심말씀
"이는 그가 주 앞에 큰 자가 되며 포도주나 독한 술을 마시지 아니하며 모태로부터 성령의 충만함을 받아"(누가복음 1:15). 아멘!
"마리아가 천사에게 말하되 나는 남자를 알지 못하니 어찌 이 일이 있으리이까 천사가 대답하여 이르되 성령이 네게 임하시고 지극히 높으신 이의 능력이 너를 덮으시리니 이러므로 나실 바 거룩한 이는 하나님의 아들이라 일컬어지리라"(누가복음 1:34-35). 아멘!
"예수 그리스도의 나심은 이러하니라 그의 어머니 마리아가 요셉과 약혼하고 동거하기 전에 성령으로 잉태된 것이 나타났더니"(마태복음 1:18). 아멘!

✝ 주께 드리는, 오늘의 기도
우리의 길을 밝혀주시는 사랑의 하나님~ 우리가 성령 충만한 삶을 살게 하옵소서. 세상의 풍조에 휩쓸리지 않을 뿐만 아니라 성령께서 주시는 말씀의 능력으로 이기게 하소서. 주님을 신뢰하며 따르는 복된 오늘, 예수 그리스도 이름으로 간절히 기도드립니다. 아멘! May God Bless you always!

✏ 주께서 주신, 기도응답의 말씀
_____
_____

10월 16일

☀ 찬양
그 크신 하나님의 사랑 – 나무엔 3집

📖 오늘의 읽을 말씀
(히브리서 2:14-18; 로마서 5:8) 인간으로서 우리가 겪을 모든 것을 겪으시고 승리하셨으며, 신으로서 우리 죄의 대가를 지불하시기 위해 십자가에서 우리의 대표자가 되어 돌아가신 주님의 구속의 사랑에 감사드립니다. 오늘 말씀을 읽고 이 부요한 진리를 생각하면서 하나님의 그 크신 은혜와 사랑, 그리고 사망 권세 이기시고 부활하신 우리 구주 예수 그리스도께 영광과 찬양을 올려드립니다.

📖 오늘의 핵심말씀
"그러므로 그가 범사에 형제들과 같이 되심이 마땅하도다 이는 하나님의 일에 자비하고 신실한 대제사장이 되어 백성의 죄를 속량하려 하심이라 그가 시험을 받아 고난을 당하셨은즉 시험받는 자들을 능히 도우실 수 있느니라"(히브리서 2:17-18). 아멘!
"우리가 아직 죄인 되었을 때에 그리스도께서 우리를 위하여 죽으심으로 하나님께서 우리에 대한 자기의 사랑을 확증하셨느니라"(로마서 5:8). 아멘!

✝ 주께 드리는, 오늘의 기도
한없는 사랑으로 우리의 삶을 인도하시는 하나님 아버지~ 독생자 예수그리스도를 보내셔서 우리에 대한 사랑을 증명하신 사랑의 하나님을 찬양합니다. 이 세상의 어떤 것들 보다 오직 한분 여호와 하나님을 가장 사랑하게 하시며, 받은 은혜에 감격하여 또 다른 영혼들을 사랑하는 사랑의 흔적이 삶의 이정표로 세워지게 하여 주시길, 예수 그리스도 이름으로 간절히 기도드립니다. 아멘! May God Bless you always!

✎ 주께서 주신, 기도응답의 말씀

10월 17일

☀ 찬양
전능하신 나의 주 하나님 – 에이맨

📖 오늘의 읽을 말씀
(누가복음 3–6장) 때때로 사단은 우리를 죄의 행위 가운데로 끌어들이기 위해 능란한 속임수를 사용합니다. 그러나 각각의 유혹에 대해서 미리 예비된 유용한 공격무기인 '하나님의 말씀'(시 119:11; 엡 6:17)이 있습니다. 예수님께서는 사단의 공격에 대해서 신명기의 말씀에 근거한 반격으로 세 번 대응하셨습니다.[85] 주님처럼 우리 자신도 사단의 유혹에 대항하여 싸울 하나님의 말씀을 준비하고 있는지요?

📖 오늘의 핵심말씀
"시몬이 대답하여 이르되 선생님 우리들이 밤이 새도록 수고하였으되 잡은 것이 없지마는 말씀에 의지하여 내가 그물을 내리리이다 하고 그렇게 하니 고기를 잡은 것이 심히 많아 그물이 찢어지는지라"(누가복음 5:5-6). 아멘!

✚ 주께 드리는, 오늘의 기도
생명의 말씀으로 우리의 삶을 인도하시는 하나님 아버지~ 갈 바를 알지 못해 방황하는 우리들에게 '주의 말씀'을 채워 주시옵소서. 말씀 앞에 겸손하며, 말씀에 순•복하여 주의 말씀대로 행하는 '복된 믿음'을 통해 다시금 쓰임 받는 기적의 인생되길, 예수 그리스도 이름으로 간절히 기도드립니다. 아멘! May God Bless you always!

✎ 주께서 주신, 기도응답의 말씀

10월 18일

☀ **찬양**
인내 – 하니 (장한이)

📖 **오늘의 읽을 말씀**
(누가복음 7-9장) 죄 용서함을 많이 받은 자 일수록 사랑의 정도가 비례하여 커지는 것 같습니다(눅 7:47). 그래서 그 크신 사랑의 감격이 있는 마음이 바로 누가복음 8장 15절에 말씀하고 있는 '좋은 땅'이라고 생각됩니다. 그 '좋은 땅'의 마음을 가진 자의 특성은, '1. 착하고 좋은 마음, 2. 말씀 듣고 지키는 것, 3. 인내하여 좋은 열매 맺는 것'입니다. 더욱이 '좋은 땅'(마음)을 가진 자는 더욱 큰 자가 될 수 있는 기회가 많아질 것입니다. 왜냐하면 그들의 마음은 주님 앞에서 너무나 겸손하기에 가장 작은 자들(어린 영혼, 초신자, 과부, 고아, 장애인, 외국인, 소외된 자 등)을 섬기려 하기 때문입니다(눅 9:48).

📖 **오늘의 핵심말씀**
"좋은 땅에 떨어졌다는 것은 착하고 좋은 마음으로 말씀을 듣고 지키어 인내로 결실하는 자니라"(누가복음 8:15). 아멘!

✝ **주께 드리는, 오늘의 기도**
생명 다한 사랑으로 우리를 죽기까지 사랑해 주신 우리 주님~ 진정으로 가장 작은 자를 섬긴 것이 주님을 영접한 것이며, 주님을 영접한 것이 하나님을 영접한 사실임을 깨달아 알게 하시니 감사합니다. 그러나 하나님이 아닌 사람들의 눈을 의식하여 사람들에게 인정받기 위해 얼마나 가식적인 사랑을 행했는지, 이 또한 주님께 회개합니다. 외식적인 사랑이 아닌, 그 놀랍고 귀한 주님의 십자가 사랑에 감격하여 오늘도 이 사랑을 전하며, 열매 맺을 수 있도록 우리에게 '인내심'을 허락해 주시길, 예수 그리스도 이름으로 간절히 기도드립니다. 아멘! May God Bless you always!

✎ **주께서 주신, 기도응답의 말씀**

_____
_____
_____

5. 신약성경의 '역사서'에서 확인케 되는 예수 그리스도의 기도

10월 19일

☀ 찬양
나는 청지기입니다 – 강용기 1집

📖 오늘의 읽을 말씀
(누가복음 10-12장) 스스로 분쟁하는 나라와 기업, 그리고 집안 등은 황폐하여지며, 무너질 수밖에 없습니다(눅 11:17). 그래서 주님과 함께 하지 않는 자들이 주님을 반대하는 자들이라고 말씀하셨습니다(눅 11:23). 즉, 주님과 함께 하는 자들이 주님을 찬성하는 자들이라고 볼 수 있습니다. 그런데 '주님과 함께 한다'라는 의미는 무엇일까요? 그것은 바로 하나님의 말씀을 듣고, 지키는 일인 것입니다(눅 11:28).

📖 오늘의 핵심말씀
"주께서 이르시되 지혜 있고 진실한 청지기가 되어 주인에게 그 집 종들을 맡아 때를 따라 양식을 나누어 줄 자가 누구냐"(누가복음 12:42). 아멘!

✜ 주께 드리는, 오늘의 기도
사랑이 많으신 하나님 아버지~ 우리가 기도드릴 때에 지혜의 영이신 성령님의 인도를 받게 하옵소서. 사소한 삶의 문제에서부터 자신의 인생을 송두리째 바꾸는 중대한 결정에 이르기 까지, 하나님께서 주시는 '지혜'를 힘입고 깨어 준비하며, 영혼들을 준비시키는 '진실한 주님의 청지기'가 되게 인도해 주시길, 예수 그리스도 이름으로 간절히 기도드립니다. 아멘!
May God Bless you always!

✎ 주께서 주신, 기도응답의 말씀

10월 20일

☀ 찬양
한 생명 한 영혼 – 프뉴마 워십

📖 오늘의 읽을 말씀
(누가복음 13-15장) 잃어버린 것을 되찾았을 때 심정은 어떨까요? 정말 기쁘고 감사할 것입니다. 더욱이 잃어버린 자녀를 다시 찾았을 때의 기쁨은 말로 형용할 수 없을 것입니다. 이처럼 죄인들이 주님께로 돌아와 회개한다면 하나님께서 용서해 주실 뿐만 아니라 천국 잔치를 맛보게 하실 줄 깨닫고 믿습니다. 잃어버린 영혼들이 주께로 돌아와 회개하며 천국의 기쁨을 누릴 수 있도록 우리의 중보기도와 성실한 복음 전파의 삶이 요청되는 오늘입니다.

📖 오늘의 핵심말씀
"내가 너희에게 이르노니 이와 같이 죄인 한 사람이 회개하면 하늘에서는 회개할 것 없는 의인 아흔아홉으로 말미암아 기뻐하는 것보다 더하리라"(누가복음 15:7). 아멘!

✝ 주께 드리는, 오늘의 기도
회개하는 심령의 기도를 기뻐하시는 하나님 아버지~ 잃은 양과 동전을 찾는 것이 마을의 잔치가 되듯, 죄인 한 사람의 회개가 하늘의 잔치가 됨을 깨닫습니다. 우리 주님처럼 한 영혼을 천하보다 귀하게 여기시는 영혼사랑의 은혜로 복음을 증거하는 오늘, 그리고 우리의 인생되게 인도해 주시길, 예수 그리스도 이름으로 간절히 기도드립니다. 아멘!
May God Bless you always!

✎ 주께서 주신, 기도응답의 말씀

10월 21일

☀ 찬양
섬김 – 강찬 3집

📖 오늘의 읽을 말씀
(누가복음 16-18장) 예수님께서는 청지기에 관한 교훈(16장)과 종의 의무에 대해 말씀하셨고(17장), 문둥병자 열 명의 삶을 예로 들어 자신의 가르침을 전파하셨습니다(17장). 더욱이 무시당한 과부(눅 18:1-8)와 회개한 세리(눅 18:9-14)의 비유를 통해 마침내 예수님께서는 '지속적이고, 겸손한 기도의 중요성'에 대해서 강조하고 계심을 확인케 됩니다.[86]

📖 오늘의 핵심말씀
"… 무릇 자기를 높이는 자는 낮아지고 자기를 낮추는 자는 높아지리라"(누가복음 18:14). 아멘!

✚ 주께 드리는, 오늘의 기도
거룩하고 존귀하신 하나님 아버지~ 온유하고 겸손하신 주님을 본받아 겸손한 인격의 소유자가 되도록 우리를 인도해 주시옵소서. 늘 겸손함으로 허리를 동이고, 주의 말씀 앞에 온전히 순•복함을 잃지 않음으로, 때를 따라 도우시는 '하나님의 은혜'를 누리는 복된 삶 되게 인도해 주시길, 예수 그리스도 이름으로 간절히 기도드립니다. 아멘! May God Bless you always!

✎ 주께서 주신, 기도응답의 말씀

10월 22일

☀ 찬양
예수 예수 – 김윤미

📖 오늘의 읽을 말씀
(누가복음 19-21장) 예수님께서 여리고로 들어가 삭개오 세리장을 만나셔서 구원을 선포하신 후에 예루살렘으로 향해 가셨습니다. 이제 예수님의 지상 생애의 마지막 주간이 시작되었습니다. 주님의 고통의 시간은 가까이 다가오지만, 예수님께서는 자신의 사역들을 계속 행하셨습니다. 주님의 존귀하신 사역들을 묵상할 때 확연하게 깨닫게 되는 것은 바로 '예수님께서 이 땅에 오신 것은 잃어버린 자를 찾아 구원하시기 위해 오셨다'는 것입니다. 삭개오와 가난한 과부 같은 잃어버린 자들 말입니다. 주님의 제자인 우리들도 예수님처럼 잃어버린 영혼들을 찾아 복음을 증거하는 복된 발걸음 되길 마음중심으로 소원합니다.

📖 오늘의 핵심말씀
"인자가 온 것은 잃어버린 자를 찾아 구원하려 함이라"(누가복음 19:10). 아멘!

✝ 주께 드리는, 오늘의 기도
죄인들의 진정한 친구가 되어 주신 주님~ 복음을 알지 못하는 삭개오에게 친히 다가가셔서 구원의 은혜를 베푸신 우리 주님의 사랑에 감사의 찬양을 올려 드립니다. 우리도 예수님처럼 영혼구원의 가치를 가지고 영혼들에게 복음을 전하는 축복의 통로로 사용해 주시길, 예수 그리스도 이름으로 간절히 기도드립니다. 아멘! May God Bless you always!

✎ 주께서 주신, 기도응답의 말씀

10월 23일

✸ 찬양
주의 손에 나의 손을 포개고 - 강중현

📖 오늘의 읽을 말씀
(누가복음 22-24장) 성령의 감동(딤후 3:16)으로 누가복음을 저술한 누가는 세밀한 부분까지 살피는 주의력과 생생한 언어의 구사력으로 오늘 읽을 말씀을 묘사하고 있습니다. 더욱이 "그는 여기 계시지 않고 살아나셨느니라"(눅 24:6)고 천사들이 알릴 때, 예루살렘의 암울한 분위기가 첫 부활의 아침으로 찬란히 밝아오게 됨을 고백하였습니다. 하나님의 뜻에 순종하고, 복종하여 우리 인류의 모든 죄를 짊어지시고 십자가에 돌아가신 주님~ 사망권세 이기시고 3일 만에 부활하신 주님~ 우리 구주 예수 그리스도를 믿는 자들마다 구원이 있습니다. 이 귀하고 보배로운 복음을 땅 끝까지 전하는 우리 모두 되길 소망합니다.

📖 오늘의 핵심말씀
"이르시되 아버지여 만일 아버지의 뜻이거든 이 잔을 내게서 옮기시옵소서 그러나 내 원대로 마시옵고 아버지의 원대로 되기를 원하나이다 하시니"(누가복음 22:42). 아멘!

✟ 주께 드리는, 오늘의 기도
우리의 기도를 기뻐 받으시고, 응답하시는 하나님 아버지~ 우리 자신의 모든 행사를 하나님께 맡기며, 기도로 하나님의 뜻을 찾아 가고, 기도의 응답으로 행동하는 복과 은혜를 베풀어 주시길, 예수 그리스도 이름으로 간절히 기도드립니다. 아멘! May God Bless you always!

✎ 주께서 주신, 기도응답의 말씀

10월 24일

☀ 찬양
손잡고 함께 가세 – 어노인팅 11집

📖 오늘의 읽을 말씀
(요한복음 1-2장) 태초부터 계신 말씀, 이 말씀이 하나님과 함께 계셨으니 '이 말씀은 곧 하나님이심'(요 1:1)을 깨닫고 믿습니다. 또한 이 말씀은 생명으로 세상에 오셨으며, 인류의 희생 양되셔서 죄 문제를 해결해 주셨고, 사망권세 이기시며 부활 승리하신 하나님의 아들, 예수 그리스도이심을 믿음으로 선포합니다! 이 부활의 복음을 증거하는 복된 오늘, 그리고 우리의 인생되게 인도해 주시길 마음을 다하여 소원합니다.

📖 오늘의 핵심말씀
"요한의 말을 듣고 예수를 따르는 두 사람 중의 하나는 시몬 베드로의 형제 안드레라 그가 먼저 자기의 형제 시몬을 찾아 말하되 우리가 메시아를 만났다 하고(메시아는 번역하면 그리스도라) 데리고 예수께로 오니 예수께서 보시고 이르시되 네가 요한의 아들 시몬이니 장차 게바라 하리라 하시니라(게바는 번역하면 베드로라)"(요한복음 1:40-42). 아멘!

✚ 주께 드리는, 오늘의 기도
살아계신 하나님 아버지~ 우리가 많은 사람들을 주님께로 인도하는 복음의 통로로 사용되기를 소원합니다. 복음전파의 통로로 쓰임 받는 우리의 삶을 통해 하나님의 영광이 드러나게 하옵시며, 더 큰 복과 은혜를 누리는 기쁨이 있게 하여 주시길, 예수 그리스도 이름으로 간절히 기도드립니다. 아멘! May God Bless you always!

✎ 주께서 주신, 기도응답의 말씀

10월 25일

☀ 찬양
하나님께서 세상을 사랑하사 - 김상진, 짐니

📖 오늘의 읽을 말씀
(요한복음 3:16; 로마서 5:16; 8:33-34; 갈라디아서 4:1-5; 히브리서 10:10) 하나님께서 주신 구원의 은혜! 그 구원의 은혜는 우리를 의롭게 하시며, 우리를 양자(하나님의 자녀) 삼으시고, 우리가 거룩함을 얻을 수 있도록 하십니다. 그러므로 그 은혜에 날마다 감사하며, 감격합시다! 사망권세 이기신 부활의 권세로 세상을 넉넉히 이기며, 복음의 증인되는 복된 날 되길 소원합니다.

📖 오늘의 핵심말씀
"하나님이 세상을 이처럼 사랑하사 독생자를 주셨으니 이는 그를 믿는 자마다 멸망하지 않고 영생을 얻게 하려 하심이라"(요한복음 3:16). 아멘!

✝ 주께 드리는, 오늘의 기도
생명 다해 죽기까지 우리를 사랑하신 하나님~ 그 놀라운 십자가 사랑에 감격하여 오늘도 변함없이 하나님을 사랑하고, 이웃을 사랑하며, 성도 간에 서로 사랑할 수 있는 크신 은혜를 허락해 주시옵소서. '하나님의 영'(성령)으로 충만하여 주님의 십자가 사랑을 통해 복음을 증거하며, 악에게 지지 않고 선으로 악을 이길 수 있는 복된 발걸음 되길, 예수 그리스도 이름으로 간절히 기도드립니다. 아멘! May God Bless you always!

✎ 주께서 주신, 기도응답의 말씀

10월 26일

✹ 찬양
은혜 – 마르지 않는 샘 2집

📖 오늘의 읽을 말씀
(요한복음 3-5장) 니고데모, 수가성 여인, 왕의 신하의 아들, 그리고 38년 된 병자에게 있어서 예수 그리스도는 빛이요, 생수이며 생명이셨습니다. 주님께서는 구원받을 소자들에게 다가가셔서 구원의 은총을 비추시는 사랑의 빛이셨음을 믿음으로 고백합니다. 주님의 사랑에 빚진 자의 심정으로 작은 예수되어 영혼들을 섬기는 복된 오늘 되길 소망해 봅니다.

📖 오늘의 핵심말씀
"하나님이 그 아들을 세상에 보내신 것은 세상을 심판하려 하심이 아니요 그로 말미암아 세상이 구원을 받게 하려 하심이라"(요한복음 3:17). 아멘!

✞ 주께 드리는, 오늘의 기도
믿는 자들에게 영생의 복된 길을 열어주신 주님~ 우리가 많은 사람들을 주님께로 인도하는 복음 전파의 통로가 되게 하옵소서. 상처받은 사람들, 고통 받는 사람들, 그리고 의지할 곳 없어 방황하는 사람들에게 참 소망이신 예수님을 전하는 축복의 통로로 사용해 주시길, 예수 그리스도 이름으로 간절히 기도드립니다. 아멘! May God Bless you always!

✎ 주께서 주신, 기도응답의 말씀

10월 27일

☀ 찬양
진리가 날 자유케 해 - 예수 전도단

📖 오늘의 읽을 말씀
(요한복음 6-8장) 구약성경의 예언의 말씀 그대로 메시아이신 예수님께서 이 땅에 오셨으며, 주님의 공개적인 선언과 기적의 증거들을 통해 그 사실을 입증하셨습니다. 우리들도 '생명의 떡'(요 6:35)이시며 '세상의 빛'(요 8:12)이신, 우리 주 예수 그리스도를 세상에 증거하는 복음의 통로되길 소망해 봅니다.

📖 오늘의 핵심말씀
"진리를 알지니 진리가 너희를 자유롭게 하리라"(요한복음 8:32). 아멘!

✝ 주께 드리는, 오늘의 기도
진리의 말씀으로 우리의 삶을 인도하시는 하나님 아버지~ 우리가 주의 말씀을 사모하게 하옵시며, 말씀 앞에 겸손하게 하옵소서. 주의 진리의 말씀이 우리의 삶을 인도하게 하시고, 어떤 형편과 처지에서도 평강과 감사, 그리고 자유함이 넘치게 하여 주시길, 예수 그리스도 이름으로 간절히 기도드립니다. 아멘! May God Bless you always!

✎ 주께서 주신, 기도응답의 말씀

10월 28일

☀ 찬양
주를 더 알수록 – 마커스 커뮤니티

📖 오늘의 읽을 말씀
(출애굽기 3:14; 마태복음 16:16; 요한복음 6:35; 8:12; 10:7,11,14; 11:25; 14:6; 15:1) 예수님께서는 자신이 어떤 존재이신지를 확실히 밝히시며, 자세히 설명하셨습니다. 우리도 예수님처럼 분명한 정체성을 가지고 살아가길 소원합니다. 다시금 우리의 소명과 사명을 주 안에서 깨닫고, 주님의 뜻에 순·복하여 살아가는 후회함이 없는 빛 된 인생 되길 마음을 다하여 간구합니다.

📖 오늘의 핵심말씀
"하나님이 모세에게 이르시되 나는 스스로 있는 자이니라 또 이르시되 너는 이스라엘 자손에게 이같이 이르기를 스스로 있는 자가 나를 너희에게 보내셨다 하라"(출애굽기 3:14). 아멘!

✝ 주께 드리는, 오늘의 기도
알파와 오메가요 처음과 나중이요 시작과 끝이신 하나님~ 이 세상에서 근원이 없이 스스로 존재하는 자존자는 하나님 이외 아무도 없는 줄 깨닫고 믿습니다. 연약한 우리에게 오늘도 은혜 주셔서 하나님을 더 알아갈수록 주님을 더욱 신뢰하고 감사하며, 새 날을 소망하는 주 바라기의 믿음으로 승리하는 복된 삶 되길, 예수 그리스도 이름으로 간절히 기도드립니다. 아멘!
May God Bless you always!

✎ 주께서 주신, 기도응답의 말씀

10월 29일

☀ 찬양
밀알 - 클래식 콰이어

📖 오늘의 읽을 말씀
(요한복음 9-12장) 세상의 빛이신 예수 그리스도께서 소경에게 시력을(9장), 양들에게는 통과할 문과 선한 목자로(10장), 또한 죽은 자를 살리시는 놀라운 이적(11장) 통해 구원받을 하나님의 어린 양들을 죽음에서 살려주셨습니다. 우리 영혼들의 모든 죄를 구속하시기 위해 썩어지는 밀알되어 십자가에 달려 돌아가셔서 3일 만에 부활하신 우리 주 예수 그리스도를 바라봅니다. 사망권세 이기시고 부활하신 우리 주님께 찬양과 영광을 올려 드리며, 때를 얻든지 못 얻든지 부활의 증인되는 복된 날 되길 소원합니다.

📖 오늘의 핵심말씀
"내가 진실로 진실로 너희에게 이르노니 한 알의 밀이 땅에 떨어져 죽지 아니하면 한 알 그대로 있고 죽으면 많은 열매를 맺느니라"(요한복음 12:24). 아멘!

✝ 주께 드리는, 오늘의 기도
만복의 근원이 되시는 하나님 아버지~ 주님 한 분 만으로 만족하는 참된 복과 은혜를 베풀어 주시옵소서. 우리의 선한 목자되신 예수 그리스도를 따라 영혼 구원을 위해 썩어지는 밀알로 쓰임 받는 복된 인생 되게 인도해 주시길, 예수 그리스도 이름으로 간절히 기도드립니다. 아멘!
May God Bless you always!

✎ 주께서 주신, 기도응답의 말씀

_____
_____
_____
_____
_____
_____

10월 30일

☀ 찬양
또 하나의 열매를 바라시며 – 조수아

📖 오늘의 읽을 말씀
(요한복음 13-17장) 길과 진리요 생명이신 예수 그리스도께서 '새 계명'(서로 사랑)을 주시고, '계명을 지키는 자라야 주님을 사랑하는 자'라고 말씀하셨습니다. 또한 주께서 "세상을 이기었다"라고 선포하시며, 온전히 승리하시기 위해 기도의 본을 보이셨습니다. 하나님의 아들인 예수 그리스도께서 끊임없이 기도의 삶을 사셨듯이 이 귀한 기도의 모습과 풍성한 열매들이 진정 우리의 마음 속 깊이 은혜로 자리하게 됩니다. 주님을 알아갈수록 주님을 더욱 닮아가고 싶은 '선한 열망과 소망'이 우리의 삶을 풍성한 열매의 삶으로 인도하고 있음을 믿음으로 고백합니다.

📖 오늘의 핵심말씀
"너희가 나를 택한 것이 아니요 내가 너희를 택하여 세웠나니 이는 너희로 가서 열매를 맺게 하고 또 너희 열매가 항상 있게 하여 내 이름으로 아버지께 무엇을 구하든지 다 받게 하려 함이라 내가 이것을 너희에게 명함은 너희로 서로 사랑하게 하려 함이라"(요한복음 15:16-17). 아멘!

✝ 주께 드리는, 오늘의 기도
주님의 은혜에 의하여 믿음으로 말미암아 구원해 주신 하나님~ 그 놀라운 구원과 사랑의 은혜에 감격하여 주의 말씀대로 살아가는 삶을 통해, 풍성한 성령의 열매를 맺어가는 인생되게 하여 주시길, 예수 그리스도 이름으로 간절히 기도드립니다. 아멘! May God Bless you always!

✎ 주께서 주신, 기도응답의 말씀

10월 31일

☀ 찬양
달고 오묘한 그 말씀 – 나무엔

📖 오늘의 읽을 말씀
(요한복음 18-21장) 요한복음 20장 31절에서 요한은 요한복음을 기록한 목적을 밝힙니다.[87] 즉, 예수님을 그의 생명, 죽음, 그리고 부활을 통해서 '그리스도, 하나님의 아들'로 소개하는 것이었습니다. 우리 모두에게 요나의 표적인 이 부활 사건은 부인할 수 없는 역사적 사실임을 확인케 됩니다. 그러므로 오늘도 변함없이 주님의 부활을 증거하는 축복의 통로로 쓰임받길 마음중심으로 소원합니다.

📖 오늘의 핵심말씀
"오직 이것을 기록함은 너희로 예수께서 하나님의 아들 그리스도이심을 믿게 하려 함이요 또 너희로 믿고 그 이름을 힘입어 생명을 얻게 하려 함이니라"(요한복음 20:31). 아멘!

✝ 주께 드리는, 오늘의 기도
계시의 말씀으로 우리의 삶을 인도하시는 하나님 아버지~ 주의 말씀이 우리의 앞길을 인도하는 등불되게 하옵소서. 우리가 살아 역사하시는 말씀의 능력과 기쁨을 매일의 삶 속에서 누림으로 하나님의 살아계심을 증거하며 살아가게 인도해 주시길, 예수 그리스도 이름으로 간절히 기도드립니다. 아멘! May God Bless you always!

✎ 주께서 주신, 기도응답의 말씀

11월 1일

☀ 찬양
우리는 모두 다 – 천민찬

📖 오늘의 읽을 말씀
(사도행전 1-4장) 성령의 권능받고 부활을 담대하게 증거하는 주님의 제자들(행 1:8,22; 2:24,31,32; 3:14,15; 4:10-12,33), 그들의 삶을 통해 큰 도전을 받습니다. 하나님의 은혜를 입은 우리들도 주님의 부활을 증거하는 증인으로 복되게 사용되길 소원합니다.

📖 오늘의 핵심말씀
"오직 성령이 너희에게 임하시면 너희가 권능을 받고 예루살렘과 온 유대와 사마리아와 땅끝까지 이르러 내 증인이 되리라 하시니라"(사도행전 1:8). 아멘!

✝ 주께 드리는, 오늘의 기도
땅 끝까지 복음을 전하라고 명령하신 주님! 주님의 명령에 따라 전도와 선교 사역에 헌신할 수 있도록 성령 충만의 권능을 허락해 주시옵소서. 베드로처럼 복음 선포에 권위가 있게 하시고, 복음이 생명력 있게 전달되게 하옵소서. 복음을 전하는 자들과 세상 끝 날까지 항상 함께 하겠다고 약속하신 말씀 의지하여 담대하게 그리고 쉬지 않고 복음을 전하는 주님의 증인으로 살아가게 인도해 주시길, 예수 그리스도 이름으로 간절히 기도드립니다. 아멘! May God Bless you always!

✎ 주께서 주신, 기도응답의 말씀

11월 2일

☀ 찬양
주의 약속하신 말씀 위에서 - 어노인팅 찬송가 3집

📖 오늘의 읽을 말씀
(사도행전 5-7장) 복음을 통한 교회의 확장에 비례하여 너무나도 빠르게 복음의 대적들에 의한 저항에 직면하게 되었습니다. 아나니아와 삽비라 사건(5장)과 민족 간의 논쟁(6장), 그리고 스데반의 순교(7장) 등은 예루살렘에 있는 성도들의 공동체를 분열시키기 위한 안팎에서의 위협이었습니다. 그러나 신속한 징계와 지혜로운 지도력과 위축되지 않는 사명의 수행으로 인하여 주님의 제자의 수가 많아지고, 교회가 더욱 확장하게 되었습니다. 이와 같이 오늘날에도 성도들이 믿음을 지키기 위해 순교당하는 나라들과 지역들이 아직도 많이 있습니다. 복음이 핍박받고, 그리스도인이 무시되는 나라들을 위해 주의 약속하신 말씀 붙잡고 중보기도로 동참하는 우리 모두 되길 마음중심으로 소원합니다.

📖 오늘의 핵심말씀
"하나님의 말씀이 점점 왕성하여 예루살렘에 있는 제자의 수가 더 심히 많아지고 허다한 제사장의 무리도 이 도에 복종하니라"(사도행전 6:7). 아멘!

✝ 주께 드리는, 오늘의 기도
계시의 말씀으로 우리의 삶을 인도하시는 하나님 아버지~ 우리가 살아 역사하시는 말씀의 능력과 기쁨을 매일의 삶 속에서 누리고 증거하며 살아갈 수 있도록 인도해 주시옵소서. 주님의 제자로 이 악하고 음란한 세대를 살아갈 때, '하나님 말씀'이 가장 강력한 삶의 무기가 되게 하여 주시길, 예수 그리스도 이름으로 간절히 기도드립니다. 아멘!
May God Bless you always!

✎ 주께서 주신, 기도응답의 말씀
_____
_____
_____
_____

11월 3일

✹ 찬양
선교사 – 마커스 워십

📖 오늘의 읽을 말씀
(사도행전 8-9장) 유대인에 대한 전도를 위해서 베드로가, 그리고 사마리아인들 위해서는 빌립 집사가 있었듯이, 이방인 선교를 위해서는 사도 바울이라는 주님께서 택하신 그릇이 있었습니다. 이처럼 성령 하나님께서는 하나님 나라 확장을 위해서 하나님의 종들을 부르셔서 사용하심을 확인케 됩니다. 오늘도 무시로 깨어 기도함으로 성령님의 인도하심에 순•복하여 쓰임받는 복된 날 되길 소원합니다.

📖 오늘의 핵심말씀
"주께서 이르시되 가라 이 사람은 내 이름을 이방인과 임금들과 이스라엘 자손들에게 전하기 위하여 택한 나의 그릇이라"(사도행전 9:15). 아멘!

✟ 주께 드리는, 오늘의 기도
제자들을 세상에 보내시면서 성령 충만의 권능으로 함께 하셨던 주님~ 사도 바울처럼 우리의 삶이 곧 전도가 되게 하시며, 우리의 인생 자체가 살아계신 하나님의 증거가 되게 하옵소서. 선교(전도)에 헌신한 우리에게 영광과 존귀의 관을 씌워주시며, 세상이 줄 수도, 알 수도 없는 평강과 은혜가 우리의 삶에 넘치게 하여 주시길, 예수 그리스도 이름으로 간절히 기도드립니다. 아멘! May God Bless you always!

✎ 주께서 주신, 기도응답의 말씀
_____
_____
_____
_____
_____
_____
_____

11월 4일

☀ 찬양
축복의 통로 - 조수아

📖 오늘의 읽을 말씀
(사도행전 10-12장) 유대인의 구원에만 집중하고 있었던 베드로에게 환상을 통해 이방인들에게도 복음을 전할 것을 깨닫게 하셨습니다. 더욱이 성령 하나님께서는 베드로를 통하여 고넬료와 그의 친척과 지인들까지 구원케 하셨습니다. 또한 바나바와 바울을 통하여 안디옥의 이방인들에게도 복음이 전해졌으며, 안디옥 교회가 든든히 세워지고 성장하게 되었습니다. 이와 같이 오늘 우리에게 있어서 제2의 고넬료와 이방인은 누구인가요? 우리를 통해 복음이 증거되며, 주의 사랑이 전해지길 소원드립니다.

📖 오늘의 핵심말씀
"바나바는 착한 사람이요 성령과 믿음이 충만한 사람이라 이에 큰 무리가 주께 더하여지더라"(사도행전 11:24). 아멘!

✝ 주께 드리는, 오늘의 기도
구원받을 자격 없는 우리를 위해 물과 피를 다 흘리시며 죽기까지 사랑해 주신 주님~ 우리들도 작은 예수되어 주님의 십자가 사랑을 증거하는 축복의 통로로 쓰임받기를 간절히 소원합니다. 마가 요한과 사도 바울을 귀하게 세운 바나바처럼 주님의 선한 영향력을 발휘하는 우리 모두 되길, 예수 그리스도 이름으로 간절히 기도드립니다. 아멘! May God Bless you always!

✎ 주께서 주신, 기도응답의 말씀

11월 5일

☀ 찬양
하나님 아버지의 마음 – 김정석, 세연, 조수아, 조시영

📖 오늘의 읽을 말씀
(사도행전 13-15장) 바울의 1차전도 여행을 통하여 하나님의 구원의 섭리를 발견하게 됩니다. 다시 말해서, 복음을 듣고 구원받을 자들을 하나님께서 선택하시고, 예비하셨다는 사실입니다. 그러나 우리는 어느 누가 구원받을지 알 수 없기에 때를 얻든지 못 얻든지 복음의 씨앗을 뿌리고, 심어야 할 줄 깨닫고 믿습니다. 다윗과 베드로, 그리고 바울처럼 구원받을 '한 영혼'에 집중하여 하나님 아버지의 마음을 기쁘게 해 드리는 주님의 자녀되길 마음을 다하여 소원합니다.

📖 오늘의 핵심말씀
"폐하시고 다윗을 왕으로 세우시고 증언하여 이르시되 내가 이새의 아들 다윗을 만나니 내 마음에 맞는 사람이라 내 뜻을 다 이루리라 하시더니"(사도행전 13:22). 아멘!

✝ 주께 드리는, 오늘의 기도
우리 삶의 주인이 되시는 하나님~ 우리도 다윗처럼 '하나님의 마음에 맞는 사람' 되어 하나님의 기쁘신 뜻대로 아름답게 쓰임 받는 복된 인생되길, 예수 그리스도 이름으로 간절히 기도드립니다. 아멘!
May God Bless you always!

✎ 주께서 주신, 기도응답의 말씀

11월 6일

✸ 찬양
구원의 감격을 노래해 – 김민아 (유빌라테 37집)

📖 오늘의 읽을 말씀
(시편 96편; 사도행전 1:8) 전도와 양육에 대해 많이 활용되고 있는 사도행전의 말씀들과 시편 96편의 말씀에 있어서 중요한 단계가 있습니다. 그것은 바로 주님을 만나서 구원받고, 하나님의 자녀가 되는 확립의 단계(예루살렘) 입니다. 만약 하나님의 크신 은혜와 긍휼 가운데 우리가 구원받고 다시 영적으로 태어나지 못했다면 우리의 영적 성장과 성숙은 있을 수 없기에, 이 단계는 진정으로 소중한 영적 기초임을 다시금 깨닫게 됩니다.

📖 오늘의 핵심말씀
"새 노래로 여호와께 노래하라 온 땅이여 여호와께 노래할지어다 여호와께 노래하여 그의 이름을 송축하며 그의 구원을 날마다 전파할지어다"(시편 96:1-2). 아멘!

✞ 주께 드리는, 오늘의 기도
구원의 유일한 길이 되시는 주님~ 현실이 어둡고 힘들어도 구원의 감격 안에서 기뻐하며 감사할 수 있는 우리 모두 되게 인도해 주시옵소서. 시편교회의 성도들처럼 구원의 즐거움으로 복음을 전파하며, 하나님 나라의 소망이 넘치는 축복된 오늘, 그리고 우리의 인생되게 역사해 주시길, 예수 그리스도 이름으로 간절히 기도드립니다. 아멘! May God Bless you always!

✎ 주께서 주신, 기도응답의 말씀

_____
_____
_____
_____
_____
_____
_____

11월 7일

☀ **찬양**
예수 믿으세요 - 호산나 싱어즈

📖 **오늘의 읽을 말씀**
(사도행전 16-18장) 오늘의 읽을 성경본문에서는 바울의 2차전도 여행에 대해 말씀하고 있습니다. 그것은 바로 주님께서 찾으시는 '한 사람'을 통하여 하나님의 나라가 확장되는 역사를 확인케 됩니다. 우리도 제 2의 바울, 실라, 디모데, 누가가 되어 하나님께 영광 돌리는 복된 복음전파의 삶을 누리길 마음중심으로 소원합니다.

📖 **오늘의 핵심말씀**
"이르되 주 예수를 믿으라 그리하면 너와 네 집이 구원을 받으리라"(사도행전 16:31). 아멘!

✚ **주께 드리는, 오늘의 기도**
하나님 아버지~ 주님의 은혜 가운데 구원받아 하나님의 자녀된 우리들의 가장 큰 사명 중에 하나가 우리 가정과 친척들의 구원임을 깨닫습니다. 주께 마음중심으로 소원 하옵기는 우리의 모든 가족들과 친척들이 주 예수 그리스도를 믿고, 구원받는 크신 은총을 허락해 주시길, 예수 그리스도 이름으로 간절히 기도드립니다. 아멘! May God Bless you always!

✎ **주께서 주신, 기도응답의 말씀**

11월 8일

☀ 찬양
사명 – 다윗과 요나단

📖 오늘의 읽을 말씀
(사도행전 19-20장) 2차 선교 여행에서 돌아온 바울은 얼마 있다가 다시 3차 여행에 오르게 되었습니다. 특히 에베소에서 전했던 바울의 복음은 가장 큰 반응을 불러 일으켰으며, 두란노 서원에서 날마다 두 해 동안 제자들에게 강론하였습니다(행 19:9-10). 바울의 이와 같은 선교 사역을 바라보면서 '오직 주의 말씀'이 우리를 살리고 세우며, 성장•성숙케 하고, '복음의 사명'을 온전히 감당케 할 것임을 깨닫습니다. 우리는 매일의 삶 속에서 '하나님의 말씀'을 통해 어떠한 '사명의 삶'을 살아가고 있습니까?

📖 오늘의 핵심말씀
"내가 달려갈 길과 주 예수께 받은 사명 곧 하나님의 은혜의 복음을 증언하는 일을 마치려 함에는 나의 생명조차 조금도 귀한 것으로 여기지 아니하노라"(사도행전 20:24). 아멘!

✝ 주께 드리는, 오늘의 기도
예루살렘과 온 유대와 사마리아와 땅 끝까지 이르러 주의 증인되라고 명령하신 주님~ 복음을 전하며 살기로 작정하는 우리들에게 성령 충만의 권능을 내려주시옵소서. 의무감이 아닌 사명감이 있게 하시고, 부담감을 넘어서서 은혜의 통로로 쓰임 받게 하옵소서. 핑계하지 않고 하나님께서 주신 물질과 재능과 시간을 드려 전도(선교)의 사명을 감당할 때에 우리에게 평생 잘되고, 형통한 복을 내려 주셔서 우리의 인생 자체가 살아계신 하나님의 증거가 되게 하여 주시길, 예수 그리스도 이름으로 간절히 기도드립니다. 아멘! May God Bless you always!

✏ 주께서 주신, 기도응답의 말씀

11월 9일

✹ 찬양
십자가의 전달자 - 조혜리

📖 오늘의 읽을 말씀
(사도행전 21-23장) 제3차 선교 여행을 은혜 가운데 마쳤던 바울의 전도 사역은 잠시도 멈출 수 없었습니다. 감옥에 투옥과 심지어 순교까지 예정되어 있는 예루살렘을 향해 바울은 복음증거의 사명으로 담대히 나아갔기에, 급박한 위기의 상황 속에서도 복음을 증거할 수 있었습니다. 우리도 제2, 제3의 바울되어 은혜의 복음을 전파하는 십자가의 전달자되길 소원합니다.

📖 오늘의 핵심말씀
"나더러 또 이르시되 떠나가라 내가 너를 멀리 이방인에게로 보내리라 하셨느니라"(사도행전 22:21). 아멘!

✞ 주께 드리는, 오늘의 기도
때를 얻든지 못 얻든지 복음을 전하라고 명령하신 주님~ 주의 명령을 따라 전도와 선교 사역에 자신의 물질과 재능과 시간, 그리고 생명까지 기꺼이 드려 순교했던 사도 바울의 삶을 바라보며, 십자가 앞에 무릎을 꿇습니다. 물과 피를 흘리시며 죽기까지 우리의 모든 죄를 용서해 주신 주님~ 그 큰 사랑에 감격하여 오늘도 주의 복음을 증거하는 십자가의 전달자되게 인도해 주시길, 예수 그리스도 이름으로 간절히 기도드립니다. 아멘!
May God Bless you always!

✎ 주께서 주신, 기도응답의 말씀

11월 10일

☀ 찬양
주의 밝은 빛으로 – 마커스 워십

📖 오늘의 읽을 말씀
(사도행전 24-26장) 하나님께서는 바울의 투옥과 재판을 사용하셔서 3명의 로마 통치자들(벨릭스, 베스도, 아그립바)에게 복음을 전하게 하셨습니다. [88] 어려운 여건과 상황임에도 불구하고 복음을 담대히 증거하는 사도 바울의 모습을 바라보며 큰 도전을 받게 됩니다.

📖 오늘의 핵심말씀
"곧 그리스도가 고난을 받으실 것과 죽은 자 가운데서 먼저 다시 살아나사 이스라엘과 이방인들에게 빛을 전하시리라 함이니이다 하니라"(사도행전 26:23). 아멘!

✞ 주께 드리는, 오늘의 기도
어둔 우리의 삶에 빛으로 오신 주님~ 의지할 곳 없이 세상 속에서 방황하는 세상 사람들이 우리를 통해 참 소망되신 예수님을 만나게 하옵소서. 우리의 삶을 통해 많은 사람들이 빛되신 주님을 믿고 구원받는 생명의 통로로 세워주시길, 예수 그리스도 이름으로 간절히 기도드립니다. 아멘!
May God Bless you always!

✎ 주께서 주신, 기도응답의 말씀

11월 11일

☀ 찬양
낮엔 해처럼 밤엔 달처럼 – 호산나 싱어즈

📖 오늘의 읽을 말씀
(사도행전 27-28장) 유라굴로라는 광풍과 배의 난파와 뱀에 물리는 고난들이 복음을 들고 로마에 가려던 바울의 포부를 막을 수 없었습니다. 그는 로마 황제 앞에서 복음을 선포하는 꿈을 꾸었고, 그의 꿈 또한 실현되었습니다. 이처럼 우리의 꿈은 무엇인가요? 그리고 그 꿈의 주인공은 누구인가요?

📖 오늘의 핵심말씀
"그런즉 하나님의 이 구원이 이방인에게로 보내어진 줄 알라 그들은 그것을 들으리라 하더라 바울이 온 이태를 자기 셋집에 머물면서 자기에게 오는 사람을 다 영접하고 하나님의 나라를 전파하며 주 예수 그리스도에 관한 모든 것을 담대하게 거침없이 가르치더라"(사도행전 28:28-31). 아멘!

✝ 주께 드리는, 오늘의 기도
우리의 삶을 인도하시는 하나님~ 오늘도 하루를 살아갈 은혜를 주셔서 감사합니다. 주의 복음을 담대하게 선포하며 가르친 바울처럼 열방을 품는 열정과 큰마음을 허락해 주시옵소서. 영혼들을 품고 나아가는 우리를 하늘과 땅의 모든 권세로 세상 끝날 까지 지켜주실 예수 그리스도 이름으로 간절히 기도드립니다. 아멘! May God Bless you always!

✎ 주께서 주신, 기도응답의 말씀

6. 신약의 바울서신들에서 체휼케 되는 사도바울의 기도

로마서로 시작해서 빌레몬서로 끝맺는 총 13편의 바울서신들 가운데 처음 아홉 편의 서신들(로마서-데살로니가후서)은 사도 바울이 전도여행 기간에 설립했거나 개인적으로 관심을 가지고 있던 교회들에 보내진 것이었습니다. 나머지 네 편(디모데전서-빌레몬서)은 어려움에 처해 있는 목회자들을 격려하고, 주님의 양떼를 맡은 목자로서의 임무를 요청하기 위해 쓰여졌습니다.

• **바울의 기도**

바울 사도는 그리스도인들이 그리스도 안에서의 부요를 회복하는 놀라운 삶을 사는 것을 보고 싶었습니다. 그래서 풍성하고도 충만한 삶, 그 삶의 회복을 간절히 소망하며 바울 사도는 성도들을 위해 기도했습니다(에베소서 3:14-21). 기도하되 구체적으로 속사람이 강건해지길 위해서 기도했던 것입니다(에베소서 3:16).

그러나 현재 세상은 반대로 겉 사람(육체)을 강조하는 시대입니다. 사람들이 얼마나 육체의 건강에 대해 지대한 관심을 쏟고 있습니까?

물론 건강도 중요하지만 성경을 아는 그리스도인이라면 이 겉 사람보다 더 관심을 가져야 할 중요한 영역이 있습니다. 바로 속사람입니다.

"우리의 겉사람은 낡아지나 우리의 속사람은 날로 새로워지도다"(고린도후서 4:16).

어느 날 주님 앞에 서는 날, 우리의 영혼은 어떤 모습일까요? 이 땅에 사는 동안에도 영혼이 부요하면 육체도 동시에 건강을 누릴 수 있음을 깨닫고 믿습니다. 더욱이 우리는 하나님의 풍성함에 의지해서 날마다 우리의 속사람에 필요한 건강의 요소들을 공급받을 수 있습니다. 주께서는 성령의 능력을 통해 내 속사람의 강건을 위한 모든 필요를 공급하기를 기뻐하십니다(엡 3:16). 그러므로 성령 하나님을 의지하고 산다는 것, 그리고 성령님과의 막힘없는 교제를 통해 하나님의 은혜들이 내 삶 속에 부어져 속사람이 날로 건강을 유지하는 것, 이것이 행복의 가장 중요한 조건입니다. 마음중심으로 주께 간구하기는 풍성한 삶, 충만한 삶을 위해, 속사람의 강건을 위해 사도 바울처럼 기도하기를 소원합니다.

11월 12일

☀ 찬양
살아계신 주 – 클래식 콰이어

📖 오늘의 읽을 말씀
(로마서 1-3장) 성령님의 인도하심 가운데 사도 바울의 3차 선교여행 시기에 고린도에서 집필되었던 로마서에서 바울은 그리스도인의 믿음에 대한 중심적인 교리들을 설명하였습니다. 그 가운데 서로 '윈•윈'(win & win)하는 승리의 말씀이 있습니다(롬 3:20-21). 즉 율법은 죄를 깨닫게 하며, 하나님의 은혜 가운데 죄 고백(회개)하고 예수 그리스도를 믿으면, 죄 씻음 받고 구원받는 복음의 역사가 있다는 사실입니다. 그러므로 오늘의 읽을 말씀과 율법을 통해 깨닫게 되는 우리의 죄는 무엇일까요? 그리고 그러한 죄에 대하여 진정한 회개가 있었는지요?

📖 오늘의 핵심말씀
"내가 복음을 부끄러워하지 아니하노니 이 복음은 모든 믿는 자에게 구원을 주시는 하나님의 능력이 됨이라…"(로마서 1:16). 아멘!

✝ 주께 드리는, 오늘의 기도
복음을 믿는 자들에게 영생의 복된 길을 허락하신 하나님 아버지~ 첫 조상의 죄로 인해 죽을 수밖에 없는 우리들에게 독생자 예수 그리스도를 보내주심으로 구원과 영생의 길을 열어주셔서 너무나 감사합니다. 마음중심으로 소원하옵기는 저희들만 받아 누리는 복이 아닌, 우리와 남을 살릴 뿐만 아니라 더 풍성하게 하는 복음 전파의 통로로 사용해 주시길, 예수 그리스도 이름으로 간절히 기도드립니다. 아멘! May God Bless you always!

✎ 주께서 주신, 기도응답의 말씀

11월 13일

☀ 찬양
주의 사랑을 주의 선하심을

📖 오늘의 읽을 말씀
(로마서 4-5장) 예수 그리스도께서 우리의 죄 문제 해결을 위해 십자가에 달려서 돌아가심으로 완전히 죄 값이 지불되었음을 믿는 자들마다 죄가 완전히 없어지게 되었습니다. 또한 예수 그리스도 보혈의 피로 우리의 모든 죄가 씻겨지고 의롭게 사는 역사가 이루어 졌음을 믿음으로 고백합니다(롬 4:20-25; 5:5-11). 무조건적인 사랑을 받고 하나님의 은혜 가운데 구속받아 구원받은 것처럼, 오늘도 주께서 구원하실 영혼에게 우리를 보내셔서 복음을 전하며 주의 사랑과 긍휼을 베풀게 하옵소서.

📖 오늘의 핵심말씀
"소망이 우리를 부끄럽게 하지 아니함은 우리에게 주신 성령으로 말미암아 하나님의 사랑이 우리 마음에 부은 바 됨이니"(로마서 5:5). 아멘!

✝ 주께 드리는, 오늘의 기도
죄와 허물 뿐인 연약한 우리들을 그럼에도 불구하고 생명 다해 사랑해 주신 주님~ 하나님의 영(성령)으로 충만하여 하나님의 그 크신 사랑을 전하며, 주의 사랑으로 영혼들을 섬기는 '십자가 사랑의 전달자' 되게 인도해 주시길, 예수 그리스도 이름으로 간절히 기도드립니다. 아멘!
May God Bless you always!

✎ 주께서 주신, 기도응답의 말씀

11월 14일

☀ 찬양
달고 오묘한 그 말씀 - 나무엔

📖 오늘의 읽을 말씀
(디모데후서 3:16-17) 성경을 우리에게 주신 목적은 우리를 바른 신앙으로 교훈하며, 하나님 말씀에 합당하게 행동치 않을 때 책망하시고, 바르게 인도하시며, 하나님 말씀에 순•복함을 통한 거룩한 의로 무장케하기 위해 우리에게 성경을 주셨습니다(딤후 3:16-17). 이와 같이 우리는 하나님께서 지식뿐만 아니라 우리의 변화를 위해서 우리에게 성경을 주셨음을 깨닫고 믿게 됩니다.

📖 오늘의 핵심말씀
"모든 성경은 하나님의 감동으로 된 것으로 교훈과 책망과 바르게 함과 의로 교육하기에 유익하니 이는 하나님의 사람으로 온전하게 하며 모든 선한 일을 행할 능력을 갖추게 하려 함이라"(디모데후서 3:16-17). 아멘!

✟ 주께 드리는, 오늘의 기도
선한 목자되신 우리 주님~ 우리에게 필요한 영의 양식을 공급해 주셔서 너무나 감사합니다. 달고 오묘한 생명의 말씀을 온전히 깨닫고, 주의 말씀대로 살아낼 수 있도록 성령의 충만한 은혜와 능력을 오늘도 변함없이 허락해 주시길, 예수 그리스도 이름으로 간절히 기도드립니다. 아멘!
May God Bless you always!

✎ 주께서 주신, 기도응답의 말씀

11월 15일

☀ **찬양**
하나님의 사랑이 - Welove Creative Team

📖 **오늘의 읽을 말씀**
(로마서 6-8장) 사도 바울은 은혜의 복음을 들은 후에 자연스럽게 제기될 수 있는 질문들을 예측하였습니다. 그래서 그는 오늘의 읽을 성경말씀에서 고통스러워하는 실존의 모습을 보여주고 있습니다. 그러나 일상생활의 모진 비바람과 복잡한 모든 일에 우리를 사랑하시는 이로 말미암아 우리가 넉넉히 이길 수 있음을 믿음으로 고백합니다.[89]

📖 **오늘의 핵심말씀**
"그러나 이 모든 일에 우리를 사랑하시는 이로 말미암아 우리가 넉넉히 이기느니라 내가 확신하노니 사망이나 생명이나 천사들이나 권세자들이나 현재 일이나 장래 일이나 능력이나 높음이나 깊음이나 다른 어떤 피조물이라도 우리를 우리 주 그리스도 예수 안에 있는 하나님의 사랑에서 끊을 수 없으리라"(로마서 8:37-39). 아멘!

✝ **주께 드리는, 오늘의 기도**
영원히 없어지지 않을 영원한 사랑으로 변함없이 생명 다해 사랑해 주시는 아바 아버지 하나님~ 주님의 그 크고도 깊으시며 높으신 사랑에 감격하여 찬양과 영광을 올려 드립니다. 이 세상의 죄와 그 어떤 것들도 이 놀라운 하나님의 사랑에서 주의 자녀들을 끊을 수 없음을 깨닫고 믿습니다. 오늘도 이 사랑에 감격하고 감사하여 성경말씀 붙잡고 기도하며 말씀대로 준행하는 기쁨의 날 되게 인도해 주시길, 예수 그리스도 이름으로 간절히 기도드립니다. 아멘! May God Bless you always!

✎ **주께서 주신, 기도응답의 말씀**

11월 16일

※ 찬양
오직 믿음으로 – 예수 전도단

📖 오늘의 읽을 말씀
(로마서 9-11장) 하나님의 구원은 어느 누구에게나 로마서 10장 9-10절의 말씀처럼 '믿음'에 있음을 다시금 확신합니다. 이스라엘의 많은 사람들은 이 '믿음'을 저버렸지만, 바알에게 무릎 꿇지 않은 칠천 명을 남겨두셨습니다(롬 11:4). 어느 시대든 위기는 있었습니다. 그때마다 하나님께서는 은혜로 신실한 백성을 남기셨습니다. 지금 역시 암울하고 어려운 시대이지만, 하나님께서는 변함없는 신실하심으로 하나님의 백성을 남겨두셨음을 깨닫고 믿습니다(롬 11:5). 마음중심으로 소원하옵기는, 우리가 주님의 남은 자 되어 믿음의 공동체 안에서 사랑과 선행을 격려하고, 하나님 나라의 희망을 노래하면서 오직 '믿음'으로 신실하게 살아가길 소망합니다.

📖 오늘의 핵심말씀
"그러므로 믿음은 들음에서 나며 들음은 그리스도의 말씀으로 말미암았느니라"(로마서 10:17). 아멘!

✝ 주께 드리는, 오늘의 기도
젖과 꿀이 흐르는 생명의 말씀으로 우리의 삶을 인도하시는 하나님 아버지~ 우리는 늘 믿음과 지혜가 부족하여 목자 없는 양같이 갈 바를 알지 못할 때가 있습니다. 너무 연약하고 미련하게도 시련과 고통의 골짜기를 지나고 나서야 어렴풋이 주님의 뜻을 깨닫게 될 때도 많습니다. 주님~ 말씀 앞에 겸손하며 말씀이 우리의 삶을 인도하게 하시고, 말씀과 기도가 이 악한 세상을 능히 이길 수 있는 강력한 무기가 되게 하여 주시길, 예수 그리스도 이름으로 간절히 기도드립니다. 아멘! May God Bless you always!

✏ 주께서 주신, 기도응답의 말씀
_____
_____
_____
_____

11월 17일

☀ 찬양
사나 죽으나 주님의 것 - 호산나 싱어즈

📖 오늘의 읽을 말씀
(로마서 12-16장) 바울은 로마서 1-11장까지 그리스도인의 믿음의 기초에 대해서 설명하였고, 12-15장에서는 그 믿음을 실제적으로 삶에 실천하는 내용에 대해 말씀하였습니다. 더욱이 하나님의 선하고 기쁘신 뜻은 당신의 백성들이 예수 그리스도의 사랑을 본받아 사랑하는 것인 줄 깨닫게 됩니다. 성령께서 우리 마음의 눈을 밝혀 그 사랑을 알고 믿음을 갖도록 무시로 기도하는 오늘 되길 소원합니다.

📖 오늘의 핵심말씀
"우리가 살아도 주를 위하여 살고 죽어도 주를 위하여 죽나니 그러므로 사나 죽으나 우리가 주의 것이로다"(로마서 14:8). 아멘!

✝ 주께 드리는, 오늘의 기도
물과 피를 다 흘리시며 죽기까지 사랑해 주신 성자 하나님~ 그 십자가 사랑에 감격하여 주님의 사랑을 전하며 살아가길 소원합니다. 오늘도 때를 얻든지 못 얻든지 복음을 증거하는 주님의 기쁨 되길, 예수 그리스도 이름으로 간절히 기도드립니다. 아멘! May God Bless you always!

✎ 주께서 주신, 기도응답의 말씀

11월 18일

☀ 찬양
내가 매일 기쁘게 (찬송가 191장)

📖 오늘의 읽을 말씀
(고린도전서 1-6장) 신약시대에 고린도는 남부 헬라의 상업중심도시로 유명했으나, 도덕적 타락의 중심지로서 평판이 나쁜 곳이기도 하였습니다. 그럼에도 불구하고 사도 바울은 그의 2차 선교여행을 마칠 무렵 그곳에 한 교회를 설립했습니다(행 18:1-17). 그 이후에 바울은 고린도에 있는 신자들에게 서신을 보내 신자들 사이의 파당, 부도덕, 소송들, 그리고 음행 등, 공적으로나 사적으로 복음에서 빗나간 그들의 잘못된 행위를 바로잡고자 하였음을 확인케 됩니다.

📖 오늘의 핵심말씀
"너희는 너희가 하나님의 성전인 것과 하나님의 성령이 너희 안에 계시는 것을 알지 못하느냐"(고린도전서 3:16). 아멘!

✝ 주께 드리는, 오늘의 기도
우리의 구원이시며 생명이신 주님~ 오늘도 새 날을 허락해 주셔서 너무나 감사합니다. 좁은 길을 걸으며 밤낮 기뻐할 수 있는 것은 성령께서 함께 하시기 때문임을 깨닫고 믿습니다. 오늘도 변함없이 하나님께서 기쁘게 거하실 수 있는 거룩한 몸(성전) 되게 하여 주시길, 예수 그리스도 이름으로 간절히 기도드립니다. 아멘! May God Bless you always!

✎ 주께서 주신, 기도응답의 말씀

11월 19일

☀ 찬양
빈들에 마른풀 같이 (찬송가 183장)

📖 오늘의 읽을 말씀
(고린도전서 7-10장) 사도 바울이 여러 부류의 사람들을 구원하기 위해 다양한 모습이 된 것은 오로지 그들에게 복음을 전하며 구원하고자 함이었습니다(고전 9:19-22). 더욱이 하나님께서 육신의 몸을 입으시고 이 땅에 예수 그리스도로 오신 것이 바로 그 대표적인 예임을 믿음으로 고백합니다. 우리들도 복음을 다양한 방법으로 전하도록 합시다. 그러나 복음을 전한 후, 우리 자신이 넘어지지 않도록 항상 조심합시다. 그리고 겸손함으로 허리를 동이고, 모든 영광을 하나님께 올려 드리는 복된 날과 우리의 인생되길, 마음을 다하여 주님께 소원드립니다.

📖 오늘의 핵심말씀
"그런즉 선 줄로 생각하는 자는 넘어질까 조심하라"(고린도전서 10:12). 아멘!

✝ 주께 드리는, 오늘의 기도
살아계신 하나님 아버지~ 변덕스런 우리 자신을 믿지 말고, 변함없으신 주님을 의지하게 하옵소서. 겸손으로 허리를 동이고, 영적 자만을 경계하게 인도하옵소서. 오직 하나님만을 신뢰하여 주의 말씀대로 살아낼 수 있도록 성령 충만의 권능을 허락해 주시길, 예수 그리스도 이름으로 간절히 기도드립니다. 아멘! May God Bless you always!

✎ 주께서 주신, 기도응답의 말씀

11월 20일

✹ 찬양
사랑 - 히즈윌(2집)

📖 오늘의 읽을 말씀
(고린도전서 11-14장) 몸의 모든 지체 가운데 하나라도 상하면 온 몸에 고통이 느껴지며 어려워지는 것처럼 교회 공동체의 모든 지체도 주 안에서 하나이기에 한 영혼의 지체도 너무나 소중합니다(고전 12:26-27). 그러므로 지체들의 다양한 은사와 재능들도 간과될 수 없으며, 귀한 섬김을 통해 교회 공동체가 세워질 것입니다. 그러나 여러 은사들과 섬김 가운데 '사랑'의 마음으로 섬겨야 할 것이며(고전 13:1-13), 모든 것을 질서있고 품위있게 하여야 할 것입니다(고전 14:40). 오늘도 변함없이 주님의 사랑으로 한 영혼 한 영혼을 섬기며, 복음을 증거하는 복된 삶 살도록, 주여~ 인도해 주시옵소서!

📖 오늘의 핵심말씀
"내가 사람의 방언과 천사의 말을 할지라도 사랑이 없으면 소리 나는 구리와 울리는 꽹과리가 되고 내가 예언하는 능력이 있어 모든 비밀과 모든 지식을 알고 또 산을 옮길 만한 모든 믿음이 있을지라도 사랑이 없으면 내가 아무것도 아니요 내가 내게 있는 모든 것으로 구제하고 또 내 몸을 불사르게 내줄지라도 사랑이 없으면 내게 아무 유익이 없느니라"(고린도전서 13:1-3). 아멘!

✝ 주께 드리는, 오늘의 기도
한없는 사랑으로 우리를 생명 다해 사랑해 주시는 하나님~ 우리에게 주신 성령으로 말미암아 하나님의 사랑이 우리 마음에 부은바 될 수 있도록 인도해 주시옵소서. 악에게 지지 않고 주님 주신 십자가 사랑으로 악을 이기게 하옵소서. 오늘도 성령 충만하여 하나님의 사랑을 증거하는 주님의 기쁨 되게 역사해 주시길, 예수 그리스도 이름으로 간절히 기도드립니다. 아멘!
May God Bless you always!

✎ 주께서 주신, 기도응답의 말씀
_____
_____

11월 21일

✹ 찬양
살아계신 주 – 클래식 콰이어

📖 오늘의 읽을 말씀
(고린도전서 15-16장) 우리 구주 예수 그리스도께서 부활하시지 않았다면, 우리의 믿음도 헛것이요, 우리의 죄 문제도 여전히 해결되지 못했을 것입니다. 그러므로 주님의 부활은 복음의 핵심이요, 역사적 사실임을 깨닫고 믿습니다. 어둠의 세상에서 방황하는 영혼들에게 부활의 영광의 빛이신 예수 그리스도를 증거하는 복된 날 되길 소망해 봅니다.

📖 오늘의 핵심말씀
"내가 받은 것을 먼저 너희에게 전하였노니 이는 성경대로 그리스도께서 우리 죄를 위하여 죽으시고 장사 지낸 바 되셨다가 성경대로 사흘 만에 다시 살아나사"(고린도전서 15:3-4). 아멘!

✝ 주께 드리는, 오늘의 기도
사망 권세 이기시고 부활하신 주님~ 우리 속에서 지금도 새 일을 행하시는 부활의 주님을 바라보며 견딜 수 없는 감격으로 주님 앞에 찬양과 감사를 올려 드리는 복된 오늘 되길, 예수 그리스도 이름으로 간절히 기도드립니다. 아멘! May God Bless you always!

✎ 주께서 주신, 기도응답의 말씀

11월 22일

❋ 찬양
너는 그리스도의 향기라 - 러브

📖 오늘의 읽을 말씀
(고린도후서 1-5장) 구원받은 새로운 피조물(고후 5:17)로서 우리는 예수 그리스도의 향기를 나타내며(고후 2:14-16), 화목을 증거하는 삶을 살아야 할 것입니다(고후 5:18-21). 주님께서 우리에게 허락하신 '오늘'이라는 시간의 기회를 통해 어떻게 예수님의 향기를 드러내어 살아갈 것인지, 마음을 다하여 무시로 주께 기도합니다.

📖 오늘의 핵심말씀
"항상 우리를 그리스도 안에서 이기게 하시고 우리로 말미암아 각처에서 그리스도를 아는 냄새를 나타내시는 하나님께 감사하노라 우리는 구원받는 자들에게나 망하는 자들에게나 하나님 앞에서 그리스도의 향기니 이 사람에게는 사망으로부터 사망에 이르는 냄새요 저 사람에게는 생명으로부터 생명에 이르는 냄새라 누가 이 일을 감당하리요"(고린도후서 2:14-16). 아멘!

✝ 주께 드리는, 오늘의 기도
주 안에서 늘 이기게 하시며, 우리를 통하여 영광 받으시기 원하시는 하나님 아버지~ 우리가 많은 사람들을 주님께로 인도하는 복음 전파의 통로가 되게 하옵소서. 세상 속에서 영육의 매임으로 고통 받고 방황하는 영혼들에게 참 소망이신 예수님을 증거하는 '그리스도의 향기'로 사용해 주시길, 예수 그리스도 이름으로 간절히 기도드립니다. 아멘!
May God Bless you always!

✎ 주께서 주신, 기도응답의 말씀

11월 23일

☀ **찬양**
회개 – 김승환 목사

📖 **오늘의 읽을 말씀**
(고린도후서 6-9장) 하나님의 뜻대로 하는 근심, 그 '거룩한 근심'은 우리의 영을 더욱 살찌우게 할 것이며, 구원과 생명에 이르게 할 것임을 깨닫고 믿습니다. 오늘을 살아가며 하나님의 선하신 뜻대로 살기 위한 '거룩한 근심'으로 더욱 주님 닮아가길 소원합니다.

📖 **오늘의 핵심말씀**
"그런즉 사랑하는 자들아 이 약속을 가진 우리는 하나님을 두려워하는 가운데서 거룩함을 온전히 이루어 육과 영의 온갖 더러운 것에서 자신을 깨끗하게 하자"(고린도후서 7:1). 아멘!

✝ **주께 드리는, 오늘의 기도**
죄를 미워하시고 회개하는 심령의 기도를 기뻐하시는 하나님 아버지~ 오늘 이 순간에도 회개의 은혜를 우리에게 내려주시길 소원합니다. 우리 자신의 죄악을 진정으로 고백하게 하옵소서. 악한 길에서 돌이켜 거룩함으로 옷 입게 하옵소서. 거룩함을 회복한 우리 심령가운데 성령의 충만함을 허락해 주셔서 예수님을 더 닮아가게 인도해 주시옵소서. 우리의 죄를 사하시기 위해 이 땅에 오시고, 돌아가시고, 부활 승천하시어 다시 오실, 살아계신 예수 그리스도 이름으로 간절히 기도드립니다. 아멘!
May God Bless you always!

✎ **주께서 주신, 기도응답의 말씀**

11월 24일

☀ 찬양
약할 때 강함되시네 – 어노인팅

📖 오늘의 읽을 말씀
(고린도후서 10-13장) 사도 바울은 고린도후서에서 '자랑'이라는 단어를 총 13회 사용하였습니다. 그러나 바울이 누구에 대해서, 그리고 무엇에 대하여 자랑하고 있습니까? "자랑하는 자는 주 안에서 자랑할지니라"(고후 10:17), "내가 부득불 자랑할진대 내가 약한 것을 자랑하리라"(고후 11:30)는 사도 바울의 고백처럼, 하나님께서 역사해 주시지 않았다면 복음 사역을 온전히 감당할 수 없었을 것입니다. [90] 간질병으로 고생했던 바울과 같이 우리의 약점들에도 불구하고 주님께서는 우리를 들어 사용하시니 얼마나 감격입니까? 우리의 약함에도 사용해 주시는 하나님께 모든 영광을 올려 드리는 복된 오늘 되길 소망합니다.

📖 오늘의 핵심말씀
"나에게 이르시기를 내 은혜가 네게 족하도다 이는 내 능력이 약한 데서 온전하여짐이라 하신지라 그러므로 도리어 크게 기뻐함으로 나의 여러 약한 것들에 대하여 자랑하리니 이는 그리스도의 능력이 내게 머물게 함이라"(고린도후서 12:9). 아멘!

✝ 주께 드리는, 오늘의 기도
오늘도 우리에게 소중한 하루를 허락해 주신 하나님 아버지~ 겸손으로 허리를 동이고, 주의 십자가 앞에 무릎을 꿇습니다. 주님~ 성령 충만의 은혜를 허락하시사 우리의 약함을 통해 그리스도의 능력을 증거하는 복된 날 되게 역사해 주시길, 예수 그리스도 이름으로 간절히 기도드립니다. 아멘! May God Bless you always!

🔖 주께서 주신, 기도응답의 말씀

11월 25일

☀ 찬양
성령이여 내 영혼을 – 이천

📖 오늘의 읽을 말씀
(갈라디아서 1-6장) 갈라디아인들은 교회 안에 들어와 구원이 행위와 은혜의 결합이라고 가르치는 거짓 교사들에게 귀를 기울이고 있었습니다. 바울은 이러한 기만적인 형태의 가르침에 대하여 경고하였고, 그는 그리스도인이 삶을 성공적으로 사는 것은 육체 안에서가 아니라 '성령 안에서 사는 것'이라고 가르쳤습니다(갈 5:16-17). 더욱이 '사람이 무엇으로 심든지 그대로 거둔다'(갈 6:7)는 것과 '자신의 육체를 위해 심는 자는 썩어질 것을, 그리고 성령을 위해 심는 자는 영생을 거둘 것'(갈 6:8)을 강조하였습니다. 그러므로 "포기하지 아니하면 때가 이르매 거두리라"는 갈라디아서 6장 9절의 말씀대로 낙심하지 말고, 오늘도 성령 충만하여 복음의 씨앗을 심는 선한 발걸음 되길 소원합니다.

📖 오늘의 핵심말씀
"내가 이르노니 너희는 성령을 따라 행하라 그리하면 육체의 욕심을 이루지 아니하리라 육체의 소욕은 성령을 거스르고 성령은 육체를 거스르나니 이 둘이 서로 대적함으로 너희가 원하는 것을 하지 못하게 하려 함이니라"(갈라디아서 5:16-17). 아멘!
"우리가 선을 행하되 낙심하지 말지니 포기하지 아니하면 때가 이르매 거두리라"(갈 6:9). 아멘!

✚ 주께 드리는, 오늘의 기도
사랑과 은혜가 풍성하신 하나님 아버지~ 물과 피를 흘리시며 죽기까지 사랑해 주신 그 놀라운 십자가 사랑에 감격하여 우리 주 예수 그리스도 만을 바라봅니다. 오늘도 주 안에서 성령을 따라 행하며, 풍성한 성령의 열매를 수확하는 축복된 날 되게 인도해 주시길, 예수 그리스도 이름으로 간절히 기도드립니다. 아멘! May God Bless you always!

✎ 주께서 주신, 기도응답의 말씀

11월 26일

☀ 찬양
여호와 닛시 - 시와 그림

📖 오늘의 읽을 말씀
(에베소서 1-6장) 에베소서의 전반부인 1-3장에서는 '그리스도인의 부요'에 대하여 개략적으로 설명하고 있으며, 후반부(4-6장)에서는 이것에 대한 실제적인 적용인 '그리스도인의 생활'에 대해서 말씀하고 있습니다. 그 가운데 특히 이 세상은 보이는 것이 전부가 아니라 보이는 것을 통치하는 보이지 않는 존재가 있다는 사실입니다. 그러므로 이 세상 속에서 하나님의 뜻을 이루려면, 세상을 붙잡고 있는 악의 영들과의 싸움에서 반드시 승리해야 한다는 것이며, 그 힘을 하나님께서 주실 줄 깨닫고 믿습니다(엡 6:10-20). 더욱이 우리 삶의 환란을 이겨낼 수 있도록 하나님의 전신갑주 중에서 더 갖추어야 할 것과 보수해야 할 부분은 무엇인가요?

📖 오늘의 핵심말씀
"우리의 씨름은 혈과 육을 상대하는 것이 아니요 통치자들과 권세들과 이 어둠의 세상 주관자들과 하늘에 있는 악의 영들을 상대함이라 그러므로 하나님의 전신 갑주를 취하라 이는 악한 날에 너희가 능히 대적하고 모든 일을 행한 후에 서기 위함이라"(에베소서 6:12-13). 아멘!

✝ 주께 드리는, 오늘의 기도
사망권세 이기시고, 부활하신 살아계신 주님~ 오늘도 성령 충만하여 하나님의 전신갑주를 입고, 여호와 닛시 하나님께 영광 돌리는 승리로운 날 되게 역사해 주시길, 예수 그리스도 이름으로 간절히 기도드립니다. 아멘!
May God Bless you always!

✎ 주께서 주신, 기도응답의 말씀

11월 27일

❋ 찬양
서로 사랑하자 – 히즈윌(4집)

📖 오늘의 읽을 말씀
(로마서 12:10; 15:14; 고린도전서 12:25; 갈라디아서 5:13; 6:2; 에베소서 4:32; 5:21; 골로새서 3:16; 데살로니가전서 4:9,18) 신약성경에서 성도의 삶의 핵심 가운데 하나가 바로 '서로 사랑'입니다. 예수 그리스도께서 십자가 상에서 죽기까지 우리를 사랑하셨듯이, 주님의 사랑으로 '서로 사랑'합시다. '서로 사랑'할 수 있는 하나님의 사랑이 우리 마음에 부은바 될 수 있기를 마음 다하여 소원합니다.

📖 오늘의 핵심말씀
"… 오직 사랑으로 서로 종노릇하라"(갈라디아서 5:13). 아멘!
"서로 친절하게 하며 불쌍히 여기며 서로 용서하기를 하나님이 그리스도 안에서 너희를 용서하심과 같이 하라"(에베소서 4:32). 아멘!
"… 서로 사랑함이라"(데살로니가전서 4:9). 아멘!

✝ 주께 드리는, 오늘의 기도
물과 피를 다 흘리시며 죽기까지 사랑해 주신 주님~ 우리 자신이 우리의 주인되어 살았던 모든 것을 진정으로 회개합니다. 이 시간 마음을 다하여 주께 간구하옵하기는, 하나님께서 우리의 주인되어 주셔서 늘 성령 충만, 사랑 충만, 서로 사랑하게 하옵소서. 어두워져가는 이 세상에서 낙심치 말고, 더욱 성령 충만, 사랑 충만, 서로 사랑하여 빛 된 복음의 사명을 변함없이 감당할 수 있도록 인도해 주시길, 예수 그리스도 이름으로 간절히 기도드립니다. 아멘! May God Bless you always!

✎ 주께서 주신, 기도응답의 말씀

11월 28일

☀ 찬양
평화 하나님의 평강이 - 조수진

📖 오늘의 읽을 말씀
(빌립보서 1-4장) 바울은 로마의 감옥에서 어려운 환경에도 불구하고, 그는 기뻐하면서 빌립보인들에게 격려의 서신을 보냈습니다. 고난이 있어도, 사역을 섬기면서도, 주님 안에서 기뻐하며 영적 축복에 기뻐했었던 사도 바울의 삶을 통해 큰 도전을 받습니다. 과연 사도 바울이 자신있게 "주 안에서 항상 기뻐하라"(빌 4:4)고 권면할 수 있었던 이유가 무엇이었을까요? 그것은 바로 '주님 안에서는 늘 평강이 함께 하기 때문'이었습니다. 오늘 우리의 삶도 주 안에서 평강과 기쁨이 충만한 삶 되길 소원합니다.

📖 오늘의 핵심말씀
"아무 것도 염려하지 말고 다만 모든 일에 기도와 간구로 너희 구할 것을 감사함으로 하나님께 아뢰라 그리하면 모든 지각에 뛰어난 하나님의 평강이 그리스도 예수 안에서 너희 마음과 생각을 지키시리라"(빌립보서 4:6-7). 아멘!

✝ 주께 드리는, 오늘의 기도
주의 자녀들의 기도에 가장 좋은 것으로 응답해 주시는 사랑의 하나님~ 하나님을 온전히 신뢰하지 못했던 연약한 믿음을 십자가 앞에 내려놓고 회개합니다. 저희들의 믿음 없음을 용서해 주시옵소서~ 주여, 연약한 마음 회복시켜 주시어 하나님의 평강이 우리의 마음과 생각을 지켜 주시길, 예수 그리스도 이름으로 간절히 기도드립니다. 아멘! May God Bless you always!

✎ 주께서 주신, 기도응답의 말씀

11월 29일

☀ 찬양
주 안에 있는 나에게 – 어노인팅 찬송가 1집

📖 오늘의 읽을 말씀
(골로새서 1-4장) 이단의 교리들(동양의 신비주의, 율법주의 등)로 인해 예수 그리스도가 최고가 아닌 모습으로 삶을 살아가는 골로새 교인들에게 우리의 주인은 우리를 구원하신 예수 그리스도이심을 분명히 지적하며 권면하고 있습니다. 또한 구원받은 주님의 자녀로서 그 안에 뿌리를 박고 세움을 받아 믿음에 굳게 서서 감사함이 넘치도록 하게 하라고 교훈하고 있습니다(골 2:6-7). 바로 이러한 삶이 위의 것을 찾는 거룩한 삶임을 깨닫고 믿습니다. 우리도 구원받은 자들로서 주 안에 뿌리를 박고, 세워지며 믿음에 굳게 서서 감사함으로 위에 것을 찾는 거룩한 오늘이 되길 마음 다하여 소원합니다.

📖 오늘의 핵심말씀
"그러므로 너희가 그리스도와 함께 다시 살리심을 받았으면 위의 것을 찾으라 거기는 그리스도께서 하나님 우편에 앉아 계시느니라"(골로새서 3:1). 아멘!

✚ 주께 드리는, 오늘의 기도
독생자 예수 그리스도를 보내셔서 우리에 대한 사랑을 증명해 주신 하나님 아버지~ 우리가 믿음에 굳게 서서 "하나님을 가장 사랑한다"는 고백을 주저 없이 할 수 있는 든든한 주의 자녀들로 자라도록 은혜를 베풀어 주시옵소서. 하나님을 향한 사랑 고백이 삶으로 이어져, 풍요로운 인생을 누리는 감격을 맛보게 하옵소서. 하나님 아버지~~ 우리가 때로 슬픔과 고통 속에 있을 때, "하나님께서 나를 사랑하시고, 내가 하나님을 사랑하니 낙망치 않는다"는 성숙한 고백으로 그 상황을 극복하게 하셔서 인생 곳곳에 '주님 사랑의 흔적'이 '삶의 이정표'로 세워지게 하여 주시길, 예수 그리스도 이름으로 간절히 기도드립니다. 아멘! May God Bless you always!

✎ 주께서 주신, 기도응답의 말씀

---

6. 신약의 바울서신들에서 체휼케 되는 사도바울의 기도

11월 30일

☀ 찬양
선한 목자되신 우리 주 - 나무엔

📖 오늘의 읽을 말씀
(에베소서 6:11-18; 베드로전서 5:8-9) 우리의 싸움은 혈과 육에 대한 것이 아니기 때문에 사탄과 대항해서 싸워 이길 수 있도록 '하나님의 전신갑주'를 온전히 갖춰 입고, 날마다 승리할 수 있기를 소원합니다. 여호와 닛시 하나님께서 우리와 함께 하시사 오늘도 승리의 기쁨을 누리게 인도하옵소서.

📖 오늘의 핵심말씀
"근신하라 깨어라 너희 대적 마귀가 우는 사자 같이 두루 다니며 삼킬 자를 찾나니 너희는 마음을 굳건하게 하여 그를 대적하라 이는 세상에 있는 너희 형제들도 동일한 고난을 당하는 줄을 앎이라"(베드로전서 5:8-9). 아멘!

✞ 주께 드리는, 오늘의 기도
양으로 생명을 얻게 하며 더 풍성히 얻게 하려고 양들을 위해 목숨까지 버린 선한 목자되신 우리 주님~ 오늘도 영원하신 하나님을 온전히 신뢰하며 살아가게 인도하옵소서. 영원한 하나님의 말씀을 붙잡고, 깨어 기도하여 우리의 마음 중심을 지키는 주님의 자녀되게 하옵소서. 살아계신 하나님~~ 우는 사자처럼 무시로 찾아오는 모든 시험을 이기고, 연단을 넘어설 수 있는 성숙한 믿음을 허락해 주시길, 예수 그리스도 이름으로 간절히 기도드립니다. 아멘! May God Bless you always!

✎ 주께서 주신, 기도응답의 말씀

12월 1일

✵ **찬양**
감사 - 지선

📖 **오늘의 읽을 말씀**
(데살로니가전서 1-5장) 완전한 이교도의 항구 도시인 데살로니가는 바울의 3차 선교 여행 시에 제일 먼저 복음을 들었습니다. 그들의 도시는 육적인 유혹으로 가득하였습니다. 그러나 그는 데살로니가에 있는 교인들에게 그리스도인의 규범을 지키라고 권면하였으며, 하나님의 우리를 향하신 뜻은, '거룩함'이라고 선포하였습니다. 마지막으로, 사도 바울은 그리스도의 재림에 대한 부분적인 오해들을 수정해 주었습니다.[91] 또한 그들이 주님의 재림을 기다리는 것처럼 "항상 기뻐하고, 쉬지 말고 기도하며, 범사에 감사하라"고 격려하는 사랑의 마음은 본 서신서의 곳곳에 스며들어 있음을 깨닫게 됩니다.

📖 **오늘의 핵심말씀**
"항상 기뻐하라 쉬지 말고 기도하라 범사에 감사하라 이것이 그리스도 예수 안에서 너희를 향하신 하나님의 뜻이니라"(데살로니가전서 5:16-18). 아멘!

✝ **주께 드리는, 오늘의 기도**
살아계신 사랑의 하나님~ 우리 영혼이 방황하여 당신을 피해 숨으려 할 때도 우리를 버리지 않으시고 좇아와 붙들어 주신 주님께 감사하고, 또 감사하옵니다. 우리에게 호흡할 수 있는 날을 연장해 주셔서 회개할 수 있는 여유와 사랑할 수 있는 시간과 배울 수 있는 날과 일할 수 있는 기회와 주님의 뜻에 따라 조금 더 순•복할 수 있는 은혜 주심을 감사하고, 감사합니다. 자비로우신 주님~~ 우리로 하여금 감사하는 마음을 잠시도 잃지 않게 하옵시고, 어떠한 처지에서도 만족할 수 있는 은혜와 지혜를 허락해 주시길, 예수 그리스도 이름으로 간절히 기도드립니다. 아멘!
May God Bless you always!

✎ **주께서 주신, 기도응답의 말씀**

12월 2일

☀ 찬양
십자가의 전달자 - 조혜리

📖 오늘의 읽을 말씀
(데살로니가후서 1-3장) 데살로니가의 신자들이 증대되는 박해에 직면할 때, 하나님의 심판이 결국 공의를 이룰 것이라는 말씀(살후 1:3-12)이 그들에게 큰 위로와 격려가 되었습니다. 이처럼 격려와 기도로 하나가 되는 공동체(살후 2:13-3:5)에 대해 강조하면서 게으름과 무질서에 대해 경계의 말씀을 선포하였습니다. 더욱이 주님 오실 날을 준비하는 참된 신앙은, 오늘 바로 지금 이 순간에 최선을 다하는 삶의 모습임을 확인하면서 "선을 행하다가 낙심하지 말라"(살후 3:13)는 말씀이 십자가의 전달자로 살아갈 큰 용기와 위로가 되어짐을 고백합니다.

📖 오늘의 핵심말씀
"주께서 너희 마음을 인도하여 하나님의 사랑과 그리스도의 인내에 들어가게 하시기를 원하노라"(데살로니가후서 3:5). 아멘!

✝ 주께 드리는, 오늘의 기도
우리의 소망과 기쁨이 되시는 주님~ 우리 마음 가운데 죄인을 사랑하는 '하나님의 사랑'과 십자가의 고난을 참으신 '인내'를 허락해 주시옵소서. 우리가 복음을 억지로 전하지 않게 하옵시며, 의무감을 넘어선 사명감이 있게 하시고, 사명이 부담이 아닌 '은혜의 통로'가 되게 인도해 주시길, 예수 그리스도 이름으로 간절히 기도드립니다. 아멘! May God Bless you always!

✎ 주께서 주신, 기도응답의 말씀
_____
_____
_____
_____
_____

12월 3일

☀ 찬양
시편 23편 – 박종호

📖 오늘의 읽을 말씀
(시편 23편) 다윗은 부족함이 없다는 고백으로 시작합니다(1절). '여호와는 나의 목자'이시기 때문에 부족함이 없다는 것입니다. 우리의 목자되신 주님께서 선한 방법으로 우리를 인도하시며(3절), 위험과 위협으로부터 막아 주시고 구해주심에 감사를 올려 드립니다(4절). 더욱이 우리가 여호와의 집에 영원히 거할 수 있는 것은 '주의 선하심과 인자하심' 때문임을 믿음으로 고백합니다(6절). 선한 목자이신 주님을 따라 오늘도 풍성한 삶을 누리는 우리 모두 되시길 소원합니다.

📖 오늘의 핵심말씀
"여호와는 나의 목자시니 내게 부족함이 없으리로다"(시편 23:1). 아멘!

✝ 주께 드리는, 오늘의 기도
우리의 참된 목자이신 여호와 하나님~ 성경말씀을 통해 주님을 더 알아 갈수록 우리 자신의 부족함을 깨닫는 은혜를 주시옵소서. 우리 자신의 부족한 모습을 인정하고, 목자되신 주님 앞에 나아가는 은총을 베풀어 주옵소서. 겸손함으로 허리를 동이고, 주님을 일평생 의지했던 다윗처럼, 우리도 선한 목자되신 예수 그리스도를 따라 부족함이 없는 풍성한 오늘, 그리고 우리의 삶 되길, 예수 그리스도 이름으로 간절히 기도드립니다. 아멘!
May God Bless you always!

✎ 주께서 주신, 기도응답의 말씀

12월 4일

✸ 찬양
기도 – 지선

📖 오늘의 읽을 말씀
(디모데전서 1-6장) 오늘의 읽을 본문말씀은 교회의 지도력을 확립하는 입문서이며, 다른 이들의 삶에 영적인 영향력을 주기 원하는 모든 사람들에게 있어서 풍부한 원리를 담고 있습니다. 더욱이 교회 지도자로서 성도를 어떻게 섬겨야 할지 본문은 시사해주고 있을 뿐만 아니라 말세에 우리가 어떻게 믿음의 선한 싸움에 승리할지도 알려주는 생명의 말씀입니다. 이와 같은 귀한 말씀은 소중한 영적 아들이었던 디모데에게 주신 말씀이지만 하나님께서 우리에게도 주시는 능력의 말씀임을 깨닫고 믿습니다.

📖 오늘의 핵심말씀
"그러므로 내가 첫째로 권하노니 모든 사람을 위하여 간구와 기도와 도고와 감사를 하되 그러므로 각처에서 남자들이 분노와 다툼이 없이 거룩한 손을 들어 기도하기를 원하노라"(디모데전서 2:1,8). 아멘!

✟ 주께 드리는, 오늘의 기도
여호와 닛시 하나님~ 우리의 기도가 비록 연약해 보이고, 느리게 보일지라도 가장 거룩하고, 가장 선한 영적 싸움의 길임을 깨닫습니다. 주님~ 기도는 우리 자신이 죽고, 예수 그리스도께서 사시게 하는 일이며, 승리의 길임을 온전히 믿습니다. 마음중심으로 다시금 주께 소원하옵기는, 악에게 지지 말고, 더욱 기도함으로 성령의 충만 받아 선으로 악을 이길 수 있는 우리 모두 되길, 예수 그리스도 이름으로 간절히 기도드립니다. 아멘!
May God Bless you always!

✎ 주께서 주신, 기도응답의 말씀
_____
_____
_____
_____

12월 5일

☀ 찬양
축복의 통로 – 조수아

📖 오늘의 읽을 말씀
(디모데후서 1-4장) 성령 하나님의 크신 은혜 가운데 로마 감옥에서 디모데에게 두 번째 서신을 썼던 바울은 그에게 그리스도의 선한 군사로서 모든 시련들을 잘 견디고 청년의 정욕을 피하며 믿음과 의로움 가운데 생활할 것을 권면하였습니다. 오늘 읽을 본문말씀을 묵상하면서 하나님께 쓰임받기 위해서는 깨끗해야함을 다시금 깨닫습니다. 하나님의 말씀 안에서 무장하여 온전히 사용되길 소망해 봅니다.

📖 오늘의 핵심말씀
"내 아들아 그러므로 너는 그리스도 예수 안에 있는 은혜 가운데서 강하고 또 네가 많은 증인 앞에서 내게 들은 바를 충성된 사람들에게 부탁하라 그들이 또 다른 사람들을 가르칠 수 있으리라"(디모데후서 2:1-2). 아멘!

✞ 주께 드리는, 오늘의 기도
물과 피를 다 흘리시며 죽기까지 사랑해 주신 주님~ 주께 마음을 다하여 간구하옵기는, 때를 얻든지 못 얻든지 이 복음을 들고, 전하는 복음의 발걸음 되길 소원합니다. 주여~~ 바울과 디모데, 그리고 충성된 사람들과 또 다른 믿음의 사람들처럼 우리를 통해 복음의 강은 흘러 이 땅을 적시고, 목마른 모든 사람들에게 생수를 전하는 축복의 통로로 사용해 주시길, 예수 그리스도 이름으로 간절히 기도드립니다. 아멘! May God Bless you always!

✎ 주께서 주신, 기도응답의 말씀

12월 6일

☀ **찬양**
신실하게 진실하게 - 호산나 싱어즈

📖 **오늘의 읽을 말씀**
(디도서 1-3장) 디도는 지중해의 가장 큰 섬, 그레데에 살았으며, 성령 하나님의 은혜 가운데 바울은 어려운 임무 가운데 있는 그를 격려하기 위해 편지를 썼습니다. 바울의 이 짧은 서신은 교회의 행정과 조직에 대한 실제적인 입문서였습니다(딛 1:5). 또한 오늘의 읽을 본문말씀에서 바울은 '거룩한 삶'을 강조하며, 모든 사람들에게 복음에 합당하게 살도록 격려하고 있음을 확인하게 됩니다.

📖 **오늘의 핵심말씀**
"모든 사람에게 구원을 주시는 하나님의 은혜가 나타나 우리를 양육하시되 경건하지 않은 것과 이 세상 정욕을 다 버리고 신중함과 의로움과 경건함으로 이 세상에 살고 복스러운 소망과 우리의 크신 하나님 구주 예수 그리스도의 영광이 나타나심을 기다리게 하셨으니 그가 우리를 대신하여 자신을 주심은 모든 불법에서 우리를 속량하시고 우리를 깨끗하게 하사 선한 일을 열심히 하는 자기 백성이 되게 하려 하심이라"(디도서 2:11-14). 아멘!

✝ **주께 드리는, 오늘의 기도**
긍휼과 자비가 풍성하신 하나님 아버지~ 주님께서 우리에게 허락하신 오늘, 진정한 회개의 은혜와 구원의 감격으로 살아가게 하옵소서. 유혹의 욕심과 썩어질 습관을 따랐던 옛사람을 벗어 버리고, 의와 진리의 거룩함으로 지음 받은 새사람을 입게 하옵소서. 하나님께서 기뻐하실 선한 일을 통해 주께 영광 돌리고, 모든 믿는 자들에게 본이 되는 복된 날 되게 인도해 주시길, 예수 그리스도 이름으로 간절히 기도드립니다. 아멘!
May God Bless you always!

✎ **주께서 주신, 기도응답의 말씀**
_____
_____
_____

12월 7일

✹ 찬양
그 크신 하나님의 사랑 – 나무엔

📖 오늘의 읽을 말씀
(빌레몬서) 오늘 읽을 말씀인 빌레몬서를 통하여 우리 인생의 모든 여정 가운데는 하나님의 귀한 뜻과 은혜의 섭리가 있음을 다시금 확인케 됩니다. 빌레몬의 노예였던 오네시모는 그의 주인의 물건을 훔쳐 로마로 달아났지만, 그곳에서 바울을 만나 복음을 듣고 회심하여 주의 사역자가 되는 놀라운 역사를 경험케 되었습니다. 그러므로 우리의 삶도 하나님께 전적으로 맡기며, 주님의 섭리에 기쁨과 감사함으로 순•복하는 은혜롭고 복된 날 되길 마음 다해 소원 드립니다.

📖 오늘의 핵심말씀
"우리 주 예수그리스도의 은혜가 너희 심령과 함께 있을지어다"(빌레몬서 1:25). 아멘!

✚ 주께 드리는, 오늘의 기도
풍성한 은혜로 우리를 사랑해 주시는 하나님 아버지~ 주인에게서 도망친 오네시모처럼 우리는 주님으로부터 벗어나려고 온갖 죄를 저지렀던 죄인이었음을 고백합니다. 자신의 죄를 회개하고, 참회하여 돌아온 오네시모를 용서할 뿐만 아니라 노예의 신분에서 벗어나게 하며 동역자로 삼은 빌레몬을 통하여 '하나님의 그 크신 은혜와 사랑'을 다시금 체휼하는 복된 날 되길, 예수 그리스도 이름으로 간절히 기도드립니다. 아멘!
May God Bless you always!

✎ 주께서 주신, 기도응답의 말씀

7. 일반서신서들과 예언서에서 발견케 되는 사도요한의 기도의 발자취

많은 유대인 성도들이 심한 박해에 직면했을 때, 성령 하나님께서는 일반 서신의 형식으로 훈계와 격려를 보내주셨습니다. 이와 같은 일반서신서들 가운데 히브리서는 예수 그리스도를 구원의 더 좋은 길로 묘사하고 있으며, 야고보서는 참 믿음의 실천을 강조하고 있습니다. 또한 베드로전후서는 고난을 극복하는 길에 대한 입문서이고, 요한의 서신서들은 주님과 동행하는 성도들을 격려하고 있습니다. 한편 유다서는 복음을 온전히 수호할 것을 선포하고 있습니다. 더욱이 요한계시록은 큰 영광과 능력 가운데 오실 예수 그리스도가 재림하실 것을 흔들림 없이 기다리면서 핍박의 현장 가운데서도 굳게 견디는 충성스런 성도들을 격려하고 있습니다.

• **사도요한의 기도**

너무도 어려운 믿음의 환경에 처해있었던 초대교회 당시에 사도요한은 어떠한 모습으로 기도하였을까요? 그분의 귀한 기도의 발자취를 한 걸음 한 걸음 따라가길 소원합니다.

사도 요한은 요한일서 5장 14절에서 말씀하시기를 "그의 뜻대로 무엇을 구하면 들으심이라"고 하였습니다. 그렇다면 그의 뜻대로 구하는 기도가 무엇인지, 그래서 하나님이 들으시고 응답하시는 기도가 무엇일까요?

미가 선지자는 오직 여호와를 우러러 보며 구원하실 하나님을 믿고 바라보는 자에게 기도의 응답이 있음을 말씀하셨습니다(미가 7:7). 그런데 우리들은 기도하면서도 곧잘 의심합니다. "기도가 이루어질까?, 언제쯤 이루어질까?" 우리의 마음은 하나님께 기도하고서도 확신하지 못하고 불안해 할 때가 많은 것 같습니다. 그래서 분명한 것은 '믿음 없는 기도는 확실하게 하나님께서 응답하지 않으신다는 사실'인 것입니다. 오직 여호와만을 믿고 바라보는 자만이 기도를 응답받게 될 것입니다. 하나님께서는 우리의 믿음을 보시기 원하시고, 오직 하나님 자신만을 믿고 의지하는 자에게 크신 축복으로 함께 하시는 분이시기 때문입니다. 그러므로 우리가 오직 믿음으로 기도할 때 그것은 하나님이 원하시는, 그분의 뜻대로 드려지는 기도가 되어 하나님께서 기쁘게 들으시는 것입니다.

또한 시편 18:6에서는 "내가 환난 중에서 여호와께 아뢰며 나의 하나님께 부르짖었더니 그가 그의 성전에서 내 소리를 들으심이여 그의 앞에서 나의 부르짖음이 그의 귀에 들렸도다"라고 말씀하고 있습니다. 시편 기자는 자기의 연약함을 하나님께 간절히 부르짖으며, 매달릴 때에 그의 강한 원수와 미워하는 자에게서 건짐을 받았습니다.

이처럼 우리에게도 하나님 앞에서 간절히 기도하는 부르짖음이 필요합니다. 신령과 진정으로 간절히 부르짖는다는 것은 '오직 하나님만을 의지하는 순수하고 간절한 신앙을 보여주는 것으로서, 하나님을 기쁘시게 하는 것'이라 할 수 있기 때문입니다. 우리들도 하나님께 신령과 진정으로 간절히 부르짖음으로써 하나님의 뜻대로 그분을 기쁘시게 하는 기도를 드리도록 합시다. 그러한 기도를 하나님은 분명히 들으시는 줄 깨닫고 믿습니다(사 58:9).

한편 시편 4:3에서는 "여호와께서 자기를 위하여 경건한 자를 택하신 줄 너희가 알지어다 내가 그를 부를 때에 여호와께서 들으시리로다"라고 말씀하고 있습니다. 그렇습니다. 거룩하신 하나님의 뜻에 맞는 자란 '의롭고 경건한 삶을 사는 자'입니다. 그리고 그러한 성도의 기도야말로 하나님의 뜻대로 드려지는 의로운 기도가 될 수 있습니다.

사도요한의 기도의 발자취를 통해서 발견케 되는, '하나님의 뜻대로 드려지는 그분이 들으시는 기도'는 오직 주님만을 믿고 바라보는 기도입니다. 그리고 신령과 진정으로 간절히 부르짖는 기도, 경건한 삶을 살며 드려지는 기도야말로 하나님의 뜻대로 드려지는 기도로써, 하나님께서는 그러한 기도를 반드시 들으십니다. 그러므로 우리 모두, 자신의 기도를 돌아보고 진정으로 하나님의 뜻대로 드려지는 기도의 모습을 이루어 놀라운 기도응답의 기적을 체험하시는 축복된 삶 사시길, 주님의 이름으로 간절히 기도드립니다.

12월 8일

☀ 찬양
내 맘이 낙심되며 – 박진희

📖 오늘의 읽을 말씀
(히브리서 1-2장) 기독교의 심장이자 핵심은 '예수 그리스도'이십니다. 그러므로 우리 예수님께서는 선지자와 천사보다 뛰어나신 '하나님의 아들'(히 1:1-2,4)이심을 깨닫고 믿습니다. 이처럼 위대하신 우리 주님께서 우리와 함께 계셔서 우리를 돕는다는 것, 이것이 정녕 오늘을 사는 우리에게 진정한 희망이고 위로임을 믿음으로 고백합니다.

📖 오늘의 핵심말씀
"그가 시험을 받아 고난을 당하셨은즉 시험받는 자들을 능히 도우실 수 있느니라"(히브리서 2:18). 아멘!

✝ 주께 드리는, 오늘의 기도
선한 목자되신 우리 주님~ 하나님의 말씀으로 세상의 모든 시험을 물리치시며, 하나님의 뜻에 순•복하여 생명 다해 십자가 고초를 당하신 주님~~ 삼일 만에 죽은 자 가운데서 다시 살아나셔서 사망권세 이기시고 부활하신 우리 구주 예수 그리스도를 마음 중심으로 믿고 의지하여 오늘도 복되게 승리하는 은혜의 날 되게 인도해 주시길, 예수 그리스도 이름으로 간절히 기도드립니다. 아멘! May God Bless you always!

✎ 주께서 주신, 기도응답의 말씀

12월 9일

☀ 찬양
서로 사랑하자 - 히즈윌 4집

📖 오늘의 읽을 말씀
(히브리서 3-4장) 대제사장이신 예수 그리스도를 깊이 생각합시다. 주님은 모세와 여호수아보다 더욱 영광과 존귀함을 받으실 분이십니다. 왜냐하면 그리스도는 하나님의 집을 맡은 아들이시기 때문입니다. 그러므로 오늘도 예수 그리스도를 온전히 묵상하며, 우리의 주인되신 주의 말씀을 삶 속에 적용하여 큰 은혜와 서로 사랑의 열매를 거두는 복된 날 되길 소원합니다.

📖 오늘의 핵심말씀
"오직 오늘이라 일컫는 동안에 매일 피차 권면하여 너희 중에 누구든지 죄의 유혹으로 완고하게 되지 않도록 하라"(히브리서 3:13). 아멘!

✝ 주께 드리는, 오늘의 기도
생사화복의 근원이신 여호와 하나님~ 우리들이 날마다 살아계신 하나님께 가까이 나아갈 수 있는 복된 마음을 허락해 주시옵소서. 죄의 유혹으로 완고하게 되지 않도록, 주 안에서 서로 붙들어 주고, 주의 사랑으로 서로 권면하는 귀한 믿음의 공동체를 통하여 주님의 나라가 확장되길, 예수 그리스도 이름으로 간절히 기도드립니다. 아멘! May God Bless you always!

✎ 주께서 주신, 기도응답의 말씀

12월 10일

☀ 찬양
하나님의 약속 - 옹기장이

📖 오늘의 읽을 말씀
(히브리서 5-7장) 하나님의 기쁘신 뜻대로 순종하고, 복종하신 우리 구주 예수 그리스도! 주님은 죄가 없으신 거룩하신 분이시기에 우리를 위해 십자가를 지셨습니다. 그리고 지금도 하나님께 중보하시는 구원자이시며, 영원한 우리의 대제사장이심을 깨닫고 믿습니다. 초대교회의 성도들처럼 하나님은 '약속하신 것을 반드시 지키시는 분'이라는 변하지 못할 사실을 든든히 붙들고, '오늘'이라는 인생의 바다를 순적히 항해하는 소망의 날 되길 소원합니다.

📖 오늘의 핵심말씀
"이르시되 내가 반드시 너에게 복 주고 복 주며 너를 번성하게 하고 번성하게 하리라 하셨더니 그가 이같이 오래 참아 약속을 받았느니라"(히브리서 6:14-15). 아멘!

✝ 주께 드리는, 오늘의 기도
만복의 근원이신 살아계신 하나님 아버지~ 하나님의 기쁘신 뜻 안에서 하나님께서 예비하신 그 때에, 주께서 약속하신 축복이 현실이 되는 아브라함의 은혜를 누리게 하옵소서. 믿음의 선조 아브라함처럼 오래 참아 하나님의 축복을 받는 복된 오늘, 그리고 우리의 인생되게 인도해 주시길, 예수 그리스도 이름으로 간절히 기도드립니다. 아멘! May God Bless you always!

✎ 주께서 주신, 기도응답의 말씀

12월 11일

☀ 찬양
내 맘이 낙심되며 – 마커스 워십

📖 오늘의 읽을 말씀
(고린도후서 12:9-10) 오늘의 읽을 본문말씀의 분량은 너무 짧지만, 낙심하여 흔들리는 그리스도인들이 주님께로 다시 돌아갈 수 있도록 인도하는 감동적인 호소의 말씀을 내포하고 있습니다. 그 생명과 회복의 메시지는 바로 "...내 은혜가 네게 족하도다..."(고후 12:9)라는 말씀입니다. 그렇습니다. 주의 은혜가 우리에게 족함을 깨닫고 믿습니다. 이는 주의 능력이 약한데서 온전하여지기 때문입니다. 그러므로 지금의 고난, 유혹, 타협 가운데 우리 자신이 너무 약하고 초라해 보일지라도, 가장 어려운 이 때가 바로 그리스도의 능력이 우리에게 머물 그때임을 믿음으로 고백합니다.

📖 오늘의 핵심말씀
"나에게 이르시기를 내 은혜가 네게 족하도다 이는 내 능력이 약한 데서 온전하여짐이라 하신지라 그러므로 도리어 크게 기뻐함으로 나의 여러 약한 것들에 대하여 자랑하리니 이는 그리스도의 능력이 내게 머물게 하려 함이라 그러므로 내가 그리스도를 위하여 약한 것들과 능욕과 궁핍과 박해와 곤고를 기뻐하노니 이는 내가 약한 그 때에 강함이라"(고린도후서 12:9-10). 아멘!

✞ 주께 드리는, 오늘의 기도
우리 삶에 주인이 되시는 하나님 아버지~ 행여라도 우리 자신의 주인이 내 자신이라는 착각과 교만에 빠지지 않게 하옵소서. 겸손함으로 허리를 동이고, 우리의 연약함을 주께 아뢰며 삶의 초점을 하나님께 맞추게 하소서. 오직 하나님 한 분 만으로 만족하며, 주의 뜻에 순•복하는 믿음과 은혜의 날 되게 인도해 주시길, 예수 그리스도 이름으로 간절히 기도드립니다. 아멘! May God Bless you always!

✎ 주께서 주신, 기도응답의 말씀
_____
_____
_____

12월 12일

☀ 찬양
예배의 회복 - 조이엘

📖 오늘의 읽을 말씀
(히브리서 8-10장) 예수 그리스도의 보혈의 피로 말미암아 우리의 모든 죄가 단번에 사해지고, 영원히 온전하게 되었습니다. 그러므로 예수의 피를 힘입어 성소에 들어갈 담력을 얻었을 뿐만 아니라 참 마음과 온전한 믿음으로 하나님께 나아가 주님께서 기뻐하실 예배를 생명 다해 올려 드리는 믿음의 삶 되길 마음중심으로 소원드립니다.

📖 오늘의 핵심말씀
"서로 돌아보아 사랑과 선행을 격려하며 모이기를 폐하는 어떤 사람들의 습관과 같이 하지 말고 오직 권하여 그 날이 가까움을 볼수록 더욱 그리하자"(히브리서 10:24-25). 아멘!

✞ 주께 드리는, 오늘의 기도
존귀하신 주님의 이름으로 모인 곳에 함께 하시겠다고 약속하신 예수님~ 어떤 어려운 환경과 여건 속에서도 하나님께 예배하게 하시며, 서로 돌아보아 사랑과 선행을 격려하게 하옵소서. 이 시간 주께 마음을 다하여 소원하옵기는, 하루속히 질병을 일으키는 바이러스가 소멸되고, 교회 공동체의 모임들이 온전히 회복되는 주의 은혜를 허락해 주시길, 예수 그리스도 이름으로 간절히 기도드립니다. 아멘! May God Bless you always!

✎ 주께서 주신, 기도응답의 말씀

12월 13일

☀ 찬양
믿음이 없이는 - 히즈윌 (5집)

📖 오늘의 읽을 말씀
(히브리서 11-13장) 오늘 읽을 말씀인 히브리서 11장에서 믿음의 본을 보여준 믿음의 선조들처럼 하나님을 기쁘시게 하는 '믿음의 삶' 살아가길 소망합니다. 이 귀하고 복된 믿음으로 어려운 환경들을 인내하여 기쁨 가운데 승리할 수 있기를 마음 다해 주님께 소원드립니다.

📖 오늘의 핵심말씀
"믿음이 없이는 하나님을 기쁘시게 못하나니 하나님께 나아가는 자는 반드시 그가 계신 것과 또한 그가 자기를 찾는 자들에게 상 주시는 이심을 믿어야 할지니라"(히브리서 11:6). 아멘!

✝ 주께 드리는, 오늘의 기도
믿음의 사람들을 통해 믿음의 역사들을 이루어 가시는 전능하신 하나님~ 세대와 문명이 바뀌고 혼란한 세상 속에서도 우리와 우리의 후손들이 예수 그리스도를 주로 고백하게 하옵시며, 우상과 악을 멀리하게 하시고, 하나님의 기쁘신 뜻을 이 땅에서 이루어 가는 거룩한 사명자로 세워 주시옵소서. '믿음의 가문에서 믿음의 유산'을 받은 것이 자신의 최고의 복이라고 자부하며 하나님께 영광 돌리는 삶을 살아가는 복된 우리, 그리고 믿음의 후손들 되게 인도해 주시길, 예수 그리스도 이름으로 간절히 기도드립니다. 아멘! May God Bless you always!ys!

✎ 주께서 주신, 기도응답의 말씀

12월 14일

✺ 찬양
내가 주인 삼은 – 조수아

📖 오늘의 읽을 말씀
(야고보서 1-5장) 영혼 없는 몸이 죽은 것 같이 행함이 없는 믿음은 그 자체가 죽은 것입니다(약 2:17,26). 그러므로 주를 믿는 자들은 주님의 말씀대로 사는 것이 절대적으로 필요합니다. 마음과 뜻을 다하여 소원하기는 겸손으로 우리의 허리를 동이고, 주 앞에서 마음을 낮추며, 주의 말씀에 순·복하는 복된 날 되길 소망합니다.

📖 오늘의 핵심말씀
"그러나 더욱 큰 은혜를 주시나니 그러므로 일렀으되 하나님이 교만한 자를 물리치시고 겸손한 자에게 은혜를 주신다 하였느니라 그런즉 너희는 하나님께 복종할지어다 마귀를 대적하라 그리하면 너희를 피하리라 주 앞에서 낮추라 그리하면 주께서 너희를 높이시리라"(야고보서 4:6-7,10). 아멘!

✞ 주께 드리는, 오늘의 기도
거룩하고 존귀하신 하나님 아버지~ 우리가 주인삼은 모든 것 내려놓고, 예수 그리스도를 주인으로 모신 겸손한 인격의 소유자가 되도록 인도해 주시옵소서. 겸손으로 허리를 동인 우리의 삶을 여호와 하나님의 능력의 손으로 붙잡아 주셔서 세상을 이길 믿음과 권능, 그리고 지혜를 넘치도록 부어 주시길, 예수 그리스도 이름으로 간절히 기도드립니다. 아멘!
May God Bless you always!

✎ 주께서 주신, 기도응답의 말씀

12월 15일

※ 찬양
전능하신 나의 주 하나님은 - 에이맨

📖 오늘의 읽을 말씀
(베드로전서 1-5장) 베드로전서는 극심한 박해를 받고 있는 그리스도인들을 위로하고 격려하기 위해 기록되어졌습니다. 더욱이 본 서에서 신자들이 겪는 시련과 고통이 그들에게 영적인 영광을 안겨다 주는 '축복의 기회'라고 역설하였습니다. 그러므로 영원하신 하나님께서 우리에게 주신 세세토록 없어지지 않을 생명의 말씀에 순•복하여 고난 가운데도 선을 행하는 '주님의 기쁨'되길 소원합니다.

📖 오늘의 핵심말씀
"그러므로 모든 육체는 풀과 같고 그 모든 영광은 풀의 꽃과 같으니 풀은 마르고 꽃은 떨어지되 오직 주의 말씀은 세세토록 있도다 하였으니 너희에게 전한 복음이 곧 이 말씀이니라"(베드로전서 1:24-25). 아멘!

✝ 주께 드리는, 오늘의 기도
전지전능하신 여호와 하나님~ 오늘도 변함없이 영원하신 하나님을 위해, 영원하신 주의 말씀을 붙잡고, 하나님의 기쁘신 뜻대로 준행하는 '축복된 날'되게 동행해 주시길, 예수 그리스도 이름으로 간절히 기도드립니다.
아멘! May God Bless you always!

✎ 주께서 주신, 기도응답의 말씀

12월 16일

✹ 찬양
오직 예수 뿐이네 - 소진영 인도

📖 오늘의 읽을 말씀
(베드로후서 1-3장) 교회 공동체 내의 성도들을 향해서 오늘 본서는 "오직 우리 구주 예수 그리스도의 은혜와 그를 아는 지식에서 자라 가라"고 권면하고 있습니다(벧후 3:18). 또한 구원의 감격과 주의 은혜 가운데 더욱 주의 성품을 알아가며 닮아가기를 성령님께 간구하는 모습을 보게 됩니다(벧후 1:2-8). 혹여나 우리가 주를 닮아 가다가 넘어지더라도 다시 오뚜기처럼 일어나 회복과 성장, 그리고 성숙의 은혜가 충만한 복된 오늘과 우리의 인생 되길 소망합니다.

📖 오늘의 핵심말씀
"오직 우리 주 곧 구주 예수 그리스도의 은혜와 그를 아는 지식에서 자라 가라 영광이 이제와 영원한 날까지 그에게 있을 지어다"(베드로후서 3:18). 아멘!

✞ 주께 드리는, 오늘의 기도
살아계신 하나님 아버지~ 너무도 혼란스러운 이 세상에서, '하나님의 은혜' 아니면 살아갈 수 없음을 믿음으로 고백합니다. 죄 많은 저희들이 예수 믿고, 구원받은 것만도 감격인데, 주의 복음을 위해 '축복의 통로'로 사용해 주시는 '하나님의 은혜'에 무한 감사합니다. 이 시간 마음을 다해 간구하옵기는, '하나님의 은혜' 가운데 주를 더욱 알아가며, 닮아가는 '거룩한 삶의 여정'에 오늘도 최선을 다하길, 예수 그리스도 이름으로 간절히 기도드립니다. 아멘! May God Bless you always!

✎ 주께서 주신, 기도응답의 말씀

12월 17일

☀ 찬양
신자되기 원합니다 - 박종호

📖 오늘의 읽을 말씀
(요한일서 1-5장) "하나님은 빛이시며, 사랑이시다"라고 오늘의 읽을 성경 말씀에서 반복하여 강조하고 있습니다. 그래서 하나님의 자녀들도 빛 된 사명이 있다고 역설합니다. 또한 주께서 우리를 '생명 다해' 사랑하셨듯이, 우리가 서로 사랑할 때 빛을 발할 것입니다. 우리에게 허락하신 '오늘'이라는 시간 속에서 때를 얻든지 못 얻든지 '주님의 사랑'을 전하는 주님 닮은 진정한 신자 되길 소원합니다.

📖 오늘의 핵심말씀
"이 세상도, 그 정욕도 지나가되 오직 하나님의 뜻을 행하는 자는 영원히 거하느니라"(요한일서 2:17). 아멘!

✝ 주께 드리는, 오늘의 기도
변치 않는 사랑으로 늘 동행하시는 하나님 아버지~ 오늘도 진심으로 하나님의 영광을 위해, 주의 말씀을 붙잡고, 오직 하나님의 뜻을 행하는 참된 주님의 제자 되길, 예수 그리스도 이름으로 간절히 기도드립니다. 아멘!
May God Bless you always!

✎ 주께서 주신, 기도응답의 말씀

12월 18일

☀ **찬양**
주의 사랑으로 사랑합니다 – 호산나 싱어즈

📖 **오늘의 읽을 말씀**
(요한이서) 하나님의 말씀 안에 거하며, 그 계명을 지키는 자라야 하나님의 자녀임을 깨닫습니다. 미혹된 세상 속에서 주의 말씀을 꼭 붙잡고, 흔들리지 맙시다. 성경말씀을 통하여 온전한 영적 분별력을 덧입고, 오늘도 승리하는 복된 날 되길 소원합니다.

📖 **오늘의 핵심말씀**
"또 사랑은 이것이니 우리가 그 계명을 따라 행하는 것이요 계명은 이것이니 너희가 처음부터 들은 바와 같이 그 가운데서 행하라 하심이라"(요한2서 1:6). 아멘!

✚ **주께 드리는, 오늘의 기도**
사랑과 은혜가 충만하신 하나님 아버지~ '진정한 사랑'은 예수님의 계명을 아는 것만이 아니라 '사랑의 계명을 실천하는 것'인줄 깨닫고 믿습니다. 이 시간 주께 간구하옵기는, 성경과 인생을 알아 갈수록 '실천하는 사랑'도 많아질 수 있도록 인도해 주시길, 예수 그리스도 이름으로 간절히 기도드립니다. 아멘! May God Bless you always!

✎ **주께서 주신, 기도응답의 말씀**

12월 19일

✸ 찬양
하나님 아버지의 마음 – 김정석, 세연, 조수아, 조시영

📖 오늘의 읽을 말씀
(요한삼서) 교회 지도자의 좋은 예로, 가이오와 데메드리오를, 그리고 좋지 않은 모델로 디오드레베를 들고 있습니다. 간절한 소원은 가이오와 데메드리오 같이 '선한 마음과 겸손'으로 섬기는 삶이되길 기도드립니다. 하나님께서 기뻐하실 겸손한 섬김의 리더십을 통해 주께 영광 돌리는 승리로운 날 되길 열망합니다.

📖 오늘의 핵심말씀
"사랑하는 자여 네 영혼이 잘됨 같이 네가 범사에 잘되고 강건하기를 내가 간구하노라"(요한3서 1:2). 아멘!

✝ 주께 드리는, 오늘의 기도
만복의 근원이신 여호와 하나님~ 주의 자녀들에게 가장 좋은 것을 주시기 원하시는 '하나님 아버지의 마음'을 조금이라도 깨닫게 인도해 주시옵소서. 하나님의 은혜가 연약한 저희들 가운데 임하여서, '영혼이 잘됨 같이 범사가 잘되고, 주 안에서 강건할 수 있도록' 인도해 주시길, 예수 그리스도 이름으로 간절히 기도드립니다. 아멘! May God Bless you always!

✎ 주께서 주신, 기도응답의 말씀

12월 20일

☀ 찬양
믿음으로 나아가네 – 마커스 워십

📖 오늘의 읽을 말씀
(유다서) 유다서는 교회에 침투하고 있는 거짓 교사들과 이단들에 대해서 '성도들은 지극히 거룩한 믿음 위에 자기를 건축함'으로써 대항해야 한다고 말씀하였습니다. 어떻게 보면, 거룩하지 못한 거짓 교사들로 인해 많은 혼란이 있었던 초대교회의 실상이 지금 이 시대의 모습이 아닌가 깨닫게 됩니다. 지극히 거룩한 믿음 위에 자신을 세우고, 성령으로 기도하며 하나님의 사랑 안에서 자신을 지키고, 영생에 이르도록 주님의 긍휼을 간구하는 복된 날 되길 소원합니다.

📖 오늘의 핵심말씀
"사랑하는 자들아 너희는 너희의 지극히 거룩한 믿음 위에 자신을 세우며 성령으로 기도하며 하나님의 사랑 안에서 자신을 지키며 영생에 이르도록 우리 주 예수 그리스도의 긍휼을 기다리라"(유다서 1:20-21). 아멘!

✚ 주께 드리는, 오늘의 기도
수많은 눈물의 시간 속에서도 '주 바라기의 믿음'으로 지금까지 인도해 주신 하나님 아버지~ 생명 다한 그 크신 하나님의 사랑과 구원의 감격으로 우리의 마음을 지키며, 더욱 주님 닮아가도록 말씀 붙잡고, 성령으로 기도하게 하시니 감사하고 또 감사합니다. 삶의 모든 문제들이 우리를 힘겹게 할지라도 하나님의 기쁨이 되기 위해 포기하지 않는 오늘을 살아내게 인도해 주시길, 예수 그리스도 이름으로 간절히 기도드립니다. 아멘!
May God Bless you always!

✎ 주께서 주신, 기도응답의 말씀

_____
_____
_____
_____

12월 21일

✺ 찬양
말씀 앞에서 with God

📖 오늘의 읽을 말씀
(요한계시록 1-3장) 밧모 섬에서 유배생활을 하며, 성령 하나님의 크신 은혜 가운데 본서를 쓴 요한은 예수 그리스도의 재림과 새 하늘과 새 땅의 창조를 묘사하고 있습니다. 요한은 소아시아에 있는 일곱 교회(에베소, 서머나, 버가모, 두아디라, 사데, 빌라델피아, 라오디게아)에 문안 인사를 한 후, 각 교회마다 영적 필요에 적합한 권면을 하였습니다. 여러 차원의 권면들 가운데 특별히 라오디게아 교인의 모습 같은 우리의 믿음을 회개합시다. 징계는 사랑하는 자녀를 위해 있듯이 믿음과 사명에 열심을 내는 복된 날 되길 기도드립니다.

📖 오늘의 핵심말씀
"이 예언의 말씀을 읽는 자와 듣는 자와 그 가운데에 기록한 것을 지키는 자는 복이 있나니 때가 가까움이라"(요한계시록 1:3). 아멘!

✝ 주께 드리는, 오늘의 기도
온 세상을 말씀으로 창조하시며, 약속하신 말씀 그대로 이루시고, 성취하실 여호와 하나님~ 우리에게 주신 성경말씀을 읽다가 영안이 열리며, 보배로운 주의 말씀을 듣다가 들을 귀가 활짝 열려지고, 생명의 말씀대로 지키다가 큰 은혜와 평강을 누리는 복된 오늘, 그리고 우리의 인생되게 인도해 주시길, 예수 그리스도 이름으로 간절히 기도드립니다. 아멘!
May God Bless you always!

✎ 주께서 주신, 기도응답의 말씀

12월 22일

☀ 찬양
신부의 노래 - 박진희

📖 오늘의 읽을 말씀
(요한계시록 4:8-11; 5:8-14; 7:11-12; 11:15-18; 19:1-8) 하나님께서는 일정한 목적을 위해 천사들을 창조하셨습니다. 그들은 하나님을 경배하고, 찬양합니다. 그리고 지상에서 예수 그리스도와 이스라엘 민족들을 섬겼습니다. 또한 우리 성도들의 연약함에 대비하여 하나님께서는 우리를 돕기 위해 주님의 천사들을 임명하셨습니다. 예수 그리스도의 향기를 드러내는 우리의 삶을 통해 하나님께 영광 돌리며, 천사들로 하여금 우리를 구원하신 하나님을 더불어 찬양드릴 수 있는 은혜의 날 되길 소망합니다.

📖 오늘의 핵심말씀
"그에게 빛나고 깨끗한 세마포 옷을 입도록 허락하셨으니 이 세마포 옷은 성도들의 옳은 행실이로다 하더라"(요한계시록 19:8). 아멘!

✝ 주께 드리는, 오늘의 기도
우리의 신랑되신 예수님~ 혼인예식을 준비하는 정결한 신부처럼, 구원의 은총으로 의롭게 된 우리 성도들에게 깨끗한 세마포 옷을 입을 수 있도록 허락해 주셔서 너무나 감사합니다. 착하고 옳은 행실을 상징하는 세마포 옷을 입고, 하나님 말씀에 순•복하며 신랑이신 그리스도와의 친밀한 관계를 누리는 복된 오늘되게 인도해 주시길, 예수 그리스도 이름으로 간절히 기도드립니다. 아멘! May God Bless you always!

✎ 주께서 주신, 기도응답의 말씀

12월 23일

☀ 찬양
주가 일하시네 - 강중현

📖 오늘의 읽을 말씀
(요한계시록 4-6장) 하나님께서는 참으로 온 우주를 지배하실 뿐 아니라, 높고 높은 보좌에 앉으셔서 영원히 세상을 다스리시고, 심판하실 능력과 자격을 갖추신 분이시며, 모든 존재로부터 경배와 찬양을 받으시기에 합당하신 창조주시요, 주권자이시라는 사실을 깨닫고 믿습니다. 그러므로 우리는 하나님 이외의 그 어떤 우상도 섬기지 말며, 두려워하지도 말고, 오직 하나님만을 경배하며 찬양하고 믿어 구원함을 받으며, 주께서 일하심을 체험하는 복된 날, 그리고 우리의 인생되길 소원합니다.

📖 오늘의 핵심말씀
"... 그들이 밤낮 쉬지 않고 이르기를 거룩하다 거룩하다 거룩하다 주 하나님 곧 전능하신 이여 전에도 계셨고 이제도 계시고 장차 오실 이시라 하고"(요한계시록 4:8). 아멘!

✚ 주께 드리는, 오늘의 기도
거룩하시며, 전능하신 주 하나님~ 일평생 진정한 회개의 은혜를 우리에게 내려주시길 간구합니다. 회개하지 않은 부정함과 교만함으로는 결코 하나님께 나아갈 수 없음을 깨닫게 하여 주옵소서. 겸손함으로 우리 자신과 공동체(가족, 교회, 민족 등)의 죄를 회개하고 성결함을 회복할 때에, 전능하신 하나님께서 일하심을 경험하는 복과 은혜를 부어주시길, 예수 그리스도 이름으로 간절히 기도드립니다. 아멘! May God Bless you always!

✎ 주께서 주신, 기도응답의 말씀

12월 24일

☀ 찬양
성탄 찬송 메들리 – 클래식 콰이어

📖 오늘의 읽을 말씀
(마태복음 1:18-25; 2:1-12; 누가복음 2:1-20) 자기 백성을 그들의 죄에서 구원하시기 위해 성령으로 잉태되어 육신으로 이 세상에 오신 메시야가 바로 '예수 그리스도'이십니다(마 1:18,21). 더욱이 우리 주님이 하나님이심은 성육신의 출생부터 사망 권세 이기시고 부활하심을 통해 확증케 되셨습니다. 그러므로 우리 구주 예수 그리스도는 우리의 모든 죄를 사하시고, 구원해 주실 '메시아' 이심을 깨닫고 믿습니다. 크리스마스 이브인 오늘도 변함없이 우리 구세주의 탄생과 구속의 복음을 증거하는 복된 발걸음 되길 소망합니다.

📖 오늘의 핵심말씀
"아들을 낳으리니 이름을 예수라 하라 이는 그가 자기 백성을 그들의 죄에서 구원할 자이심이라 하더라"(마 1:21). 아멘!

✝ 주께 드리는, 오늘의 기도
사랑과 은혜가 풍성하신 하나님~ 죄로 인해 죽을 수밖에 없는 우리들에게 독생자 예수 그리스도를 보내주심으로 구원과 영생의 길을 열어주셔서 너무나 감사합니다. 정말 힘들고 어려운 여건이기에 주님 탄생의 기쁨과 평강의 은총이 온누리에 임하시길, 예수 그리스도 이름으로 간절히 기도드립니다. 아멘! May God Bless you always!

✎ 주께서 주신, 기도응답의 말씀

12월 25일

☀ 찬양
기쁘다 구주 오셨네 – 찬송가 115장

📖 오늘의 읽을 말씀
(요한계시록 7-9장) 마지막 날이 가까이 다가올 때 발생할 재앙들에 의해서 죽지 않고 남은 사람들은 회개는커녕 오히려 더 큰 죄악에 빠질 것이라는 예언의 말씀(계 7:3-4, 9-12; 9:4, 20-21)을 보며, 진정으로 근신하게 됩니다. 마음을 다하여 소원하옵기는, 늘 깨어 말씀 붙잡고 기도하며, 하나님만을 경배하는 온전한 믿음의 그릇이 될 수 있도록, 하나님의 크신 은혜와 능력을 허락해 주시길 간구합니다.

📖 오늘의 핵심말씀
"큰 소리로 외쳐 이르되 구원하심이 보좌에 앉으신 우리 하나님과 어린양에게 있도다 하니 모든 천사가 보좌와 장로들과 네 생물의 주위에 서 있다가 보좌 앞에 엎드려 얼굴을 대고 하나님께 경배하여 이르되 아멘 찬송과 영광과 지혜와 감사와 존귀와 권능과 힘이 우리 하나님께 세세토록 있을지어다 아멘 하더라"(요한계시록 7:10-12). 아멘!

✝ 주께 드리는, 오늘의 기도
살아서 역사하시는 하나님 아버지~ 저희들은 종종 우리의 일을 경배하고, 우리의 활동에 주력하며, 우리를 경배하려는 행위에 휩쓸리곤 했습니다. 주여~ 저희들의 교만함을 용서해 주시옵소서. 예수 그리스도의 성탄을 맞이하는 오늘, 주님의 구속의 은총을 마음에 되새기며, 우리의 생각과 마음가짐, 그리고 행위와 태도에 있어서 '영광'을 하나님께 올려드림으로써 주님만을 경배하는 복된 날 되게 인도해 주시길, 예수 그리스도 이름으로 간절히 기도드립니다. 아멘! May God Bless you always!

✏ 주께서 주신, 기도응답의 말씀

12월 26일

☀ **찬양**
말씀하시면 – 조수아

📖 **오늘의 읽을 말씀**
(요한계시록 10-13장) 어린양의 피와 하나님의 말씀, 곧 성령의 검으로 무장하여 악한 영들을 대적하며, 죽기까지 생명을 다해 믿음을 지키면 기필코 승리할 줄 깨닫고 믿습니다. 마음중심으로 다시금 소원하옵기는, 하나님의 전신갑주(엡 6:10-18)를 입고 승리하는 복된 날 되길 소망합니다.

📖 **오늘의 핵심말씀**
"또 우리 형제들이 어린 양의 피와 자기들이 증언하는 말씀으로써 그를 이겼으니 그들은 죽기까지 자기들의 생명을 아끼지 아니하였도다"(요한계시록 12:11). 아멘!

✝ **주께 드리는, 오늘의 기도**
전지전능하신 여호와 닛시 하나님~ 주님의 십자가 보혈의 은혜로 모든 죄 씻음 받고, 구원받은 주의 백성들에게 세상을 넉넉히 이길 수 있는 '하나님의 말씀'을 주셔서 너무나 감사합니다. 오늘도 변함없이 '주의 말씀'을 온전히 신뢰하며, 주님 안에 거하는 평강의 날 되게 인도해 주시길, 예수 그리스도 이름으로 간절히 기도드립니다. 아멘! May God Bless you always!

✎ **주께서 주신, 기도응답의 말씀**

12월 27일

✹ 찬양
주님 다시 오실 때까지 - 소향

📖 오늘의 읽을 말씀
(요한계시록 14-16장) 사탄과 영적 전투를 벌이고 있는 교회(계 14:1-5)로 부름 받은 전사 14만 4천 명은 모든 시대의 성도들을 상징합니다. 그리고 세 천사가 등장해 심판과 약속의 소식을 전합니다(계 14:6-13).[92] 또한 일곱 천사가 마지막 일곱 재앙을 가지고 등장하는 모습을 오늘 읽을 본문말씀에서 보게 됩니다. 이처럼 마지막 때에 많은 시험들과 심판들이 있지만 하나님의 계명과 주님에 대한 믿음을 지키기 위해 인내한 성도들은 복된 자들이라고 주께 인정받는 역사가 뒤따를 것입니다. 오늘도 하나님께 잘했다 칭찬받고 인정받는 은혜의 날 되길 마음 다하여 소원합니다.

📖 오늘의 핵심말씀
"성도들의 인내가 여기 있나니 그들은 하나님의 계명과 예수에 대한 믿음을 지키는 자니라"(요한계시록 14:12). 아멘!

✝ 주께 드리는, 오늘의 기도
모든 지각에 뛰어나신 전능하신 하나님 아버지~ 어떤 형편과 처지에서도 예수 그리스도를 우리 자신의 주로 고백하게 하옵소서. 하나님의 계명과 믿음을 지키기 위해 늘 성령님과 동행하게 인도해 주시옵소서. 천국과 주님의 재림을 소망하며, 하나님의 기쁘신 뜻을 이 땅에서 이루어 가는 거룩한 사명자로 오늘도 변함없이 세워 주시길, 예수 그리스도 이름으로 간절히 기도 드립니다. 아멘! May God Bless you always!

✉ 주께서 주신, 기도응답의 말씀

12월 28일

✹ 찬양
믿음이 없이는 – 김성훈

📖 오늘의 읽을 말씀
(고린도전서 3:12-15; 고린도후서 5:9-10) 오늘의 읽을 성경 본문말씀에 의하면, 예수 그리스도께서 상을 주시기 위해 각 성도들이 행한 것을 판단하실 것이라고 말씀하십니다. 그러므로 이 땅에서의 우리의 선한 행위를 통해 하늘나라에서 상급이 결정됨을 잊지 맙시다. '오늘'이라는 시간의 여정 속에서 하나님께서 기뻐하실 선한 영향력을 통해 주님께 영광돌리길, 마음다해 소원합니다.

📖 오늘의 핵심말씀
"그런즉 우리는 몸으로 있든지 떠나든지 주를 기쁘시게 하는 자가 되기를 힘쓰노라 이는 우리가 다 반드시 그리스도의 심판대 앞에 나타나게 되어 각각 선악간에 그 몸으로 행한 것을 따라 받으려 함이라"(고린도후서 5:9-10). 아멘!

✟ 주께 드리는, 오늘의 기도
주의 자녀들에게 가장 선한 것으로 상주시기 원하시는 하나님 아버지~ 이 땅에서 하나님을 기쁘시게 하는 우리의 선한 행위를 통해, 하늘나라의 상급을 준비하는 '소망의 날' 되게 인도해 주시길, 예수 그리스도 이름으로 간절히 기도드립니다. 아멘! May God Bless you always!

✎ 주께서 주신, 기도응답의 말씀

12월 29일

✳ 찬양
찬양이 언제나 넘치면

📖 오늘의 읽을 말씀
(요한계시록 17-19장) 마지막 심판 때에 큰 음녀인 큰 성 바벨론에게 심판이 내려지매 패망하는 저주와 자멸이 임하듯이 바벨론을 자멸하게 하신 분은 하나님이십니다(계 17:17). 하나님의 심판은 확실하십니다. 하나님께서는 아무도 멸망치 않기를 원하시는 오래 참으시는, 사랑의 하나님이시지만(벧후 3:9), 회개하지 않는 사람들은 멸망케 될 것입니다. 그러나 구원받을 성도들에게는 혼인 잔치에 참여하는 놀라운 은혜가 허락되어지매 주님을 찬양하라고 권고하십니다. 이처럼 우리도 하나님을 찬양하며, 주님께로 나아갈 수 있는 복된 날 되길 소원합니다.

📖 오늘의 핵심말씀
"보좌에서 음성이 나서 이르시되 하나님의 종들 곧 그를 경외하는 너희들아 작은 자나 큰 자나 다 우리 하나님께 찬송하라 하더라"(요한계시록 19:5). 아멘!

✝ 주께 드리는, 오늘의 기도
찬양과 경배 받으시기에 합당하신 여호와 하나님~ 주의 구원과 영광과 능력을 찬양하는 복된 날 되게 하옵소서. 찬양이 넘치는 은총 가운데, 우리 얼굴의 환한 미소가 세상 주변을 비추는 은혜의 모습되게 인도해 주시길, 예수 그리스도 이름으로 간절히 기도드립니다. 아멘!
May God Bless you always!

🔖 주께서 주신, 기도응답의 말씀
_____
_____
_____
_____
_____

12월 30일

☀ 찬양
그 사랑 얼마나

📖 오늘의 읽을 말씀
(로마서 8장 31-39절) 그리스도의 사랑에서 우리를 끊을 수 있는 것은 아무것도 없습니다. 그리스도의 사랑은 또한 하나님의 사랑이기도 합니다. 이 놀라운 주님의 사랑을 받은 자, 사랑을 주신 주님을 믿는 자들은 어떤 환난과 박해가 와도 두려워하지 않습니다. 심지어 생명을 위협받는 순간에도 주님의 십자가와 부활의 영광을 떠올리며 견디고 이깁니다. 지금도 악한 영들은 끊임없이 하나님의 사랑을 의심하게 하고 도발하지만, 그럼에도 불구하고 주님의 사랑으로 넉넉히 이기며 여호와 닛시 하나님께 영광 돌리는 복된 오늘, 그리고 우리의 인생되게 인도해 주시길 마음을 다하여 소원합니다.

📖 오늘의 핵심말씀
"높음이나 깊음이나 다른 어떤 피조물이라도 우리를 우리 주 그리스도 예수 안에 있는 하나님의 사랑에서 끊을 수 없으리라"(로마서 8:39). 아멘!

✝ 주께 드리는, 오늘의 기도
한없는 사랑으로 우리와 함께 하시는 하나님 아버지~ 너무나도 힘겨웠던 한 해를 견뎌낼 수 있도록 인도해 주셔서 감사합니다. 한시도 예측할 수 없는 막막한 미래 여건이지만, 우리를 포기하지 않으시고 끝까지 사랑해 주시는 '하나님의 사랑'을 신뢰하며 오늘도 넉넉히 넘어서는 승리로운 날 되길, 예수 그리스도 이름으로 간절히 기도드립니다. 아멘!
May God Bless you always!

✎ 주께서 주신, 기도응답의 말씀

_____
_____
_____
_____
_____

12월 31일

☀ 찬양
마라나타 - 소향

📖 오늘의 읽을 말씀
(요한계시록 20-22장)[93] 하나님의 예언의 말씀들이 온전히 이루어질 그 날~ 새 하늘과 새 땅을 소망하며, 성경말씀에서 절대로 더하거나 빼지 않을 것을 다짐합니다. 올 해의 마지막 날인 오늘 하루도 주의 말씀대로 가감 없이 순•복하는 축복된 날 되길 소망합니다.

📖 오늘의 핵심말씀
"이것들을 증언하신 이가 이르시되 내가 진실로 속히 오리라 하시거늘 아멘 주 예수여 오시옵소서 주 예수의 은혜가 모든 자들에게 있을지어다 아멘"(요한계시록 22:20-21). 아멘!

✝ 주께 드리는, 오늘의 기도
살아계신 여호와 하나님! 다시 오실 주님을 소망하며, 주의 말씀에 철저히 순•복하는 거룩한 삶 살게 인도해 주시옵소서. 거룩한 주의 백성으로서 '마라나타'(주 예수여 오시옵소서!)의 신앙으로, 한 해를 온전히 마무리 할 수 있는 '주 예수의 은혜'가 임하여 주시길, 예수 그리스도 이름으로 간절히 기도드립니다. 아멘! May God Bless you always!

✎ 주께서 주신, 기도응답의 말씀

부록(Optional)

※ 본서에 수록된 365 매일 찬양곡 참고 자료들

1월

1일) 주 하나님 지으신 모든 세계 - 박종호 (https://youtu.be/yWiz0mBVVyE)
2일) 예수 이름 높이세 - 예수 전도단 3집 (https://youtu.be/LYJRssj_Z30)
3일) 너는 그리스도의 향기라 - 러브 (https://youtu.be/LLjSu5QGZDA)
4일) 나의 안에 거하라 - 호산나 싱어즈 (https://youtu.be/pM4RC2GSdXU)
5일) 내가 주인 삼은 - 조수아 (https://youtu.be/eeQQzO4ZDP4)
6일) 대단한 믿음 없어도 - 마커스 워십 (https://youtu.be/MT2Joh707W4)
7일) 하나님 계획은 - 서상권 (https://youtu.be/z-wGaXZOjxM)
8일) 전능하신 나의 주 하나님은 - 에이맨 (https://youtu.be/A159bJU323k)
9일) 축복의 통로 - 조수아 (https://youtu.be/3Mq17zCUaZo)
10일) 신실하신 하나님 - 손영진 (https://youtu.be/sMltQkZB1Js)
11일) 이삭의 축복 - 클래식 콰이어 (https://youtu.be/97poGh6jiyo)
12일) 야곱의 축복 - 김인식 작사/곡 (https://youtu.be/HgPOrCC7-2Y)
13일) 코람데오 - 임하네 선교사 (https://youtu.be/sGz4PvP9J9Y)
14일) 예수, 늘 함께 하시네 - 마커스 워십 (https://youtu.be/4v0oHeJ8-2k)
15일) 나 주님의 기쁨되기 원하네 - 호산나 싱어즈 (https://youtu.be/RHocR7Jxmc8)
16일) 여호와는 나의 목자시니 - 김수진 (https://youtu.be/8bfJ2qLGkOk)
17일) 주만 의지해 - 마커스 워십 (https://youtu.be/Dy82rJfUvNQ)
18일) 여호와는 네게 복을 - 조수아 (https://youtu.be/etHCn3OpsBw)
19일) 사람을 보며 세상을 볼 땐 - 호산나 싱어즈 (https://youtu.be/4wJ2LLKBloM)
20일) 때를 얻든지 못 얻든지 - 주리 (https://youtu.be/h62MbicYhMk)
21일) 보혈을 지나 - 호산나 싱어즈 (https://youtu.be/xi6fmxoVTe8)
22일) 나의 힘이 되신 여호와여 - 김정석 (https://youtu.be/QO73NiW7pao)
23일) 나의 몸을 산제사로 - 예배인도자 컨퍼런스 (https://youtu.be/eDilcbGuiKg)
24일) 여호와 닛시 - 시와 그림 (https://youtu.be/nmRHui3D6js)
25일) 새로운 계명을 - 제이어스 (https://youtu.be/6C77mg0SlPM)
26일) 나는 예배자입니다 - 신승희 (https://youtu.be/5WKOZzYn-pg)
27일) 임재(하늘의 문을 여소서) - 시와 그림 (https://youtu.be/mRuE0P-M9EM)
28일) 보혈을 지나 - 호산나 싱어즈 (https://youtu.be/xi6fmxoVTe8)

29일) 쉼 – 나무엔 (https://youtu.be/p9xN57MUmP8)
30일) 나 주님의 기쁨되기 원하네 – 호산나 싱어즈 (https://youtu.be/RHocR7Jxmc8)
31일) 전능하신 나의 주 하나님은 – 에이맨 (https://youtu.be/A159bJU323k)

2월

1일) 십자가 그 사랑 멀리 떠나서 – 김상진 (https://youtu.be/AJHUTB0t2Eg)
2일) 회복시키소서 – 클래식콰이어 (https://youtu.be/s9Gz62A6pYU)
3일) 십자가 그 사랑이 – 하니 (https://youtu.be/oBBxSkyoshA)
4일) 너는 그리스도의 향기라 – 러브 (https://youtu.be/LLjSu5QGZDA)
5일) 거룩하신 하나님 – 옹기장이 (https://youtu.be/qLTBL6WfHfQ)
6일) 하나님의 은혜 – 소리엘 (https://youtu.be/uRsorIufY4s)
7일) 주의 거룩하심 생각할 때 – 클래식콰이어 (https://youtu.be/wtH7mBP8xwo)
8일) 만 가지 이유(송축해 내 영혼) 10,000 Reasons (https://youtu.be/FWUMFtboTTI)
9일) 거룩하신 하나님 – 짐니(JIMNI) (https://youtu.be/5-p8DJMdCF8)
10일) 말씀하시면 – 조수아 (https://youtu.be/MXdGprQBnDs)
11일) 날 향한 계획 – 마커스워십(심종호 인도) (https://youtu.be/zHFx4zGHRNs)
12일) 복의 근원 강림하사 – 나무엔 (https://youtu.be/rNCaqXqcPeo)
13일) 순종은 – 히즈윌(HISWILL) 1집 (https://youtu.be/Q-_knX6tEyc)
14일) 갈렙의 노래 – 염평안 (https://youtu.be/dcJQVsGJ7-4)
15일) 여호와께 돌아가자 – 오시은학생 Love Never Fails (https://youtu.be/MSEtJHVJDuA)
16일) 예수 예수 – 김윤미 (https://youtu.be/JtCEjeX5TGI)
17일) 성령이여 임하소서 – 김지훈 (https://youtu.be/6TnEXyNl6s8)
18일) 예수로 살리 – 마커스 (https://youtu.be/18DsGHHU97U)
19일) 야베스의 기도 – 장윤영 Prayer of Jabez (https://youtu.be/vAdH1PCSE74)
20일) 순종은 – 히즈윌(HISWILL) 1집 (https://youtu.be/Q-_knX6tEyc)
21일) 말씀 앞에서 – with GOD (https://youtu.be/t-R8QhYrIzY)
22일) 사랑합니다 나의 예수님 – I Love You! My Jesus! (https://youtu.be/AMk1f_qgHWc)
23일) 주의 약속하신 말씀 위에 서 – Anointing 찬송가 3집 (https://youtu.be/24L6J8dw9Y0)
24일) 나의 한숨을 바꾸셨네 – 소진영 (https://youtu.be/H79FL5F4Mak)
25일) 너 시험을 당해(찬395장) – 브라운워십(Brown Worship) (https://youtu.be/OHCHws_tii0)
26일) 작은 자 한사람 – 마커스 커뮤니티 (https://youtu.be/gOEjiSa5A24)
27일) 주를 더 알수록 – 마커스 커뮤니티 (https://youtu.be/BDVgqFFZxfY)
28/29일) 모세의 노래 – 시와 그림 (https://youtu.be/0d_yqs5FpEA)

3월

1일) 달고 오묘한 그 말씀 – 나무엔 (https://youtu.be/MonJt4My3Zo)
2일) 여호와 닛시 – 시와 그림 (https://youtu.be/nmRHui3D6js)
3일) Oceans – Hillsong United(한글자막) (https://youtu.be/WNLv5JREY4I)
4일) 나의 기도 – 시와 그림 (https://youtu.be/Y3UEUtFZeTU)
5일) 이 산지를 내게 주소서 – Sung Soo Kim (https://youtu.be/XSLPUscl6XI)
6일) 말씀하시면 – 조수아 (https://youtu.be/MXdGprQBnDs)
7일) 나 오직 주님만을 – 시와 그림 (https://youtu.be/uSfKFiP1tn0)
8일) 믿음의 가정 – 호산나 싱어즈 (https://youtu.be/nHh6JZ0GAkc)
9일) 예수 나의 치료자 – 노상신 (https://youtu.be/tN3MgxuwKVM)
10일) 기도 – 지선 (https://youtu.be/zpi2IR2t4eA)
11일) 예수로 살리 – 마커스 커뮤니티 (https://youtu.be/18DsGHHU97U)
12일) 회복시키소서 – 클래식 콰이어 (https://youtu.be/s9Gz62A6pYU)
13일) 이 땅의 황무함을 보소서 – 예수 전도단 (https://youtu.be/-tfqZhmk2rE)
14일) 오늘 이 하루도 – 다윗과 요나단 (https://youtu.be/hDq39zJcOEY)
15일) 그 사랑 얼마나 (https://youtu.be/VEpL6ZFyuzI)
16일) 전능하신 나의 주 하나님은 – 에이멘 (https://youtu.be/Dp-QKZUhBWI)
17일) 회개 – 주향기 (https://youtu.be/DoBaodj8_nU?si=KrK3-Q_4O84l0OFv)
18일) 나는 기도를 쉬는 죄를 범치 않으리 – 김지훈 (https://youtu.be/OSYD9a4LkOg)
19일) 순종은 – 히즈윌(HISWILL) 1집 (https://youtu.be/Q-_knX6tEyc)
20일) 다윗의 노래 – 마커스워십 (https://youtu.be/vQeAmrM17BM)
21일) 나의 피난처 예수 – 시와 그림 (https://youtu.be/RkODTiY5Chw)
22일) 선한 능력으로 – 나무엔 (https://youtu.be/h0sWKvPG04k)
23일) 회개합니다 – 길민지 (https://youtu.be/d_PT3OHOO28?si=rnoUsOYUOUH9DUEr)
24일) 사랑 그 좁은 길 – 히즈윌(HISWILL) 3집 (https://youtu.be/Tplukwnsl2Q)
25일) 예수, 늘 함께 하시네 – 마커스 워십 (https://youtu.be/4v0oHeJ8-2k)
26일) 여호와 닛시 – 시와 그림 (https://youtu.be/nmRHui3D6js)
27일) 회개 – 주향기 (https://youtu.be/DoBaodj8_nU?si=KrK3-Q_4O84l0OFv)
28일) 그 사랑 얼마나 (https://youtu.be/VEpL6ZFyuzI)
29일) 지금까지 지내 온 것 – 나무엔 (https://youtu.be/BDOky8mHxGo)
30일) 하나님 말씀으로 – 아이자야 씩스티원 (https://youtu.be/D_AEQD6q7pU)
31일) 반석 위에 – 조수진 (https://youtu.be/ZwyVCJP29mU)

4월

1일) 세상을 사는 지혜 – 최정원 (https://youtu.be/a199wTZ0OBc)
2일) 말씀 앞에서 – with GOD (https://youtu.be/t-R8QhYrIzY)
3일) 일상 – 박진희 (https://youtu.be/TO3CmEtmg2w)
4일) 예수 나의 치료자 – 노상신 (https://youtu.be/tN3MgxuwKVM)
5일) 왕이신 나의 하나님 – 송정미 (https://youtu.be/d0gJlPcSUHg)
6일) 십자가 그 사랑이 – 송정미 (https://youtu.be/oBBxSkyoshA)
7일) 주가 일하시네 – 강중현 (https://youtu.be/1h5-7EBk0Mg)
8일) 길 – 손경민 (https://youtu.be/hytO9PUPgog)
9일) 사랑하는 자여 – 지선 (https://youtu.be/HdP_sQOAvIU)
10일) 전능하신 나의 주 하나님은 – 에이맨 (https://youtu.be/A159bJU323k)
11일) 전심으로 – 마커스워십 (https://youtu.be/l40PTdxxX14)
12일) 말씀 앞에서 – with GOD (https://youtu.be/t-R8QhYrIzY)
13일) 주 말씀 내 삶 비출 때 – 염평안 (https://youtu.be/t27XmgMkGes)
14일) 말씀하시면 – 조수아 (https://youtu.be/OBNOUpMCgm0)
15일) 야베스의 기도 – 장윤영 (https://youtu.be/vAdH1PCSE74)
16일) 예수 예수 – 김윤미 (https://youtu.be/JtCEjeX5TGI)
17일) 삶의 예배 – 이종윤 (https://youtu.be/08B59vSl270)
18일) 하나님 아버지의 마음 – 김정석,세연,조수아,조시영(https://youtu.be/HkBq_XlvxUY)
19일) 하나님 계획은 – 서상권 (https://youtu.be/z-wGaXZOjxM)
20일) 주가 보이신 생명의 길 – 클래식콰이어 (https://youtu.be/KXF6bugq0FM)
21일) 삶으로 – 김성훈 (https://youtu.be/gNifggC2TlE)
22일) 우리의 삶을 통해 – 김복유 밴드 (https://youtu.be/7w426ZmZU-g)
23일) 회복시키소서 – 클래식 콰이어 (https://youtu.be/s9Gz62A6pYU)
24일) 말씀만이 – 염평안 (https://youtu.be/PyJXlvn71k0)
25일) 주를 위한 이곳에 – 마커스 2011 (https://youtu.be/h-luo6-vwY8)
26일) 말씀하시면 – 조수아 (https://youtu.be/OBNOUpMCgm0)
27일) 동행 – 하니 2집 (https://youtu.be/L5F0wZPDDaw)
28일) 코람데오 – 임하네 선교사 (https://youtu.be/sGz4PvP9J9Y)
29일) 기도 – 지선 2집 (https://youtu.be/zpi2IR2t4eA)
30일) 순종은 – 히즈윌 1집 HISWILL (https://youtu.be/Q-_knX6tEyc)

5월

1일) 주가 일하시네 – 강중현 (https://youtu.be/1h5-7EBk0Mg)
2일) Way Maker – 스캇 브래너 (https://youtu.be/Vdjk2jozY-o)
3일) 바벨론 강가에서(Rivers of Babylon) – 시편 137편을 재구성하면서(https://youtu.be/czgZXpGLuw4)
4일) 사명 (https://youtu.be/M3nRuDdF9DA)
5일) Living Hope – Brian Johnson Bethel Music (https://youtu.be/v_i0iU6a-sE)
6일) 임재(하늘의 문을 여소서) – 시와 그림 (https://youtu.be/mRuE0P-M9EM)
7일) 환난과 핍박 중에도 – Faith of our fathers (https://youtu.be/xA2apicRKaU)
8일) 사명 – 동방현주 (https://youtu.be/XvQsTYly7Vg)
9일) 우린 세상의 소금과 빛 (https://youtu.be/xFCgVU7UtiI)
10일) 주님 말씀하시면 – 예수 전도단 (https://youtu.be/9ZXAgWe2iWA)
11일) 임재 – 시와 그림 (https://youtu.be/mRuE0P-M9EM)
12일) 하나님의 계획 – 이지원, 이송연 (https://youtu.be/LoURY9u6qdM)
13일) 죽으면 죽으리라 – 강중현 (https://youtu.be/Dgml7gAhOBY)
14일) 나의 피난처 예수 – 시와 그림 (https://youtu.be/bGZcNksxNHo)
15일) 겸손 – 장윤영 (https://youtu.be/ZzKBWRWcMlM)
16일) 나의 한숨을 바꾸셨네 – 소진영 (https://youtu.be/H79FL5F4Mak)
17일) 감사 – 지선 (https://youtu.be/WJCk35xzHFM)
18일) 그리 아니하실지라도 (https://youtu.be/x4l2vok7r0o)
19일) '이 세상에 근심된 일이 많고'(찬송가 474장) – 나무엔 (https://youtu.be/kPoSJPhJ0u8)
20일) 그 사랑 – 마커스 워십 2011 (https://youtu.be/cKzGt2bunLg)
21일) 그 사랑 얼마나 (https://youtu.be/VEpL6ZFyuzI)
22일) 살아계신 주 – 클래식 콰이어 (https://youtu.be/iD0_esW0gJs)
23일) 주가 보이신 생명의 길 – 클래식 콰이어 (https://youtu.be/KXF6bugq0FM)
24일) 주가 보이신 생명의 길 – 클래식 콰이어 (https://youtu.be/KXF6bugq0FM)
25일) 하나님의 은혜 – 소리엘 (https://youtu.be/uRsorIufY4s)
26일) 여호와는 나의 목자시니 – 나무엔 (https://youtu.be/cA_IHIHj39o)
27일) 겸손 – 장윤영 (https://youtu.be/ZzKBWRWcMlM)
28일) 그 크신 하나님의 사랑 – 나무엔 3집 (https://youtu.be/r5Q4cZFb6W0)
29일) 주 하나님 지으신 모든 세계 – 박종호 (https://youtu.be/yWiz0mBVVyE)
30일) 은혜 – cover by Sound of PRAISE (https://youtu.be/WSGe1OC3tA8)
31일) 하나님 아버지의 마음 – 김정석,세연,조수아,조시영 (https://youtu.be/HkBq_XlvxUY)

6월

1일) 시편 1편 – The Crossover (https://youtu.be/uqysIzo2wXM)
2일) 여호와 우리 주여 – 손영진 (https://youtu.be/PtxFi72Vbh4)
3일) 나의 힘이 되신 여호와여 – 소리엘 (https://youtu.be/lUziT4qfrYo)
4일) 여호와는 나의 목자시니 – 김수진 (https://youtu.be/8bfJ2qLGkOk)
5일) Goodness Of God – Bethel Music VICTORY (https://youtu.be/QxZOHetEf5Q)
6일) 빛 되신 주 – 어노인팅 2집 (https://youtu.be/uGkQimNYVC8)
7일) 내 입술로 – 어노인팅 3집 (https://youtu.be/-H_5TdlY-JU)
8일) 시편 40편 – 하나님의 음성을 (https://youtu.be/tqHsFucmzZY)
9일) 내 영혼아 어찌하여 낙망하여 불안해하는가? (https://youtu.be/bHVfegesP9U)
10일) 임재(하늘의 문을 여소서) – 시와 그림 (https://youtu.be/mRuE0P-M9EM)
11일) 찬양이 언제나 넘치면 (https://youtu.be/2HKc8D3CsC0)
12일) 오직 주 만이 – 최정원 (https://youtu.be/nhvgXjVmbms)
13일) 기쁨의 날 주시네 – 마커스워십 (https://youtu.be/pxH8-GMC8dY)
14일) 나의 반석이신 하나님 – 마커스워십 (https://youtu.be/LNrHo0uoK0Q)
15일) 내 주를 가까이 – 아이자야 씩스티원 (https://youtu.be/CDKxavzv-zk)
16일) 주의 사랑을 주의 선하심을 – 마커스워십 (https://youtu.be/70uRIuclmd8)
17일) 전능하신 나의 주 하나님은 – 에이맨 (https://youtu.be/A159bJU323k)
18일) 구원의 감격을 노래해 – 김민아 (https://youtu.be/pmom55wmEgk)
19일) 항상... 쉬지말고... 범사에 – Awesome K-CCM (https://youtu.be/fNIveguneug)
20일) 내가 주인 삼은 – 조수아 (https://youtu.be/4DtPvPpEq5c)
21일) 주 하나님 지으신 모든 세계 – Vince Gill & Carrie Underwood (https://youtu.be/PJG-gi-qN0-U)
22일) 나의 기도 – 시와 그림 (https://youtu.be/Y3UEUtFZeTU)
23일) 말씀 앞에서 – with GOD (https://youtu.be/t-R8QhYrlzY)
24일) 행복 – 하니 2집 (https://youtu.be/c3YXu_POVOw)
25일) 주님께 모든 것을 맡깁니다. – 최정원 (https://youtu.be/b2-LCCBsXkA)
26일) 서로 사랑하자 – 히즈윌 4집 (https://youtu.be/gXxYZWIS6ME)
27일) 날 사랑하는 이/ 예수 사랑하심은 – 제이어스 (https://youtu.be/V-No-RVDZMY)
28일) 찬양이 언제나 넘치면 (https://youtu.be/2HKc8D3CsC0)
29일) 아침에 주의 인자하심을 – 좋은 씨앗 1집 (https://youtu.be/5IL9YJgY7qk)
30일) 호흡이 있는 자마다 (https://youtu.be/wO-IGRM0zfo)

7월

1일) 잠언 3장 – 다윗과 요나단 (https://youtu.be/eFSJWsWb5Os)
2일) 세상을 사는 지혜 – 필그림 남성4중창 (https://youtu.be/C7xh8o896vw)
3일) 사랑 – 히즈윌 2집 (https://youtu.be/048ErYkfV5Y)
4일) 세상을 사는 지혜 – 최정원 (https://youtu.be/a199wTZ0OBc)
5일) 길 – 손경민 (https://youtu.be/hytO9PUPgog)
6일) 겸손 – 장윤영 (https://youtu.be/ZzKBWRWcMlM)
7일) 여호와께 돌아가자 – 제이어스 (https://youtu.be/kdFH0iSBU9I)
8일) 죄 짐 맡은 우리 구주 – 마커스 워십 (https://youtu.be/s9Pv6bqKNgo)
9일) 주의 약속하신 말씀 위에 서 – 어노인팅 찬송가 3집 (https://youtu.be/24L6J8dw9Y0)
10일) 내 삶의 이유라 – 조수아 (https://youtu.be/AvhNoBb3R4g)
11일) 주를 더 알수록 – 마커스 커뮤니티 (https://youtu.be/BDVgqFFZxfY)
12일) 그 크신 하나님의 사랑(찬송가 304장) – 나무엔 (https://youtu.be/JbQKFhUxoew)
13일) 보혈을 지나 – 호산나 싱어즈 (https://youtu.be/xi6fmxoVTe8)
14일) 십자가의 전달자 – 박만호 선교사 (https://youtu.be/Xe6M-y9HHc8)
15일) 만 가지 이유(송축해 내 영혼) – 10,000 Reasons (https://youtu.be/FWUMFtboTTI)
16일) 감사로 주님께 나가세 – AWC 2020 (https://youtu.be/N1E01fS4lac)
17일) 겸손 – 장윤영 (https://youtu.be/ZzKBWRWcMlM)
18일) 여호와께 돌아가자 – 제이어스 (https://youtu.be/kdFH0iSBU9I)
19일) 80인이 부르는 '그리스도의 계절' (https://youtu.be/CqyQyrXi-Iw)
20일) 평화 하나님의 평강이 – 조수진 (https://youtu.be/D15_g94zx5I)
21일) 주의 약속하신 말씀 위에서 – 어노인팅 찬송가 3집 (https://youtu.be/24L6J8dw9Y0)
22일) 하나님 아버지의 마음 – 김정석,세연,조수아,조시 (https://youtu.be/HkBq_XlvxUY)
23일) 주만 의지해 – 마커스워십 (https://youtu.be/Dy82rJfUvNQ)
24일) 기도 – 지선 (https://youtu.be/zpi2IR2t4eA)
25일) 모든 영광을 하나님께 (https://youtu.be/GrpwJmhV0ik)
26일) 주 예수보다 귀한 것은 없네 – 예수 전도단 (https://youtu.be/OqcMG9ZBibg)
27일) 야곱의 축복 (https://youtu.be/HgPOrCC7-2Y)
28일) 십자가 그 사랑이 – 하니 (https://youtu.be/F1bv8jHPQ7E)
29일) 주님의 마음을 본받는 자(찬송가 455장) (https://youtu.be/Qlw7FT6O6WQ)
30일) 일어나라 주의 백성 – 예수 전도단 (https://youtu.be/aMF7jxWEBOI)
31일) 지금까지 지내온 것 – 나무엔 (https://youtu.be/BDOky8mHxGo)

8월

1일) 예수 예수 – 김윤미 (https://youtu.be/JtCEjeX5TGI)
2일) 주를 위한 이곳에 – 박상규 (https://youtu.be/az81B_wcJNI)
3일) 말씀하시면 – 조수아 (https://youtu.be/MXdGprQBnDs)
4일) 그 사랑 – 마커스 워십 2011 (https://youtu.be/cKzGt2bunLg)
5일) 물가에 심은 나무 – 홀리원 (https://youtu.be/kwegP5S61LU)
6일) 주를 더 알수록 – 마커스 커뮤니티 (https://youtu.be/BDVgqFFZxfY)
7일) 기도 – 지선 (https://youtu.be/zpi2IR2t4eA)
8일) 나 주님의 기쁨 되기 원하네 – 호산나 싱어즈 (https://youtu.be/RHocR7Jxmc8)
9일) 보혈을 지나 – 호산나 싱어즈 (https://youtu.be/xi6fmxoVTe8)
10일) 여호와 닛시 – 시와 그림 (https://youtu.be/nmRHui3D6js)
11일) 말씀하시면 – 조수아 (https://youtu.be/OBNOUpMCgm0)
12일) 회복시키소서 – 클래식 콰이어 (https://youtu.be/s9Gz62A6pYU)
13일) 겸손 – 장윤영 (https://youtu.be/ZzKBWRWcMIM)
14일) 여호와께 돌아가자 – 조수아 (https://youtu.be/UV7fZ-NYoHU)
15일) 예수 믿으세요 – 호산나 싱어즈 (https://youtu.be/jWQJ4YEiIZE)
16일) 내 안에 가장 귀한 것 – 아이자야 씩스티원(Isaiah Sixty One) (https://youtu.be/eb-42F1T_UlQ)
17일) 빈들에 마른 풀 같이 – 나무엔 (https://youtu.be/dZmcBUEGrvk)
18일) 내 이름 아시죠 – 옹기장이 (https://youtu.be/NhSFMe46Kb4)
19일) 보혈을 지나 – 호산나 싱어즈 (https://youtu.be/xi6fmxoVTe8)
20일) 여호와께 돌아가자 – 제이어스 (https://youtu.be/kdFH0iSBU9I)
21일) 너 예수께 조용히 나가 – 나무엔 (https://youtu.be/4BaupfwCymQ)
22일) 겸손 – 장윤영 (https://youtu.be/ZzKBWRWcMIM)
23일) 일어나라 주의 백성 – 예수 전도단 (https://youtu.be/aMF7jxWEBOI)
24일) 선하신 목자 – 어노인팅 (https://youtu.be/Vso3Yl4_J9U)
25일) 마른 뼈 – 펠로우 워십 (https://youtu.be/QHH5wJTbzOk)
26일) 삶의 예배 – 아이자야 씩스티원(Isaiah Sixty One) (https://youtu.be/TdgfiTxaGNc)
27일) 동행 – 하니 2집 (https://youtu.be/L5F0wZPDDaw)
28일) 세상의 헛된 신을 버리고 (찬송가 322장) (https://youtu.be/mqFZi_ZtIDQ)
29일) 내가 너를 도우리라 – 호산나 싱어즈 (https://youtu.be/Z7R9NJ2ijXU)
30일) 오직 주만이 – 마커스 워십 (https://youtu.be/yPEHz4YP4lc)
31일) 다니엘의 기도 (https://youtu.be/EjnwSW_Hr7A)

9월

1일) 쉼 – 나무엔 (https://youtu.be/p9xN57MUmP8)
2일) 원하고 바라고 기도합니다 – 민호기 목사 (https://youtu.be/eoDsJr7LF-0)
3일) 아버지 내 눈물이 기도되어 – 유효림 (https://youtu.be/b4a9SJ_QsZg)
4일) 신랑되신 예수께서 (찬송가 175장) (https://youtu.be/2mlMA_YAisE)
5일) 그 사랑 – 마커스 워십 2011 (https://youtu.be/cKzGt2bunLg)
6일) 내 모습 내려놓고서 – 조수아 (https://youtu.be/E451AuotRYk)
7일) 선한 능력으로 – 나무엔 (https://youtu.be/h0sWKvPG04k)
8일) 보혈을 지나 – 호산나 싱어즈 (https://youtu.be/xi6fmxoVTe8)
9일) 주의 약속하신 말씀 위에 서 – 어노인팅 찬송가 3집(https://youtu.be/24L6J8dw9Y0)
10일) 하나님 아버지의 마음 – 김정석,세연,조수아,조시영 (https://youtu.be/HkBq_XlvxUY)
11일) 말씀 앞에서 (with GOD) (https://youtu.be/t-R8QhYrlzY)
12일) 겸손 – 장윤영 (https://youtu.be/ZzKBWRWcMIM)
13일) 하나님의 사랑 주님의 눈물 – 다윗과 요나단 (https://youtu.be/v9onJDfsW78)
14일) 사람을 보며 세상을 볼 땐 – 호산나 싱어즈 (https://youtu.be/4wJ2LLKBloM)
15일) 우리는 모두 다 – 천민찬 (https://youtu.be/bMNVxBFSo8Y)
16일) 하나님의 약속 – 옹기장이 (https://youtu.be/v2WOHXgT1IA)
17일) 예수 예수 – 김윤미 (https://youtu.be/JtCEjeX5TGI)
18일) 하나님은 우리의 피난처가 되시고 (https://youtu.be/qg00ajpu9sE)
19일) 주의 손에 나의 손을 포개고 – 강중현 (https://youtu.be/A018qr6KlgM)
20일) 하나님 계획은 – 서상권 (https://youtu.be/iN3Em79Awok)
21일) 말씀 앞에서 – 나비 워십 (https://youtu.be/OYgHxFbNTuE)
22일) 여호와 닛시 – 시와 그림 (https://youtu.be/nmRHui3D6js)
23일) 여호와께 돌아가자 – 제이어스 (https://youtu.be/MSEtJHVJDuA)
24일) 오직 성령으로 – 소리엘 7집 (https://youtu.be/sAGLltD8iWU)
25일) 성령이 오셨네 – 조수아 (https://youtu.be/9sAODtApPbo)
26일) 주께 영광 영원히 – 어노인팅 (https://youtu.be/EY__BTirrOI)
27일) 원하고 바라고 기도합니다 – 찬미 워십 (https://youtu.be/F77iMUYis24)
28일) 전능하신 나의 주 하나님은 – 에이맨 (https://youtu.be/A159bJU323k)
29일) 삶의 예배 – 아이자야 씩스티원 (Isaiah Sixty One) (https://youtu.be/TdgfiTxaGNc)
30일) 내 주를 가까이 – 아이자야 씩스티원 (Isaiah Sixty One) (https://youtu.be/CDKxavzv-zk)

10월

1일) 하나님의 사랑 주님의 눈물 – 다윗과 요나단 (https://youtu.be/v9onJDfsW78)
2일) 하늘에 계신 (찬송가 635장) (https://youtu.be/NZwvJwDy82M)
3일) 너희는 먼저 그의 나라와 (https://youtu.be/j7_fDnNgnes)
4일) 가서 제자 삼으라 (https://youtu.be/rJHJ5aH1gxY)
5일) 야곱의 축복 – 소리엘 7집 (https://youtu.be/3gLDcA6yYRU)
6일) 예수 예수 – 김윤미 (https://youtu.be/JtCEjeX5TGI)
7일) 그 사랑 얼마나 (https://youtu.be/VEpL6ZFyuzI)
8일) 때를 얻든지 못 얻든지 – 주리 (https://youtu.be/nk4nQvFOLQQ)
9일) 가서 제자 삼으라 (https://youtu.be/rJHJ5aH1gxY)
10일) 새롭게 하소서 – 주영훈, 박요한, 안수지, 송지은, 여니엘, 이정수 (https://youtu.be/9LuNfFdzDS4)
11일) 오병이어 – 소리엘 (https://youtu.be/VI-_1WLXkRs)
12일) 섬김 – 강찬 3집 (https://youtu.be/PoiXKVM3kcE)
13일) 나의 기도 – 시와 그림 3집 (https://youtu.be/Y3UEUtFZeTU)
14일) 우리는 모두 다 – 천민찬 (https://youtu.be/bMNVxBFSo8Y)
15일) 성령이여 내 영혼을 – 이천 (https://youtu.be/4hiHYnShwFc)
16일) 그 크신 하나님의 사랑 – 나무엔 3집 (https://youtu.be/r5Q4cZFb6W0)
17일) 전능하신 나의 주 하나님 – 에이맨 (https://youtu.be/A159bJU323k)
18일) 인내 – 하니 (장한이) (https://youtu.be/bJEkHtWpUxw)
19일) 나는 청지기입니다 – 강용기 1집 (https://youtu.be/41na79KYtvQ)
20일) 한 생명 한 영혼 – 프뉴마 워십 (https://youtu.be/l4q-vfAIIaY)
21일) 섬김 – 강찬 3집 (https://youtu.be/PoiXKVM3kcE)
22일) 예수 예수 – 김윤미 (https://youtu.be/JtCEjeX5TGI)
23일) 주의 손에 나의 손을 포개고 – 강중현 (https://youtu.be/A018qr6KlgM)
24일) 손잡고 함께 가세 – 어노인팅 11집 (https://youtu.be/MB83DFD4XW0)
25일) 하나님께서 세상을 사랑하사 – 김상진, 짐니 (https://youtu.be/AHJtjIrsMRM)
26일) 은혜 – 마르지 않는 샘 2집 (https://youtu.be/4r2Pkop1nCI)
27일) 진리가 널 자유케 해 – 예수 전도단 (https://youtu.be/m2_HGhuILVM)
28일) 주를 더 알수록 – 마커스 커뮤니티 (https://youtu.be/BDVgqFFZxfY)
29일) 밀알 – 클래식 콰이어 (https://youtu.be/fq4xDW8lj1I)
30일) 또 하나의 열매를 바라시며 – 조수아 (https://youtu.be/AHOozD28V_o)
31일) 달고 오묘한 그 말씀 – 나무엔 (https://youtu.be/MonJt4My3Zo)

11월

1일) 우리는 모두 다 – 천민찬 (https://youtu.be/bMNVxBFSo8Y)
2일) 주의 약속하신 말씀 위에서 – 어노인팅 찬송가 3집 (https://youtu.be/24L6J8dw9Y0)
3일) 선교사 – 마커스 워십 (https://youtu.be/BiYXwfbr0js)
4일) 축복의 통로 – 조수아 (https://youtu.be/3Mq17zCUaZo)
5일) 하나님 아버지의 마음 – 김정석, 세연, 조수아, 조시영 (https://youtu.be/HkBq_XlvxUY)
6일) 구원의 감격을 노래해 – 김민아(유빌라테 37집) (https://youtu.be/pmom55wmEgk)
7일) 예수 믿으세요 – 호산나 싱어즈 (https://youtu.be/jWQJ4YEilZE)
8일) 사명 – 다윗과 요나단 (https://youtu.be/CkfKKZQZTkU)
9일) 십자가의 전달자 – 조혜리 (https://youtu.be/2-PVdkgicjE)
10일) 주의 밝은 빛으로 – 마커스 워십 (https://youtu.be/A7SrLerGDKI)
11일) 낮엔 해처럼 밤엔 달처럼 – 호산나 싱어즈 (https://youtu.be/2Ah3-OJD5bI)
12일) 살아계신 주 – 클래식 콰이어 (https://youtu.be/iD0_esW0gJs)
13일) 주의 사랑을 주의 선하심을 (https://youtu.be/SXbmlqqtw94)
14일) 달고 오묘한 그 말씀 – 나무엔 (https://youtu.be/MonJt4My3Zo)
15일) 하나님의 사랑이 – Welove Creative Team (https://youtu.be/fV69rb_MO3o)
16일) 오직 믿음으로 – 예수 전도단 (https://youtu.be/aPGRLOTI-BA)
17일) 사나 죽으나 주님의 것 – 호산나 싱어즈 (https://youtu.be/87zJzbJgDpo)
18일) 내가 매일 기쁘게(찬송가 191장) (https://youtu.be/Vv_kXSYyW-g)
19일) 빈들에 마른풀 같이(찬송가 183장) (https://youtu.be/wsj71yAyXvo)
20일) 사랑 – 히즈윌(2집) (https://youtu.be/048ErYkfV5Y)
21일) 살아계신 주 – 클래식 콰이어 (https://youtu.be/iD0_esW0gJs)
22일) 너는 그리스도의 향기라 – 러브 (https://youtu.be/LLjSu5QGZDA)
23일) 회개 – 김승환 목사 (https://youtu.be/1S_9Cp-vuBI)
24일) 약할 때 강함되시네 – 어노인팅 (https://youtu.be/uLged4OnBPM)
25일) 성령이여 내 영혼을 – 이천 (https://youtu.be/4hiHYnShwFc)
26일) 여호와 닛시 – 시와 그림 (https://youtu.be/nmRHui3D6js)
27일) 서로 사랑하자 – 히즈윌(4집) (https://youtu.be/gXxYZWIS6ME)
28일) 평화 하나님의 평강이 – 조수진 (https://youtu.be/D15_g94zx5I)
29일) 주 안에 있는 나에게 – 어노인팅 찬송가 1집 (https://youtu.be/g-T7TJNwNGk)
30일) 선한 목자되신 우리 주 – 나무엔 (https://youtu.be/r6kaz4pTEnQ)

12월

1일) 감사 – 지선 (https://youtu.be/WJCk35xzHFM)
2일) 십자가의 전달자 – 조혜리 (https://youtu.be/8RZPgRzoaes)
3일) 시편 23편 – 박종호 (https://youtu.be/muIMP1V-j7k)
4일) 기도 – 지선 (https://youtu.be/zpi2IR2t4eA)
5일) 축복의 통로 – 조수아 (https://youtu.be/3Mq17zCUaZo)
6일) 신실하게 진실하게 – 호산나 싱어즈 (https://youtu.be/TFGx5EMFUiU)
7일) 그 크신 하나님의 사랑 – 나무엔 (https://youtu.be/r5Q4cZFb6W0)
8일) 내 맘이 낙심되며 – 박진희 (https://youtu.be/8nN6EkHEpZI)
9일) 서로 사랑하자 – 히즈윌 4집 (https://youtu.be/gXxYZWIS6ME)
10일) 하나님의 약속 – 옹기장이 (https://youtu.be/v2WOHXgT1IA)
11일) 내 맘이 낙심되며 – 마커스 워십 (https://youtu.be/puGc0xvhesc)
12일) 예배의 회복 – 조이엘 (https://youtu.be/z_T4-7_gwzs)
13일) 믿음이 없이는 – 히즈윌 5집 (https://youtu.be/nv6IZomQ_t4)
14일) 내가 주인 삼은 – 조수아 (https://youtu.be/4DtPvPpEq5c)
15일) 전능하신 나의 주 하나님은 – 에이맨 (https://youtu.be/A159bJU323k)
16일) 오직 예수 뿐이네 – 소진영 인도 (https://youtu.be/O1YECCPpbbs)
17일) 신자되기 원합니다 – 박종호 (https://youtu.be/_aX18CDOe8A)
18일) 주의 사랑으로 사랑합니다 – 호산나 싱어즈 (https://youtu.be/dPMqmbx-k1o)
19일) 하나님 아버지의 마음 – 김정석, 세연, 조수아, 조시영 (https://youtu.be/HkBq_XlvxUY)
20일) 믿음으로 나아가네 – 마커스 워십 (https://youtu.be/PW62EWbfKKU)
21일) 말씀 앞에서 with God (https://youtu.be/t-R8QhYrIzY)
22일) 신부의 노래 – 박진희 (https://youtu.be/UMoDUf0Kwks)
23일) 주가 일하시네 – 강중현 (https://youtu.be/1h5-7EBk0Mg)
24일) 성탄 찬송 메들리 – 클래식 콰이어 (https://youtu.be/zqpCIsHWCpQ)
25일) 기쁘다 구주 오셨네 – 찬송가 115장 (https://youtu.be/W86m5dGPw5k)
26일) 말씀하시면 – 조수아 (https://youtu.be/MXdGprQBnDs)
27일) 주님 다시 오실 때까지 – 소향 (https://youtu.be/B_U8CtpBIyA)
28일) 믿음이 없이는 – 김성훈 (https://youtu.be/8uiHANJa-H0)
29일) 찬양이 언제나 넘치면 (https://youtu.be/lbR3S8MMKgw)
30일) 그 사랑 얼마나 (https://youtu.be/VEpL6ZFyuzI)
31일) 마라나타 – 소향 (https://youtu.be/JiIS2jdE0kc)

미주

1) 김현철, 『성경이 우리 손에 오기까지(학생용)』 (서울: 나침판사, 1994), 20.
2) 안종만, 『기초성경공부(교리편)』 (대전: 평신도선교회출판부, 1989), 5.
3) 차준희, 『모세오경 바로읽기』 (서울: 성서유니온선교회, 2013), 19.
4) 김태희, 『성도를 위한 365 통독주석』 (서울: 세움북스, 2022), 17.
5) Bruce H. Wilkinson, 『날마다 주님과 함께』, 최기운 역 (서울: 도서출판 디모데, 1997), 39.
6) Ibid., 42.
7) Ibid., 51.
8) Ibid., 53.
9) Wayne A. Grudem 외 다수, 『ESV STUDY BIBLE』, 신지철 외 4인 번역 (서울: 부흥과 개혁사, 2014), 276.
10) Bruce H. Wilkinson, 『날마다 주님과 함께』, 55.
11) Ibid., 58.
12) 이대희, 『되새김 120일 쉬운 통독 ①』 (서울: 도서출판 브니엘, 2021), 183.
13) Bruce H. Wilkinson, 『날마다 주님과 함께』, 63.
14) Ibid., 65.
15) Ibid., 66.
16) 김태희, 『성도를 위한 365 통독주석』, 68.
17) Bruce H. Wilkinson, 『날마다 주님과 함께』, 74.
18) Ibid., 75.
19) Ibid., 78.
20) Ibid., 79.
21) 차준희, 『역사서 바로읽기』 (서울: 성서유니온선교회, 2013), 17.
22) Bruce H. Wilkinson, 『날마다 주님과 함께』, 81.
23) Ibid., 83.
24) Ibid., 92.
25) Ibid., 94.
26) 한국성서유니온선교회, 『시니어 매일성경』, 2022년 5-6월, 17.
27) 존 스텍 외 다수, 『NIV STUDY BIBLE』, (서울: 예장, 2008), 409.
28) Bruce H. Wilkinson, 『날마다 주님과 함께』, 101.
29) Ibid., 102.
30) Ibid., 103.
31) 김태희, 『성도를 위한 365 통독주석』, 108.
32) Bruce H. Wilkinson, 『날마다 주님과 함께』, 105.

33) Ibid., 106.
34) Ibid., 109.
35) Ibid., 110.
36) Scripture Union Korea,『Daily Bible』, 2021 March-April, 15.
37) 한성천,『사무엘상-사무엘하』,『그랜드 종합주석』, 제자원 편 (서울: 성서아카데미, 2000), 696.
38) Bruce H. Wilkinson,『날마다 주님과 함께』, 116.
39) Ibid., 118.
40) 앤드류 E.힐·존 H.월튼,『구약개론』, 유선명·정종성 역 (서울: 도서출판 은성, 1994), 270.
41) Bruce H. Wilkinson,『날마다 주님과 함께』, 126.
42) Ibid., 129.
43) Ibid., 130.
44) Ibid., 132.
45) 이대희,『되새김 120일 쉬운 통독 ①』, 375.
46) 최종진,『구약성서개론』(서울: 도서출판 소망사, 1995), 269.
47) Bruce H. Wilkinson,『날마다 주님과 함께』, 136.
48) Ibid., 137.
49) Ibid., 138.
50) Ibid., 145.
51) Scripture Union Korea,『Daily Bible』, 2020 November-December, 57.
52) Bruce H. Wilkinson,『날마다 주님과 함께』, 147.
53) 박운섭,『성경통독 길라잡이』(서울: 예영커뮤니케이션, 2023), 156.
54) Bruce H. Wilkinson,『날마다 주님과 함께』, 156.
55) Ibid., 163.
56) Ibid., 166.
57) Tyndale House Publishers,『에브리데이 스터디 바이블』, 김명희·이철민·전의우 역 (서울: 한국성서유니온선교회, 2021), 854.
58) Bruce H. Wilkinson,『날마다 주님과 함께』, 171.
59) Ibid., 174.
60) Ibid., 187.
61) 한국성서유니온선교회,『묵상과 설교』, 2020년 5-6월, 79.
62) Bruce H. Wilkinson,『날마다 주님과 함께』, 195.
63) Ibid., 197.
64) Ibid., 208.
65) Ibid., 216.
66) R.C. 스프울 외 다수,『개혁주의 스터디 바이블』, 김진운·김찬영·김태형·신윤수·윤석인 역 (

서울: 부흥과 개혁사, 2017). 1023.
67) Scripture Union Korea, 『Daily Bible』, 2020 July-August, 79.
68) Bruce H. Wilkinson, 『날마다 주님과 함께』, 247.
69) Ibid., 258.
70) Ibid., 260.
71) Ibid., 272.
72) 한국성서유니온선교회, 『묵상과 설교』, 2019년 7-8월, 288.
73) Bruce H. Wilkinson, 『날마다 주님과 함께』, 285.
74) 김태희, 『성도를 위한 365 통독주석』, 303.
75) Ibid., 307.
76) Bruce H. Wilkinson, 『날마다 주님과 함께』, 295.
77) Ibid., 297.
78) Ibid., 305.
79) 박운섭, 『성경통독 길라잡이』, 330.
80) Bruce H. Wilkinson, 『날마다 주님과 함께』, 332.
81) Ibid., 333.
82) Ibid., 337.
83) 양용의, 『마태복음 어떻게 읽을 것인가』 (서울: 성서유니온, 2020), 463.
84) 김태희, 『성도를 위한 365 통독주석』, 361.
85) Bruce H. Wilkinson, 『날마다 주님과 함께』, 357.
86) Ibid., 361.
87) Gary M. Burgy, 『NIV 적용주석 - 요한복음』, 김병국 역 (서울: 도서출판 솔로몬, 2015), 725.
88) Bruce H. Wilkinson, 『날마다 주님과 함께』, 383.
89) Ibid., 391.
90) Ibid., 403.
91) Ibid., 414.
92) 한국성서유니온선교회, 『시니어 매일성경』, 2019년 11-12월, 456.
93) Bruce H. Wilkinson, 『날마다 주님과 함께』, 460.

※ 『3927 매일기도 어게인』의 하루 성경통독 분량은, 『날마다 주님과 함께』의 통독 분량을 참고하여 동일한 순서대로 편집하였습니다.

참고도서

김태희. 『성도를 위한 365 통독주석』. 서울: 세움북스, 2022.
김현철. 『성경이 우리 손에 오기까지(학생용)』. 서울: 나침판사, 1994.
박운섭. 『성경통독 길라잡이』. 서울: 예영커뮤니케이션, 2023.
안종만. 『기초성경공부(교리편)』. 대전: 평신도선교회출판부, 1989.
양용의. 『마태복음 어떻게 읽을 것인가』. 서울: 성서유니온, 2020.
이대희. 『되새김 120일 쉬운 통독 ①』. 서울: 도서출판 브니엘, 2021.
차준희. 『모세오경 바로읽기』. 서울: 성서유니온선교회, 2013.
_____. 『역사서 바로읽기』. 서울: 성서유니온선교회, 2013.
최종진. 『구약성서개론』. 서울: 도서출판 소망사, 1995.
한성천. 『사무엘상-사무엘하』. 『그랜드 종합주석』. 제자원 편. 서울: 성서아카데미, 2000.
한국성서유니온선교회. 『묵상과 설교』. 7-8월호(2019): 288.
_____. 『묵상과 설교』. 5-6월호(2020): 79.
_____. 『시니어 매일성경』. 11-12월호(2019): 456.
_____. 『시니어 매일성경』. 5-6월호(2022): 17.
앤드류 E. 힐·존 H. 월튼. 『구약개론』. 유선명·정종성 역. 서울: 도서출판 은성, 1994.
Bruce H. Wilkinson. 『날마다 주님과 함께』. 최기운 역. 서울: 도서출판 디모데, 1997.
Donald Guthrie. 『신약개론』. 나용화·박영호 역. 서울: 기독교문서선교회, 1992.
Gary M. Burgy. 『NIV 적용주석 – 요한복음』. 김병국 역. 서울: 도서출판 솔로몬, 2015.
G. E. 래드. 『신약신학』. 신성종·이한수 역. 서울: 대한기독교출판사, 1996.
존 스텍 외 다수. 『NIV STUDY BIBLE』. 서울: 예장, 2008.
R.C. 스프로울 외 다수. 『개혁주의 스터디 바이블』. 김진운·김찬영·김태형·신윤수·윤석인 역. 서울: 부흥과 개혁사, 2017.
Scripture Union Korea. 『Daily Bible』. 2020 July-August.
_____. 『Daily Bible』. 2020 November-December.
_____. 『Daily Bible』. 2021 March-April.
Tyndale House Publishers. 『에브리데이 스터디 바이블』. 김명희·이철민·전의우 역. 서울: 한국성서유니온선교회, 2021.
Wayne A. Grudem 외 다수. 『ESV STUDY BIBLE』. 신지철 외 4인 번역. 서울: 부흥과 개혁사, 2014.